应用型本科院校"十二五"规划教材/经济管理类

Market Research And Forecast

市场调查与预测

（第2版）

主　编　汤　杰　郭秀颖　刘威娜
副主编　张庚全　李　伟

哈爾濱工業大學出版社
HARBIN INSTITUTE OF TECHNOLOGY PRESS

内容摘要

本书以市场调查与预测的实践运作过程为主线，系统地介绍了市场调查与预测的基本原理，着重介绍了市场调查与预测的基本方法和技巧，主要内容包括市场调查概述、抽样设计、问卷设计、调查方法、调查的实施、调查资料的整理、调查资料的统计分析、市场调查报告的写作、市场预测的基本原理，市场定性预测法、市场定量预测方法。本书在编写过程中强调理论部分够用，突出实践操作环节，注重对实践工作能力的培养。

本书可作为应用型院校经济类、管理类、统计类专业的本科生的教材，也可作为企业培训、成人教育等指导用书。

图书在版编目(CIP)数据

市场调查与预测/汤杰，郭秀颖，刘威娜主编. —2 版. —哈尔滨：哈尔滨工业大学出版社，2012.7(2015.7 重印)

应用型本科院校“十二五”规划教材

ISBN 978-7-5603-3299-4

Ⅰ.①市… Ⅱ.①汤… ②郭… ③刘… Ⅲ.①市场调查-高等学校-教材 ②市场预测-高等学校-教材 Ⅳ.①F713.5

中国版本图书馆 CIP 数据核字(2012)第 163182 号

策划编辑 赵文斌 杜 燕
责任编辑 翟新烨
出版发行 哈尔滨工业大学出版社
社 址 哈尔滨市南岗区复华四道街 10 号 邮编 150006
传 真 0451-86414749
网 址 http://hitpress.hit.edu.cn
印 刷 哈尔滨久利印刷有限公司
开 本 787mm×960mm 1/16 印张 21 字数 420 千字
版 次 2011 年 8 月第 1 版 2012 年 7 月第 2 版
2015 年 7 月第 4 次印刷
书 号 ISBN 978-7-5603-3299-4
定 价 33.80 元

序

哈尔滨工业大学出版社策划的《应用型本科院校"十二五"规划教材》即将付梓,诚可贺也。

该系列教材卷帙浩繁,凡百余种,涉及众多学科门类,定位准确,内容新颖,体系完整,实用性强,突出实践能力培养。不仅便于教师教学和学生学习,而且满足就业市场对应用型人才的迫切需求。

应用型本科院校的人才培养目标是面对现代社会生产、建设、管理、服务等一线岗位,培养能直接从事实际工作、解决具体问题、维持工作有效运行的高等应用型人才。应用型本科与研究型本科和高职高专院校在人才培养上有着明显的区别,其培养的人才特征是:①就业导向与社会需求高度吻合;②扎实的理论基础和过硬的实践能力紧密结合;③具备良好的人文素质和科学技术素质;④富于面对职业应用的创新精神。因此,应用型本科院校只有着力培养"进入角色快、业务水平高、动手能力强、综合素质好"的人才,才能在激烈的就业市场竞争中站稳脚跟。

目前国内应用型本科院校所采用的教材往往只是对理论性较强的本科院校教材的简单删减,针对性、应用性不够突出,因材施教的目的难以达到。因此亟须既有一定的理论深度又注重实践能力培养的系列教材,以满足应用型本科院校教学目标、培养方向和办学特色的需要。

哈尔滨工业大学出版社出版的《应用型本科院校"十二五"规划教材》,在选题设计思路上认真贯彻教育部关于培养适应地方、区域经济和社会发展需要的"本科应用型高级专门人才"精神,根据黑龙江省委书记吉炳轩同志提出的关于加强应用型本科院校建设的意见,在应用型本科试点院校成功经验总结的基础上,特邀请黑龙江省9所知名的应用型本科院校的专家、学者联合编写。

本系列教材突出与办学定位、教学目标的一致性和适应性,既严格遵照学科体系的知识构成和教材编写的一般规律，又针对应用型本科人才培养目标及与之相适应的教学特点，精心设计写作体例，科学安排知识内容，围绕应用讲授理论，做到“基础知识够用、实践技能实用、专业理论管用”。同时注意适当融入新理论、新技术、新工艺、新成果，并且制作了与本书配套的 PPT 多媒体教学课件，形成立体化教材，供教师参考使用。

《应用型本科院校“十二五”规划教材》的编辑出版，是适应“科教兴国”战略对复合型、应用型人才的需求，是推动相对滞后的应用型本科院校教材建设的一种有益尝试，在应用型创新人才培养方面是一件具有开创意义的工作，为应用型人才的培养提供了及时、可靠、坚实的保证。

希望本系列教材在使用过程中，通过编者、作者和读者的共同努力，厚积薄发、推陈出新、细上加细、精益求精，不断丰富、不断完善、不断创新，力争成为同类教材中的精品。

黑龙江省教育厅厅长

第2版前言

随着市场经济逐渐成熟，企业之间的竞争日益激烈，掌握准确的、全面的市场信息对于企业的生存越来越重要。市场信息是企业重要的资源，有利于企业发现市场机会、制定和实施企业营销策略、了解竞争对手动态以及消费者的需求、偏好，为企业经营决策提供依据，使企业在竞争中处于优势地位。越来越多的企业对市场调查和预测给予了高度的重视，很多知名的企业都设有信息中心，负责信息情报的收集整理分析工作。企业对专业的市场研究人员需求也日益增多，很多高等院校的市场营销专业、经济专业、管理专业、统计专业、广告专业都设立了市场调查这门课程，并把其作为必修课程之一。市场调查与预测是一门理论性和应用性都很强的学科，它是针对特定市场研究项目，运用科学的理论和方法对市场营销的环境、市场需求进行调查分析和预测，是企业经营决策的基础，受到众多企业高层管理人员的青睐。鉴于此，我们编写了本书。

本书由长期从事市场调查与预测理论教学和社会实践研究的专业教师合作编写。本书的理论部分以够用为度，突出实践操作环节，注重对学生实际工作能力的培养。在内容上本书安排了学习目标、技能目标、引导案例、资料卡、案例分析、思考练习等，使学生在学习的过程中循序渐进，围绕学习目标和技能目标不断的练习巩固。本书分两个部分，第一部分：市场调查（第一章至第八章），包括市场调查概述、抽样设计、问卷设计、调查方法、调查的实施、调查资料的整理、调查资料的统计分析、市场调查报告的撰写。第二部分：市场预测（第九章至第十一章），包括市场预测的基本原理，市场定性预测法、市场定量预测方法。

本书由汤杰、郭秀颖、刘威娜、张庚全、李伟共同编写，具体分工汤杰编写第一章、第二章、第七章；郭秀颖编写第五章、第六章、第八章；刘威娜编写第三章、第四章；张庚全编写第九章、第十一章；李伟编写第十章。全书由汤杰负责审核、定稿。

限于编者的水平，书中难免有不足和不妥之处，敬请广大读者和专家给予批评指正，多提宝贵意见，以便于不断完善和提高（E-mail：tangjie73@163.com）。

编者

2012年6月

目　录

第一章

Chapter 1

市场调查概述

【学习目标】

（一）知识目标

通过本章的学习，掌握市场调查的概念及类型；了解市场调查的功能和作用；掌握市场调查的研究内容；了解市场调查的发展状况与趋势。

（二）技能目标

掌握市场调查的原则和程序。

【导入案例】

福特汽车对消费者的分析

如果一家汽车商给您零利息，或者折扣租赁，或者打折出售这几种选择，您会选择哪个？对汽车商来说，这其中哪项又是最具吸引力可以使自己获得更多的利润。近几年旅游酒店和航空公司纷纷采用一种收益管理智能系统来与顾客较量，确保自己经济收益的提高。现在汽车商也加入到这里来了，福特公司就是这种智能系统的追随者。它采用一个全国消费者数据库来管理和分析消费者行为，并对每位购车者提供相应的促销方式，但奇怪的是福特的利润远比通用少得多，在排除通用的低成本后就不难看出，福特的这种促销使其单车销售收入呈增长趋势。2002 年的第四季度，福特的单车销售收入增加了 869 美元，而通用却下降了 1 520 美元。

福特的成功秘诀是：用 2 700 家经销商的交易数据建立起庞大的数据库，分析包括价格、促销成本、信贷成本等所有的花费与收入，进而计算出每一个因素对公司赢利的影响，这样每笔交易都仔细分析计算，确保公司整体赢利水平的提升。例如，从 5 年的交易数据中发现，购买 SUV“探险者”的顾客对降低利息兴趣更大，“皇冠”的购买者大多是行为相对保守的老年人,"福克斯"的购买者则多为年轻人,他们最需要的是降低首付。

在更高层次上看,这种智能管理系统还能计算诸如多少种产品能使利润最大化的问题。效果立竿见影,运用福克斯ZX5由一种车型扩展到三种车型,使公司的额外利润大大增加。

资料来源:陆军.市场调研.第2版.电子工业出版社,2009.

第一节　市场调查的概念及其分类

随着市场经济的不断发展,企业间的竞争日趋加剧。灵活运用各种市场调查的方法获得准确的市场信息,是企业营销活动的重要组成部分。掌握准确、全面的市场信息,是企业科学进行市场预测和经营决策的基础。市场调查就是通过提供及时、准确、有用的信息,为决策提供有效的支持,是解决营销活动中所出现问题的一种手段。

一、市场调查的概念

市场调查译自英文Marketing Research,它也被译为市场营销调查(或营销调查)、市场调查、市场研究等。不同国家和地区对市场调查有着不同的理解。美国市场营销协会在20世纪80年代后期正式对市场调查做出定义,认为"市场调查是营销者把消费者、客户、大众和市场人员通过信息联结起来的特定活动,而营销者借助这些信息可发现和确定营销机会和营销问题,开展、改善、评估和监控营销活动,改进对市场营销过程的认识。"

由于对市场的理解的差异,市场调查一般分为狭义和广义两种。

(一)狭义的市场调查

狭义的市场调查是从企业市场营销的角度把市场理解为商品的销售对象,认为市场调查就是对顾客进行的调查研究,是运用科学的方法和手段收集顾客的购买行为、使用意见、购买动机等有关市场情报,目的是通过分析研究,以识别和定义市场机会和可能出现的问题,制订和优化市场营销组合策略,以便更好地满足顾客的需求。

(二)广义的市场调查

广义的市场调查是把市场理解为商品交换关系的总和,认为市场调查是运用科学的方法和手段,收集产品从生产者转移到消费者手中的一切与市场活动有关的数据和资料,并进行分析研究的过程。广义的市场调查将调查范围从消费和流通领域扩展到生产领域,包括产前调查、产中调查、产后和售后调查。根据美国市场营销协会的解释,广义的市场调查不仅包括消费者调查,还包括市场分析、销售分析、广告研究和营销环境研究等多方面的调查研究。

市场调查是经营决策的前提,只有充分认识市场,了解市场需求,对市场做出科学的分析判断,决策才具有针对性,从而拓展市场,使企业兴旺发达。市场瞬息万变,其不确定性及管理决策信息需求的多样性,决定了市场调查活动的领域具有广泛性,狭义的市场调查已经不能满足企业的需求。对于企业来说,更倾向于从广义的角度来理解市场调查。因此,本书采用广义的市场调查概念,将市场调查的概念定义为运用科学的方法,有目的、有计划、系统地收集、记录、整理和分析有关市场营销方面的信息和资料,提出解决问题的建议,供营销管理人员了解市场营销环境的现状及其发展趋势,发现机会和问题,为市场预测和营销决策提供依据的信息管理活动。

理解市场调查这一概念的内涵,应从以下几个方面来掌握:

第一,市场调查是一个系统的过程。市场调查是一个搜集、判断、记录、整理、分析、研究的活动,是一个周密策划、精心组织、科学实施,由一系列工作环节、步骤、活动和成果组成的过程。市场调查是一项复杂的工作,需要有科学的理论和方法指导,同时也需要进行科学的组织和管理。

第二,市场调查是个人或组织进行的一项有目的的活动。其主要目的是发现市场机会和解决市场营销问题、为营销决策提供信息依据而开展的活动。

第三,市场调查从本质上讲,是一项市场信息管理工作。它包含信息工作中确定信息需求、信息处理、信息管理和信息提供的全部职能。与一般信息工作相比,其差异仅仅在于其对象是市场信息,且直接为市场营销服务的。

第四,市场调查是一项营销管理职能。它是在市场经济条件下,企业和其他市场主体所进行的特定的行为,与决策、计划、组织、指挥、控制、协调等管理职能共同构成营销管理。

【资料卡 1-1】

辩护调查与宣传调查

辩护调查是指为了支持诉讼中的具体主张所进行的调查。例如,某项辩护调查只是为了证明一个品牌名称不是一个普通的名字。在辩护调查中,调查的重点在于寻求那些可以为诉讼中的具体主张提供支持的信息,而不是关于某个事件的完全的、客观的信息。法院对辩护调查的观点只建立在抽样设计或方法问题上,因为抽样程序上的一点偏差都有可能被辩护律师夸大。正如有人所评论的那样:你几乎没见过某个调查人员看起来像一个独立的证人,或者不带有一点偏见。不过你可以经常看见代表 FTC 或整个行业的证人。而且你还可以预测,代表 FTC 的证人将会得出什么结论,以及代表行业的证人将得出什么结论。甚至有人说,辩护调查不是在寻找完全的事实。

在中国国内,还有另外一种类似性质的调查,就是带有宣传目的的"宣传调查"。有些市场调查客户要求在开展某个特定调查项目的同时,达到宣传企业或品牌的目的。有些经济学常识的人都知道这是"一举两得"的事情,经济上当然划算。但是,如果你有市场调查常识的话,就会发现经济上的节约是以牺牲调查数据的客观性为代价的,是"得不偿失"的事情。

资料来源:张灿鹏. 市场调查与分析预测. 清华大学出版社,2008.

二、市场调查的类型

根据调查项目的主体、客体、范围、时间、功能等方面所存在的差异,市场调查可以分为以下不同的类型。

(一)按市场调查的主体进行分类

1. 政府部门的市场调查

政府部门是一个国家社会经济活动的管理者和协调者。了解和掌握准确、充分的市场信息,为政府部门制定各项政策和制度提供依据,政府部门经常需要开展市场调查活动。通常,政府部门所做的市场调查涉及的范围比较大,内容比较多,重要程度比较高。

2. 社会组织的市场调查

社会组织是指各种协会、学会等学术团体,各种中介组织、事业单位、群众组织、民主党派,为了进行学术研究、工作研究、提供咨询等需要,也会组织开展一些市场调查活动。这种市场调查通常具有专业性较强的特点。

3. 企业的市场调查

企业在经营过程中,经常要对各种营销问题作出判断和决策,从而需要进行大量的市场调查。通常,企业进行的市场调查主要围绕与企业经营管理密切相关的内容,属于微观范围。

4. 个人的市场调查

个人也是一类市场调查的主体。在日常生活和工作中个人出于种种原因,也需要进行市场调查。比如,某些个体业主,由于经营上的原因,或进行投资一些项目,需要了解相关的市场信息,从而进行市场调查活动;一些研究人员为开展研究,也需要进行市场调查;作为消费者,在进行购买决策时也需要了解相关的市场信息,从而对商家、产品、价格等进行调查。一般来说,个体的市场调查范围较小,实施起来不是很规范。

(二)按市场调查的范围分类

1. 专项性市场调查

专项性市场调查是指市场调查主体为解决某个具体问题而进行的对市场中的某个项目进行的调查。这种市场调查具有调查目的明确,组织实施灵活方便,投入人力物力少,耗时短等特点。企业所做的调查大多是专项调查,如针对新品上市情况的调查、更换包装、促销效果评价、消费者需求调查等。专项性市场调查可以是定量的,也可以是定性的。

2. 综合性市场调查

综合性市场调查是指市场调查主体为全面了解市场的状况而对市场的各个方面进行的全面调查。综合调查涉及市场的各个方面,提供的信息能全面地反映市场的全貌,有助于市场调查主体正确了解和把握市场的基本状况。因为综合性市场调查涉及的面比较广、耗时长、费用高、操作难度比较大。

(三)按市场调查的功能分类

1. 探测性调查

探测性调查,指当对市场情况不了解时,为了发现问题,迅速找出问题的原因,明确下一步深入调查的具体内容和重点，探寻解决问题的途径而进行的非正式的调查。例如，某企业拟投资一家新的大型超市，首先可作探测性调查。从需求大小、顾客流量、交通运输条件和投资效益等方面初步论证其可行性。如果可行，则可作进一步的深入细致的正式调查。

探测性调查一般不制定严密详细的调查方案，所选择样本的数量较小，且并不强调其代表性；获取的信息资料主要是反映事物本质的定性信息；尽量节省时间，以求迅速发现问题。它主要利用现有的历史资料数据，或政府公布的统计数据、长远规划和学术机构的研究报告等二手资料进行研究，或邀请熟悉业务活动的专家、学者和专业人员，对市场有关问题做初步的研究。总之，灵活性和多样性是探测性调查的最主要特征，严密设计的调查表、大规模的样本、随机抽样技术等亦很少采用。探测性调查需要调查人员在调查过程中随时捕捉各种信息，形成新的概念和理解。一旦新的概念和理解形成，他们将沿着新的方向开展探测性调查，调查的重点有可能经常变换。调查人员的创造性和才智在探测性调查中起着重大的作用。探测性调查一般采用简便易行的调查方法，常用的方法有：二手资料分析、专家咨询调查、试点调查、小规模的试点调查、抽样调查、固定样本连续调查、观察法、模拟法等。

【案例 1-1】

连锁超市选址

对于零售业来说，选址对超市是否能够长期经营有着至关重要的作用。因此，一些学者称零售的 4P 均为地点（place）。为了建立一个有效的连锁超市选址模型，首先要确定连锁超市模型中应该包括哪些变量，然后再收集相关数据进行建模。为此，进行了一项专家调查，请他们对根据文献列出的 14 个备选变量的重要性打分，然后根据专家的意见确定模型中应该包括的变量。

为了提高应答率，每份邮寄问卷都附有一张北京大学百年校庆的藏书票，并承诺给填写问卷的专家邮寄最终的研究结果。因此，第一轮调查寄出 12 份问卷，共收到返回的有效问卷 8 份，其中 3 份来自零售领域的学者，5 份来自连锁企业具有丰富选址经验的权威人士（这一返回率对于邮寄式的专家调查来讲是非常高的了）。调查结果表明，最小商圈户数、户均收入、营业面积是受访专家公认的选址中最为重要的三项因素。其次是物件购买价格或租金、区域特性、开店时间、竞争店数量。最后根据专家的意见确定了选址模型包括的预测变量，用实际数据拟合的结果表明，该模型可以解释不同分店之间 70% 的业绩差异。

资料来源：乔学军. 连锁超市选址研究. 北京大学光华管理学院硕士学位论文. 1999.

2. 描述性调查

描述性调查，是结论性调查中的一种。描述性调查的主要目标是对一个总体或一种现象的基本特征尽可能的描述。描述性调查所要了解的是有关问题的相关因素和相关关系。它所要回答的是“是什么”、“何时”、“发生了什么”等问题。所以，描述性调查的结果通常说明事物的表征，并不涉及事物的本质及影响事物发展变化的内在原因。它是一种最基本、最一般的市场调查。描述性调查具有 6 个要素（即 6 个 W），即为何调查（why）；向谁调查（who）；从调查对象中获取什么信息(what);获取调查对象何时的信息(when);在何地获取调查对象的信息(where)和以什么方式、方法(why)获取信息。描述性调查的目的在于描述总体的特征和问题,有事先制定好的结构性的问卷或调查表,既要搜集原始资料,又要搜集次级资料;定量研究与定性研究相结合,以定量研究为主。调查结果是结论性的、正式的。

【资料卡 1-2】

大型超市试营业期间的描述性调查

某一大型超市刚开业,公司想了解光顾这家超市顾客的情况,采用描述性调查。

(1)超市的光顾者是什么人(who)

1)性别; 2)年龄; 3)住址; 4)收入; 5)职业;6)教育水平

(2)向光顾者获取的什么信息(what)进行描述

1)如何知道开业信息;2)光临后的感觉怎样;3)主要购买什么商品

(3)什么时间(when)调查

1)刚开业还是开业几周后;2)购物中还是购物后

(4)在什么地点(where)获取信息

1)超市内还是上门调查;2)邀请顾客到公司还是上门调查

(5)为什么(why)要光顾这家超市

1)测试顾客购买动机;2)对促销策略的评价;3)测试地点选择

(6)如何(way)调查

1)街头拦截;2)入户访问;3)小组座谈

描述性调查按时间因素分为横断面研究和纵剖面两种,如图 1.1 所示。

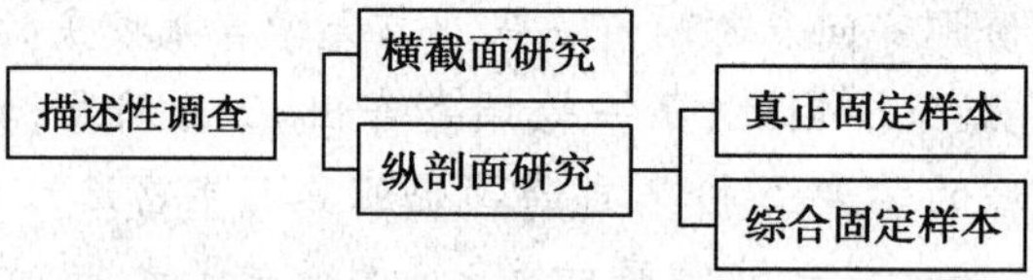

图 1.1 描述性调查按时间因素的分类

(1)横截面研究是在某一时间点上对调查对象进行研究,从总体中抽取一个样本,一次性测量样本单位的各种特征。横断面调查是一种最重要的描述性调查类型,它具有两个重要特性:①提供有关变量在某一时点上的数据;②选择的样本单位通常可代表总体。对样本单位的选择应引起高度重视,由于在横断面研究时,需要依据统计学中的大数定律去描述各种属性表现的集中趋势和离散趋势,横断面研究存在如下的不足:①对现象的表面分析,其分析的技术仅依据对统计数据的分析,尽管有能够描述数量表现的集中趋势和离散趋势的好处,但易忽视带倾向性因素和深层次上起作用的因素;②研究的高成本。这种研究从课题确立,测试手段设计,样本的设计和抽取,数据收集与整理分析,分组制表到假设检验,需投入大量人力、物力和财力;③分析的技术手段要求高。对研究人员的素质要求较高,需掌握各阶段使用的分析技术,或者能够通过与专职咨询人员接触,获得技术支持。

(2)纵剖面研究是指在较长时期中的不同时间点上收集资料对现象作纵向研究。在研究中采用固定样本,即每次采集资料时都使用由固定成员单位组成的样本,但固定样本是相对的,随着调查环境及目标的变化,固定样本根据需要也可以作适当的调整。纵剖面研究可分真正固定样本和公交车固定样本。真正固定样本指每次调查时,对所有的样本成员都进行调查,调查的特性和变数也都是固定的;公交车固定样本,又称为综合固定样本,其特点是样本成员固定,而所调查的特性和变数可以调整。就像公交汽车,车体是不变的,但到每一站乘客会发生变化。

【资料卡 1-3】

常见的描述性调查

(1)市场分析研究。主要是对市场的基本状况,包括市场结构、市场规模、市场供求、消费者及其行为、市场竞争等的调查分析。

(2)销售分析研究。主要是对企业产品的销售情况,包括产品的市场份额、在不同地区的销售不同产品线的销售、产品的销售变化趋势等的调查分析。

(3)产品分析研究。主要是对企业产品的基本状况,包括产品的品质、特征、市场生命周期、使用功能和发展趋势、消费领域和模式等的调查分析。

(4)销售渠道研究。主要是对商品流通中的商流、物流形式、流通环节、中间商的类型、数量、地理分布等的调查分析。

(5)价格分析研究。主要是对市场上商品的价格水平、价格变动、定价方法以及消费者和顾客对价格变动的反应等的分析研究。

(6)形象分析研究。主要是对社会对企业的总体形象、人员形象、产品形象等的分析研究。

(7)广告分析研究。主要是对各种广告媒体的特征、受众对媒体的反应等的分析研究。

一般描述性调查需要有一套事先设好的计划,有完整的调查步骤,并对调查问题提出最后的答案。对调查所需的信息资料需作明确定义,样本规模较大,并有代表性。对资料来源需作仔细选择,要有正规的信息收集方法。一般而言,描述性调查的信息来源很多,几乎各种来源的信息都可用于描述性调查,调查的方法也可包括各种类型。

资料来源:陈启杰. 市场调查与预测. 第 2 版. 上海财经大学出版社,2004.

3. 因果性调查

因果性调查又称相关性调查,也是结论性市场调查的一种。是指在已知相关变量的前提下,探测变量之间的因果关系而进行的市场调查。它回答的问题是“采取什么措施将会导致什么结果”。因果关系调查两个关键点:一是要搞清楚哪些变量是原因性因素,即自变量,哪些变量是结果性因素,即因变量;二是确定原因和结果,即自变量和因变量之间的相互联系的具体情况。其函数关系为

$$y=f(x_i)$$

x_i为自变量,y 为因变量,x_i是 y 变化的原因,y 的变化受到多种因素的影响,如:x_1,x_2,x_3,x_4…

一般,因果关系调查主要用于寻找企业出现问题的原因,例如“降价对公司的销售额的影响”、“促销方式对企业销量的影响”等。因果研究的主要方法是实验法,进行因果关系调查一般需要做以下工作:

(1) 初步调查找出所有的可能因素,即找出影响事物变化的各种原因,确定因素之间的相关关系。

(2) 利用实验法,进一步缩小范围,找出主要的影响因素。

(3) 确定事件发生的时间顺序,原因变量(自变量)放在前面,结果变量(因变量)放在后面。

(4)排除其他变量的影响,即确认相关关系不是受其他的因素影响。

(5)可推理性,即在实验条件下观察的因果关系在现实中也能成立。

【资料卡 1-4】

探测性调查、描述性调查和因果性调查的关系

	探测性调查	描述性调查	因果性调查
目的	发现新想法和新见解	描述人群、市场、现象过程和行为等	确定因果关系
特征	灵活多样,容易变通 小的便捷或主观样本 主观因素对结果影响很大	事先明确的计划与要求较大的概率样本 高度结构化的设计	对自变量进行操纵 控制其他相关变量 中小样本,随机分组
方法	专家调查 二手数据分析 定性研究 小规模的试点法 个案调查	二手数据 调查法 固定样本组观察数据等 观察法 模拟法	实验法

资料来源:涂平.营销研究方法与应用.北京大学出版社,2008.

4. **预测性调查**

预测性调查是指对未来可能出现的市场商情变动趋势进行的调查。它所回答的问题是“未来是什么”,其目的在于掌握未来市场的发展趋势,为经营管理决策和市场营销决策提供依据。预测性调查可以充分利用描述性调查和因果性调查的现成资料,是在收集历史和现在数据的基础上,运用一定的方法对事物的未来发展趋势作出的估测。预测性调查是在描述性调查和因果性调查的基础上，对市场的潜在需求进行的估算、预测和推断。因此，预测性调查实质上是市场调查结果在预测中的应用。

（四）按调查分析的方法分类

按调查分析的方法分类，有定量调查和定性调查两大类。其中定量调查类方法又可以分为邮寄调查、电话调查、街道或商城拦截面访、中心地调查、入户面访、借助其他电子手段（传真、互联网等）的调查、神秘购物调查以及其他定量调查方法；定性调查类方法又可以分为小组座谈会、深层访谈、德尔菲法、观察法、投影法和其他定性调查方法。

【资料卡 1–5】

定量调查与定性调查的差异

	定量调查	定性调查
调查结果	用数值形式显示	用语言评说表达出来
提问方式	能用数值回答的以数值形式统计	提问和回答都用日常用语即可
调查样本的数量	要求有一定数量以上的调查对象	对几个人进行提问即可，主要是探寻有效的回答者

（五）按资料的来源分类

按资料的来源分类有文案调查和实地调查两种。文案调查也叫做二手资料分析或二手数据分析，是通过收集已有的资料、数据、调查报告、已发表的文章等有关的二手信息，加以整理和分析的一种市场调查方法，经常在探索性的研究阶段中使用；实地调查与文案调查不同，必须在制定详细的调查方案和分析的基础上，由调查员直接向被访者收集第一手资料，再进行整理和分析，从而写出调查报告。

第二节　正确认识市场调查的重要性

一、市场调查的功能

市场调查是企业进行经营管理中必不可少的工具之一，了解市场调查的功能对企业从事市场营销活动具有重要意义。

（一）收集信息

收集信息功能是市场调查的基本功能，市场调查采用一定的方法和手段，收集、加工、提供各种市场信息以及相关的营销环境信息。而企业掌握相关的各种市场信息和环境信息，是营销决策和开展营销活动的依据。市场调查是企业获取信息的基本手段和途径。

(二)认识与诊断

正确认识客观事物是人类行为的前提条件。认识功能是市场调查的另一个基本功能,即消除营销主体对市场、营销环境以及企业本身状况的不确定性。诊断功能是指市场调查能够解释信息和活动。

(三)反馈和调节功能

反馈和调节功能也是市场调查与预测的延伸功能,即市场调查与预测主体在市场调查与预测的过程中,获取信息,通过加工处理与反馈,指导和调节营销活动。反馈与调节是信息工作的基本功能,也是市场调查与预测的重要功能。通过市场调查,获取各类相关信息后,还必须进行必要的加工处理,成为有用的信息,而真正的价值在于信息的反馈,使各类信息成为企业营销活动的依据,有效地指导和调节营销活动。

二、市场调查的作用

市场调查是企业进行市场营销活动的基础。一个企业如果没有市场调查这个基础,企业的市场营销决策将会成为空中楼阁,市场营销的失误将在所难免。市场调查能够辨别和界定营销机会和问题,产生、改善和估价市场营销方案,监控市场营销行为,改进对市场营销过程的认识,帮助企业营销管理者制定有效的市场营销决策信息。具体表现如下:

(一)发现市场机会和问题

通过市场调查,可以使企业随时掌握市场营销环境的变化,从中寻找到企业的市场营销机会,发现市场问题,为企业带来新的发展机遇,同时增强企业自身的实力和抗突发性市场波动能力。

【案例 1-2】

吉列公司的创新之举

吉列公司创建于1901年,其产品因使男人刮胡子变得方便、舒适、安全而大受欢迎。进入20世纪70年代,吉列公司的销售额已达20亿美元,成为世界著名的跨国公司。然而吉列公司的领导者并不以此满足,而是想方设法继续拓展市场,争取更多用户。就在1974年,公司提出了面向妇女的专用“刮毛刀”。这一决策看似荒谬,却是建立在坚实可靠的市场调查的基础之上的。吉列公司先用一年的时间进行了周密的市场调查,发现在美国30岁以上的妇女中,有65%的人为保持美好形象,要定期刮除腿毛和腋毛。这些妇女之中,除使用电动刮胡刀和脱毛剂之外,主要靠购买各种男用刮胡刀来满足此项需要,一年在这方面的花费高达7 500万美元。相比之下,美国妇女一年花在眉笔和眼影上的钱仅有6 300万美元,染发剂5 500万美元。毫无疑问,这是一个极有潜力的市场。根据市场调查结果,吉列公司精心设计了新产品,它的刀头部分和男用刮胡刀并无两样，采用一次性使用的双层刀片，但是刀架则选用了色彩鲜艳的塑料，并将握柄改为弧形以利于妇女使用，握柄上还印压了一朵雏菊图案。这样一来，新产品立即显示了女性的特点。为了使雏菊刮毛刀迅速占领市场，吉列公司还拟定几种不同的"定位观念"到消费者之中征求意见。这些定位观念包括：突出刮毛刀的"双刀刮毛"；突出其创造性的"完全适合女性需求"；强调价格的"不到50美分"；以及表明产品使用安全的"不伤玉腿"等。最后，公司根据多数妇女的意见，选择了"不伤玉腿"作为推销时突出的重点，刊登广告进行刻意宣传。结果，雏菊刮毛刀一炮打响，迅速畅销全球。

这个案例说明，市场调查研究是经营决策的前提，只有充分认识市场，了解市场需求，对市场做出科学的分析判断，决策才具有针对性，从而拓展市场，使企业兴旺发达。

资料来源：张灿鹏. 市场调查与分析预测. 清华大学出版社，2008.

（二）帮助企业制定与实施正确的市场营销战略

市场是一个竞技场，每个市场营销的参与者，必须有自己正确的营销战略，才能在竞争中立于不败之地，才能生存和发展。了解和掌握市场及其影响因素（即营销环境）的基本状况及其发展趋势，了解和掌握企业自身的经营资源和条件，市场调查是确定正确的市场营销战略的前提。

（三）提高企业的市场竞争能力

现代市场的竞争实质上是信息的竞争，谁先获得了重要的信息，谁将会在市场竞争中立于不败之地。对于信息这一重要资源，其流动性远不如其他的生产要素强，一般只能通过企业自行调查才能得到。因此，在激烈的市场竞争中，企业必须通过建立强有力的市场营销调查系统，才能随时掌握竞争者的各种信息和其他的相关信息，使企业制定出具有竞争力的市场营销策略。

（四）提高企业对市场变化的应变能力

市场营销环境变幻莫测，企业在制定市场营销策略时，即使已经进行了深入的市场营销调查，也很难完全把握市场营销环境的变化。因此，在企业的市场营销策略实施中，必须通过市场营销调查，研究环境条件的变化对企业市场营销策略的影响，并根据这些影响对企业的市场营销策略进行调整，以便有效地控制企业的市场营销活动。

总之，企业进行整个市场营销活动是以信息为依据和条件，市场调查对市场营销的全过程、各个环节、各个方面均具有十分重要的作用。

【资料卡 1-6】

市场调查的局限性

作为企业的决策者和从事市场调查的人应对调查的局限性有一个比较清楚的认识。据有关资料统计表明，根据各种市场调查结论进行生产和销售的商品，其失败率高达 92%，成功率仅为 8%。因此，有些企业认为有时市场调查好像是一个无形的陷阱，搞不好反而会束缚企业的手脚，影响企业的竞争力。为什么会产生这样大的反差呢?

(1) 市场调查不是万能的，并非所有信息都可以通过市场调查获得。比如信息属于商业机密，就很难获得。

(2) 市场调查通常是对今天的事实或被调查者过去发生行为资料的收集，而企业仅根据市场调查进行决策和生产时，有时难免要迟到一步，即只能对今天的问题提供昨天的办法，用今天的反馈来对付未来的机遇，其结果当然不适应。有调查表明，75% ~90% 的新产品上市一年后就迅速从货架上消失。因此，当调查报告完成时，其中的大部分资料已经过时了。

(3) 市场调查获得的信息并不一定都是真实的。首先，调查中大多数消费者只能凭记忆回答过去发生的行为，因而，其记忆的可靠性自然值得考虑。其次，不是所有合适的被调查者都愿意接受调查，调查获得的信息也并非都是真实的。如在调查实际中，有些问题带有敏感性，被调查者往往拒绝回答，即使有些被调查者在访问员的劝说下作出了回答，但其答案的真实性也值得怀疑。

(4) 在实践当中，市场调查的结果不一定公正，而常带有一定的倾向性。如对于同一个调查问题，不同观点的人会有不同的调查结果，而调查人员总会发现某些支持自己观点的资料；对于同一个调查问题，由于设计的问题类型和提问技巧等不同，其调查结果也会有所不同。

此外，在大多数市场调查中，由于受到抽样方法及人为原因(如调查人员的素质和敬业态度、调查环境等一些主观、客观因素)的影响，都会存在一定程度的误差。为此，我们要对调查结果客观分析，正确看待。

资料来源：赵伯庄. 市场调查. 第 2 版. 北京邮电大学出版社，2006.

【资料卡 1-7】

一般来说，营销调查在下列情况下往往被企业决策者所重视。

第一，决策者需要寻找新的市场机会时。企业在做出把某一产品投入市场的决策之前，要了解哪些是消费者新的需要和偏好，哪些产品已进入其生命周期的尽头等。

第二，市场营销管理人员需要寻找某种问题的产生原因时。例如，发现在某一市场上原来深受用户喜爱的产品现在被用户们冷落了，这时就会由管理者或决策者向调查部门提出调查课题，是产品质量或服务质量下降了，还是消费者或用户的偏好有所变化。

第三，决策者在对营销决策进行监测、评价和调整时。许多情况下，营销调查就是针对决策是否有效而进行的，需要分析决策是否使市场营销活动向更为有利的方向发展。

第四，预测未来时。调查为预测提供资料依据，预测的准确性在很大程度上取决于市场营销调查的质量。营销调查与预测是密切联系又有区别的两个概念。

资料来源：郝渊晓. 市场营销调查 . 科学出版社，2010.

第三节　市场调查的内容

市场调查的内容包括市场主体进行市场营销活动所涉及的各个领域，主要和常见的营销调查内容包括以下几方面。

(一)市场营销环境调查

市场营销环境是企业生存与发展的基础，也是影响企业进行市场营销活动的重要因素。对市场营销环境进行调查，分析和把握营销环境的变化趋势，将增强企业对环境的适应能力。企业与外部环境是相互作用的，企业的生存与发展既取决于企业与外部环境的相适应性，也取决于企业对外部环境的主动性。如果企业能够主动地影响外部环境，使自己的经营目标和营销活动与外部环境相适应，企业就会获得生存与发展；相反，如果企业只是被动地接受外部环境支配，其生存与发展就会面临很多困难。所以，市场营销环境调查是市场营销调查的主要内容之一。现代市场营销环境从整体来看复杂性和动荡性都在增加，企业适应环境变得越来越困难，这进一步增大了市场营销环境调查的重要性。

市场营销环境调查的具体内容主要包括：

1. 政治和法律环境

掌握一段时期内政府针对行业发展、财政、税收、金融、价格、外贸等方面的政策和法令；调查和预测在这些政策及法令影响下市场的变化情况。

2. 经济和科技环境

掌握一段时期内国民生产总值和国民购买力的变化；了解新技术、新材料、新工艺及新产品的研制和使用情况；了解原材料及能源供应情况；分析经济与科技的发展对企业营销的影响。

3. 人口状况调查

了解目标市场人口的数量、构成的变化；掌握目标市场的生活习俗、购买动机、购买行为及其对市场的影响。

4. 社会文化环境调查

社会文化环境在很大程度上决定着人们的价值观念和购买行为，它影响着消费者购买产品的动机、种类、时间、方式以及地点。社会文化环境调查主要包括对目标市场的宗教、信仰、价值观、审美观、风俗习惯、教育程度等方面进行研究。经营活动必须适应所涉及国家(或地区)的文化和传统习惯，才能为当地消费者所接受。掌握一段时期内某些消费行为在广大群众中的流行趋势和流行性影响；分析时尚的流行周期的长短及其对市场的影响作用。

5. 市场竞争状况调查

市场竞争状况调查就是了解本企业在市场上所处的地位，以便采取相应的策略决策，不断地提高本企业在市场上的竞争优势。市场竞争状况调查包括以下几个方面。

(1)竞争对象的情况,包括竞争单位数量和企业名称、竞争者的生产状况、经营状况及其规模、特色和竞争优势、技术水平、销售量及销售的地区和市场、销售价格及价格策略、销售推广策略、销售渠道以及其他竞争策略和手段、竞争单位所处的地理位置、运输条件、外贸状况、新产品开发状况和企业特长等。

(2)竞争产品的情况,包括产品的质量、性能、用途、规格、式样、包装、价格等。

(3)本企业和竞争企业的市场占有率和市场覆盖率。市场占有率是指一个企业某种产品的市场销售量占市场上同种商品总销售量的百分比,它是衡量企业产品市场竞争能力的标志之一。

(二)针对消费者的调查

满足消费者的需求是企业生产和经营的中心任务。消费者调查的目的在于使企业掌握消费者的购买心理、购买动机和购买习惯等,以正确选择目标市场,制定正确的营销策略。

消费者调查的具体内容包括以下几个方面。

(1)不同类型消费者的需求差别,如不同年龄、性别、职业、民族、文化程度的人们需求上的差别,再如不同工商企业或单位的需求差别等。

(2)现实消费者和潜在消费者的数量及地区分布状况等。

(3)消费者的个人收入和家庭平均收入水平、购买力的大小、购买商品的数量等。

(4)消费者购买动机和购买行为的调查。

【案例1-3】

雀巢速溶咖啡

雀巢公司一直坚持要彻底了解顾客,通过坚持不懈的市场研究和信息搜集来研究自己的顾客。在雀巢咖啡之前,人们一直要通过煮咖啡才能尝试到咖啡的美味,既费时又费力,当划时代的雀巢速溶咖啡面世时,改变了这一现象,使喝咖啡成为一件可以快速完成的事情。于是,雀巢速溶咖啡的广告便强调因速溶而带来的便利性,然而,出乎意料的是,产品并非像想象中的那样热销,家庭主妇抱怨其味道不像普通的咖啡。但在蒙住眼睛的试饮实验中,许多家庭主妇却辨别不出速溶咖啡和普通的咖啡。为了了解其中的奥妙,调查人员将普通咖啡和速溶咖啡分别写在了两张几乎相同的购货清单上,并分发给两组具有可比性的家庭主妇。然后,调查人员要求这两组家庭主妇猜测她们所看到的那张购货清单持有者的个人与社会特征,结果显示:在看到写有速溶咖啡购货清单的一组家庭主妇中,有相当多的人认为购货清单的主人必是一个"懒惰、浪费、蹩脚的妻子,并且是安排不好她的家庭计划的"。显然,这些妇女把她们自己对使用速溶咖啡的不良印象和忧虑通过虚构的妇女真实地反映出来了。然而,随着妇女解放,改变了人们对雀巢的看法,受到广大家庭主妇的欢迎,尤其对家里没有磨豆工具的家庭来说,更是喜爱。后来,省时省力的机器开始逐步推广,雀巢通过调查了解到,方便性已经不能令消费者心动,于是,广告的重点转向表现产品的纯度、良好的口感和浓郁的芳香,强调雀巢咖啡是"真正的咖啡"。当调查人员发现人们逐渐认可"咖啡就是雀巢咖啡"后,雀巢咖啡的广告又开始变化了。由理性诉求转变为感性诉求,由对产品功能性的宣传转变为对新生活方式的倡导。

资料来源:赵伯庄. 市场调查. 第2版. 北京邮电大学出版社,2006.

(三)营销组合调查

1. 产品状况调查

从市场营销的角度来看,产品要满足市场的需要,一是要注重产品的性能质量;二是要注重产品外形及品牌包装;三是要注重产品的服务。产品状况的调查主要包括以下几个方面的内容:

(1)产品实体研究。了解产品的市场生命周期,分析产品所处的生命周期的阶段,调查消费者对产品的耐用性、耐久性、坚固度等性能的要求;了解消费者对产品的特殊性能的要求及其变化。

(2)产品形体研究。调查各个市场对各种色彩、图案的偏好和禁忌,了解各市场中各种色彩和图案的象征意义与情感。调查了解各市场对产品规格的要求,如尺寸大小、轻重等。调查了解市场对产品包装的要求,如对于运输包装,需了解运输过程中各环节的装卸、储存、防盗要求及温湿度要求等;对于工业品包装,需了解用户对包装的拆封、分装、回收的要求,对包装内产品的识别和储存的要求等;对消费品包装,要了解消费者对产品包装的色彩、图案的反应,包装对产品的保护、说明及促销功能等。

(3)产品服务研究。了解市场对售前、售中、售后服务的要求,以及企业所进行的一系列服务活动的效果,为改进服务、提高服务水平提供依据。

2. 产品价格调查

产品价格调查主要包括以下几方面的内容。

(1)产品成本及比价的研究。了解产品生产、经营过程中的各种成本费用,为合理定价提供依据;了解同一时期同一市场上各种相关产品间的比价关系;了解同类产品消费者可以接受的各种差价。

(2)定价效果调查。了解本企业产品与竞争对手同类产品的价格差异及其对需求的影响;了解产品价格的合理性及价格策略的有效性;调查分析调整价格和价格策略的可行性及预期效果。

3. 营销渠道的调查

营销渠道调查主要包括以下几方面的内容。

(1)销售渠道的研究。了解本企业产品现有销售渠道的组成状况;各组成部分的作用及库存情况;渠道组成部分被竞争者利用的情况及其对各企业的态度;各渠道环节上的价格折扣及促销情况。

(2)经销商调查。了解各经销商的企业形象、规模、销售量、推销形式、顾客类型、所提供的服务等。

4. **促销状况调查**

广告及人员推销、营业推广、公共关系等促销措施的合理运用,对企业产品的销售起着重大的催化作用。了解和分析企业的促销状况是企业进行市场调查的重要内容。广告及促销状况的研究主要包括以下几个方面。

(1)广告及促销客体的研究。需要运用广告等手段进行宣传和促销的产品及企业是促销的客体。调查了解欲宣传的企业及产品的情况,为合理选择促销手段、正确制定促销组合策略提供依据。

(2)广告及促销主体的研究。承接和从事广告等促销活动的单位和个人是促销的主体,包括促销活动的决策者、设计者和操作者。了解可能承担促销任务的各个组织的业绩和素质,以便合理选择促销主体(如广告公司等)。

(3)广告及促销媒体的研究。了解各种广告媒体及各种促销媒体的特征、费用及效果,以便正确选用促销媒体。

(4)广告及促销受众的研究。了解目标市场消费者的生活习俗、购买习惯及消费心理,以便有针对性地开展促销活动。

(5)广告及促销效果的研究。运用定性和定量方法,分析各种促销手段的认知率、促销率及收益成本比,以合理进行促销决策。

【案例 1-4】

商务通的广告策略

1998 年 12 月,“商务通”进入市场,在 1999 年商务通产品就获得了 60% 的市场份额,被誉为该年度中国最大的商业奇迹之一。其市场定位是成功的,但从广告效果来看,可以说巨额的广告投放使整个个人数字处理(PDA)市场规模迅速扩大。而市场调查对其广告策略的正确选择也是功不可没的。商务通第一批广告资金只有 2 000 万元,因此只能从便宜的地方做起——与同行一样在一些报纸媒体上做一些招商类的广告。在走过了一段小小弯路之后,才找到了突破口,即大多数地方电视台的广告“垃圾时间”。商务通的目标客户是那些商务人士——白天工作繁忙的城市白领,市场调查发现,他们看电视的主要时间集中在晚间,所以,黄金时间的广告对他们来说效果不大,相反睡觉前看电视的习惯使该时段的广告收到了奇效。

2000 年度主要有 8 个品牌参与 CCTV—1 广告投放,总投放额 8 811 万元。其中,商务通广告投放量近乎行业总投放量的 2/3,已树立起掌上电脑行业的领导地位。

资料来源:赵伯庄. 市场调查. 第 2 版. 北京邮电大学出版社,2006.

除上述内容之外,市场营销调查的内容还包括企业形象调查、经销商调查等。对于各种内容,企业在市场营销调查中的关注或重视程度是不一样的。国外有统计资料表明,在所有的市场营销调查中,有 67% 是调查销售问题的,其他项目则包括分销渠道、价格、市场占有率、新产品等方面的内容。

【资料卡 1-8】

市场营销研究所涉及的内容非常广泛，包括：行业与市场研究（industry and market research），产品研究（product research），定价研究（pricing research），分销研究（distribution research），促销研究（promotion research），购买行为研究（buying behavior research）等各个方面。

主要内容：

A. 行业与市场研究

1. 行业与竞争者分析
2. 市场分析与预测
3. 市场份额分析
4. 兼并与多元化研究

B. 产品研究

1. 概念开发与测试
2. 品牌命名与测试
3. 试销市场
4. 现有产品测评
5. 包装设计研究
6. 竞争产品研究

C. 定价研究

1. 需求分析
2. 价格分析
3. 价格弹性分析
4. 竞争者价格分析’
5. 成本分析

D. 分销研究

1. 选址研究
2. 渠道绩效研究
3. 渠道覆盖面研究

E. 促销研究

1. 媒体研究
2. 文案测试
3. 广告效果测评
4. 竞争性广告研究
5. 公共形象研究
6. 销售人员薪酬与绩效研究
7. 促销效果测评

F. 购买行为研究

1. 市场细分研究
2. 品牌认知与偏好研究
3. 购买意向与行为研究
4. 购买者满意度与忠诚度研究

资料来源:涂平. 营销研究方法与应用. 北京大学出版社,2008.

第四节　市场调查的历程与现状

世界上首次有组织的、系统的市场调查活动是在18世纪中叶,由美国某些农业机械生产商所发起的,他们向全美范围的农业官员和报纸广泛发放信函,以征询各地农作物生产信息。1824年,在美国进行了第一次民意测验。1920~1950年问卷调查方法得以广泛开展。随着通信、扫描仪和计算机技术的不断成熟,定量和定性调查方法在数量上和先进性方面均得到长足的发展。

1923年美国人尼尔逊创建了专业的市场调查公司,从此以后市场调查成为企业营销活动不可分割的有机体。

1929年经济危机爆发,转变了企业以产定销的传统观念,企业开始重视生产之前的市场调查活动,进一步推动了市场调查的快速发展。1929~1939年,美国政府和有关地方工商团体共同配合,对全美进行了一次商业普查,这次普查被称为美国市场调查工作的一个里程碑。

20世纪30年代,随着心理学家的加入,统计方法的进步,市场调查的内容更加丰富,市场调查的结果更加科学可信,市场调查的范围扩大到有关市场营销的各个方面。

20世纪40年代,由Robert Merton领导开发了"焦点小组"方法。随机抽样的采用,使得抽样技术和调查方法的进步飞速。这一时期市场调查理论也得到了较快发展。在美国先后出版了不少关于市场调查的专著,其中1937年美国市场营销协会(AMA)组织专家集体编写的《市场调查技术》一书对市场调查学科地起到了重要作用,市场调查逐渐形成为一门新兴的学科,并带动了市场调查兴起,市场调查的理论与实践进一步的结合推动了企业生产与经营的快速发展。

20世纪50年代,市场调查与市场预测结合起来。随着电子计算机在企业中的应用,一个新型的现代企业信息系统逐渐形成,市场调查和预测已成为这一系统的重要组成部分,在现代企业经营管理中发挥了重要作用。到20世纪50年代中期,出现了根据人口统计特征进行市场细分研究和消费动机的研究,市场细分和消费者动机分析的综合调查技术又进一步促进了心理和利益细分技术的发展。

20世纪60年代,市场调查进入了一个快速发展的时期。随着预测模型以及计算机科学的快速发展,大幅度提高了调查数据的分析和储存取能力,市场调查业也走向成熟。消费行为(价值观和生活方式)成为消费者定性与定量研究的重要组成部分,利用电子计算机进行的大量抽样调查即软件的开发、使用,使市场调查业成为一个具有发展前景的新兴产业,出现了如美国的兰德公司、斯坦福德公司研究所等一批著名的调查公司。目前在日本、美国以及其他西方发达国家,市场调查已经相当普遍,市场调查业已成为经济生活的一个重要领域。

市场调查在中国的发展历史比较短暂。在20世纪80年代中期至90年代初期,全国的专业化市场研究公司只有少数几家。邓小平同志南巡讲话和党的十五大以后,由"计划经济"向"市场经济"过渡,市场调查开始受到人们的重视,专业化市场研究公司相继成立,到1998年,我国已有专业化市场研究公司800多家。2001年4月,中国信息协会市场研究业分会在广州宣告成立。2002年我国市场调查业年营业额近25亿元,增幅约为30%,这一增幅在世界范围内高居榜首。与中国经济的快速增长相伴随,我国的市场调查咨询行业一直扮演着积极的角色。据估计,目前我国以市场研究为主的调查咨询机构总量为1 500多家左右。到2002年12月作为全国市场研究行业协会会员单位的专业调查咨询机构已有200多家,其营业额约占中国调查业总营业额的90%以上。

目前,我国市场调查业存在的主要问题如下。

(1)企业对市场调查的认知度还比较低。目前社会公众对调查数据也不太认可,企业客户对调查数据准确性存有疑问。由于文化心理原因,我们习惯于定性分析方法,本土企业特别是民营企业不太善于借助市场调查结果辅助决策,这直接导致调查行业的市场预期与实际需求之间存在脱节。因此,我国市场调查业的总体规模目前与世界水平相比差距较大。

(2)"专业化程度低"是目前调查行业发展的最大瓶颈。很多公司没有核心业务能力,专业化人才缺乏,经营项目泛而不精,导致了在很多行业的研究方面缺乏丰厚积淀,只能解决客户的初级问题或者咨询公司嫁接的调查业务。

(3)"低层次竞争"即价格竞争普遍存在。这与上面的两个问题密切相关。价格的竞争很可能导致行业的恶性循环,即"低价位—低质量—更低价位—更低质量"。这种继续的低价竞争势态不但会对调查研究业产生极大的负面影响,更主要的是在这样的竞争下,会最终降低调查研究的质量,损害客户的利益。这不但阻碍了调查研究业的发展,同时对中国市场经济下企业的信息决策进程形成了强大的阻滞。

(4)调查企业缺少对外营销的有力手段。有关调查显示,55%的调查公司通过客户间口碑来推广自己,另有约30%的企业则通过同行业口碑;而通过定期发布调查报告和主动做广告者少之又少。调查企业对外宣传的力度低,不利于业务的开展。

第五节　市场调查的原则与步骤

一、市场调查的原则

市场调查的原则是指在进行市场调查活动的整个过程中,应该遵守的规范和标准,是进行市场调查的指导思想。调查的原则是调查活动取得成效的保证。为了提高市场调查的质量,促使企业经营决策的正确性,进行市场调查活动时应该遵守的原则有:

1. 客观性原则

客观性原则是指在市场营销调查中,收集、加工处理信息都必须真实地反映实际情况。客观性原则是贯穿整个调查过程的最重要的原则。市场调查是为了给企业的决策提供依据的,如果调查获取的资料内容虚假,可能会对企业产生误导作用,造成的后果不可想象。

2. 全面性原则

全面性原则是指在市场营销调查中要根据研究目的全面、系统地收集有关市场和所研究的问题的资料,完整、系统地反映事物的特征。企业从事市场营销调查,不仅要求所收集的信息准确而且要求完整,只有这样,才能通过综合分析、判断作出正确的决策。

3. 时效性原则

所谓时效性原则,是指对信息的收集、加工处理、分析和提供必须及时,这样才能使企业及时作出决策,对各种市场变化采取有效的对策,从而使企业处于有利的地位。市场就是战场,各种机会稍纵即逝。用时效的标准来要求市场营销调查工作有利于企业争取时间,创造机会,抢先占领市场,使企业掌握市场竞争的主动权。

4. 适用性原则

市场调查活动的质量不在数量上,而在对企业决策的适用性上。适用性原则包括两层含义:一是所收集的信息是对决策有用的信息,能够给企业的营销决策提供科学的依据;二是所收集的信息够用即可,企业依靠这些信息足以作出正确的决策。所以,企业应根据不同的研究目的,针对不同的需求,收集与之相适应的信息。

5. 经济性原则

经济性原则是指市场调查应尽量使用最小的成本和最短的时间提供可信的、有用的信息资料。市场调查在信息的收集、分析、处理、提供过程中,要尽量减少费用支出,尽可能地提高效益。坚持经济性原则,首先应该注意调查活动的成本和收益之间的关系,其次应尽量节省调查活动过程中的费用。可以采用低成本的方法就不要使用高成本的方法,能够节省的开支就应该尽力节省,只有这样,才能以较小的投入争取更大的产出。

6. 动态性原则

市场中的任何事物都处于不断的变化和发展过程中,因此,在市场调查活动中也必须用发展的、变化的、动态的观点指导工作。同时用动态性原则指导调查活动，应该妥善保管已经拥有的信息资料，而且还要不断地进行信息资料的更新和完善，尽量保持信息资料与市场变化的动态同步性。

二、市场调查的步骤

市场调查是一个由不同阶段、不同步骤、不同活动构成的有目的的连续过程，各阶段、各步骤在功能上相互联系、相互衔接，共同构成了一个整体。

（一）从整体框架上看，市场调查可以分为四个阶段

第一阶段是准备阶段。这一阶段，应从企业决策所面临的问题出发，通过对问题以及企业内外各相关因素的分析，提出调查课题以及调查的主要目的。

第二阶段是设计阶段。主要包括调查项目总体设计，调查方案、内容、方法和手段的设计。

第三阶段是实施阶段。这是市场营销调查的关键阶段，主要工作是利用各种有效的方法组织人员采集所需要的信息资料，管理、组织、控制、监督和检查资料的收集活动，以保证信息资料的质量。

第四阶段是处理阶段。在这一阶段，要利用多种定量分析和定性分析方法对资料进行整理、分析和数据处理，得出结论性的报告，提交有关部门和管理决策者。

（二）从具体操作层面上，可以将市场调查过程分为六个步骤

1. 明确调查目标和界定问题

在做市场调查前，要先做好两个问题的回答：一是为什么要做市场调查？二是要做什么样的调查研究？这两个问题的正确回答，是进行市场调查的前提，重在帮助调查者进一步明确调查目标，理清调查思路，防止调查工作出现方向性的错误。

（1）理清调查思路。在进行市场调查前，明确地理清问题是非常重要的，即要先明确市场调查的目的，准确地弄清经营管理决策部门将要依据这次调查进行什么决策，进行该项决策需要探求识别什么问题，即解决“为什么要做市场调查？”这一问题。通过企业内部与外部问题诊断，要先知道企业有哪些问题、问题严重程度、主要问题与一般问题、问题的类型等，只有问题清理清楚了，才能去设计调查计划与方案，选择适当的调查方法，实施有效的市场调查。如果对问题没有正确理解或定义有毛病，那么所有的努力、花费的人力和物力，都未用在真正需要解决的问题上，这将会是很大的浪费，问题没有明确地定义，就必将导致调查项目的失败。

（2）确定调查目标。明确调查目标，是市场调查能够取得成效的先决条件。市场调查，一般是根据企业预测、决策和计划的要求，或者是根据经营活动中发现的新情况和新问题而提出的。依据市场调查的分类和确立市场调查目的和目标，为市场调查活动的开展指明方向，即在解决第一个问题的基础上，将经营管理决策部门的目的转化成具体的目标，确切地决定通过市场调查研究所要了解的具体资料和数据信息，需要涉及多大的范围，调查的对象等。此时，要

完整说明“要做什么样的调查研究?”这一问题,就是将调查目的转化成了具体的目标,要确切地决定调查研究中所要询问的问题。这是对市场调查目的和目标的具体化,它将市场调查目的和需要解决的问题有条理的详细表达,使调查人员看到后能够清楚认识调查的任务和所要开展的工作重点。

(3)界定调查问题。定义调查问题是市场营销调查程序中一个相当重要的步骤,是决定今后营销调查方向的关键。企业要改善经营状况,就必须首先知道经营的难点、自身的优势与劣势、发展的机遇等。

为了更科学、准确地定义营销调查问题,可以采取如下3种方法。

1)与企业经营决策者讨论。调查人员可以通过与决策者讨论,从他那里得到企业面临的经营难点和决策问题,了解决策者希望通过市场营销调查得到什么结果。同样决策者也应该了解他能从市场营销调查中得到什么,有什么局限性等。通过沟通达成共识,这不仅有助于确定问题,还有助于对调查目标进行准确而合理的定位。

2)向专家咨询。调查人员可以向有经验的业内专家求教,这些专家可以是市场调查的专家,也可以是熟悉行业和客户经营环境的专家。听取专家的意见与看法,有助于确认决策问题及其备选方案,技术性很强的行业尤其如此。可通过深度访谈、小组座谈等方式从专家那里获得信息。一般采取非结构化的方式,不使用正式问卷。但是,在进行专家咨询时,应注意以下问题:

①选择合适的人选:对调查项目比较了解,名气大的专家并不一定就是合适的人选。

②合理的报酬:为专家制定合理的报酬能够起到很好的激励作用。

③明确要求:对专家提出明确的要求能够保证调查目标的实现。

④提供翔实的背景资料:再有经验的专家如果没有必要的背景信息也难以提出有价值的建议。

3)收集并分析第二手资料。二手数据是为某些其他目的所收集的数据,包括商业和政府机构、营销研究公司和计算机数据库提供的信息,以及公司以往开展的营销研究报告、销售和售后服务记录、客户档案等。由于互联网的普及,公司网站和有关在线数据库常常可以提供非常经济、快捷的背景信息,帮助我们把握问题的起因和解决问题的线索,有时候甚至能够帮助我们找到初步的答案。

2. 设计市场调查方案

市场调查是一项有计划的工作,其计划性是通过设计和制订市场营销调查方案具体体现出来的。市场调查方案是市场营销调查工作的行动纲领,它保证了市场营销调查工作的顺利进行。设计和制订市场营销调查方案就是对市场营销调查做周密的计划。正确地编制调查方案是整个市场调查活动取得成功的基础。一个完善而系统的市场调查方案一般包括调查方案基本概述,即调查背景、调查目的要求、调查区域与对象、调查方法;调查方案核心问题综述,即调查主要内容;调查方案实施保障环节,即调查的实施、经费预算、质量控制和日程安排等内容。

(1)市场调查背景。调查背景是对本次调查工作开展的原因、必要性的大致介绍和总体概括。可简要描述行业大背景,阐明行业历史、现状及发展趋势。同时,分析本企业(产品)市场现状,有利因素和不利因素,进而指出本次市场调查的必要性。

(2)市场调查目的。市场调查目的是根据市场调查目标,在调查方案中列出本次市场调查的具体目的及要求。明确市场调查的目的是开展市场营销调查工作首先需要解决的问题,即为什么要开展市场调查?通过调查要解决哪些问题,要达到什么目的?如果目的不明确、不具体,就无法具体设计调查方案。它是对如何解决企业决策及管理问题的具体回答,一般可从行业、消费者、竞争对手、渠道、促销、产品等方面展开。

(3)市场调查区域和对象。调查地区范围应与企业产品销售范围相一致,当在某一城市做市场调查时,调查范围应为整个城市;但由于调查样本数量有限,调查范围不可能遍及城市的每一个地方,一般可根据城市的人口分布情况,主要考虑人口特征中收入、文化程度等因素,在城市中划定若干个小范围调查区域,划分原则是使各区域内的综合情况与城市的总体情况分布一致,将总样本按比例分配到各个区域,在各个区域内实施调查。这样可相对缩小调查范围,减少实地调查工作量,提高调查工作效率,减少费用。

调查对象应说明样本的数量、限制条件及选择原则。如果调查对象的选择是以抽样来决定的话,则应对抽样过程进行详细说明。市场调查的对象一般为消费者、零售商、批发商,零售商和批发商为调查产品的经销商家,消费者一般为使用该产品的消费群体。在以消费者为调查对象时,要注意到有时某一产品的购买者和使用者不一致,如对婴儿食品的调查,其调查对象应为孩子的母亲。此外还应注意到一些产品的消费对象主要针对某一特定消费群体或侧重于某一消费群体,这时调查对象应注意选择产品的主要消费群体,如对于化妆品,调查对象主要选择女性;对于酒类产品,其调查对象主要为男性。

(4)市场调查的方法。说明以何种调查方式来对相关的调查对象收集资料。常用的调查方法有文案调查、问卷调查、深度访谈、小组座谈会等形式。这几种调查方法各有其优缺点,适用于不同的调查场合,企业可根据实际市场调查项目的要求来选择。

(5)市场调查的主要内容。确定市场调查的内容是制订市场调查方案的主要工作。调查内容是为了获得统计资料而设立的,它必须依据调查目标进行设置,影响调查目标的因素很多,都可以成为调查项目之一,但调查内容的增加,调查的工作量和统计量也会相应增加,所以要对所有相关因素进行取舍。对有关内容的重要程度进行比较,然后选择那些相关程度较高的内容项目;这些内容与调查主题关系密切,而且要意义明确,便于回答;要根据经费的多少、统计能力和调查方式等情况,确定调查项目,一般而言,调查的内容主要有经营环境调查、市场需求调查、顾客情况调查、竞争对手调查和市场销售策略调查等。市场调查内容是收集资料的主要依据,是为实现调查目标服务的,因此可根据市场调查的目的确定具体的调查内容。

1)经营环境调查。主要包括三项内容:一是政策、法律环境调查,着重调查企业所经营的业务或开展的服务项目;当前国家有关政策法律信息,以及当地政府是如何执行各项政策法规和对企业的影响;二是行业环境调查,着重调查企业所经营的业务或开展的服务项目所属行业的发展状况、发展趋势、行业规则及行业管理措施;三是宏观经济状况调查,着重了解客观经济形势,掌握经济状况信息。

2)市场需求调查。市场需求调查,一是通过对需求量进行调查,为企业产品进行市场定位;二是市场需求趋势调查,着重了解市场对某种产品或服务项目的长期需求态势,了解该产品和服务项目是逐渐被人们认同和接受,需求前景广阔,还是逐渐被人们淘汰,需求萎缩,了解该种产品和服务项目从技术和经营两方面的发展趋势如何等。

3)顾客情况调查。顾客情况调查包括两个方面的内容:一是顾客需求调查,例如购买某种产品(或服务项目)的顾客大都是什么人(或社会团体、企业),他们希望从中得到哪方面的满足和需求(如效用、心理满足、技术、价格、交货期、安全感等)等。二是顾客的分类调查。重点了解顾客的数量、特点及分布,明确企业的目标顾客,掌握他们的详细资料,如果是某类企业和单位的话,应了解这些单位的基本状况,如进货渠道、采购管理模式,取系电话、办公地址,某项业务负责人具体情况和授权范围,对某种产品和服务项目的需求程度,购买习惯和特征。如果顾客是消费者个人,应了解消费群体种类,即目标顾客的大致年龄范围、性别、消费特点、用钱标准,对某种产品和服务项目的需求程度,购买动机、购买心理、使用习惯。掌握这些信息,将为企业有针对性开展业务做准备。

4)竞争对手调查。了解竞争对手的情况,包括竞争对手的数量与规模,分布与构成,竞争对手的优缺点及营销策略,做到心中有数,才能在激烈的市场竞争中占据有利位置,有的放矢地采取一些竞争策略。

5)市场销售策略调查。重点调查了解目前市场上经营某种产品或开展某种服务项目的促销手段、营销策略和销售方式主要有哪些。如销售渠道、销售环节,最短进货距离和最小批发环节,广告宣传方式和重点,价格策略,有哪些促销手段,有奖销售还是折扣销售,销售方式有哪些,批发还是零售,代销还是直销,专卖还是特许经营等,调查一下这些经营策略是否有效,有哪些缺点和不足,从而为企业决策采取什么经营策略、经营手段提供依据。

(6)市场调查的实施。市场调查的实施环节主要是对调查流程、调查组织、人员培训三个方面进行简要说明。其中调查流程,可用一个简单的图对整个的调查流程进行说明;调查组织是建立市场调查项目的组织领导机构,可由企业的市场部或企划部来负责调查项目的组织领导工作,针对调查项目成立市场调查小组,负责项目的具体组织实施工作;人员培训,主要包含人员的素质要求、人员的培训内容进行简单说明。

(7)市场调查的经费预算。调查前应根据该次调查的目的要求、范围对象等对所需经费做出预算,并评估从调查中可能得到的信息价值是否高于收集这些信息所需的花费,决定是否进行该次调查。在进行经费预算时,一般包括,方案设计费,抽样方案设计费,调查问卷设计费及印刷费,调查实施费,数据录入费,数据统计分析费,调查报告撰写费,办公费用,专家咨询费,劳务费,管理费或税金,鉴定费、新闻发布会及出版印刷费用等。在进行预算时,要将可能需要的费用尽可能考虑全面,以免将来出现一些不必要的麻烦而影响调查的进度。

(8)市场调查的质量控制。市场调查质量控制一般应用统计技术来进行检测,并与标准相比较,衡量质量是否达到规定的水平。

(9)市场调查的日程安排。在客户确认项目后,就要有计划的安排调查工作的各项日程,用以规范和保证调查工作的顺利实施。按调查的实施步骤,可分七个小项来对时间进行具体安排:调查方案、问卷的设计;调查方案、问卷的修改、确认;项目准备阶段(包括网络、人员安排);实地调查阶段;数据预处理阶段(编码、输入);数据统计分析阶段;调查报告撰写阶段。

总之,一份完整高质量的调查方案,应包括上面所涉及的内容,要尽量做到科学性与经济性的结合。调查方案的格式方面可以灵活,不一定要采用固定格式。但是,应对调查方案的可行性研究,通常调查方案的可行性研究的方法包括逻辑分析法、经验判断法以及试点调查法,一般情况下,对调查方案进行评价应包括四个方面的内容,即调查方案是否体现调查目的和要求;调查方案是否具有可操作性;调查方案是否科学和完整;调查方案是否具有调查质量高、效果好的特点。此外,调查内容很重要,调查规模又很大时,可以采用调查方案的模拟调查,如客户论证会和专家评审会等形式。

【资料卡 1-9】

恰当界定市场调查的问题

市场调查的目的是为了解决某些营销问题。对市场调查要解决的问题界定不清,有可能把整个调查工作带入歧途。

一种情况是对调查问题界定过窄,有可能导致遗漏某些必要的信息。如在对某保健品调查中,调查人员前期没有经过定性调查,就想当然地认为消费者可能对产品功能、价格感兴趣,而在问卷中忽略了对口味、内包装的了解。结果在新品上市后发现,尽管该产品概念独到,价格也合适,但销售量却不理想。在调查中有些消费者反映,里面的小瓶打开太费事,而且味道偏甜,而这个产品的主要服用者是老年人,产品不太适用。还有一种情况是将问题界定得过于宽泛,这将有可能使企业收集到许多不需要的信息,而实质性的问题却没有涉及,从而导致对消费者消费行为的误解。

因此,在调查之前,调查人员要了解同问题有关的所有因素,这些因素将构成调查的主题。如果问题不好把握,最好事先进行探索性调查,在小规模范围内确切掌握问题的性质和更好地了解问题发生的环境。随着探索性调查的开展,调查人员应从中识别出一些营销的问题。

资料来源:赵伯庄. 市场调研. 第 2 版. 北京邮电大学出版社,2007.

【资料卡 1-10】

市场调查计划书的模板

一、调查背景

二、调查目的及意义

三、调查内容

四、调查方法

五、调查范围和调查对象

六、抽样方案

七、资料分析方案

八、调查结果的提交形式

九、调查的时间进度

十、调查费用预算

十一、调查的组织计划

十二、其他有关事项

十三、附件部分

备注:

(1)调查背景:简要介绍行业大背景和竞争态势,分析客户企业、产品的现状,界定客户所面临的营销决策课题,说明开展市场调查的必要性。

(2)调查目的:说明该项调查的目的、要研究的问题以及该项调查结果给企业带来的决策价值。

(3)调查内容:在确定调查目的之后,就需要判断达到调查目的所需的各种信息,要将营销决策问题转化为营销研究问题,并进一步详细列出具体的调查项目,规定所需的信息。

(4)调查方式、方法:界定研究所属的类型,指明所采用的数据收集方法和调查方式。一般有调查法、观察法、实验法。应根据调查课题的目的、内容和性质的不同,选择最适当、最有效的方法。

(5)调查范围、对象:明确界定调查的范围和调查对象,在什么区域、地区调查,调查对象的特征和需要满足的具体要求等。

(6)抽样方案:选择抽样的方式,制定抽样的程序,确定合适的样本量,并估计可能达到的精度。

(7)资料分析方案:确定资料整理和统计分析计划,对资料的审核、订正、编码、分类、汇总、图表展示等作出具体的安排。根据调查的要求,选择最佳的分析方法并在方案中加以规定。

(8)调查结果的提交形式:对在调查结束之后客户将获得的各种调查结果从内容、形式、数量、质量、提交期限等方面进行具体的规定。

(9)调查时间进度表:规定调查项目开始的时间和完成期限,并对各项工作的进度制订周密的计划,其目的是使整个调查工作及时开展、按时完成。

(10)调查费用预算:制订较为详细的工作项目费用计划,以保证项目在可能的财力、人力和时间限制的要求下完成。

(11)调查的组织计划:制订调查实施过程中的具体工作计划,如各工作环节的人员配备与工作目标,调查的质量控制措施,调查员的挑选与培训等。

(12)其他有关事项:项目组成员介绍、公司介绍、过往研究经验介绍等与项目有关的事项。

(13)附件:如抽样方案的技术说明及细节说明,数据处理方法、所用软件等方面的说明,产品概念测试时所需要测试的产品概念及其解释等。

3. 数据收集

数据收集的主要任务是采取各种调查方法,按照调查方案的要求收集所需要的资料。数据收集是取得第一手资料的关键工作。包括访问员的招聘、培训,访问员的管理工作等,市场营销调查的组织者必须集中精力做好外部协调和内部组织工作,力求以最短的时间、最少的人力、最好的质量完成资料收集任务。

4. 数据整理和分析

市场营销调查人员要对所收集的大量信息资料进行分类整理、审核、检验、加工,以提高数据的准确性。数据分析要进行单变量和复杂多变量分析,分析的目的是对数据进行解释并从中得出科学的结论。

5. 分析结果和编写提交调查报告

资料分析是编写报告的前提,而编写报告是市场调查的必要过程与必然结果。市场营销调查报告是市场营销调查成果的集中体现,市场营销调查人员应该把整个调查过程、分析结果、结论和建议以书面报告的形式提交管理层和相关部门。调查报告的内容应包括市场调查的目的,调查资料的来源、抽样方式、调查方法与市场调查的发现及结论,以及提出相应的整改意见、建议与对策。编写调查报告应注意:①要在规定时间内完成调查报告;②要用资料、数据说明调查结论;③文字表述要准确、简明、一针见血,避免主观武断、不切实际地空谈。

6. 调查结论的追踪反馈

编写调查报告不是调查过程的终结,而是为下一次市场调查作铺垫。追踪反馈就是要根据实践检验调查报告反映的问题,检验建议是否可行实用?效果如何?要不断地总结经验教训,不断地提高市场调查的工作能力和认识水平。

【资料卡 1-11】

市场研究的技术发展

市场经济的发展催生了市场调查这个行业,也促进了市场调查行业在技术上不断创新。通常市场调查的技术包括三个方面的内容,即统计技术、研究技术、软件技术。统计技术是指对定性和定量资料在收集、整理、分析过程中应用的各种统计手段、统计方法、统计模型等。例如抽样方法和多元统计分析方法;研究技术主要指市场研究中用到的研究手段、研究方法、研究模式等,例如波特竞争力矩阵、定价模型、新产品开发模型、品牌审计模型;软件技术是指市场研究中各种软件的应用及解决方案,例如业界熟知的 SAS、SPSS、STATA、Lisrel、Amos 等软件。

【案例1-5】

科益人项目市场调查计划书

一、调查背景

随着人民生活水平的不断提高,人们对自身健康的保护意识越来越强。山东科益人生物工程有限公司以"科技造福于人类"为发展宗旨,以市场为导向,研制、开发了鼻腔清洗器这一领导健康新潮流的卫生产品,填补了国内这一领域的空白。

任何事物的发展都不是一蹴而就的,像刷牙、沐浴等卫生习惯都是经过长时间的不断发展才达到今天的普及程度,鼻腔清洗也是这样。消费者虽然有这方面的潜在需求,但如何让广大消费者认识并接受鼻腔清洗这一卫生新概念,还需要花大力气进行市场培育。科益人公司作为鼻腔清洗器的国内首家生产、经营企业,能否成功地将这一产品进行上市推广,将取决于营销策略是否正确,而正确的营销策略从市场中来。因此我们只有在对市场情况有一个深入而透彻的了解后,才能准确地进行产品价格、渠道、促销方式的组合,从而把产品全面推向市场。这就是我们进行此次市场调查的原因。

通过此次市场调查,我们可以对目标消费者、销售终端及相关媒体等方面的信息有一个全面掌握,从而达到有把握地进入目标市场,一举取得成功的目的。

所以,市场调查是我们成功的第一步,是制定正确营销策略的基础,我们将尽我们最大的努力来保证这次调查的成功。相信在科益人公司的积极配合下,我们的目标一定可以实现。

二、调查目的

本次调查的主要目的有两个:首先是对科益人公司所面临的外部环境进行科学、系统、细致地了解,通过市场细分,寻找我们的目标消费者,并对其进行深入了解;其次通过此次调查,寻找和挖掘产品的USP(独特卖点),为科益人公司的鼻腔清洗器在产品、定价、包装、渠道、宣传推广等政策的制定提供科学的市场依据。以下是具体化的调查目的:

(1)通过调查了解市场背景信息,为鼻腔清洗器的上市提供宏观决策的科学依据;

(2)通过调查了解消费者心理、购买行为特征、媒介喜好及销售终端、相关媒体等信息,为制定正确的价格、包装、广告、促销策略和推广方案打下坚实的基础。

三、调查内容

(一)消费者调查

1. 消费者消费行为模式调查

(1)消费者对鼻腔清洗器的拥有情况;

(2)消费者购买鼻腔清洗器的地点选择;

(3)影响消费者购买鼻腔清洗器的主要因素;

(4)消费者接受鼻腔清洗器信息的主要渠道。

2. 消费者对产品的选择

(1)消费者购买鼻腔清洗器时的主要考虑因素;

(2)消费者对鼻腔清洗器的价格承受能力；

(3)消费者对产品包装的考虑要素；

(4)消费者对产品促销的考虑要素。

3. 目标消费者的基本特征

(1)目标消费者的年龄构成；

(2)目标消费者的性别构成；

(3)目标消费者的文化程度构成；

(4)目标消费者的职业构成；

(5)目标消费者的收入构成。

(二)终端调查

1. 销售终端的销售特点调查

2. 消费者的购买特点调查

3. 对厂家的要求(铺货、上架等)

(三)媒体调查

1. 产品的背景信息及未来发展趋势，市场状况调查

2. 媒体发行量(收视率)、栏目设置情况、覆盖区域收费标准等的调查

四、调查方法与样本数

(一)调查区域与对象

调查区域：本次调查的调查区域经过双方磋商，并考虑市场消费状况、容量和辐射力等方面因素，确定为广州、济南两城市。(本方案所述情况皆指广州、济南调查由科益人公司参照本方案执行调查实施，全部调查问卷的统计分析工作统一由采纳公司负责，对科益人公司自行调查实施过程中所发生的错误和偏差采纳公司概不负责)。

调查对象：调查区域内年满16周岁以上的常住居民。

(二)调查方法

本次调查采用了定量分析与定性分析相结合的调查手法。定量分析主要用于消费者调查，在调查方式上采用封闭式的问卷调查法，在抽样上采用便利抽样与配额抽样相结合的方式，即在商场、居民区等场所对符合我们目标特征的消费者进行拦截，展开问卷调查；定性分析主要用于终端调查和媒体调查，采用的方式为对目标对象进行开放式深度访谈。

(三)样本量

由于本次调查所涉及的产品——鼻腔清洗器对绝大多数消费者来说比较陌生，为了既保证一定的置信度(95%左右)，又使调查具有可操作性，确定每个城市消费者调查的样本量为350个(此时的抽样误差为5.2%)。在这350例样本的选择上，按性别、年龄等因素进行配额，以确保本次调查的代表性。

为了进一步了解销售渠道、市场前景、媒介等方面的资料，我们还将进行10例销售终端调

查和2例媒体调查。

这样,我们要进行定量调查(消费者调查)350例;定性调查(终端调查、媒体调查)12例。合计362例。加上科益人公司自行操作的济南调查,共计724例。消费者调查具体配额如下:

年龄 区域	25岁以下	25~35岁	35~45岁	45岁以上	合计
天河区	10	15	15	10	50
黄埔区	10	15	15	10	50
白云区	10	15	15	10	50
越秀区	8	12	12	8	40
荔湾区	8	12	12	8	40
芳村区	8	12	12	8	40
海珠区	8	12	12	8	40
东山区	8	12	12	8	40

注:消费者调查样本数合计350例,男女大致比例为7:3。

五、调查实施

(一)调查的流程

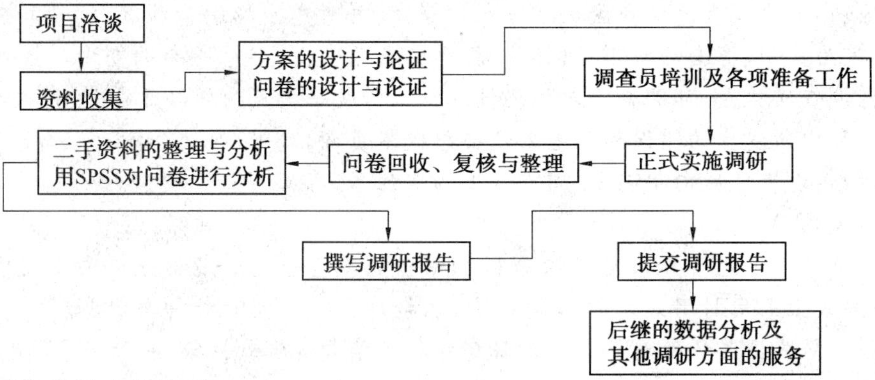

(二)调查所需人员

根据我们的调查方案,在广州市进行本次调查需要的人员有三种:调查督导、调查员、复核员。具体配置如下:

调查督导:2名,由采纳公司派人专职督导;

调 查 员:5~6名,由我们自己的调查员网络提供;

复 核 员:1~2名,可由督导兼职,也可另外招聘。

如有必要还将配备辅助督导(1名),协助进行访谈、收发和检查问卷与礼品。问卷的复核比例为全部问卷数量的30%，全部采用电话复核方式，复核时间为问卷回收的24小时内。

（三）相关人员的培训

1. 督导人员的培训

人员的要求：本科以上学历，有丰富的调查知识与经验，组织管理能力强，有责任心。

培训的内容：主要的工作职责；介绍项目的背景、调查的内容与对象；讲解抽样的方法；调查员的招聘、培训与管理；问卷的审核与补救；对相关问题的处理方法。

2. 调查员的培训

人员的要求：专科以上的学历，有丰富的调查经验，与人的沟通能力强，工作的主动性、责任心比较强。

培训的内容：主要的工作职责；项目的背景、内容、对象的介绍；问卷的讲解；调查的技艺；相关问题的处理。

（四）需要科益人公司的配合

（1）请科益人公司安排1～2名人员专职负责本次调查的后勤、联络工作，协调双方因调查工作所发生的事务联系。

（2）请科益人公司以最快的速度为我们邮寄6～8个鼻腔清洗器样品，以供调查测试之需。

六、质量控制

（一）调查组织

公司针对该项目成立专门的调查小组，由公司的调查经理任该项目的负责人，协调整个调查的进行并对调查质量实行直接控制。调查的督导、调查员、复核员由公司具有本科以上学历的资深调查人员担任。朱总和刘总对最终的调查质量进行控制。科益人公司作为客户对整个流程的质量可随时实行监控，并对相关的问题提出质疑。

（二）方案与问卷设计的质量控制

（1）在方案及问卷设计以前，设计人员通过二手资料的收集、本地市场的调查、与客户的交流、专家访谈等方式，应对行业的现状、项目的背景、调查的内容、消费者及产品的相关知识有一个较深入的了解。

（2）方案及问卷设计由公司具有丰富专业知识及实践经验的资深市场调查人员撰写，经项目小组讨论审核、朱总和刘总审核方可提交给科益人公司，在与科益人公司讨论修改后，试调查并最终通过科益人公司审核后方可付诸实施。

（三）实地调查的质量控制

（1）调查的督导人员必须由公司具有本科以上学历的资深调查人员担任，调查员必须由具有专科以上学历的人员担任。

（2）督导人员和调查人员在进行实际操作前，必须经过专门的培训，经考核合格后方可操作。

(3)问卷调查时,多调查5%作为备用问卷,以保证总体样本量与设计数量相符合。

(4)问卷调查时,问卷的复核比例为全部问卷数量的30%。采用电话复核和实地复核两种方式相结合,复核时间为问卷收回24小时内。复核人员不能是调查人员。

(四)资料整理及分析的质量控制

(1)问卷回收公司总部后,由公司专业的调查人员进行第二次审核。

(2)数据采取双向录入,分析软件采用SPSS10.0。

(3)分析报告由公司的专业研究人员撰写,经小组审核、公司领导审核、科益人公司审核后方可通过。

七、日程安排

工作内容	实施进度	实施地点	执行人员
调查方案设计	7.17~7.19	深 圳	科益人项目组
调查方案论证	7.19~7.21	深 圳	科益人项目组
调查培训	7.20~7.22	广 州	科益人项目组
消费者调查	7.24~7.27	广 州	科益人项目组
销售终端调查	7.27~7.29	广 州	科益人项目组
媒体调查	7.27~7.28	广 州	科益人项目组
问卷统计分析	7.30~8.02	深 圳	科益人项目组
撰写调查报告	8.02~8.10	深 圳	科益人项目组

本章小结

市场调查是运用科学的方法,有目的、有计划、系统地收集、整理和分析有关市场营销方面的信息,提出解决问题的建议,供营销管理人员了解营销环境,发现机会和问题,为预测和决策提供依据。市场调查是为企业解决所面临的市场营销问题服务的,它为企业的决策者提供所需的决策信息,是改进企业营销决策的一种有效手段,它对决策的作用是直接影响盈利性组织为其目标市场提供服务的能力。按照市场调查目的的不同,市场调查可以分为探索性调查、描述性调查、因果关系调查和预测性调查;按照调查内容的不同,市场调查可分为定性调查与定量调查。市场调查的内容包括市场主体进行市场营销活动所涉及的各个领域,如市场营销环境的调查、消费者的调查、营销组合调查等。市场调查是一种科学的工作方法,必须尊重科学、尊重客观规律。为了使市场调查取得良好的预期效果,必须制订周密的调查计划,按步骤做好必要的准备工作,认真实施。市场调查的过程从整体框架上看分为调查准备、调查设计、调查实施、调查资料处理四个阶段;从具体操作的角度看分为六个步骤,即明确调查问题或机会的识别;设计和制订市场调查方案;数据收集;数据整理和分析;分析结果和编写提交调查报告;调查结论的追踪反馈。

思考练习

1. 市场调查的重要意义及其调查内容是什么?
2. 市场调查的内容有哪些?
3. 简述市场调查的过程。
4. 新产品上市前进行市场调查有什么好处?

【案例分析】

市场调查的经典案例——宝洁润妍洗发水

润妍是宝洁公司旗下唯一针对中国市场原创的洗发水品牌,也是宝洁公司利用中国本土植物资源开发的唯一的系列产品。曾几何时,润妍被宝洁公司寄予厚望,认为它是宝洁公司全新的增长点;曾几何时,无数业内、业外人士对它的广告与形象赞不绝口;曾几何时,很多人以为又到了黑发飘飘的春天……但2002年润妍全面停产,退出市场,润妍怎么了?

润妍上市前后的两三年里,中国洗发水市场真"黑":联合利华的黑芝麻系列人参产品从"夏士莲"衍生出来,成为对付宝洁公司的杀手锏;重庆奥妮则推出"新奥妮皂角洗发水"强调纯天然价值,有"何首乌"、"黑芝麻"、"皂角"等传统中草药之精华;伊卡璐把其草本精华系列产品推向中国;河南民营企业鹤壁天元也不失时机地推出"黛丝"黑发概念的产品……市场上一度喊出终结"宝洁"的声音。

黑头发的东方人就是希望头发更黑!——原来的商业计划百密一疏,只见树木,不见森林。所以在产品测试阶段,宝洁人再次通过调查反省了对产品概念、包装、广告创意等的认识,对原来的计划进行了部分修正。至此,宝洁公司的"让秀发更黑更亮,内在美丽尽释放"的润妍洗发水就此诞生。

下面具体介绍宝洁公司在润妍洗发水上市前所做的市场调查工作。

一、市场调查——卧薪尝胆

1."蛔虫"调查——贴身观察消费者

一个称为"贴身计划"的商业摸底市场调查静悄悄地铺开。包括时任润妍品牌经理黄长青在内的十几个人分头到北京、大连、杭州、上海、广州等地选择符合条件的目标消费者,和他们24小时一起生活,进行"蛔虫"式调查。从被访者早上穿着睡衣睡目朦胧地走到洗手间,开始洗脸梳头,到晚上洗发卸妆,女士们的生活起居、饮食、化妆、洗护发习惯尽收眼底。黄长青甚至会细心揣摩被访者的性格和内心世界。在调查中,宝洁公司发现消费者认为滋润又具有生命力的黑发最美。

宝洁公司还通过一、二手资料的调查发现了以下的科学证明:将一根头发放在显微镜之下,你会发现头发是由很多细微的表皮组成的,这些称为毛小皮的物质直接影响头发的外观。健康头发的毛小皮排列整齐,而头发受损后,毛小皮则是翘起或断裂的,头发看上去又黄又暗。而润发露中的滋养成分能使毛小皮平整,并在头发上形成一层保护膜,有效防止水分的散失,补充头发的水分和养分,使头发平滑光亮且更有滋润。同时,润发露还能大大减少头发的断裂和摩擦,令秀发柔顺易梳。

宝洁公司专门做的调查试验,发现使用不含润发露的洗发水,头发的断裂指数为1,含润发露的洗发水的指数为0.3，而使用洗发水后再独立使用专门的润发露，断裂指数就达到0.1。中国市场调查表明，即使在北京、上海等大城市也只有14%左右的消费者会在使用洗发水后单独使用专门的润发产品，全国平均还不到10%。而在欧美、日本、香港地区等发达市场，约80%的消费者都会在使用洗发水后单独使用专门的润发产品。这说明国内大多数消费者还没有认识到专门润发步骤的必要性。因此，宝洁公司推出润妍一方面是借黑发概念打造属于自己的一个新品牌，另外就是把润发的理念迅速普及。

2. 使用测试——根据消费者的意见改进产品

根据消费者的普遍需求，宝洁公司的日本技术中心随即研制出了冲洗型和免洗型两款润妍润发产品。产品研制出来后并没有马上投放市场，而是继续请消费者进行使用测试，并根据消费者的要求进行产品改进。最终推向市场的润妍是加入了独特的水润草药精华，特别适合东方人发质和发色的倍黑中草药润发露。

3. 包装调查——设立模拟货架进行商店试销

宝洁公司专门设立了模拟货架，将自己的产品与不同品牌特别是竞争品牌的洗发水和润发露放在一起，请消费者反复观看，然后调查消费者究竟记住和喜欢什么包装，忘记和讨厌什么包装，并据此做进一步的调查与改进。最终推向市场的润妍倍黑中草药润发露的包装强调专门为东方人设计，在包装中加入了能呈现独特的水润中草药精华的图案，包装中也展现了东西方文化的融合。

4. 广告调查——让消费者选择他们最喜欢的创意

宝洁公司先请专业的广告公司拍摄一组长达6分钟的系列电视广告，再组织消费者来观看，请消费者选择他们认为最好的三组画面，最后，概括绝大多数消费者的意思，将神秘女性、头发芭蕾等画面进行再组合，成为润妍的宣传广告。广告创意采用一个具有东方风韵的黑发少女来演泽东方黑发的魅力。飘扬的黑发和少女的明眸将“尽洗铅华，崇尚自然真我的东方纯美”表现得淋漓尽致。广告片的音乐组合也颇具匠心，现代的旋律配以中国传统的乐器如古筝、琵琶等，进一步呼应润妍产品现代东方美的定位。

5. 网络调查——及时反馈消费者心理

具体来说，利用计算机的技术特点，加强润妍logo的视觉冲击力，通过flash技术使飘扬的绿叶（润妍的标志）在用户使用网站栏目时随之在画面上闪动。通过润妍品牌图标链接，大大增加了润妍品牌与消费者的互动机会。润妍是一个适合东方人用的品牌，又有中草药倍黑成分，所以主页设计上只用了黑、白、灰、绿这几种颜色，但以黑、灰为主，颇具东方的味道。网站上建立紧扣“东方美”、“自然”和“护理秀发”等主题的网页，以加深润妍品牌的联想度。通过实时反馈技术，这样就可以知道消费者最喜欢什么颜色、什么主题等。

6. 区域试销——谨慎迈出第一步

润妍的第一款新产品在杭州面市，在这个商家必争之地开始进行区域范围内的试销调查。其实，润妍在选择第一个试销的地区时费尽心思。杭州是著名的国际旅游风景城市，既有深厚的历史文化底蕴，又富含传统的韵味，又具有鲜明的现代气息，受此熏陶兼具两种气息的杭州女性，与润妍要着力塑造的现代与传统相结合的东方美女形象一拍即合。

7. 委托调查——全方位收集信息

上市后，宝洁公司还委托第三方专业调查公司做市场占有率调查，透过问卷调查、消费者座谈会、消费者一对一访问或者经常到商店里观察消费者的购物习惯，全方位搜集顾客及经销商的反馈。

二、市场推广——不遗余力

市场调查开展了三年之后，意指“滋润”与“美丽”的润妍正式诞生，针对18~35岁女性，定位为“东方女性的黑发美”。润妍的上市给整个洗发水行业以极大的震撼，其品牌诉求、公关宣传等市场推广方式无不代表着当时乃至今天中国洗发水市场的极高水平。

1. 品牌诉求

针对 18 ~ 35 岁女性，产品目标定位为展示现代东方成熟女性黑发美的润发产品。宝洁公司确定润妍的最终诉求是："让秀发更黑更美丽，内在美丽尽释放"。进一步的阐述是："润妍信奉自然纯真的美，并认为女性的美像钻石一样熠熠生辉"。

2. 公关宣传

在产品推出时，宝洁公司同时举行了一系列成功的公共关系宣传活动，如开展东方美概念的黑发系列展览——《中国美发百年回顾展》；联合中国美术学院共同举办"创造黑白之美"的水墨画展；赞助电影《花样年华》；举办"媒体记者东方美发秀"等活动。

3. 广告轰炸

除了沿袭以往传统在央视和地方卫视投放了大量的电视广告外，宝洁公司还率先在国内著名的门户网站和女性网站投放了网络广告，单日点击率最高达到了 35.97%，创造了网络广告投放的奇迹。广告片的音乐组合也颇具匠心，现代的旋律配以中国传统的乐器古筝、琵琶等，进一步呼应润妍产品的现代东方美的定位。

三、业绩平平——悄然退市

2001 年 5 月，宝洁公司收购伊卡璐，表明宝洁公司在植物领域已经对润妍失去了信心，也由此宣告了润妍消亡的开始，到 2002 年年底，市场上已经看不到润妍的踪迹了。

一个经历三年酝酿、上市两年多还不到三年的产品就这样退出了市场，人们不禁要问；为什么宝洁公司总是能将其国际品牌成功落地，却始终不能成就本土品牌呢，无论是自创的还是拿来的？这也应该值得大家去思考。

思考题

你从宝洁公司润妍洗发水上市失败的案例中得到哪些启示？

第二章

Chapter 2

抽样调查

【学习目标】

（一）知识目标

通过本章的学习，应理解抽样调查及相关概念；了解抽样调查的程序，能够对时间问题按照规定的程序进行抽样；熟悉随机抽样和非随机抽样的不同方法。

（二）技能目标

掌握如何运用各种抽样方法进行抽样；掌握抽样误差和样本容量的不同计算方法。

【导入案例】

采用抽样调查，研究广告效果

随着市场经济的逐渐建立和发展，广告越来越成为企业参与市场竞争的锐利武器。企业投入了大量的广告费用之后，广告效果究竟如何？这是企业家所关心的问题。但是，不少企业往往只是重视广告经费的投入，而对于广告效果的调查的经费却颇为吝惜。

《文汇报》采取了一项轰动广告界的举动：在头版以整篇幅推出了某厂洗衣机的广告，上海电视台也播放了该厂三部主题电视广告片。该厂在推出广告之后，即委托上海市某市场研究公司开展了一次广告效果的市场调查，对上海市区消费者抽取了300个样本进行入户访问和对洗衣机经销商进行了典型深度访问。在调查中，深入了解了该品牌洗衣机的不提示知名度、提示知名度、品牌的知名来源。调查者要求被访者回答能否还记得在什么报纸、什么时候刊登过该品牌洗衣机的广告，并要求回答能够记忆的报纸广告的具体内容；要求回答在什么电视台，哪一个频道，什么时间看到过该品牌洗衣机的电视广告；要求被访者回答能够记忆的电视广告的内容、画面的主要印象以及广告语。调查表明，该企业的这一广告决策是成功的，调查的结论为该企业进一步调查和改进广告策划提供了科学的依据。

资料来源：http://wenku.baidu.com

第一节　抽样调查概述

市场是由千差万别的个体组成，对市场进行调查，也就是为了获得所有调查对象（即总体）的情况。一般来说，为了获得研究总体的信息和特征，可采用两种方法，一种是普查，另一种是抽样调查。当对每一个调查对象的信息和特征进行详细的调查统计分析，这就是我们所说的全面的调查，即普查。通过普查我们可以获得最准确、最真实的情况和资料，但是在许多情况下全面调查是很难实施的，由于调查对象较多，需要耗费大量的人力、物力、财力，调查成本较高，例如政府进行的人口普查、工业普查、农业普查第三产业普查等。当总体非常大，总体单位数非常多的情况下，就不可能进行全面市场调查，如居民家庭收支是市场购买力及其构成的直接表现，但居民户很多，无法进行全面调查，此时就应采取抽样调查方法；另外即使某些现象可以采取全面市场调查方法，但有时也可采取抽样调查方法，以此来提高效率。因此对调查结果的准确性要求不太高或是无法进行普查的情况下，就可以抽取所有调查对象中的一部分进行研究，根据结果推测总体的情况，这种方法即为抽样调查。

一、抽样调查的基本概念

抽样调查又称为样本调查，是指根据调查目的，按照随机的原则从调查总体中抽选出部分单位作为样本进行调查，并根据样本调查的结果推断总体的一种市场调查方法。

抽样调查是按照科学的原理和计算方法，从抽取的部分样本单位所得到的调查标志和数据来推断总体、代表总体，同样具有科学性，并且较普查节省大量的成本费用，随着市场调查工作的深入开展，抽样调查已经成为一种最重要的市场调查方式，得到广泛的应用。

由于抽样调查是从调查总体中选取一部分单位作为样本进行调查，我们还需要知道抽样调查的相关概念。

1. 总体

所谓总体，就是调查所要了解的对象的全体，是在特定的调查目的或任务条件下的认识客体。总体是抽样推断的对象或目标，因此又称为目标总体。构成总体的元素称作单位或个体，若这些单位是不能够进一步分解的，则称为基本单位，若这些单位还能够进一步分解成更小一层次的单位，则称作群体单位。市场调查中，若是研究消费者的消费倾向，消费者个体显然是基本单位，若是通过家庭来研究消费者的消费倾向，则家庭是群体单位，它是由消费者个人组成的，但是研究家庭的消费水平时，则家庭又是基本单位。

根据总体中的单位数是否可以计数，将总体分为无限总体和有限总体。总体中的单位数是不可计数的，则为无限总体，总体中的单位数是可以计数的，则为有限总体。通常用 N 来表示总体规模（即总体单位数）的大小。在市场调查中，总体通常都有时间和空间的限制。

2. 样本

样本是从总体中抽取的部分个体所组成的小总体。这个小总体是作为总体的代表抽选出来的，故又称其为样本总体或抽样总体。构成样本的个体称作样本单位，通常用 n 表示一个样本单位数的多少，也称作样本容量。一般来说，在市场调查中，总体是唯一的、确定的，而从总体中抽取的一部分个体所组成的样本却不是唯一的，它可以是多种的组合，但是一个样本及它所包含的样本单位是具体的、明确的。因此，从一个总体中，能够抽出多个容量为 n 的样本。样本个数与样本单位数是有区别的。样本的抽取必须遵循一定的原则。

3. 抽样单位

抽样单位是指样本抽取过程中的单位形式。抽样单位与总体单位在形式上可以一致也可以不一致。例如，要调查某地区销售电视机的商店的分布情况，构成总体单位的是销售电视机的商店。抽取样本时可按城市来抽取，这时抽样单位就是城市。抽样单位不同于样本单位，从抽样单位中抽出构成样本的单位是样本单位，样本单位是从抽样单位中产生的。并且样本单位的形式一般是基本单位，而抽样单位则不尽然。

4. 抽样框

抽样框又称抽样构架或抽样结构，是指抽样单位的某种排列顺序或编排形式。抽样框是抽样设计人员用来进行抽取样本的工具。它的内容是所需认识总体的抽样单位，其形式是多样的，可以是一张表格、一本名册、一副地图等。在实践中，抽样框主要有三种形态：

(1)具体的抽样框。即指抽样单位可列成表册的形态。包括目录结构、区域结构和目录区域复合结构。如在抽取学生样本时的学生花名册即为目录结构。在进行整群抽样时，我们将城市居民按习惯的区段位置排列作为备选的居民群，就是区域结构。如果对抽中的居民群不进行全面调查，而是再抽选部分居民，又需要一个居民花名册，这就变成了复合结构。

(2)抽象的抽样框。即抽样单位没有表册而是开放的形态。只要符合调查条件就是抽样框中的元素。例如，在大街上对购买者或消费者进行随机访问调查时，其抽样框就是抽象的、隐含的。

(3)阶段式抽样框。即指在采用分段抽样设计时，按照抽样阶段的不同，产生的不同的抽样框。

二、抽样调查的特征

抽样调查是市场调查中应用最多的方式，它具有以下明显的特点：

(一)经济性

抽样调查的调查单位比全面调查少得多，因此既能节约人力、费用和时间，又能比较快地得到调查的结果，这对许多工作都是有利的。例如，农产量全面调查的统计数字要等到收割完毕以后一段时间才能得到，而抽样调查的统计数字在收获的同时就可以得到，一般能早 2 个月左右，这对于安排农产品的收购、储存、运输等都是很有利的。

由于抽样调查单位少，有时还可以增加调查内容。因此，有的国家在人口普查的同时也进行人口抽样调查，一般项目可以通过普查获取资料，另一些项目则通过抽样调查获取资料。这样既可以节省调查费用和时间，又丰富了调查内容。

（二）准确性

抽样调查的结果比其他非全面调查的结果准确，有时比全面调查的结果还准确。如果调查的总体是认识总体的数量特征，在非全面调查中，最准确的调查方法就是抽样调查。调查结果与客观事实间总是会存在差异，这种数量差异称为误差。误差有两种：一种是登记性误差，也称调查误差或工作误差，指在调查登记、汇总中过程中，由于人的因素产生的误差；另一种是代表性误差，也称抽样误差，是指用部分单位的统计数字为代表，去推算总体的全面数字时所产生的误差。

对于前一种误差，应当设法避免，而后一种误差，是一定会发生的，而且是不可避免的。全面调查虽然只有登记性误差，但是，由于调查人员和被调查单位较多，工作量大，汇总层次也多，因而发生登记性误差的可能性就大。抽样调查两种误差都有，而由于抽样调查是建立在科学的数理统计分析的基础之上的，因此，只要能够按照科学合理的程序进行抽样，就可以排除个人因素的影响，保证样本的代表性，将误差控制在一定的范围内，确保获取的信息资料有较好的可靠性和准确性。同时，由于抽样调查只调查部分总体单位，调查单位少，参加调查汇总的人员少且较精干，可以最大限度地减少登记性误差，从而提高调查的质量，使得调查更准确。

（三）高效性

市场调查对于时间的要求是非常严格的。抽样调查只是对总体中的少量单位进行调查，操作方便，因此可以十分迅速准确的获取调查结果。例如，在对我国城市住户调查中，就是采用的抽样调查方法，每月平均可取得必要的住户消费和需求资料，如果采用全面调查，则至少要用一年以上的时间才能得出结论，而居民的消费需求又具有变化快的特点，如果一年甚至两年后才得出结果，显然无法满足对信息的时效性要求。

三、抽样调查的程序

抽样调查，特别是随机抽样，有比较严格的程序，只有按一定的程序进行调查，才能保证调查顺利完成，并取得应有的效果，抽样调查一般应遵循如图 2.1 所示的步骤。

（一）确定调查总体

确定调查总体是根据抽样市场调查的目的要求，明确调查对象的内涵、外延及具体的总体单位数量，并对总体进行必要的分析。抽样市场调查虽然只是对一部分抽样样本进行调查，但是其最终目的并不是描述所调查的这一部分单位的特征，其目的是研究总体的特征与规律性。如果不确定调查总体，就无法明确样本是谁的部分单位，也无法说明用样本特征所推断的是谁。如对某地区居民购买力进行抽样市场调查，那么首先要明确居民购买力是居民具有货币支付能力的需求量;其次还要明确是城市居民,还是城乡居民;最后明确总体的数量是多少,若以户为单位进行调查,就要掌握该地居民总户数。在此基础上,还要对总体情况进行必要的分析,如该地区居民购买力是否存在明显的水平差别,形成不同的层次,如果存在,可以考虑用分层随机抽样抽取样本,这样用样本特征推断总体时才更准确。

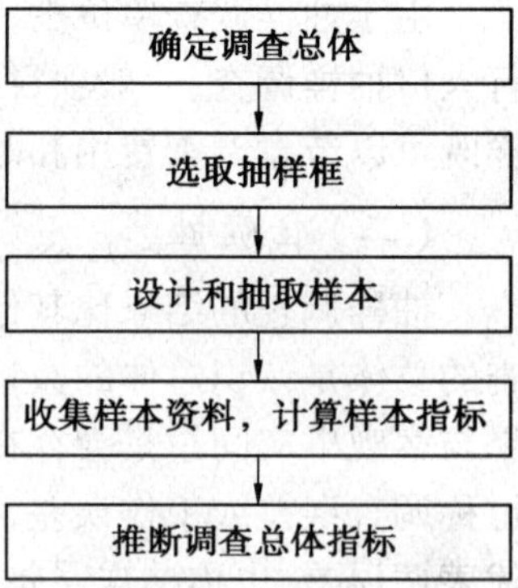

图 2.1　抽样调查的程序

(二)选取抽样框

抽样框是供抽样调查用的所有调查单位的名单。选取抽样框应该依据已经明确界定的总体范围,收集总体中全部抽样单位的名单,并通过名单进行统一编号来建立供抽样使用的抽样框。抽样框根据其划分标准的不同,可以在不同层面上构建,从而使抽样框呈现不同等级,不同等级的抽样可以用于各级抽样,当抽样分几个阶段、在几种不同类型的抽样单位进行时,则要分别建立起几个不同的抽样框。

抽样框是组织抽样调查的重要依据,调查者必须抱有严谨的态度,认真地收集和编制。抽样框一旦有重复和遗漏,必然会直接影响到样本的选取,从而影响到整个抽样工作的质量,进而影响整体的调查结果。

(三)设计和抽取样本

设计样本包括两项具体工作,一是确定样本数目的多少或样本容量的大小,即样本所包括的部分总体单位的个数。确定样本容量需要考虑一系列定性和定量的因素,定量的因素在有关样本容量的确定中涉及,定性的考虑主要有决策的重要性、调查的性质、变量的数目、分析的性质、发生率、完成率及资源约束等;二是选择具体的抽样方式,抽样方式的选择必须根据调查目的和调查总体的具体情况选择适当方式,主要有随机抽样方式和非随机抽样方式两类,调查者可以根据实际需要选取不同的抽样方式和方法。对样本进行周密设计后,接下来的工作则是实际进行抽样,作为调查研究的对象。

【资料卡 2-1】

定量因素对样本容量确定的影响

一般来说,决策越重要,需要的信息就越多,所获得的信息就应该越精确,调查要求的样本量越大。调查的性质也对样本量产生影响,对于探索性的调查样本量通常较小,而对于归纳性的调查则要求有较大的样本量。如果要对大量变量进行数据收集,就要求有较大的样本量;如果要求使用多变量的复杂的数据分析的方法,样本量应该较大;如果需要详细分析数据,样本量也应该较大。

发生率指的是符合研究条件的人的百分率。发生率决定于一个给定的样本量,需要对多少潜在的对象进行接触和筛选。发生率越低,需要接触的潜在对象越多,样本量要求越大。完成率指的是完成调查的合格对象的百分率、不是所有合格的调查对象都会接受调查,完成率越高,需要接触的潜在对象越多,样本量要求越大。

资料来源:郝渊晓. 市场营销调研. 科学出版社,2010.

(四)收集样本资料,计算样本指标

抽样调查主要是通过对选取的样本的调查结果来推断总体的结果,所以再抽取完样本后,就应该准确、及时的收集样本资料。收集样本资料是一项非常具体的工作,它可以采用各种收集资料的方法,对样本的各单位进行实际调查。收集到样本的资料后,需要对资料进行整理和分析,并通过不同的方法计算出样本的指标。对于样本指标的计算要求必须准确,因为样本指标的结果会直接影响整个调查的结果,一错皆错。

(五)推断调查总体指标

统计推断是抽样调查的最后一步工作,是对调查总体的认识的过程,通过前面计算的样本指标来推断总体指标,进而获得调查的结果,即意味着整个调查的结束。由于选取的样本会和调查总体存在一定的差距,所以在用样本指标推断总体指标时要利用抽样误差,同时依据概率论的有关理论和知识,对推断的可靠程度加以控制,从而提高整个调查结果的质量和可信度。

四、抽样调查的适用范围

抽样调查的适用范围非常广泛,涉及内容多种多样,信息反馈速度十分快捷,在诸如科学研究、社会经济管理、工商企业经营、产品品质管理等方面已经得到普遍应用。从产品质量、售后服务、报纸杂志水准、电视收视率到公众对某项政策、某项重大事件的态度和看法等,都可以通过抽样调查迅速得到了解和掌握。抽样调查主要适用于以下几种情况:

(一)用于不可能进行全面调查的无限总体

对于一些特殊情况的调查,调查总体的数目是不可计算的无限总体时,只有借助于抽样调查的方法来认识总体的特征。

(二)用于较困难或是没有必要进行全面调查的现象

对于调查对象的总体范围较大,样本单位数量过多,全面市场调查虽有可能,但比较困难或没有必要的情况,可以采用抽样调查。采用全面调查需要花费大量的人力、物力、财力和时间,若采用抽样调查,则可以达到事半功倍的效果。如在调查某种商品的潜在需求时,就可以采用抽样调查方法。

(三)用于不能进行全面调查而又需要了解全面情况的现象

许多产品的例行质量检验是带有破坏性的或损耗性的。如家用电器的耐用性检测、灯泡

的使用寿命检查、汽车轮胎的耐磨试验以及农作物的收成预测等。这些总体都无法进行全面调查，只能进行抽样调查。

(四)用于时效性要求较强的调查

抽样调查由于选取的样本数量相对较少，信息反馈速度较快，具有很强的时效性，故对于一些时效性要求较强的调查，则可采用抽样调查的方法。如为满足领导机关及时制定政策、安排工作需要而进行的民意测验、某农产品的产量调查等都可采用抽样调查的方法。

(五)用于对总体的假设进行检验和修正

在调查对象样本数量较多的情况下，如果对全面市场调查的精确度要求较高，可以通过抽样调查方式来对总体的假设和所获得的资料进行检验和修正，来判断总体假设的真伪和资料的准确性，以决定取舍。如新教学方法的采用、新工艺和新技术的改革、新医疗方法的使用等是否能收到明显效果，需对未知的或不完全知道的总体进行假设，然后利用抽样调查的方法，根据实验材料对所作的假设进行检验，做出判断。

随着抽样理论的发展，抽样技术的进步，抽样方法的完善和工作人员业务水平的提高，抽样调查方法将会在社会生活中得到越来越广泛的运用。

第二节　随机抽样

随机抽样是指按照一定的程序，遵循随机性原则，从总体中抽出一部分个体组成样本，通过对样本的研究，以其结果推断总体的一种抽样调查方式。

在大多数情况下，如没有特别说明，抽样市场调查或抽样法指的就是随机抽样，它是整个数理统计应用的起点和基础，它对调研总体中的每一个样本单位都给予平等的抽取机会，完全排除了人为的主观因素的选择，随机抽样方式在市场调查中得到广泛应用，其方法主要有以下几种。

一、简单随机抽样

实际调查中，会遇到调查总体各个个体之间差异程度较小的情况，或者调查对象不明，难以分组、分类的情况，这时，只需采取简单随机抽样方法即可。

(一)简单随机抽样的定义及方式

简单随机抽样也称纯随机抽样，是指在总体不做任何处理的情况下，按照随机原则直接从总体中抽取样本单位的方法。它是最基本的随机抽样方式。如果市场调查的范围较大，总体内部各个个体之间的差异程度较大，则需同其他抽样方法结合使用。简单随机抽样方法主要有以下三种方式：

(1)直接抽取法，即从调查总体中直接随机抽取样本进行调查。这种方式适合于对集中于某个空间的总体进行抽样。如对存放于仓库的同类产品直接随机抽出若干产品为样本进行质量检查。

(2)抽签法,首先需要对调查总体的每个单位进行编号,然后将序号写在标签或是卡片上,将标签或是卡片混合均匀后进行抽取,被抽到的号码所代表的单位即为一个样本,直到抽足预先规定的样本容量为止。这种方法简单易行,但只适用于总体单位不是很多的情况。

(3)随机数表法,是指含有一系列组别的随机数字的表格,它首先将总体中的全部个体分别标上 1 至 n 个号码,然后利用随机数表随机抽取所需样本,又称乱数表法。

使用随机数表法,首先需要把调查总体的所有单位加以编号,把 0 到 9 的数字随机排列成一张表,根据总体单位的数目确定选用随机数表中若干位数字;然后在随机表中任意选定一行或一列的数字作为开始数,接着可以按自上至下,或自左至右,或间隔一定间隔(隔行或隔列)顺序取数,凡符合总体单位编号的,即为抽中单位。重复抽样时,遇到已经选用过的数字仍然选用;不重复抽样时,凡已经选用过的数字应舍弃,直到抽够规定的样本数量为止。

例如,现要从 94 户居民中抽取 12 户作为调查样本,可先将 94 户居民从 1 至 94 进行编号($N=94$),然后从随机数表上任意一点(一行或一列中的一个数字)作为起点数,从这个数字按上下或左右顺序读起,每出现两个数字,即为被抽中的单位号码。假设现从第八行左边第五个数字向右顺序读起,则所抽取的单位是:59、16、55、67、19、10、50、71、75、33、21、12。在顺序抽取的过程中,遇到比编号大的数字,应该舍去,此例中的 95、98 两个数字因大于 94,故舍去不要。

表 2.1　随机数表

03	47	43	73	86	36	96	47	36	61	46	98	63	71	62
97	74	24	67	62	42	81	14	57	20	42	53	32	37	32
16	76	62	27	66	56	50	26	75	07	32	90	79	78	53
12	56	85	99	26	96	96	68	27	31	05	03	72	93	15
55	59	56	35	64	38	54	82	46	22	31	62	43	09	90
01	22	77	94	39	49	54	43	55	82	17	37	93	23	78
41	11	17	53	71	57	24	55	06	88	77	04	74	47	67
61	26	63	78	59	16	95	55	67	19	98	10	50	71	75
33	21	12	86	29	78	64	56	07	82	52	42	07	44	38
57	60	17	34	44	09	47	27	96	54	49	17	45	09	62
70	28	17	12	13	40	33	20	38	26	79	83	51	03	74
56	62	37	35	18	98	83	50	87	75	83	11	25	93	47

(二)简单随机抽样的特点

简单随机抽样是最基本的随机抽样方式,它具有以下特点:

1. 简单随机抽样的优点

简单随机抽样方法在抽样中完全排除主观因素的干扰,数理上最符合随机原则,简单易行,由于抽取概率相同,计算抽样误差及对总体指标加以推断比较方便。

2. 简单随机抽样的缺点

(1)完整的总体名册不易取得,或取得成本很大时实行困难。

(2)当总体样本单位过多时,所需调查人力、物力、费用消耗较大,抽样工作相对不便。

(3)样本分配较分散,增加调查工作困难。

(4)当样本差异较大时,样本代表性不足。

二、等距随机抽样

在许多实际调查中,人们并不常用简单随机抽样技术,因为当样本规模很大时,比如样本是500或1 000时,即便是利用随机数表来抽样,也显得十分麻烦,且花费时间。人们往往采用一种与简单随机抽样相类似,但操作起来却大大简便的抽样技术——等距抽样技术来进行。

(一)等距随机抽样的定义及做法

等距随机抽样又称系统随机抽样,是指在总体中先按一定标志将个体进行顺序排列,并根据总体单位数和样本单位数计算出抽样距离,然后按相同的距离或间隔抽选样本单位的抽样方法。其具体做法和程序如下:

(1)将总体单位按照一定标志有序排列,编上序号。可采用两种排序方式,一种是采用与调查项目有关的标志进行排列,例如在进行住户调查时,选择住户可以按住户所在街区的门牌号进行排序;另一种是采用与调查项目无关的标志进行排列,例如在进行住户调查时,同样也可按住户名册进行排序。

(2) 计算抽样距离。根据总体单位总量和样本容量计算抽样距离,假定抽样距离为 R,总体单位总量为 N,样本容量为 n,则 $R = N/n$。若计算结果为小数时,则四舍五入划为整数距离。

(3) 确定起始号码。在前 R 个个体中,采用随机抽样方法随机抽取一个个体,读取上面的编号,以此作为起始号码,假定为 A。

(4) 抽取样本。根据起始号码和抽样距离抽取样本,直到抽够样本容量为止。即从起始号码 A 开始,每隔 R 个样本抽取下一个个体,即所抽取的个体编号为 $A, A+R, A+2R, \cdots, A+(n-1)R$。

例如,现对某地区156户居民进行居民收入调查,采取等距抽样从中抽取20户作为样本,则其做法为:

首先,将调查对象总体进行编号,即 1 至 156。

其次,确定抽样距离。已知调查总体 $N = 156$ 户,样本 $n = 20$ 户,则抽样距离 $R = N/n = 156/20 = 7.8$(户),约等于 8 户。

再次,确定起始号码。用简单随机抽样在 1 ~ 8 号内抽选一个单位作为第一个样本,假定为 4,则 4 为起始号码。

最后,抽取样本。根据起始号码和抽样距离进行抽取,则抽取的样本为:4,12,20,38,…,直到抽够 20 个样本为止。

(二)等距随机抽样的特点

等距随机抽样的特点主要体现在优点和缺点两个方面,具体表现为:

1. 等距随机抽样的优点

(1)等距随机抽样产生的样本具有较好的代表性。等距抽样总体的各部分都能在一定程度上被包括在样本中,保证抽取的样本的均匀分布。

(2)等距随机抽样便于组织实施,简单易行且不易发生错误。等距抽样只需根据简单的排列和计算即可获取样本,利用已知信息进行抽取,并且较为直观,可以获得很好的抽样效果。

2. 等距随机抽样的缺点

(1)等距随机抽样存在选取严重偏差样本的风险。当抽样间隔周期和总体单位排序一致时,就会影响调查的精度。如对某商场每周的商品销售情况进行抽样调查,若抽取的第一个样本是周末,抽样距离为 7 天,那么抽取的样本单位都是周末,而周末往往商品的销售量较大,这会发生系统偏差,影响整个调查结果。

(2)等距随机抽样的抽样误差计算较为困难,不够准确。现实中的许多行之有效的等距随机抽样常常不是严格意义上的随机抽样,这就使得等距随机抽样的误差难以估计,且目前还缺乏简洁而可靠的方式,从样本资料来估计量的误差,已知的方式都只有自身适应条件和应用范围,而一般的使用会夸大等距随机抽样的真正误差。

(三)等距随机抽样的适用情况

在下列情况下通常采用等距随机抽样技术:

1. 总体的顺序基本是随机的

当调查总体的顺序是随机的,这时采用等距随机抽样是为了方便,使抽样的过程更加容易组织和管理,而不是为了提高估计精度。如在市场调查中,当对总体无所了解,或是一个开放型的总体,或是有较大的流动性特征的总体,可采用等距随机抽样方式。

2. 对总体划分了很多层,在各层分别独立地进行等距随机抽样

这种方式可以消除隐藏着的周期性影响。因为是在分层的基础上,每一层独立进行等距随机抽样,所以总体中原来的可能的周期性便破坏了。这是抽样方式的交叉使用的技术,在市场调查中可以运用这种技术来提高抽样的效果。

3. 对分群抽样再抽样

这实际上是二阶抽样技术，也是等距随机抽样的通常用法之一，在市场调查中，对范围较大的总体可以采用这种技术。

三、分层随机抽样

当市场调查想要获得更精确的样本容量或是减小抽样误差时，或是调查者对感兴趣的特定的集合特征进行调查时，就可以采取另一种随机抽样方法——分层随机抽样。通过分层，可以保证拥有不同特征的集团都具有充分的代表。

（一）分层随机抽样定义及方法

分层随机抽样又称分类随机抽样、类型随机抽样，是指先将总体按照一定的标志分成各种类型（或称层），然后根据各类单位数所占总体单位数的比重，确定从各类型中抽取样本单位的数量，最后，按随机原则从各类型中抽取样本的各单位，最终组成调查总体的样本的方法。如在调查人口时，可按年龄、收入、职业、居住位置等标志划分为不同的层次，然后按照要求在各个层次中进行随机抽样。分层随机抽样主要有以下三种方法：

（1）分层比例抽样法也称等比例分层抽样法。是指按照每个层次中单位的数量占总体单位数量的多少，等比例地分配各层的样本单位数量。其计算公式为

$$n_i = (N_i/N) \times n$$

式中　n_i——第 i 层抽出样本单位数目；

N_i——第 i 层的总单位数；

N——总体单位数；

n——总体样本数。

例如，某地共有居民10 000户，按收入高低进行分类，其中，高收入居民为2 000户，中等收入居民为6 000户，低收入居民为2 000户。从中抽取50户进行购买力调查，则各类型应抽取的样本个数是多少？

解　高收入样本数目 $n_1 = (N_1/N) \times n = (2\,000/10\,000) \times 50 = 10$（户）

中等收入样本数目 $n_2 = (N_2/N) \times n = (6\,000/10\,000) \times 50 = 30$（户）

低收入样本数目 $n_3 = (N_3/N) \times n = (2\,000/10\,000) \times 50 = 10$（户）

这种方法简单易行，分配合理，计算方便，适用于种类之间差异不大的分层抽样调查。如果各类之间差异过大，则不宜采用，而应采用下面的分层最佳抽样法。

（2）分层最佳抽样法也称非比例抽样法。是根据各层次的样本标准差的大小，调整各层次的样本数目的抽样方法。这种方法既考虑到各层在总体中所占比重的大小，又考虑了各层标准差的差异程度，有利于降低各层之间的差异，以提高样本的可信程度。其计算公式为

$$n_i = (N_iS_i/\sum N_iS_i) \times n$$

式中　n_i—— 第 i 层抽出样本单位数目；

N_i—— 第 i 层的总单位数；

S_i—— 第 i 层的标准差；

n—— 总体样本数。

例如：设上例中的高收入居民的标准差为5%，中等收入居民的标准差2%，低等收入居民的标准差为4%，则各类型应抽取的样本数目为：

高收入样本数目 $n_1 = (N_1S_1/\sum N_iS_i) \times n = [2\ 000 \times 5\%/(2\ 000 \times 5\% + 6\ 000 \times 2\% + 2\ 000 \times 4\%)] \times 50 \approx 17$(户)

中等收入样本数目 $n_2 = (N_2S_2/\sum N_iS_i) \times n = [6\ 000 \times 2\%/(2\ 000 \times 5\% + 6\ 000 \times 2\% + 2\ 000 \times 4\%)] \times 50 = 20$(户)

低收入样本数目 $n_3 = (N_3S_3/\sum N_iS_i) \times n = [2\ 000 \times 4\%/(2\ 000 \times 5\% + 6\ 000 \times 2\% + 2\ 000 \times 4\%)] \times 50 \approx 13$(户)

分层最佳抽样法因为需要根据各层的差异程度来配置样本，这对于调查单一标志是比较理想的，但对于调查多标志则难于兼顾；同时，在计算上比较麻烦一些。因此，如果调查的总体各层之间的差异程度不过分悬殊，一般还是采用分层比例抽样法。

(3)分层最低成本抽样法。是根据抽样的费用支出来确定各层应抽取样本数的抽样方法。它既考虑到抽取样本对总体的代表性高，又考虑到抽样的费用。但是实践中，如果总体单位数较大的话，对于成本的计算较为困难，而且选取的样本可能有失代表性，所以这种方法采取的不是很多。

(二)分层随机抽样的特点

分层随机抽样较简单随机抽样和等距随机抽样具有明显的优点，但也有其不足和缺点，具体表现为：

1. 分层随机抽样的优点

(1)增强了样本对总体的代表性。当总体内部类型明显时，分层随机抽样能够克服简单随机抽样和等距随机抽样的不足，按总体中各类型的分布特征，在不同类型确定样本的分布，使样本结构与总体结构接近，使得样本更具总体代表性。

(2)提高了样本指标推断总体指标的抽样的精确度。在市场现象存在明显不同层次的条件下，分层随机抽样比简单随机抽样和等距随机抽样误差都小，或者说在同样的精确度要求下，分层随机抽样的样本容量较小，从而减少了搜集资料的工作量。

(3)有利于了解总体各类别的情况。分层随机抽样将总体划分为不同性质相近的类别(或层次)，这样使得总体单位数相对变小，可以对每一类别进行分别调查研究，以获取单独的信息，了解各类别的情况。且有时抽样调查不仅要了解总体的有关信息，而且要了解各类别（或层次）的相关信息，这时分层抽样就能满足这方面的需要。

2. 分层随机抽样的缺点

（1）有时需要花费额外的费用。由于分层随机抽样首先要对总体进行类别（或层次）划分，但有时在实际工作中的划分并不容易，需要收集必要的资料，这就需要花费额外的更多的费用。

（2）分层随机抽样要求各层的大小都是已知的，当它们不能够精确得知时，就需要通过其他手段进行估计，这样不仅增加了抽样设计的复杂性，而且也会带来新的误差。

（三）分层随机抽样的适用情况

分层随机抽样主要适用于以下情况：

1. 在对各类型的对象进行估计时，可采用分层随机抽样方法

例如，对家电市场的调查，不仅要估计家电市场的容量和规模，而且要估计某类家电的销售情况，或估计不同层次消费者的购买倾向等。

2. 为使调查的组织实施有效方便，可采用分层随机抽样方法

市场调查的对象较为复杂，为了使调查管理和资料处理时方便，应该将总体实施分层，使各层的调查实施、数据的处理和分析按层独立进行，这样会使整个调查管理更为有序方便，因而更有效。

3. 对样本的代表性要求较高时，可采用分层随机抽样方法

分层抽样的分层过程是利用已知的信息，准确地对总体进行分层，再从每一层中抽出部分样本单位，这样的样本结构与总体近乎一致，使样本具有较高的代表性。

4. 要提高估计量的精度，可采用分层随机抽样方法

分层随机抽样估计量的性质决定了其方差不受层间变异，即层间方差的影响，而只受层内差异的影响。因此，分层随机抽样若能达到使层内差异缩小而使层间差异增大的结果，就使估计量的方差缩小，进而提高估计量的精度。

四、整群随机抽样

前面我们所说的三种抽样技术中，最终的抽样单位都是个体，但在实际调查中，由于各方面的原因，不需要或者不能实现对单个个体的抽样，为了节省时间和费用，我们需要对小的集合体进行抽样调查，即整群随机抽样。

（一）整群随机抽样的定义及具体运用

整群随机抽样又称分群随机抽样，是指将调查的总体按一定的标准分为若干群，然后再在其中随机抽取部分群体单位进行调查的方式。整群随机抽样要求各群体之间具有相同性，每一群体内部的分子具有差异性。如图 2.2 所示。

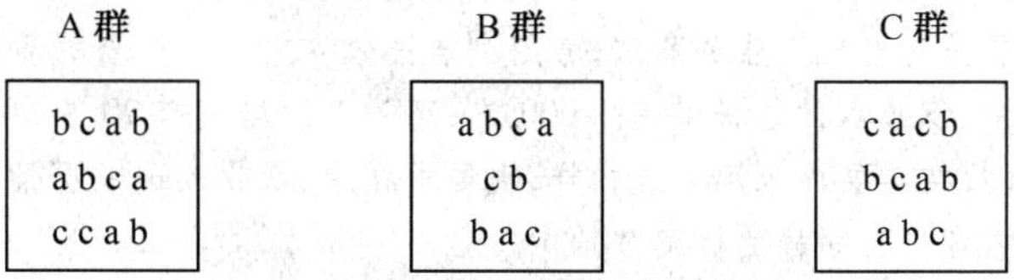

图 2.2　整群随机抽样后的各群

整群随机抽样中的“群”的概念范围，可以根据调查的目的任务具体确定，可大可小。例如，在我国可以有几个经济区域的划分；可以按省、市、自治区、县、乡（镇）等行政区域划分；大城市可按区、地段、街道、居委会等划分。在划分群时，每群的单位数可以相等，也可以不等，抽取群的具体方式，既可以采用简单随机抽样，也可以采用等距随机抽样或是分层随机抽样。

例如：要对哈尔滨市的居民进行调查，以便掌握哈尔滨市消费者的购买行为。哈尔滨市在行政区的基础上可以划分为几个群体：南岗区、道里区、香坊区、道外区等。区与区之间居民的特征可认为是基本相同的，而在每个区内部则有较大的差异，基本上可以代表哈尔滨市的特征。调查人员可以在这些区中，随机抽取一个或几个区作为样本进行调查。假定抽取南岗区和道里区为调查群体，可以将这两个群体进一步按居委会分群，然后从两个区的若干居委会中随机抽取 10 个居委会，再对这 10 个居委会的居民进行调查。

（二）整群随机抽样的特点

整群随机抽样较分层随机抽样既有相同点又有明显的区别，其特点主要为：

1. 整群随机抽样的优点

（1）调查方便，节省费用和时间。总体基本单位分布过于分散会给调查带来不便，并使调查费用增大。而整群随机抽样调查单元分布相对集中，调查人员无需大量往来于调查单元之间，能够节省费用和时间。如果群是以行政单位划分的，调查时得到行政单位的配合的话，更有助于调查的实施，可以得到较高质量的原始数据。

（2）抽样框编制较容易。在实践中，有时构造抽样框是不可能的，因为没有相应的资料，有时虽然可以构造抽样框，但工作量极大。比较而言，构造群的抽样框则更容易、更方便。

2. 整群随机抽样的缺点

整群随机抽样的抽样误差较大。因为抽取的样本单元比较集中，一个群内的各个单元之间的差异比较小，而不同群之间的差异比较大，这样每个单元所提供的信息价值就很有限，因此抽样误差比较大。但由于整群抽样省时、省力，每个单元的平均调查费用较少，故可以通过适当增大样本容量的方法提高估计精度。

【资料卡 2-2】

对电视广告的看法的调查

调查一个小城镇的居民对电视广告的看法，考虑到居民收入对不同广告的看法不同，因此设计一个抽样的方案。假设已知中、低收入的居民共有 1 000 户，高收入的居民有 20 户，所有的居民按照排列的顺序均有名录可以利用，故在各层内采用系统抽样，现要求在中、低收入这一层抽取 100 户，在高收入这一层抽取 6 户。在各层内各户有同样的概率被抽中。

这种抽样方法是否最适合调查小城镇居民对电视广告的看法呢？在对小城镇居民的调查首先要考虑的是居民收入不同会影响他们对电视广告的看法，那么就需要保证拥有不同特征的总体都具有充分的代表。

资料来源：田百洲，史书良，全洪臣. 市场调查与预测. 清华大学出版社，2009.

五、多阶段随机抽样

当总体的容量很大，特别是总体的分布范围很广时，往往难以取得总体单位的名单。比如总体是某省、某市的居民或学生等，此时，无论是采用上述哪种随机抽样方法，都很难一次性直接抽到最终的样本。在这样的情况下，调查者一般采用多阶段随机抽样方法。

（一）多阶段随机抽样的定义及程序

多阶段随机抽样，是把从市场调查总体中抽取样本的过程，分为两个或两个以上的阶段进行随机抽样的方式。

多阶段随机抽样的实施具体步骤如下：首先，将调查总体各单位按一定标志分为若干集体，作为抽样的第一级单位；然后将第一级单位再分成若干小集体，作为抽样的第二级单位，依此类推，可按调查的需要和现象本身的特点，分成第三级单位，第四级单位等。其次，依照随机原则，先在第一级单位中抽出第一级单位样本；然后在第一级被抽中的单位中再抽出第二级单位样本；依此类推，还可抽出第三级单位样本，第四级单位样本。由此形成了两阶段随机抽样、三阶段随机抽样或四阶段随机抽样，依此类推。

例如：要调查某市中学生的消费情况，总体为该市全体中学生，样本规模为 500 人。则采用多阶段随机抽样调查方法可以把抽样过程分为以下几个阶段进行。

（1）在城区这一层次上进行抽样。假设该市有 8 个城区，可以采用简单随机抽样的方法从中抽取 2 个城区。

（2）在学校这一层次上进行抽样。即从所抽中的两个城区内的所有中学中，假设采用随机抽样方法抽取 5 所中学，这样就抽取 10 所中学。

（3）在班级这一层次上进行抽样。即从所抽中的学校中，以班级为单位进行抽样，假定每所学校有 20 个班，从中抽取 5 个班。这样 10 所学校共抽取 50 个班。

（4）在学生这一层次上进行抽样。此时的抽样对象是学生，即从每个抽中的班级中抽取

10名学生。这样50个班中共可抽到500名学生,他们即构成调查的样本。

在上述4个阶段中,每一次的抽样单位和抽样框都不相同,它们分别是:①城区和该市8个城区的名单;②中学和所抽城区全部中学的名单;③班级和所抽学校全部班级的名单;④学生和所抽班级全体学生的名单。而整个抽样过程也可看成是两个基本步骤的反复运用,即建立抽样框和抽取样本。

(二)多阶段随机抽样的特点

多阶段随机抽样可以说是不同随机抽样方式的简单综合,与其他随机抽样方式相比,其特点为:

1. 多阶段随机抽样的优点

(1)抽样方式的交叉使用,有助于提高估计精度。从抽样技术上讲,多阶段随机抽样必然和其他方式交叉使用。因为多阶段随机抽样的过程是分阶段完成的,每一阶段都要进行一次抽样,从理论上讲,各阶段的抽样可以是相同的,也可以是不同的;可以是等概率的,也可以是不等概率的;在某一阶段是简单随机抽样,在另一阶段也可以是分层随机抽样等,这使得多阶段随机抽样的方式的使用多种多样,丰富多彩,而且有助于提高估计精度。

(2)可使调查单位相对集中在一定的范围。多阶段随机抽样的过程,实际上是不断排除一些调查单位,或是使调查单位集中在某一范围的过程。例如,某省的农村抽样调查,假如某省有200个县,此为初级单位。在第一阶段抽样时,从中抽出80个县作为一阶样本,或者说使样本农户集中在这80个县,而没被抽中的这120个县的农户则没有入样的机会,将其排除在样本之外。在其他各阶段的抽样中也会发生同样的效果,这样可使样本单位相对集中,进而节省时间、费用,同时有助于提高多阶段随机抽样的管理效率和工作效率。

(3)适应规模较大、范围较广、层次特征和机构特征较显著。要从一个规模很大的总体中直接抽出样本单位往往很困难,因为规模较大的总体,除了基本单位数目多外,往往还分布较为分散,区域范围大,这一方面使抽样设计者难以获得一个较理想的抽样框;另一方面,样本单位的实现也有较大的困难。所以对规模较大的市场调查,可考虑用多阶段随机抽样调查的方法,实施和组织起来更方便和有效。另外如果总体单位并不是很多,但调查对象有较明显的层次特征,例如,对高校学生消费特征的调查。高校具有明显的层次特征:校级—系—班—学生,这些都比较适合使用多阶段随机抽样方法,可以方便抽出所需样本。

2. 多阶段随机抽样的缺点

多阶段随机抽样的缺点主要是估计量及其方差的计算较麻烦,这使许多没有真正掌握抽样原理的人望而却步或作出不正确的处理。

(三)多阶段随机抽样的注意事项

在采用多阶段随机抽样方法时,应注意以下事项:

(1)在抽样的各个阶段究竟采用哪种具体的抽样方法(即简单随机抽样、等距随机抽样、分层随机抽样和整群随机抽样)，主要依抽样框的性质及方便程度来决定。一般来说，当抽样框中的单位较少时，多采用简单随机抽样；当单位较多时，则采用等距随机抽样和分层随机抽样；而样本规模较大时，也可在最后阶段采用整群抽样。

(2)要在多抽类别、少抽个体与少抽类别、多抽个体两种方法之间保持平衡。

由于样本的规模已经确定，所以大的类别抽得多时，每类中的个体就会抽得少；反之亦然。一般来说，大类抽得多，每一类的个体抽得少的做法，会使样本的代表性较好；而大类抽得少，每一类的个体抽得多的做法，会增加样本的误差。但是从实际的抽样效率看，两者的情况又恰好相反，前者调查起来比较费时费力，而后者则简便易行而且省时省力。按一般的惯例，就是在一定的人力、物力及时间所允许的范围内，尽可能多抽大类，在每一类中少抽个体，以求得较高代表性的样本。

【资料卡 2-3】

多阶段随机抽样与整群随机抽样、分层随机抽样的区别

整群随机抽样虽然类似于多阶段随机抽样，但是两者之间是有区别的(区别在第二阶段)；以两阶段随机抽样为例，整群随机抽样是从总体中随机抽取部分群体，然后对抽中的群体进行全面调查；而两阶段随机抽样时第一阶段抽取部分群体，然后，在第二阶段对抽中的群体进行抽样调查；两阶段随机抽样和分层随机抽样虽然都需要对总体进行分类，但两者之间也是有区别的(区别在第一阶段)：分层随机抽样首先抽取了全部的群体，然后在各群体中抽取部分单位进行调查；而两阶段随机抽样则是在第一阶段随机抽取部分群体，然后再从选中的群体中抽取部分单位作为第二阶段的样本进行调查。所以，两阶段随机抽样在组织技术上可以看作是整群随机抽样和分层随机抽样的结合。

资料来源：郝渊晓. 市场营销调研. 科学出版社，2010.

第三节 非随机抽样

随机抽样的主要优点是可以从样本去推断总体，然而，在有些情况下，严格的随机抽样往往难以进行；在另一些情况下，调查研究者的主要目的只是想初步了解一下调查对象的有关情况，以便为建立调查研究假设或进行大规模的正式调查做些探索性工作。此时，人们往往放弃看起来比较麻烦的各种随机抽样方法，而采用不推断总体，但简单方便的非随机抽样方法。

非随机抽样方法是指不按随机原则，而由调查抽样人员根据调查目的和要求，按个人经历、方便性及主观判断设定的某个标准抽取样本单位的方法。这种方法简便易行，可及时取得所需的信息资料，在市场调查中也经常被采用。其主要有以下几种方式。

一、任意非随机抽样

任意非随机抽样也称偶遇抽样，是一种根据调查者的方便程度任意地抽选样本的方式，它是纯粹以便利为基础的一种非随机抽样方式，是指调查者把在一定时间、一定环境所遇到的人作为调查对象选入样本的方式，其调查样本的选择完全取决于调查人员的方便。通常被调查者由于碰巧在适当的时机出现在适当的地点而被选中。最典型的方式就是“拦截式调查”，即在街边或是居民小区内拦截行人进行调查；想要了解消费者对某商场服务状况的看法，在商场门口向出来的顾客询问调查的问题；想要调查外地顾客在本市的购物情况，如机场、火车站、长途汽车站等地都是可供选择的调查场所；进行现场访问，任意选择一群消费者或是营业人员进行谈话，了解他们对商品质量的看法和购买动向。

任意非随机抽样的优点是简便易行，能及时获得所需要的信息资料，省时省力，节省费用，效率较高，并能为非正式的探索性调研提供很好的数据源。

任意非随机抽样的缺点有两个方面。一方面，样本只有在目标总体单位差异小的情况下，才有代表性，否则会有很大的偶然性，准确性差；另一方面，它不能用于描述性调研或因果关系调研中的对目标总体数据的估计。这也是由第一方面的缺点所决定的。

任意非随机抽样在非随机抽样中是最简便、最节省费用的一种方法，它既可以是同一人在不同地点使用，也可以是不同人在同一地点使用，没有更多的限制，能较快地取得有关信息。但这种方式取得的资料可信程度偏低，估计的结论误差很大，而这些误差和可靠性又难以判断，很多时候只能靠调查者根据样本本身的特点进行判断，这种方法一般用于探测性调研，或是对某些时效性要求较高的调查，对流动性特征明显或边界不清的总体的调查也常用这种方法。若在总体中各单位的同质性很明显的条件下，运用这种方式也能获得较好的调查结果。

【案例 2-1】

麦迪逊的脉冲

一家电视台每天对当地社区居民感兴趣的一个主题进行一次民意测验。这个民意测验名为“麦迪逊的脉冲”，以下述方式进行：每天傍晚 6 点钟播出新闻时，电视台将询问某个有争议的问题，人们对这个问题以“是”或“不是”来回答。赞成者拨一个电话号码；反对者拨另外一个电话号码。每一个电话号码被拨打的次数自动记录。赞成者和反对者的百分比将在 10 点钟播出新闻时公布。每天晚上都有 500 至 1 000 人打电话表示他们的意见，电视台解说员似是而非地将这些结果解释为其反映了社区中居民的真实意见。

在一次 6 点钟的播出中，提出了下述问题：“你是否认为麦迪逊社区中允许喝酒的年龄应降低到 18 岁？”（当时当地的法定年龄是 21 岁）结果那一晚大约有 4 000 人打入电话，并且 78% 的人选择了应降低年龄要求。很明显，在一个拥有 18 万人的社区中 4 000 人的反应“一定具有代表性”。但这样想是错误的！可以想象，总体中的一部分人比其他人对这个问题更感兴趣，有些赞成者甚至多次拨打赞成的号码，这样样本绝对没有代表性。

资料来源：马连福. 现代市场调查与预测. 首都经济贸易大学出版社，2009.

二、判断非随机抽样

判断非随机抽样又称目的抽样、主观抽样，是调查者根据调查目的和调查者的主观意愿、经验和知识，从总体中选择具有典型代表性的样本作为调查对象的一种方法。

判断非随机抽样法中的“判断”，主要包括两方面内容：一是对总体的判断，即判断总体的规模结构等；二是判断样本的代表性，即面对认识的总体，你认为哪些个体对总体具有代表性，将其选出来作为样本进行调查。一般的说若对总体有一个正确的认识，而又能准确地判断出具有代表性的个体，则能抽出较好的样本，故这种方式注意了对误差的限制，比任意非随机抽样的估计精度要高。

判断非随机抽样的做法主要有如下两种：

(1)一种是由专家判断决定所选样本，即选择最能代表普遍情况的群体作为样本，一般选取“平均型”或“多数型”的样本为调研单位。“平均型”的样本是在调研总体中挑选出来的代表平均水平的样本。“多数型”的样本是在调研总体中占多数的单位中挑选出来的样本。也就是说，通过构成“平均型”典型样本，可以实现把握目标总体平均水平大体位置的目的；通过组成“多数型”判断样本，可以实现掌握目标总体中多数单位所处现状的调研目的。

例如，调查中国钢铁行业的管理机制、运营机制及改革等状况，所挑选的样本单位一定得避开鞍钢、宝钢和首钢等几家国有特大型钢铁企业，其原因是尽管它们的钢铁产量占全国钢铁产量的大半，但是它们的管理水平、运营能力等不能代表众多钢铁企业的现状。

又如，某企业要调查其自身产品对竞争对手产品的销售情况，根据主观判断选择了一些同时对销售双方产品有影响的、非常有代表性的零售商店作为判断样本。

(2)另一种是利用统计判断选取样本，即利用所掌握的调查总体的统计资料，按照主观设定的某一标准选取样本。

仍以钢铁行业为例，要调查中国钢铁行业的产品和产量现状，只要对鞍钢、宝钢和首钢等几家国有特大型钢铁企业进行调查，就足以大致掌握我国钢铁行业的产品和产量情况，因为这几家钢铁企业的钢铁产量占全国的大半，把握了它们的生产情况就可以把握总体的生产情况。

另外，在当调查目的是了解、探索某一现象及事物产生异常的原因时，便需要选择“极端型”的总体单位来查找问题的根源所在。

例如，在问卷设计阶段，为检查问卷设计是否得当，调研者会有意选择一些观点差异悬殊的人作为判断样本，即调研者专找那些偏离总体平均水平者进行调查，以确定问题答案的选项。

判断非随机抽样简便快捷，节省费用，符合调查目的和特殊需要，在样本容量小及样本不易分门别类挑选时有其较大的优越性。但由于样本选择是主观的，所有样本的质量取决于调查人员的经验、专业知识和对情况的了解，其精确性依赖于调查者对调查对象的了解程度、判断水平和对结果的解释情况，所有判断非随机抽样方法的结果的客观性常受到人们的怀疑，而且这种方法不支持对一个特定总体的直接推论。

三、配额非随机抽样

配额非随机抽样又称定额抽样，是指按调查对象总体单位的某种特征，将总体分为若干类，在各类中分配样本单位的一定数额，并按各类数额任意或主观抽取样本，以取得一个与总体结构特征大体相似的样本。

配额非随机抽样是一种类似分层随机抽样的非随机抽样，简便易行，省时省力，并且能保证样本单位在总体中均匀分布，调查结果比较可靠，是非随机抽样方法中应用最为广泛的方法之一。配额非随机抽样按分配样本数额时的做法不同分为独立控制配额非随机抽样和相互控制配额非随机抽样两种方法。

（一）独立控制配额非随机抽样

独立控制配额非随机抽样是根据调查总体的不同特性，对具有某个特性的调查样本分布规定单独分配数额，而不规定必须同时具有两种或两种以上特性的样本数额。因此，调查者就有比较大的自由去选择总体中的样本。但是调查人员也可能图一时方便，选择样本过于偏向某一组别，从而影响样本的代表性。

例如，某市预计在商业系统进行一项调研，样本的数目定为50家企业，决定采用独立控制配额抽样。现取行业类别、企业规模、企业所在地区三项控制特性作为分类标准，样本数额的分配结果见表2.2。

表2.2　独立控制样本配额表

行业类别	企业规模	企业所在地区
商业　25 饮食业　15 服务业　10	大型　5 中型　10 小型　35	甲　10 乙　20 丙　12 丁　8
合计　50	合计　50	合计　50

在表2.2中，对行业类别、企业规模和企业所在地区三项控制特性分别规定了样本数额，但其相互之间的交叉关系没有在数额上做出限定。如从商业单位中抽取25个样本时，在规模和所在地区上没有明确要求；又如，5个大型单位的样本既可较多或全部从商业中抽取，也可较少或不从商业中抽取。但不论如何抽取，最终应选定的50个样本，应满足表2.2中的数额要求。

（二）相互控制配额非随机抽样

相互控制配额非随机抽样，即在各类控制特性分配数额时，要考虑到各类型之间的交叉关系，采用交叉分配的方法。如表 2.3，即以表 2.2 为例，采用相互控制配额抽样方法所得的样本情况。

表 2.3　相互控制样本配额表

	大型	中型	小型	合计
	甲 乙 丙 丁	甲 乙 丙 丁	甲 乙 丙 丁	
商业	0 1 1 0	2 1 1 1	2 8 5 3	50
饮食业	1 0 1 0	0 1 2 0	2 3 2 3	
服务业	0 0 0 1	0 2 0 0	3 4 0 0	
小计	1 1 2 1	2 4 3 1	7 15 7 6	
合计	5	10	35	

从表中不难看出，相互控制配额抽样在分配样本数目时，是将各分类控制特性综合在一起安排的，抽样者必须按照规定从总体中抽取样本。

配额非随机抽样的具体实施过程，主要有以下几个步骤：

(1) 根据市场调查的目的和要求以及总体中各单位的性质和客观条件，选定调查的分类标准，作为总体分类的依据，如收入、年龄、性别或销售额、人数、地区等。

(2) 确定各分类标准的样本分配比例。一般是按选定标准将总体分类后，再综合考虑以下四个方面的因素：①各类单位占总体单位的比例；②各类单位内部差异程度；③在实现调查目的的过程中各类所处的地位和作用；④在各类中抽选样本实现调查的难易程度。

(3) 确定各分类标准的样本分配数额，计算出各类标准交叉的样本配额数。

(4) 配额指派，抽选调查单位。即由调查人员根据分派到的配额范围，判断抽取样本。

四、滚雪球非随机抽样

滚雪球非随机抽样方法是一种比较特殊的抽样方法。它是指利用随机方法或社会调查名义选出起始受访者，然后从起始受访者所提供的信息中取得新的具有某一特征的样本。它以"滚雪球"的方式，通过少量的样本单位逐步获取更多样本单位的信息。

这种方法的运用前提是总体样本单位之间具有一定的联系，是在不甚了解总体的情况下对总体或部分单位情况进行把握。其实施的基本步骤为：首先，找出少数样本单位；其次，通过这些样本单位了解更多的样本单位；再次，通过更多的样本单位去了解更多更多的样本单位。依此类推，就像滚雪球一样，使调查结果越来越接近总体。

滚雪球非随机抽样方法的优点是便于有针对性地找到被调查者。其局限性是要求样本单位之间必须有一定的联系并且愿意保持和提供这种关系，否则，将会影响这种调查方法的进行和效果。

当调查对象为某一特殊群体时，所调查的个体往往不容易取得，只能先取得个别样本单位，然后通过他们去联系其他样本单位，这时滚雪球非随机抽样方法是最适合采用的。它通常适用于对总体缺乏了解，没有现成抽样框的情形，一般在产业调研中运用较多。因为这样的目标总体一般为具有某一特征的群体。即使单位数目少，要调查的样本也往往不容易取得，若让调查者直接去找这些少量的样本个体，也肯定得花费较大的代价，只能借助先找到的个别调查对象，再由他们去联系他人。

例如，某调研部门想要了解某市外来农村务工人员的状况，要获得一份完整的名单是极其困难的，调查者只能借助已接受调查的农民工去接触新的农民工，即调查者开始只同几名在该市务工的农民进行调查，了解情况后再请他们提供所知的其他在该市的农民工名单，逐步扩大到所需的外来农民工数目，以通过对这些农民工的调查研究，来全面掌握该市的外来农民工的情况，籍贯、所从事工作的性质、经济收入等。

第四节　抽样误差

调查结果的准确性无疑是调查组织者十分重视的问题，其准确性通常用抽样误差的大小来反映。在市场调查中，无论是全面调查，还是非全面调查，都有可能发生误差。调查者应根据调查的目的和要求、允许误差等条件计算和控制调查误差。

一、抽样误差的概念及种类

抽样误差是指用样本指标推断总体特征所产生的误差。这是抽样调查所不可避免的，抽样误差的大小能够说明抽样指标估计总体指标是否可行、抽样效果是否理想等调查性问题。在实践中，抽样误差主要有以下两种：

（1）登记性误差，也称调查误差或工作误差，指在调查登记、汇总中过程中，由于人的因素产生的误差，是可以避免的。

（2）代表性误差，也称抽样误差，是指用部分单位的统计数字为代表，去推算总体的全面数字时所产生的误差，这是不可避免的。代表性误差又可分为系统性误差和随机误差。

①系统性误差也称偏差，是指在抽样过程中没有按照随机的原则取样，存在人为的主观因素，破坏了随机原则，如抽选到一个单位后，调查者认为它偏低或偏高，把它剔除所产生的偏差。这种偏差在进行抽样调查时应该避免的，也是可以避免的，它不包括在抽样误差这个概念内。

②随机误差也称偶然误差，是指在抽样过程中严格按照随机原则取样，由于被抽取的样本

各种各样，导致样本内部各单位的分布比例结构与总体实际分布状况有偶然性差异，从而使不同的随机样本得出不同的估计量，造成样本指标与总体指标之间存在差距，这种误差是必然产生不可避免的，但是是可以控制的。

市场调查中通常所说的抽样误差即是指偶然的代表性误差。这种误差又可以表现为两种情形：一种是实际误差，是指样本综合指标（如平均数）与相应总体综合指标的实际偏差。如，某居民区全体居民人均年消费食盐 2 千克（总体平均数），抽样调查所得的样本人均年消费量为 1.8 千克（样本平均数），则平均数实际抽样误差为 0.2 千克。例子中的总体综合指标值是假定已知的，可事实上总体综合评价指标值是不知道的。所以在抽样调查中，实际误差多少是无法计算的。另一种是平均误差，即各种可能被抽中的样本配合数的综合指标（如平均数）同总体相应综合指标的平均离差，它表明样本指标同总体指标可能相差的范围，而不是确切的误差数值。

实际上抽样误差带有偶然性，即使同一总体使用同一抽样方式抽取同一数量的样本单位，也可能有若干不同的组合，而每一样本的调查结果是不可能完全相同的。因此抽样误差可能大也可能小，可能是正值，也可能是负值。如果我们把所有这些样本指标同总体指标的误差加以平均，就可以反映抽样误差的一般水平，这种误差的一般水平便是抽样平均误差，这就是我们所要研究和计算的。

二、影响抽样误差的因素

影响抽样误差的因素主要有以下几个方面：

（一）总体各单位之间的差异程度

总体变量存在变异是客观的，差异程度愈大，其分布就愈分散，抽样误差就愈大；反之，抽样误差愈小。这种差异程度，在统计上叫做标准变异程度，通常用方差或标准差来表示。

（二）抽样数目的多少，即样本容量的大小

在其他条件不变的情况下，抽取的单位数越多，抽样误差就越小；反之，抽样误差就越大。抽样误差的大小与样本单位数呈反比例关系。这是因为抽样单位数越多，样本单位数在调查总体中所占的比例越高，样本就越接近总体的基本特征，总体特征就越能在样本中得到真实的反映，假定样本单位数扩大到与总体单位数相等时，抽样调查就变成全面调查，样本指标就等于总体指标，实际上就不存在误差了。

（三）抽样方式

这里主要指重复抽样方式和非重复抽样方式两种。重复抽样，是指每次抽取一个单位记录其特征之后又放回，重新参加下一次的抽取，每个单位在任意一次抽样中中选的概率是相等的；非重复抽样，是指每次从总体中抽取一个单位记录其特征之后不再放回，再从总体中剩余的单位中抽取下一个单位，每个单位在各次抽样中中选的机会是不同的。在这两种抽样方式

中,非重复抽样的误差要比重复抽样的误差小。

三、抽样误差的计算

在抽样的实际工作中,抽样误差是用抽样平均误差来衡量的。抽样平均误差是指所有样本指标与总体指标之间的标准差,它是可以事先计算并加以控制的。简单随机抽样是抽样法的基础,在这里主要以简单随机抽样方式为例说明抽样误差的计算。

(一)平均数指标抽样误差的计算

(1)重复抽样条件下的计算公式

$$\mu_{\bar{x}} = \sqrt{\frac{\sigma^2}{n}} = \frac{\sigma}{\sqrt{n}}$$

式中　$\mu_{\bar{x}}$—— 抽样平均误差;

σ^2—— 总体方差;

σ—— 总体标准差;

n—— 样本单位数。

(2) 非重复抽样条件下的计算公式

$$\mu_{\bar{x}} = \sqrt{\frac{\sigma^2}{n}\left(\frac{N-n}{N-1}\right)}$$

式中　N—— 总体单位数。

当 N 很大时,上式可以简化为

$$\mu_{\bar{x}} = \sqrt{\frac{\sigma^2}{n}\left(1-\frac{n}{N}\right)}$$

例如,某地区对每户食糖平均消费量进行抽样调查,在5 000户居民家中抽取100户,已知总体标准差 σ 为4 千克,则在重复抽样条件下的抽样误差为

$$\mu_{\bar{x}} = \sqrt{\frac{\sigma^2}{n}} = \frac{\sigma}{\sqrt{n}} = \frac{4}{\sqrt{100}} = 0.4(\text{千克})$$

非重复抽样条件下的抽样误差为

$$\mu_{\bar{x}} = \sqrt{\frac{\sigma^2}{n}\left(1-\frac{n}{N}\right)} = \mu_{\bar{x}} = \sqrt{\frac{16}{100}\left(1-\frac{100}{5\,000}\right)} \approx 0.396(\text{千克})$$

(二) 成数指标抽样误差的计算

成数是指在总体中具有所研究标志的样本数(如合格品的个数、试验成功的次数、女性所占的人数等) 所占的比重。用另一种说法就是指"成功次数的比重"。

成数指标抽样误差的计算方法同平均数指标抽样误差的计算方法的原理是相同的,所不

同的是总体方差的计算方法不一致，因为各个样本成数的平均数就是总体成数本身，它既表明在总体中所占的比重，同时又是总体的平均数。

（1）重复抽样条件下的计算公式

$$\mu_p = \sqrt{\frac{p(1-p)}{n}}$$

式中，μ_p—— 成数的抽样误差；

P—— 总体成数。

（2）非重复抽样条件下的计算公式

$$\mu_p = \sqrt{\frac{p(1-p)}{n}\left(\frac{N-n}{N-1}\right)}$$

式中，N—— 总体单位数。

当 N 很大时，上式可以简化为

$$\mu_p = \sqrt{\frac{p(1-p)}{n}\left(1-\frac{n}{N}\right)}$$

例如，某企业生产的产品，按正常生产经验，合格率为90%，现从10 000件产品中抽取100件进行检验，则在重复抽样条件下的合格率的抽样平均误差为

$$\mu_p = \sqrt{\frac{p(1-p)}{n}} = \sqrt{\frac{0.9 \times 0.1}{100}} = 3\%$$

在非重复抽样条件下的合格率的抽样平均误差为

$$\mu_p = \sqrt{\frac{p(1-p)}{n}\left(1-\frac{n}{N}\right)} = \sqrt{\frac{0.9 \times 0.1}{100}\left(1-\frac{100}{10\,000}\right)} \approx 2.98\%$$

从上述平均数和成数的抽样误差的计算中可以看出，因为 $1-\frac{n}{N}$ 总是小于1，从而非重复抽样条件下的误差必定小于重复抽样条件下的误差。所以在实际工作中，尤其是在市场调查中，通常用不重复抽样方式。但在计算抽样误差时，既可以采用非重复抽样方式进行计算，也可采用重复抽样方式进行计算，两种方式下计算得出的结果相差不大。

第五节　样本容量的确定

对于抽样误差的控制，除了要根据实际问题正确地选择抽样方式外，另外一个重要问题就是抽取样本单位数目的多少，即样本容量的大小。样本容量过大，会造成人力、物力、财力和时间上的浪费，造成不必要的损失，使得抽样调查所需成本费用提高；样本容量过小，又会使调查结果存在较大误差，达不到要求的精度。所以，在进行抽样调查时，要确定好适当的样本容量。

一、影响样本容量大小的因素

抽样调查的样本容量取决于以下几个因素：

（一）总体的变异程度

确定调查所需的样本容量，首先需要得到总体的变异程度。在抽样误差范围一定的条件下，总体各单位之间的标志差异程度越大，需要抽取的样本数目越多，即样本容量越大；反之，则样本数目越少，即样本容量越小。其原因是总体单位之间的差异越大，一定数目的总体单位对总体的代表性就越低；总体单位之间的差异越小，一定数目的总体单位对总体的代表性就越高。当总体单位的标志值都相等时，一个总体单位的标志值可以代表总体的平均水平。为确保达到调查要求的精度，在计算样本容量时，建议某一指标的总体的变异程度采取保守估计。

（二）总体的大小

在重复抽样的条件下，抽样的样本容量似乎与总体大小没有关系，但是，在调研实验中，总体单位数可能是有限的，而且可能采取样本不回收的非重复抽样，这时总体大小对样本容量的影响就被考虑进来。非重复抽样条件下，在样本容量的确定过程中，总体所起的作用因它的大小而有所差异。对于小规模总体，它起着非常重要的作用；对于中等规模的总体，其作用中等；而大规模总体对样本容量影响的作用很小。

（三）允许误差的大小

在其他条件一定的情况下，允许的误差小，抽样数目就应相对多一些；反之，允许误差大，抽样数目就可少一些。在抽样调查设计时，应当取多大的允许误差，要根据调查目的和要求、调查经费和时间等来确定。一般来说，调查的准确度要求高、调查力强、调查经费充足，允许误差就可以定的小一些；反之，允许误差就只能放大一些。

（四）不同的抽样组织方式和抽样方法

一般情况下，简单随机抽样和整群随机抽样比等距随机抽样和分层随机抽样所需的样本容量要大，重复抽样要比非重复抽样的样本容量大。

二、样本容量的计算

样本容量的计算公式可以从允许误差和抽样误差的计算公式中推导得到。仍以简单随机抽样为例，确定样本容量的计算方法。

（一）平均数指标样本容量的计算

（1）在重复抽样条件下，样本容量的计算。抽样数目的计算公式是从允许误差计算公式中推导而得的，平均数指标允许误差的计算公式为

$$\Delta\bar{X} = t\mu_{\bar{x}} = t\sqrt{\frac{\sigma^2}{n}}$$

两边平方,得

$$\Delta\bar{X}^2 = \frac{t^2\sigma^2}{n}$$

移项,得

$$n = \frac{t^2\sigma^2}{\Delta\bar{X}^2}$$

式中,t—— 概率度;

σ—— 总体标准差;

$\Delta\bar{X}$—— 平均指标允许误差;

n—— 必要抽样数目,即样本容量。

(2) 非重复抽样条件下,样本容量的计算。同样从允许误差计算公式推导而得,平均数指标允许误差的计算公式为

$$\Delta\bar{X} = t\mu_{\bar{x}} = t\sqrt{\frac{\sigma^2}{n}\left(1 - \frac{n}{N}\right)}$$

两边平方,得

$$\Delta\bar{X}^2 = \frac{t^2\sigma^2N - t^2\sigma^2n}{Nn}$$

移项,得

$$n = \frac{t^2\sigma^2N}{N\Delta\bar{X}^2 + t^2\sigma^2}$$

式中,N—— 总体单位数。

(二) 成数指标样本容量的计算

(1) 在重复抽样条件下,样本容量的计算。允许误差的计算公式为

$$\Delta p = t\mu_p = t\sqrt{\frac{p(1-p)}{n}}$$

两边平方,得

$$\Delta p^2 = \frac{t^2p(1-p)}{n}$$

移项,得

$$n = \frac{t^2p(1-p)}{\Delta p^2}$$

式中，t—— 概率度；

p—— 总体成数；

Δp—— 成数指标允许误差；

n—— 必要抽样数目，即样本容量。

（2）非重复抽样条件下，样本容量的计算。允许误差的计算公式为

$$\Delta p = t\mu_p = t\sqrt{\frac{p(1-p)}{n}\left(1-\frac{n}{N}\right)}$$

两边平方，得

$$\Delta p^2 = t^2\left[\frac{p(1-p)}{n} - \frac{p(1-p)}{N}\right]$$

移项，得

$$n = \frac{t^2 Np(1-p)}{N\Delta p^2 + t^2 p(1-p)}$$

式中，N—— 总体单位数。

三、运用确定样本容量的计算公式时应考虑的问题

在运用样本容量的计算公式时，应考虑如下问题：

（一）多大的抽样误差范围对调研目标而言是可以接受的

在调查估计时，客户对主要调查问题能容忍多大的不确定性？如常用的 95% 的置信水平，5% 的抽样误差范围对客户的调查目标是否适宜，估计值是否需要更高或更低的精度？如果调查结果将用于一些有重大影响或较大风险的决策，则客户对估计值就需要较高的精度；如果客户只是希望取得对所研究总体某个指标的感性认识，那么低一点的精度就可以满足要求。

（二）是否需要对调查总体中的样本总体进行估计

调查结果是否需要一些细化的数据，是否需要提供一些样本总体的估计值？这是确定估计精度和样本容量时需要考虑的重要因素。如除了需要对全国进行估计外，可能还需要对省或地（市）的估计值，或者还需要调查总体按性别、年龄或收入等因素划分的重要的样本总体进行估计。不同的样本总体对精度的要求可能不同，但是为了满足细化数据的需要，调研就必须确定较高的精度。例如，对一项全国性抽样的调查而言，调查主办者可能要求对全国的估计的抽样误差为 3%；但是对省级的估计值，5% 的抽样误差范围就能满足要求；而对于地（市）的估计值，8% 的误差范围就足够了。在上述情况下通常将每个研究域作为层来处理。

（三）相对于调查估计值的抽样误差应该多大为宜

从调研目标出发对抽样误差大小进行理论评估，是解决估计精度的一种途径；在考虑总体

估计的同时考虑域估计的需要,是解决估计精度的另一条途径。但是,这还不够。有时,更有效和可靠的途径是将抽样误差范围与最小估计值进行比较。例如,政府要决定是否执行为某种使用人数较少的语种提供服务的新政策,并且假定政府决定为这种语种提供服务的前提是,至少有5%的人群对这一语种存在需求。因此,在调查估计当地居民对这种语言的需求上,$p=0.05$就是这里要确定的最小估计值。直观地看,相对于$p=0.05$水平的调查估计值,0.05的抽样误差范围似乎过高。在这种情况下,必须规定更小的抽样误差范围,如不大于0.02等。

本章小结

抽样调查是市场调查的一种重要方法,是指根据调查目的,按照随机原则从调查总体中抽选出一部分单位作为样本进行调查,并根据样本调查的结果推断总体的一种市场调查方法。具有经济性、准确性和高效性的特征。抽样调查主要有随机抽样和非随机抽样两种方式。随机抽样包括简单随机抽样、等距随机抽样、分层随机抽样、整群随机抽样和多阶段随机抽样五种不同的方式,每种方式有其自身的特点和适用性。非随机抽样方法是指不按随机原则,而由调查抽样人员根据调查目的和要求,按个人经历、方便性及主观判断设定的某个标准抽取样本单位的方法。主要包括任意非随机抽样、判断非随机抽样、配额非随机抽样和滚雪球非随机抽样四种方式。抽样误差是指用样本指标推断总体特征所产生的误差。这是抽样调查所不可避免的,抽样误差的大小能够说明抽样指标估计总体指标是否可行、抽样效果是否理想等调查性问题。在实践中,抽样误差有登记性误差和代表性误差两种。代表性误差又可分为两种情况:系统性误差和随机误差。样本容量是指抽取样本单位数目的多少。关于样本容量的计算公式是通过抽样误差的计算公式推导得到的,所以同样也分为平均数指标和成数指标两种情况,在这两种情况下分为重复抽样和非重复抽样两种不同的条件。

思考练习

1. 抽样调查的概念及其适用范围?
2. 随机抽样方式包括哪些方法?
3. 非随机抽样方式包括哪些方法?
4. 影响抽样误差的因素有哪些?
5. 影响样本容量的因素有哪些?
6. 对某市居民吸烟情况进行一次调查,全市总人口为55万人,样本单位1 600人,采用非重复抽样方法,调查结果表明吸烟人数占样本总人数的23%,则此次调查的抽样误差是多少?
7. 某市进行居民家庭调查,按照简单随机抽样方式抽取样本,已知共有居民100 000户,总体方差为10 000,允许的抽样误差为5,现要求概率度为2,则这次调查应抽取多少样本户数?

【案例分析】

为了科学地、有针对性地开展高校大学生的思想工作，准确地了解大学生的学习生活状况，在湖北省某高校的全日制在校大学生中实施了一次近千人的大样本抽样调查工作。在调查的组织形式上，以性别、年级及学科类别作为分组标志，采用分层抽样的方式抽取样本单位，进行随机抽样调查。这次调查在全校各学院展开，共发放问卷990份，回收有效问卷900份，其中：

性别抽样分布为：男性占45.56%，女性占54.44%；

年级抽样分布为：大一的占25.89%，大二的占17.11%，大三的占32.22%，大四的占24.78%；

民族抽样分布为：少数民族占39. 67%，汉族占60.33%；

政治面貌抽样分布为：党员占7.78%，团员占89.22%，其他占3%；

籍贯抽样分布为：来自东北地区的占18.27%，来自中部地区的占70.33%，来自西部地区的占11.4%；

学科类别抽样为：文科生占57.78%，理科生占42.22%。

思考题

1. 该抽样方法的特点是什么？
2. 从抽样方法上看如何评价该抽样调查的准确性？

第三章

Chapter 3

问卷设计

【学习目标】

(一)知识目标

通过本章的学习,应该了解问卷的种类和作用;熟悉问卷的结构。

(二)技能目标

掌握问卷设计的技巧,学会设计问卷;理解不同量表的含义和应用。

【导入案例】

在美国17岁驾车

美国某杂志设计了一份自填式问卷,以获得有关年龄在15~21岁之间的女性读者的驾驶习惯信息。问卷调查了关于驾驶者的执照情况、在过去一周内的驾驶公里数、使用汽车的原因、所驾驶的汽车及获取的途径、一辆新车的价格、新车的购买方式、选择一辆新车最重要的原因、所拥有的新车制造商、在新车选择中最重要的信息来源、偏爱某一品牌的原因以及在该杂志上看汽车广告的兴趣程度。问卷采用了不同的问题形式和量表技术。问卷被邮寄给杂志的消费者固定邮寄组的2 150名成员,共收到了1 143份返回问卷,回复率为53.2%。调查的一些主要成果有:过去一周的平均驾驶距离为123公里;选择一辆新车最主要的原因有款式和外观、价格及油耗等。其中2/3的人拥有的是国产车,1/5的人拥有的是福特汽车。

该杂志利用这一信息从主要的汽车公司那里征求广告,并设计出了对读者有吸引力的文章。

资料来源:韩德昌,李桂华,刘立雁. 市场调查与预测教程. 清华大学出版社,2008.

第一节　问卷的概述

在市场调查活动中，获取足够的信息资料是实现调查目的的基础。在收集资料时，往往要通过问卷方式进行。特别是在获取第一手资料时，问卷调查是最基本的方法。

一、问卷及类型

问卷又称调查表或询问表，是调查人员根据调查目的和要求，以一定的理论假设为基础提出来的，由一系列问题和备选答案及其他辅助内容所组成，是向被调查者搜集资料和信息的工具。采用问卷进行调查是国际通用的一种调查方式，也是我国近年来推行最快、应用最广的一种调查手段。市场研究需要进行规范的调查，标准化的问卷不仅有利于准确、迅速地收集市场资料和信息，而且便于高效地对这些数据进行处理和分析。

问卷根据不同的划分标准主要有以下几种类型：

1. 按填写方式分为自填式问卷和访问式问卷

自填式问卷是指由调查者发给（或邮寄给）被调查者，由被调查者自己填写的问卷。它多用于留置调查和邮寄调查中。

访问式问卷时由调查者事先设计好的问卷或问卷提纲向被调查者提问，然后根据被调查者的问答进行填写的问卷。它主要用于面访、电话调查等。

2. 按卷面结构分为结构型问卷和无结构型问卷

结构型问卷是指不仅包括有一定数目的问题，而且问卷的设计是有结构的，即按一定的提问方式和顺序进行安排。除少数项目没有提供给被调查者备选答案外，其他大多数题目都将罗列出答案。在调查过程中，调查员要绝对遵从问卷提问，不能随意变动问题和字句，更不能加插或省略，此种问卷适用于大规模的市场调查。

无结构型问卷中所提到的问题没有在组织结构中加以严格的设计与安排，只是围绕研究目的来提出一些问题。在调查过程中，调查人员可以根据需要来增加或减少一些问题。此种问卷适用于较小规模的深层访谈调查。

3. 按问卷用途分为甄别问卷、调查问卷和复核问卷

（1）甄别问卷是为了保证调查的被调查者确实是调查项目的目标对象而设计的一组问题。它包括对个体自然状态的排除和对调查拒绝的排除等。对个体自然状态的排除主要是为了甄别被调查者的自然状态是否符合调查项目的调查对象，包括年龄、性别、文化程度等。

例如，您的年龄：

18 岁以下	终止访问
18 岁以上	继续访问

您的性别：

女　　　　　　　　　　　　　　　　　终止访问

男　　　　　　　　　　　　　　　　　继续访问

对调查拒绝的排除。例如,您是否愿意帮助完成这次访问:

是　　　　　　　　　　　　　　　　　继续访问

否　　　　　　　　　　　　　　　　　谢谢,终止访问

(2)调查问卷是问卷的主体部分,它是获取数据和分析的基础。我们将在本节的后面作详细说明。

(3)复核问卷又称回访问卷,是为了检查调查员是否按照调查要求进行调查而设计的一种监督形式的问卷。

二、问卷的作用

问卷调查在市场调查中具有重要的作用,问卷在整个市场调查活动中具有重要地位,问卷的作用主要表现在以下几个方面:

(一)问卷是市场调查中不可缺少的工具

市场调查的方法有许多,但除了实验法较少使用问卷外,其他的各种方法几乎都离不开问卷。特别是在现代市场调查实践中,这一作用越来越重要。因为在市场调查中广泛应用计算机以后,规范的科学的问卷作为调查的工具或手段是不可缺少的。

(二)提供访问时的脚本,规范访问行为

调查是一项集体行为,由多个调查人员在不同的地点及不同的时间分别进行工作,而最后的调查结果却需要统一使用。在这种情况下,规范化的工作就十分重要,必须保证每一个调查人员提供的数据都是按照统一口径而获得的,否则就无法区分不同样本之间的差异是客观事实,还是来自于调查人员的口径不一致。为了规范调查行为,进行清晰的工作流程设计时十分重要的,所有的调查人员必须接受相同的培训,并且他们应该具有相似的个人素质,除此之外,还需要对调查的用语和提问顺序进行规范,问卷便是这样的一个工具。

(三)有利于全面、准确地搜集资料

有了问卷,对于抽样总体内的每一个被调查者均可以询问同一系统的问题,范围广泛全面,对问题的认识又容易深入、准确;尤其是被调查者自填问卷时,就更有利于全面准确地反映被调查者对所询问问题的基本倾向,提供可靠的资料。

(四)有利于信息统计处理及定量分析

问卷是将调查内容分解为细致的项目,并将其合理地排列在问卷中,问卷中大多数为封闭式问题,列出备选答案,供被调查者选择,只有少数问题采用开放的文字表达方式,因此就有利于调查内容的系统化、标准化,便于手工或利用计算机对所获得的信息进行研究。同时,问卷调查方式不仅将人们的态度、行为、观点和看法等以提问和回答的方式设计出来,而且还能将

人们的态度、行为、观点和看法等定性认识转化为定量研究;不仅便于调查者了解调查对象的基本情况,还可以对各种市场现象的相关因素进行回归分析、相关分析及聚类分析等。

(五)有利于节省时间,提高效率

采用问卷可以把针对调查目的和调查内容的所有问题用提问的方式在问卷中列出,并且许多问题都给出多种可能的答案,供被调查者选择,在调查人员说明意图的情况下由被调查者完成。只要被调查者有一定的文化水平和语言表达能力,就能完成问卷。所以除特殊情况外,问卷中的有关问题无须再由调查人员向被调查者做详细说明,只需由被调查者完成即可。这种方式容易被被调查者接受,并且调查人员只要稍加培训就可以胜任这项工作。这就节省了调查者用于解释目的、问题的时间,因此加快调查进度,提高调查工作的效率。

三、问卷的结构

因调查目的和调查项目的不同,问卷的内容、题型、措辞、版式等方面都有所不同。但是问卷的结构基本相同,由标题、前言部分、主体内容和背景部分组成。

(一)标题

问卷的标题概括说明调查的研究主题,使被调查者对要回答什么方面的问题有一个大致的了解。标题应简单明了,易于引起被调查者的兴趣。例如,“关于物价上涨对居民生活的影响的调查”、“婴儿配方奶粉调查”等。

(二)前言部分

前言部分包括三部分内容:问卷说明信、填写说明、作业证明的记载。

1. 问卷说明信

常常以简短的信的方式出现。它是对调查的目的、意义及有关事项的说明,其作用是:一是要引起被调查者的兴趣和重视,使他们愿意回答问卷;二是打消公众的顾虑,争取他们的支持与合作。原则:说服受访者使其乐意参与。

问卷说明部分一般包括:

(1)称呼问候。问候语是为了引起被调查者的重视,消除他们的疑虑,激发他们的参与意识,以争取得到他们的合作。(如:先生/女士:您好!)

(2)访问员介绍。(如:我是××市场研究有限公司的访问员)

(3)简单描述调查研究的目的。(如:我们想了解一下您对××等有关问题的看法)

(4)说明作答的意义或重要性。(如:您的回答十分重要,将有助于我们改良产品,为您提供更优质的产品)

(5)说明作答对被访者无负面作用。许多受调查者对于问卷调查顾虑重重,生怕答错了会给自己带来麻烦,所以问卷说明部分要说明答案无所谓对或错,或结果保密等问题。

(6)作答所用时间。(如:耽误您 15 分钟)

(7)说明接受访问后的答谢。(如:我们将有礼品赠送)

(8)致谢。(如谢谢您的支持和合作!)

例如,某房地产公司的调查问卷如下:

尊敬的先生/女士:

您好!我们是某房地产公司的访问员,为了更好地满足您的需求,本公司特别开展此项调查,以了解广大客户对购房的需求,以及对我公司房地产经营活动的期望和意见,以便我们改进工作,提高服务水平。请您就下列问题,提供宝贵答案。为了维护您的隐私,本问卷采用不记名方式,请您如实填写答案。耽误您5分钟的时间,谢谢您的合作!

2. 填写说明

写清填写说明的目的在于规范受访者对问卷的回答,其中包括问卷的填写方法和填答要求以及有关注意事项,有时还包括对问卷中某些观念的解释。填写说明可以集中放在问卷前面,也可以分散放到各有关问题之前。尤其是对自填式问卷,填写说明一定要详细清楚,而且位置要醒目。否则,即使调查对象理解了题意,也可能回答错误,引起数据偏差或误差。

下面是一份自填式问卷的填写说明:

(1)请您在所选答案的题号上画√。

(2)对只需选择一个答案的问题只能画一个√;对可选多个答案的问题,请在您认为合适的答案上画√。

(3)需填写数字的题目在横线上填写。

(4)对于表格中选择答案的题目,在所选的栏目内画√。

(5)对注明要求您自己填写的内容,请在规定的地方填上您的意见和看法。

3. 作业证明的记载

包括访问员姓名、访问员编号、审核员姓名、编码员姓名、访问起止时间、问卷编号和被访者的姓名、地址、电话号码。

(三)主体部分

问卷的主体部分是问卷的核心部分,在这一部分,调查者依据调查主题设计调查内容,主要由一系列问题和相应的备选答案组成。这些问题中蕴含着大量的信息用以解决市场营销中存在的问题,问题的范围涵盖了事实、知识、观点和态度、动机和未来的可能行为等。问卷设计是否合理,能否满足调查目的和要求,关键在于这部分内容的设计水平和质量。通常情况下,人们总是试图在问卷中涵盖各个方面,其实过长的问卷会让调查人员和被调查者都提不起兴趣,一份问卷的长度应以能涵盖其所希望达到目的的基本长度为好。

(四)背景部分

背景部分通常放在问卷的最后,可以放入被调查者的个人信息档案,也可再次向被调查者致谢,还可以放入调查者项目。背景部分要简短明了,有的问卷也可以省略。

(1)被调查者的情况。即指被调查者的一些主要特征。如果调查者是个人,则主要特征包括姓名、性别、年龄、民族、家庭人口、职业、文化程度、收入、地址和电话号码等;如果被调查者是企业则包括企业名称、行业类别、所有制性质、职工人数、经营的商品种类、资产总额、营业额、通讯地址和电话号码等。所列出的项目是为了对调查资料进行分类和分析。在实际调查中,具体要列出哪些项目,应根据调查目的和资料分析的要求确定。

(2)调查者项目。其包括调查人员的姓名、工作单位、调查日期等。这些项目主要为明确责任和方便查询而设计。

【案例3-1】

千家伴超市调查问卷

同学:

您好!

随着高校的大规模扩招,各高校学生数量不断增长,下沙作为杭州市最大的高教园区,拥有庞大的学生消费市场。千家伴超市作为下沙高校园区的日常购物超市之一,为了能更好地为您服务、提高服务质量及满意度,以及了解消费者购买情况,特进行一次市场调查(问卷以不记名的方式进行),感谢您的参与!

1. 您了解千家伴超市吗?(　　　　)

A. 非常了解　　B. 比较了解　　C. 一般了解　　D. 不了解

2. 您在千家伴超市消费过吗?(　　　　)(已在千家伴超市消费过的请填写第3~9题)

A. 是的　　B. 没有

3. 您是通过哪些途径了解千家伴超市的?(　　　　)

A. 同学或朋友　　B. 杂志　　C. 网络　　D. 报纸

E. 其他

4. 您去千家伴超市的次数为(　　　　)。

A. 一周1~3次　　B. 一周4~7次　　C. 一周7次以上　　D.0次

5. 您购买以下商品的频率由多到少依次为(　　　　)。

A. 饼干或面包类　　B. 泡面类　　C. 饮料类

D. 学习用品类　　E. 生活用品类　　F. 其他

6. 您对千家伴超市的商品陈列环境的满意度为(　　　　)。

A. 非常满意　　B. 比较满意　　C. 一般满意　　D. 不满意

E. 非常不满意

7. 您对千家伴超市的综合印象为(　　　　)。

A. 非常好　　B. 比较好　　C. 一般　　D. 不好

E. 非常不好

8. 您对千家伴超市员工服务态度的满意度为(　　　　)。

A. 非常满意　　B. 比较满意　　C. 一般满意　　D. 不满意
E. 非常不满意

9. 通常您喜欢在哪里购物？(　　　)
A. 中型超市　　B. 小型便利店　　C. 外面大型超市　　D. 其他

10. 您选择购物场所时，您考虑的理由是(　　　)。(可多项选择)
A. 方便　　B. 便宜　　C. 服务态度好　　D. 货物品种全
E. 购物环境好　　F. 其他

11. 您一星期的购物消费费用大致为(　　　)。
A. 60 元以下　　B. 60～110 元　　C. 111～200 元　　D. 200 元以上

12. 请您用简短的语句谈谈千家伴超市在哪些方面需要改进。

13. 您的性别：________；年龄：________；籍贯：________；所在院校________

再次感谢您的合作，祝您愉快！

千家伴超市

资料来源：http://wenku.baidu.com

四、优秀问卷的评价标准

一份优秀的市场调查问卷应该具备以下几点：

(1)能够很好地完成调查与分析目标，满足信息使用者对信息资料的要求。

(2)使用恰当的语言和方式，实现与调查对象的良好沟通，使调查对象愿意合作。

(3)对于调查者而言，问卷应该是能够方便和快捷地进行检查、验收，准确进行编码和数据输入的。

(4)问卷能够回答调查大纲中提出的问题，为企业的营销决策提供合适的确定的信息依据。

第二节　问卷设计的原则和步骤

问卷设计在整个调查活动中具有重要地位，问卷的设计水平则是提高市场调查质量的关键因素，在实际调查中也面临不同的困难，这就对问卷设计提出了更高的要求，在问卷设计中应遵循一定的原则和步骤。

一、问卷调查面临的困难

一个成功的问卷设计应该具备两个功能：一是能将所要调查的问题明确地传达给被调查者；二是设法取得对方合作，并取得真实、准确的答案。但在实际调查中，由于被调查者的个性不同，他们的教育水准、理解能力，道德标准、宗教信仰、生活习惯、职业和家庭背景等都具有较大差异，加上调查者本身的专业知识与技能高低不同，将会给调查者带来困难，并影响调查的结果。具体表现为以下几方面：

(1)被调查者不了解或是误解问句的含义，不是无法回答就是答非所问。

(2)回答者虽了解问句的含义，愿意回答，但是自己记不清应有的答案。

(3)回答者了解问句的含义，也具备回答的条件，但不愿意回答，即拒答。具体表现在：①被调查者对问题毫无兴趣。导致这种情况发生的主要原因是，对问卷主题没有兴趣，问卷设计呆板、枯燥，调查环境和时间不适宜。②对问卷有畏难情绪。当问卷时间太长，内容过多，较难回答时，常会导致被调查者在开始或中途放弃回答，影响问卷的回收率和回答率。③对问卷提问内容有所顾虑，即担心如实填写会给自己带来麻烦。其结果是不回答，或随意作答，甚至作出迎合调查者意图的回答，这种情况的发生是调查资料失真的最主要原因。

例如，在询问被调查者每月收入时，如被调查者每月收入超过 800 元时，他就会将纳税联系在一起，从而有意压低收入的数字。

(4)回答者愿意回答，但无能力回答，包括回答者不善于表达的意见，不适合回答和不知道自己所拥有的答案等。

例如，当询问消费者购买某种商品的动机时，有些消费者对动机的含义不了解，很难作出具体回答。

为了克服上述困难，完成问卷的两个主要功能，问卷设计时应遵循一定的原则和步骤。

二、问卷设计的原则

问卷设计是根据调查目标和所需资料内容将调查项目具体化的活动过程。问卷设计的好坏，在很大程度上决定着调查问卷的回收率、有效率，甚至关系到整个调查活动的成败。问卷设计是一项科学性工作，具有很强的理论性、技术性、实践性和艺术性，但在实际调查中会遇到许多意想不到的问题，因此问卷设计既要体现该领域工作的科学性，又要考虑调查中的种种困难。问卷设计通常应遵循以下几个原则。

(一)目的性原则

问卷中的每一个问题所收集的信息都是为了调查目的而存在的，因此在设计问卷时要体现这样的思路：询问的题目服务于调查项目，调查项目服务于调查目的。

(二)可接受性原则

问卷的设计要比较容易让被调查者接受。由于被调查者对是否参加调查有着绝对的自由，调查对他们来说是一种额外负担，他们既可以采取合作的态度，接受调查；也可以采取对抗行为，拒答。因此，请求合作就成为问卷设计中一个十分重要的问题。应在问卷说明词中，将调查目的明确告诉被调查者，让对方知道该项调查的意义和自身回答对整个调查结果的重要性。问卷说明词要亲切、温和，提问部分要自然，有礼貌和有趣味，必要时可采用一些物质鼓励,并代被调查者保密,以消除其某种心理压力,使被调查者自愿参与,认真填好问卷。此外,还应使用适合被调查者身份、水平的用语,尽量避免列入一些会令被调查者难堪或反感的问题。

(三)顺序性原则

问卷中问题的排列顺序会影响被调查者的回答,由此可能会产生一些测量误差,所以设计问卷时,问题的排列应按照一定的逻辑顺序,通常在问卷的开头是一般性的或容易回答的问题,也可以从被调查者感兴趣的问题开始,而后是主要问题,它们是实质性的、细节的问题,敏感的、复杂的问题或开放式的问题放在问卷的后面。问卷中的问题一般可按下列顺序排列:

(1)容易回答的问答(如行为性问题)放在前面;较难回答的问题(如态度性问题)放在中间;敏感性问题(如动机性、涉及隐私等问题)放在后面;关于个人情况的事实性问题放在末尾。

(2)封闭性问题放在前面;开放性问题放在后面。这是由于封闭性问题已由设计者列出备选的全部答案,较易回答,而开放性问题需被调查者花费一些时间考虑,放在前面易使被调查者产生畏难情绪。

(3)要注意问题的逻辑顺序,如可按时间顺序、类别顺序等合理排列。

(四)简明性原则

①调查内容要简明。没有价值或无关紧要的问题不要列入,同时要避免出现重复,力求以最少的项目设计必要的、完整的信息资料。②调查时间要简短,问题和整个问卷都不宜过长。设计问卷时,不能单纯从调查者角度出发,而要为回答者着想。调查内容过多,调查时间过长,都会招致被调查者的反感。通常调查的场合一般都在路上、店内或居民家中,应答者行色匆匆,或不愿让调查者在家中久留等,而有些问卷多达几十页,让被调查者望而生畏,一时勉强作答也只有草率应付。根据经验,一般问卷回答时间应控制在20~30分钟左右。③问卷设计的形式要简明易懂,易读。

(五)匹配性原则

问卷中所列出的问题要有内在联系,通过分析便能获得更多的信息,以便于今后进行数据的分组整理、核算、检验和统计分析。

三、问卷设计的步骤

问卷设计是市场调查的重要工作之一,同时又是一项创造性的活动,要提高起设计水平,使其既科学合理,又实际科学,就必须按照一个符合逻辑的顺序进行。一般来说,问卷设计应遵循以下步骤进行,如图3.1所示。

(一)明确所需获得的信息

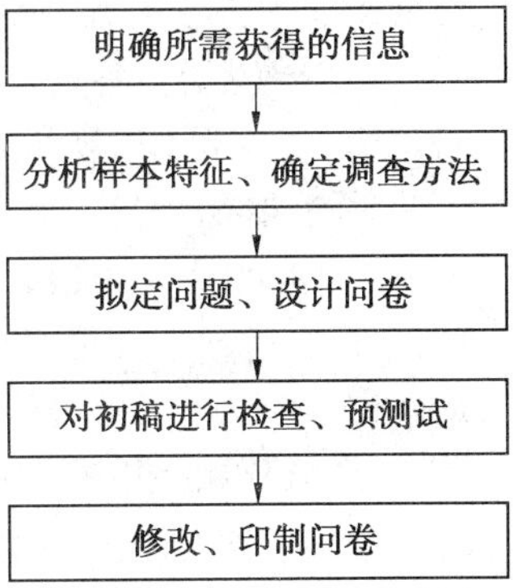

图 3.1　问卷设计的步骤

问卷的设计要时刻针对调查的目的,根据调查的目的来确定所需的信息,并针对所需的信息设计问卷。这一阶段的工作与调查前期的工作密切相关,因为调查的第一步就是明确调查目的,如果调查者在这一步以及进行了细致的研究,这一阶段的工作内容就会容易得多。

这一阶段应该注意的问题主要有以下几点:

(1)问卷内容应与调查发起者的需求相一致。很多时候,调查发起者可能自己都不知道自己真正需要通过调查获得哪些信息。例如,某次关于某类电视广告效果的调查的前期,调查发起者只是说想了解该类广告的影响效果,再深入说了解什么就不清楚了。如果仅根据这一句话确定问卷内容,结果往往会很难满足调查发起者的真正需求。因此,要求调查人员与调查发起者进行沟通,深入了解其真正需求。

(2)要把握主题,深入研究具体需要哪些信息,提出正确的理论假设。与分析人员交流要得到这些信息:需要分析哪些问题,涉及哪些变量。这样最终确定的问卷才可能满足调查发起者的需要。

(3)实践中设计人员可能会忽略获取信息的可行性分析。例如,某公司为了解竞争产品的实力和销售情况,决定对经销公司进行问卷调查。调查发起者与调查设计人员对所要了解的信息都很明确,但是直到调查实施阶段才意识到问卷所要了解的许多信息都属于商业机密,不应放入问卷,结果不仅调查无法进行,还使调查对象对调查产生了敌意。因而,除删除没有必要询问的信息之外,对调查对象难以理解或不易回忆起来的问题也要慎重考虑。此外,对调查对象不愿回答或不愿真实回答的问题,可以采用隐藏题型或随机化技术。

(4)决定用于分析和使用这些信息的方法也是设计问卷前十分重要的一项工作。为此,应确定对数据分析的方法,因为采用的方法不同,其所用的信息类型也是不尽相同的。有许多调查人员忽略了这步工作,结果调查结束后,发现收集的资料难以运用。

(二)分析样本特征、确定调查方法

被调查对象的特征对问卷设计有显著的影响,调查问卷必须针对具体的调查对象的特点进行设计,才能体现调查主题和目的,并保证问卷的合理性。因此,在进行问卷设计时应明确调查对象的类型是企业还是个人、是生产商还是经销商、是现实消费者还是潜在消费者等,在明确调查对象的前提下,掌握各调查对象的特征。

此外,各种调查方法对问卷的设计也有着很大的影响。经常使用的调查方法有面谈访问调查、电话调查、邮寄调查以及网络调查等。面谈访问方法是人员面对面访谈,可以问冗长的、复杂的问题;在电话访问法中,访谈人员与被访者可以进行沟通,但是他们无法看到问卷,所以

只能问短而简单的问题;邮寄方法及网络访问法是自填的,因此所有的问题必须简单,必须提供详细的指导说明。各种调查方法对问卷的长短、复杂的程度、问题的跳跃形式和随机化都是不一样的。在实际中,究竟采用哪一种方法,主要取决于以下几个方面的因素。

(1)所需要的信息及其获取途径要具有可行性,即所需要的信息将通过正规的问卷还是通过非结构性的个人访谈来获得。选择的问卷类型不合适会引起调查误差。

(2)调查对象方面的情况,即在何时何地调查什么人,调查对象的职业、分布状况、可接触性以及他们参加的意愿如何等。

(3)费用及时间情况。由于受经费约束和受时间的限制,尽管调查者希望与一些被调查者作深度的访谈,但由于可能支付不起相关费用或时间来不及,以至于不得不使用电话访问或个人访问等费用比较低的调查方法。

(三)拟定问题、设计问卷

明确了所需获取的信息和确定了调查方法后,就可以根据被调查者的特征拟定问题,设计问卷。

1. 确定问卷中每个问题的内容

在市场调查研究过程中,所需信息很多,但是问卷的空间是有限的。为了让有限的空间发挥最大的效用,所设计的每个问题都要力求能获得有用的数据。为此,要注意以下几个方面的问题。

(1)检查问卷的内容能否准确、有效地反映所要表达的意思。

例如,客户对某产品的价格和服务质量感兴趣,询问消费者:"您对它的价格和服务质量满意吗?"

该问题实际上包括价格和服务两个方面的问题,结果"对价格不满意但对服务满意"、"对服务不满意但对价格满意"或对"价格和服务都不满意"的调查对象的回答都有可能是"不满意",该结果得不到客户想了解的信息,因而该问题应分为:

"您对它的价格满意吗?"

"您对它的服务满意吗?"

(2)推敲问题内容的可行性和可靠性。

有些问题的内容可能对调查对象要求过高,调查对象根本回忆不出或不知道问题的答案,结果缺失太多,数据可信度下降。

(3)问卷题目的数量要把握好。

问卷题目的数量要适度,冗长的问卷可能会使被调查者兴趣下降,无关或重复的问题可能会引起被调查者的反感或分散注意力,从而加大计量误差。

(4)不要提出被调查者不愿回答的问题。比如问题涉及被调查者的心理、习惯和个人生活隐私,或是商业机密等,即使将其列入问卷也不易得到真实结果。遇到这类问题,如果实在回避不了,可列出档次区间或用间接的方法提问。

2. 选择合适的问题类型

一般来说,问卷中涉及的问题可归为三类,即开放式问题和封闭式问题和量表应答式问题。

开放式问题是一种应答者可以自由地用自己的语言来回答和解释有关想法的问题,也就是说,调查人员不对应答者的选择作任何限制。开放式问题一般提问比较简单,被调查者有机会进行自我表达或详细描述,有利于发挥被调查者的主动性和想象力,防止固定选项对被调查者的诱导,可以检测被调查者是否了解问题,所得的资料往往比较真实、具体、信息量大,但结果难以做定量分析,还可能因为被调查者表达能力差异形成偏差,而且可能由于需要占用较多的时间,被调查者往往会放弃回答或答非所问,使问卷的回收率和有效率降低。

封闭式问题是指已事先设计好各种可能的答案的问题,被调查者只需从中选择一个或几个现成的答案即可。封闭式问题由于答案标准化,不仅回答方便,提高了问卷的回收率和有效率,而且易于进行各种统计处理和分析,但缺点是回答者只能在规定的范围内进行选择答案,无法反映其各种有目的的真实的想法,而且一旦被选答案的设计有缺陷,会直接影响调查质量。

量表应答式问题采用调查人员确定的等级来划分和测量研究对象的属性,答案的选项在问卷中做了说明。在后面我们将进行详细的讲述,在这里就不作过多的介绍。

不同的问题类型有着各自的优缺点,适用于不同的问题,调查者应根据调查项目的属性、先前进行的研究、数据收集方法、被调查者的能力和所期望的量表划分水平等因素,选择不同的问题类型。

3. 确定问题的措辞

问题的措辞指的是将想要的问题内容和结构,翻译成调查对象可以清楚而轻松地理解的用语。这是问卷设计中较为困难的一个任务。措辞不当,被调查者可能会拒绝回答或者回答不正确。因此要注意以下几个问题。

(1)使用通俗易懂的词汇,避免使用技术用语,因为大多数被调查者可能对一些技术用语不是很理解。如:您认为软饮料的分销充分吗?

(2)使用确定的词汇。如问题的答案的选项中用“通常情况”、“正常情况”、“经常的”等词汇,被调查者不知道该以何种标准来选择答案,因为以上三个词的意思是很相似的。

(3)问题明确,避免模棱两可的措辞或是诱导性和倾向性提问。如问卷设计时,问“××牌号的旅游鞋质优价廉,您是否准备选购?”这样的问题将容易使被调查者因引导性提问得出肯定性的结论或是因反感此种问法简单得出结论,这样不能反映消费者对商品的真实态度和真正的购买意愿,所以产生的结论也缺乏客观性,可信度较低。

(4)避免隐含选择、隐含假设。如“您目前从事什么职业?”(假设每个调查者都有工作)。

4. 确定问题的先后顺序

问题的排序通常遵照以下原则:按问题的类型、逻辑性、难易程度、思维习惯进行排列。其具体做法是由浅入深、由易而难、从简到繁。

一般来讲，开头的问题应该有趣、简单并且不咄咄逼人，客观事实方面的问题应该放在前面，困难的或者敏感的、尴尬的、复杂的、无趣的问题以及主观方面的问题应放在靠后的位置。中间的过渡和衔接要连贯和自然，同时，调查者要考虑到人的思考习惯和思维逻辑，如按时间顺序、性质或类别来排列问题。

（四）对初稿进行检查、预测试

问卷的初稿很可能存在一些潜在的问题。一般要经过仔细检查和修改，必要时重复检查和反复推敲每个问题的词语，找出问卷的不足，及时进行修改。然而，即使经过认真的检查和修改，一些潜在的问题未经实际调查可能还是发现不了。因此，在正式使用问卷之前，一般要对它进行预测试。通常，预测试会选择5～10个被调查者，在与正式调查相同的环境里进行调查，观察调查方式是否合适，调查者可以从中发现一些普遍性的问题，检查问卷是否能够提供所需要的信息等。

（五）修改、印制问卷

修改问卷，即根据检查和预测试所获得的信息对问卷初稿进行全面修改、完善的过程。问卷修改包括对问卷内容的调整和修改，是问卷能够实现包括调查目标所必需的一切信息；问卷整体的逻辑问题的调整；问题本身的用语措辞的修改，以避免语义偏差和用词不当等原因带来的问题；还包括对问卷版面布局的美化与修改。最后定稿，制定一份正式调查所用的问卷，根据实际调查所需的问卷数量进行打印和印刷。

【案例3-2】

"3·15调查问卷"——公民消费者权益保护意识状况调查

女士/先生，您好！

我是渤海大学的学生，正在结合所学课程践行如何作好市场调查访问工作。请协助回答几个关于消费者权益保护意识状况的问题。

谢谢您的帮助与支持！

一、您的个人资料

1. 性别：A. 男　B. 女

2. 年龄：A. 20岁以下　B. 21～35岁　C. 36～50岁　D. 51岁以上

3. 职业：A. 工人　B. 机关公务员　C. 公司职工　D. 教师
　E. 学生　F. 军人　G. 其他

4. 文化程度：A. 大学或以上　B. 中专/高中　C. 初中　D. 初中以下

5. 月收入：A. 800元以下　B. 801～1 500元　C. 1 501～2 000元　D. 2 000元以上

二、调查内容

1. "3.15"这一天您觉得特殊吗？

A. 是节日　　B. 是纪念日　　C. 不知道　　D. 与往常一样

2. 您对《消费者权益保护法》了解多少?

A. 系统学习过　　B. 学习过　　C. 听说过　　D. 一点也不知道

3. 你会购买盗版书籍和光碟吗?

A. 绝不会　　B. 不会　　C. 会　　D. 有时会

4. 您购物时有索取发票和信誉卡的习惯吗?

A. 经常有　　B. 有时有　　C. 没有　　D. 从没有

5. 当您发现买到假货后,您的第一想法是什么?

A. 认倒霉　　B. 立即找卖主理论　　C. 找产品生产者赔偿　　D. 到消协投诉

6. 如果您与销售商私下调节不成,您会先去找哪个部门?

A. 派出所　　B. 居委会　　C. 消协　　D. 法院

7. 当发现厂商或经销商公然侵犯您的合法权益时,您会采取什么行动?

A. 放弃向该厂商或经销商购买　　B. 私下解决

C. 媒体曝光　　D. 诉诸法律　　E. 其他

调查时间:　　调查地点:　　调查人员班级:

调查者签名:

思考一下,这份问卷是否有问题?

资料来源:http://wenku.baidu.com

第三节　问卷设计的技巧

问卷设计所涉及的知识面非常广泛,需要掌握很多的技巧,既要满足调查的需要,又要照顾被调查者的感受;既要有科学性,又要有艺术性。所以设计一份高质量的问卷既非常重要,又有相当大的难度。因此,在设计问卷时,必须掌握一定的技巧。

一、问卷开头的设计技巧

问卷开头包括引言和注释,引言和注释是对问卷情况的说明。引言即前面所说的问候语,应包括调查目的、意义、主要内容、调查的组织单位、调查结果的使用者、保密措施等。其目的在于引起被调查者对填答问卷的重视和兴趣,争取让他们对调查给予积极的支持和配合。引言一般放在问卷的开头,篇幅宜小不宜大。引言中应说明调查者的身份,可以放在引言的开头或引言的落款处。例如,“我们是北京××咨询公司市场调查部,为了了解……”除了写清单位,最好在下面附上单位的地址、邮政编码、电话号码等,这样能体现调查的正规性,消除被调查者的疑虑。下面是一个邮寄的自填式问卷的开头。

“女士(先生)您好:

我们这次公众健康意识调查,其目的是加强社会各阶层人士对健康的关注,进一步改善公共卫生系统的工作,促进公共卫生事业的益民发展。本次调查活动并非知识性测验,只要求您根据自己的实际情况选答。根据统计法的有关规定,我们将对您个人的有关情况实行严格的保密措施。”

引言的结尾处,如有必要,应说明问卷交回的方法。总之,引言的语气要谦虚、诚恳、使人易于接受。

注释也就是我们前面所说的填写说明,包括问卷的填写方法和填答要求以及有关事项。注释一般放在引言之后,问答题即答案之前。

二、问题的设计技巧

问卷主要是由问题和答案组成的,对于问题的提问会直接影响整个问卷的质量,在设计问卷之前必须根据调查的目的,合理的设计问卷内容,首先要了解问题的类型、掌握问题设计的原则和不同的问题设计方法。

(一)问题的类型

问卷中的问题按照不同的划分标准,主要有以下类型:

1. 按问题的作用不同划分

按问题的作用不同划分,可将问卷中的问题划分为心理调节性问题、过滤性问题、试探性和启发性问题、背景性问题、实质性问题。

(1)心理调节性问题。是能引起被调查者兴趣,营造合作气氛的问题。这类问题应是容易回答而又不太直接,且口气和蔼的问题。由于在询问正式问题之前一般要设计一两个这类问题,因此又称为前导性问题。

例如,在调查对网上购物的看法之前,可问:“现在许多人都在进行网上购物,您注意到了吗?”

(2)过滤性问题。是将调查对象限于有符合要求的经历或回答富有意义的回答者的问题。例如,调查人们对手机短信感兴趣的原因时,那么那些手机短信不感兴趣的消费者,不应作为正式调查对象。于是在确定调查对象之前,应提问一系列合适的问题,以便使被调查者符合研究手机短信市场的目的。

例如,您对手机短信感兴趣吗?

A. 感兴趣　　B. 一般　　C. 不感兴趣

对于选择 A 的被调查者继续询问,对于选 B 和 C 的被调查者结束访问,或改变提其他问题。有时为了缩短答卷时间,也可以把前导性问题和过滤性问题结合起来提问。

(3)试探性和启发性问题。试探性问题的作用是对一些敏感性或接近敏感性的问题探询被调查者是否愿意讨论或回答,以减少阻力,争取配合。启发性问题是唤起被调查者的回忆,以提高回答的速度和准确性的问题。

例如，“您上次和酸奶是什么时候?”“是纯净的还是加味的?”

“请回想一下，您喝酸奶大约用多长时间？是否在吃饭的时候喝？还有其他有关喝酸奶的事吗?”

(4)背景性问题。是指有关被调查者个人背景的问题，包括性别、年龄、民族、住址、职业、文化程度、家庭状况等，有时还包括其心理状况的描述。这类问题对于后续的资料整理和分析时非常重要的。

(5)实质性问题。是指要调查的全面事实或信息，是问卷的核心问题。从某种意义上说，上述所有的问题都是服务于实质性问题的，因为只有通过这类问题的询问才能达到调查的目的。因此这类问题的量也应是占比重最大的。

2. 按问题的询问内容不同划分

按询问内容的不同，可将问卷中的问题划分为事实性问题、行为性问题、意向性问题、动机性问题、态度性问题。

(1)事实性问题。即询问客观存在的问题。询问这类问题的主要目的是为了获得有关事实性资料，要求问题的意思必须清楚，使被调查者易于理解和回答。通常询问被调查者的基本信息资料的问题均为事实性问题。

例如，您的职业是(　　　　)。

您家洗衣机的牌子是(　　　　)。

您的性别是(　　　　)。

(2)行为性问题。主要是关于工作、学习、生活、消费等行为特征的问题。

例如，您使用过高露洁牙膏吗?

上个星期您购买过新衣服吗?

您吸烟吗?

(3)意向性问题。即询问人们对某些事务的打算的问题。询问这类问题的主要目的是为了了解消费者的需求意向。

例如，您准备选购哪种牌子的家用电脑?

您打算何时购买家用轿车呢?

(4)动机性问题。一般用来询问人们行为及意见、看法产生的原因。询问这类问题的主要目的是为了了解消费者的心理活动。

例如，您为什么喜欢佳洁士牙膏?

您是否喜欢电视广告？为什么?

您家没有购置组合音响的主要原因是什么?

您对国产彩电在售后服务方面有什么意见和要求?

(5)态度性问题。一般用来询问人们对某些事务或某商品持什么态度。询问这类问题的主要目的通常是为了提高产品质量。

例如,您对××全自动洗衣机的质量满意吗?

请对以下牌子的洗发水按您喜欢的程度以序号1、2、3、4进行排序

沙宣(　　)　海飞丝(　　)　潘婷(　　)　飘柔(　　)

一般来说,一份完整的问卷,五种类型的问题都应该出现在问卷内容之中,这样会更加全面地反映调查目的。

3. 按是否给出答案划分

按是否给出答案,问题可以分为开放性问题和封闭性问题。

(1)开放性问题。是一种只提问题,不给出具体答案,要求被调查者根据自身实际情况自由作答的问题类型。

例如,您为什么认为该品牌更好?

您觉得手提计算机较台式机有哪些优点?

开放性问题一般应用于以下几种场合:①作为调查的介绍;②某个问题的答案太多或根本无法预料时;③多见于问卷提纲。

(2)封闭性问题。是一种需要应答者从一系列应答选项中做出选择的问题。

例如,您每天用多长时间阅读报纸?

A. 不到半个小时　　B. 半个小时到1个小时

C. 1~2个小时　　D. 2个小时以上

(二)问题设计的原则

问题设计的好坏直接关系到能否达到调查目标和调查目的,因此在设计时应遵循一定的原则。

1. 要使被调查者容易并且充分理解问句的含义

这是问题设计的最基本原则。要符合这一要求,就应该注意下述几点:

(1)问句要尽量短而明确,少用长而复杂的语句。问句太长容易使被调查者抓不住提问的重点,甚至使其感到厌烦。需要更多的信息时,可将长句细分成几个小问题来询问。

(2)问句要尽量口语化,避免用双重否定来表示肯定的意思。例如,"是否有许多食品商不愿意不在标签上注明保质期?"这显然不利于对问题的理解。可改为"食品商是否愿意在标签上注明保质期?"

(3)用词应尽量浅显明白,避免使用生僻的、模棱两可的词语和技术用语。这一点前面已经阐述过了,这里不做过多阐述。

2. 所提问题应是被调查者能够且愿意回答的,避免提出困窘性问题

困窘性问题是指应答者不愿意在访问人员面前直接回答的问题,一般属于个人隐私,或有损声誉的问题,或不为一般社会道德所接受的行为和态度等。例如,许多人对年龄、收入、受教育程度等问题就非常敏感,不宜直接询问。如果问"您一个月的收入是多少?""您平均每月打

几次麻将?”等这些问题,这可能会使很多人感到窘迫。他们往往不愿意回答,或者回答也是不真实的回答。因此,要想了解这方面的信息,也要讲究技巧。

3. 要对问题确定界限,避免混淆

在这方面要注意以下两点:

(1)每个问题只能包含一项内容,避免一个问句中包含两件事或两个方面的问题。例如,不能问“您是否喜欢看电影和电视?”,否则会使得回答者难以回答,因为有些人可能喜欢其中的一种。即使勉强回答,结果也是不准确的。

(2)问句中对时间、地点、人物、事件、频率等界限都应该有一个特定的范围,而不应只概括的表示。例如,“您最近看电影了吗?”其中,“最近”可能是指近几天,也可能是指一个月或半年。可以改为“过去的一个月您看电影了吗?”

4. 问题要尽量获得具体或事实性的答案

人的意见或感觉通常表现为主观臆断的概念,在询问时很难具体地表述,问题设计时对此必须加以注意。在设计征求意见或询问感觉问句时,要避开笼统的意见,而尽量用具体的或事实性的问题来设问。

(1)避笼统求具体。例如,“您认为阿迪达斯牌运动鞋好吗?”其本意是要询问消费者对这种品牌运动鞋的感觉如何,但是好与不好如何区分,是一个很笼统的概念。因此,应尽量将这类问题询问得具体些,例如,可分别询问鞋的样式、颜色和舒适程度等,回答者就容易判断。

(2)化意见为事实。许多意见性的问题都可以用事实来说明。如对某件事情的爱好程度就可以通过参与次数的多少来说明,例如,如果问“您是否爱逛商场?”对于有些被调查者来说,可能自己也很难判断,而且爱好的标准是什么也各不一样。因此最好将其改为:“过去的3个月里您逛过几次商场?”调查人员可以事先选定好标准——多少次属于非常爱好,多少次属于一般爱好,多少次属于不太爱好和多少次属于不爱好。这样,通过一个事实来判断是否爱逛商场的程度比上述直接询问更巧妙,回答者也容易判断。

5. 提问要中性化,避免带有诱导性或倾向性的问题

提问时,调查者的态度要“中立”,不要流露出自己的倾向或暗示,否则就会影响回答者的答案。或者回答者不假思索地顺从倾向性意见,或者回答者很反感而不认真回答。例如,“您是否和大多数人一样认为诺基亚手机质量最好?”其中的“大多数人”就是明显的暗示,应避免出现这类问句。

6. 问题要单纯明朗,避免暗含答案或暗含假设的问题

如果问题暗含答案或假设,势必影响调查结果。在这方面,国外有人对单纯提问与暗含答案的提法可能引起的区别作过研究。所用的一对问题是:

方案1:通过立法要求汽车驾驶者系安全带是个好办法。

A. 同意　　　　B. 不同意　　　　C. 不知道

方案2:应通过一项法律对不系安全带的驾车者罚款。

A. 同意　　　　　　B. 不同意　　　　　　C. 不知道

这两个问题中,方案 1 是单纯提问,方案 2 显然暗含着假设,即"如果不系安全带,结果是被罚款"。两种提问方式的调查结果有明显差别(见表 3.1)。

表 3.1　两种方案的不同结果

方案	同意/%	不同意/%	不知道/%
1	73	21	4
2	50	47	3

【资料卡 3-1】

康师傅的"茶调研"

中国人善于饮茶、品茶。在人们的意识中,冷茶、隔夜茶甚至放在不合适的器皿里的茶都是不能喝的。进行市场调查,询问人们:既是冷茶,也是隔夜茶,而且还放在塑料瓶里,你会喝吗?消费者回答:"谁会喝那玩意!"可是,"康师傅"与"统一"却反那些问卷的结果而行,如今的"绿茶"、"冰红茶"、"茉莉清茶"等茶饮料卖得非常火,原因在于调查问卷中谈到的茶给接受者的感觉还是"原始的茶",而不是"全新的茶",所以出现了事实与调查结果的矛盾。

资料来源:郑聪玲,徐盈群. 市场调查与分析实训. 东北财经大学出版社,2008.

(三)问题设计方法

在市场调查中要准确有效地搜集到需要的资料,在问卷设计中要将调查的问题传达给被调查者,这就必须具备一定的询问调查技术和技巧。将问卷中的问题划分为开放性问题和封闭性问题两大类,问卷设计的方法主要有以下几种:

1. 开放性问题设计方法

在开放式的询问调查设计中,主要重点介绍以下两种方法:

(1)过滤法。也称漏斗法,是指调查者对被调查者用一种迂回的询问方式求得回答,然后缩小范围回到主题上来求得回答。因为有些询问的题目直接提出,不易被调查者接受,有可能使回答不自然,不真实。采用过滤法逐步引发,因势利导,会逐步反映出被调查者的真实想法,取得更加可靠的资料。此方法的不足是不易控制调查时间。这种方法一般是在询问中考虑到被调查者对某些问题的回答有所顾虑,或一时无法直接回答而设计的。采用这种方法,调查者应掌握被调查者的心理状态,要有一定的询问技巧。

(2)回想法。回想法是用于测定调查项目的印象、记忆强度的一种方法。调查者提出一项回忆的项目,如产品的品牌、企业的名称或一则广告,然后由被调查者回忆,测出记忆的强度。如某种项目被众多被调查者回忆出的次数越多,其在消费者心中的印象就越深,反之,则越浅。

例如，“请您说出您所知道的洗衣粉的品牌”

“请您列举出在广告中所看到的化妆品的名称”

使用回想法提出问题应该直截了当，清楚明白，一般是根据第一回忆率、第二回忆率等回忆次数算出比率，以便了解印象和记忆的程度。

2. 封闭性问题设计方法

封闭性问题根据提问项目或内容的不同，主要有以下方法：

(1)两项选择法。两项选择法的答案只有两项，要求被调查者选择其中之一来回答。

例如，您现在使用的是海飞丝牌洗发水吗？

A. 是　　　　B. 不是

您的性别？

A. 男　　　　B. 女

两项选择法的特点是，被调查者只需在二者之中选择其一，回答比较容易；调查后的数据处理很方便。其缺点是：得到的信息较少；当被调查者对两项答案均不满意时，很难作出答案。

(2)多项选择法。多项选择法的特点是设计调查问卷时，对一个问题给出三个或三个以上的答案，让被调查者从中选择进行回答。根据其选择的答案多少的不同，多项选择法有以下几种选择类型：

①单项选择题。要求被调查者对所给出的问题答案选择其中的一项。

例如，您认为下面哪类的广告宣传效果最好？

A. 电视广告　　B. 广播广告　　C. 杂志广告

D. 报纸广告　　E. 路牌广告　　F. 网络广告　　G. 其他请注明________

②多项选择题。要求被调查者在所给出的问题答案中，选择出自己认为合适的答案，数量不受限制。

例如，您在购买衣服时主要考虑什么因素？

A. 价格　　B. 品牌　　C. 质量　　D. 产地

E. 材质　　F. 样式　　G. 服务　　H. 其他请注明________

③限制选择题。要求被调查者在所给出的问题答案中，选出自己认为合适的答案，但数量要受一点的限制。如上面的问题中，可要求被调查者限选三项。

(3)顺序选择法。顺序选择法的问题答案也有多个，但要求被调查者在回答时，对所选的答案按要求的顺序或重要程度加权排列。其中，对所选的答案数量也可以进行一定的限制，也可以不进行限制。

例如，上面多项选择法的问题可以作如下提问：

您在购买衣服时主要考虑什么因素？

A. 价格　　B. 品牌　　C. 质量　　D. 产地

E. 材质　　　　F. 样式　　　　G. 服务

(按重要程度进行排序)________

(4)评定尺度法。评定尺度法中的问题答案,由表示不同等级的形容词组成,并按照一定的程序排序,让被调查者选择。

例如,您对××牌产品是否满意?

A. 非常满意　　　　B. 比较满意　　　　C. 一般

D. 不太满意　　　　E. 不满意　　　　F. 非常不满意

(5)一对比较法。一对比较法是决定顺序的一种方法,是在调查项目有多种种类时,将其在不同的评价标准下予以排列,请被调查者比较后决定。

例如,调查某种商品的广告效果时可列出:

甲广告(　　)　　　　乙广告(　　)

丙广告(　　)　　　　丁广告(　　)

甲广告(　　)　　　　丙广告(　　)

丁广告(　　)　　　　乙广告(　　)

………

请您比较上列广告中左边或右边的广告哪种效果较好,在认为效果好的某侧广告上打上符号。如想调查得更加细微,可在左右两个项目中间,列上程度的差别。

效果好	非常	稍微	相等	稍微	非常	效果不好
甲广告						乙广告

这样就比上述例子所调查到的资料更近一步。不仅可以测定被调查者态度的顺序,还可以测定评价的距离。采用一对比较法时,一般都在一对之间插入若干程度的评价尺度。

三、答案的设计技巧

开放性问题不列出答案,由被调查者根据自己的想法自由做出回答,所以其答案属于自由回答型,只需给问题的答案留有一定的空间即可,在这里就不作详细阐述。重点看一下封闭性问题的答案设计。

(一)答案要穷尽

即将所有的答案尽可能地列出,才能使每个被调查者都有答案可选,不至于因找不到可选的答案而放弃回答。

例如,您不购买某品牌产品的原因是(　　　　)。

A. 不了解　　　　B. 价格太贵　　　　C. 使用不方便　　　　D. 性能不好

E. 保管不便　　　　F. 售后服务不好　　　　G. 无质量保证

这几项答案可能并不完全包括被调查者不愿意购买的原因,容易造成回答困难。为了防止出现列举不全的现象,可在问题答案设计的最后列出一项“其他”选项,这样,被调查者就可将问卷中未穷尽的项目填写在所留的空格内。但需注意,如果一个问题选择“其他”选项的人过多,说明答案的设计是不恰当的。

(二)答案必须互斥

从逻辑上讲,互斥是指两个概念之间不能出现交叉和包容的现象。在设计答案时,一个问题所列出的不同答案必须互不相容,互不重叠,否则被调查者可能会作出有重复内容的双重选择,对资料的整理分析不利,从而影响调查效果。

例如,您平均每月支出中,花费最多的是(　　　)。

A. 食品　　B. 服装　　C. 书籍　　D. 报纸杂志

E. 日用品　　F. 娱乐　　G. 交际　　H. 饮料　　I. 其他

答案中的食品和饮料、书籍和报纸杂志等都是包容关系,所以在设计答案时,一定要用同一标准在同一层次上分类,避免答案之间有交叉或包容的现象。

(三)定距与定比问题的答案设计

不同的问题有不同的答案设计方法,在设计答案时,要根据研究的具体要求来决定采用哪种形式的答案。

例如,在调查每月工资收入或女士年龄时,如需准确了解具体数字,则可采用填入式,即“您每月的工资收入是(　　　)元”,“您的年龄是(　　　)岁”。

但通常调查这类敏感性问题时,为消除被调查者顾虑和整理分析资料的需要,常常将定距或定比的答案进行分类设计。

例如,您的工资是(　　　)。

A. 800 元以下　　B. 801 ~1 500 元　　C. 1 501 ~2 000 元

D. 2 001 ~2 500 元　　E. 2 500 元以上

设计这类答案,要注意以下几点:

①划分的档次不宜过多,每一档的范围不宜过宽。因为档次太多,会使问卷篇幅增大,而且有些档次只有极少数人可回答。一般的方法是,在大多数人所属的范围内进行适当的分档,将两端列为开口组即可。

②在无法确定档次的数目时,采取宁多勿少的做法,因为频次小的档次可以在修改时进行合并。

③各档的数字之间正好衔接,无重叠、中断现象。

(四)注释和填答标记应恰当

对于封闭性问题,每一项答案都应有明显的填答标记或注释,答案与答案之间要留出足够的空间。注意不要再填答标记、符合或每项答案的前或后做选择记号,因为在各项答案之间距离较近时,这样可能使调查者不容易辨认被调查者到底选择了哪个答案。一般调查中,使用数字或字母作为各项答案标记的较多,这样可以起到为问卷编码的作用。进行大规模的调查时,问卷的设计最好给出如何在答案上做标记的范例。

第四节　量表的设计

市场调查在很多情况下,要了解被调查者的态度和意见,这些问题用一问一答的方式很难归纳起来。使用量表技术,可以将属于质量性的答案,用数量的方法记录下来,便于对态度、意见等做比较、判断和测定。

一、量表的含义及类型

量表是一种用于测量态度的工具。它是一系列结构化的符号和数字,这些符号和数字是按照一定的规则分配给适用于该量表的人员或他们的行动和态度。按照量表中所列答案之间的关系,量表一般有以下四类。

(一)类别量表

类别量表是将数据分成各种互相排斥、互不相容的类别的量表。一般而言,该量表中所列的答案都是不同性质的,每一类答案只表示分类,不存在比较关系。被调查者只能从中选择一个答案,而不必对每个答案加以比较。

例如,您的性别是(　　　)。

A. 男　　　　B. 女

在未来的一年中,您是否有购房的计划?(　　　)

A. 是　　　　B. 未决定　　　　C. 否

以上两个问句,所列的答案只表示分类,答案前的字符只起分类符号作用,不能互相比较,不能进行数学运算或逻辑比较。可进行的统计分析有:频数分析,如百分数、四分数、众数等;描述性分析,如卡方检验、二项分布检验及等级相关系数等。

类别量表常用来测量,诸如性别、居住地区、职业、婚姻状况、文化程度、民族及宗教信仰等方面。

(二)顺序量表

顺序量表是用以排列事物某特性各类别顺序关系的量表。顺序量表比类别量表要多一个特征,即顺序量表必须对各个备选答案充分考虑,逐一比较,然后确定每个答案之间的顺序关系。

例如,请根据您的喜好排列以下电视机品牌,最喜欢的标“1”,其次标“2”,依此类推。

海尔(　　)　海信(　　)　松下(　　)　TCL(　　)

索尼(　　)　长虹(　　)　康佳(　　)

根据您的经验，您认为沃尔玛的价格：

高于家乐福（ ） 与家乐福差不多（ ） 低于家乐福（ ）

顺序量表中所用的数字，不仅用以区分类别，还可以表示某种事物特性的强度，但无法知道它们的差距究竟有多大就解决；虽然也没有数量性，不能进行数学运算，但却可以进行逻辑比较，以说明态度的强度等，可以运用的统计方法与类别量表所用的几乎相同。

顺序量表一般用于态度询问，是市场营销调查中应用很广泛的量表。顺序量表用来调查诸如消费者对不同产品品牌或企业的认知、喜好、行为意向的强弱程度等方面的特性

（三）等距量表

等距量表也称等差量表，是用以描述事物某特性各类别之间相对差距的量表。它不仅能表示各类别之间的顺序关系，还能反映各顺序位置之间的距离。

例如，您喜好看电影吗？

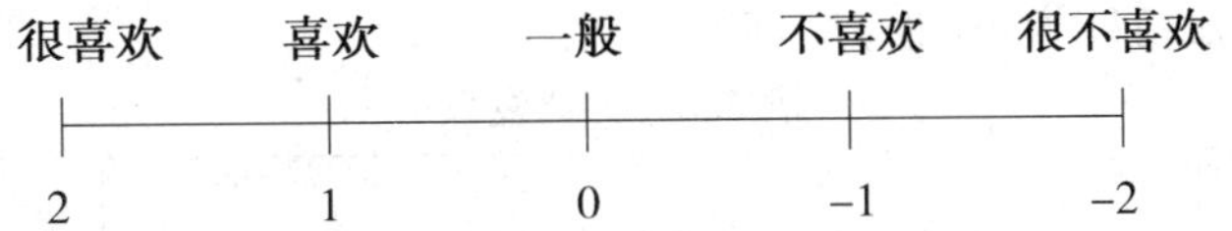

在该例中，被调查者的态度被分成五级，不仅按顺序排列，而且各级之间具有相同的差距。

等距量表中所用的数字，不仅可以区分类别，表示某种特性的强度，还具有数量性，能进行数学运算。可以运用的统计方法除了类别量表、顺序量表所能用的方法之外，还能进行的分析有描述性分析中的平均数、全距、标准差；解析性统计分析中的主成分分析（因子分析）、聚类分析（判别分析）、回归分析、假设检验、方差分析、抽样判断分析及时间序列分析等。

需要注意的是，等距量表中的数字虽然具有数量性，但是它的零点和特性值却是任意确定的。如上例中的取值也可以按顺序取为“0、2、4、6、8”或者“1、2、3、4、5”等。这就说明，其数值的相对大小，只有在各特性值的相对比较中才有意义，本身没有真正零点。

等距量表一般用于态度询问，也是市场调查中广泛应用的量表。

（四）等比量表

等比量表是用来反映事物某特性取值绝对差距的量表。等比量表除了具备等距量表的所有特性外，还具有真正零点。所谓零点就是进行相对比较的标准，真正的零点，就是零点的确定应具有完全客观的标准。比如，体重 100 公斤的人是体重 50 公斤的人的两倍重，无论体重的单位如何制定，这两个人的体重之间都存在两倍的比率关系，因此，人的体重就存在真正的零点。等比量表所列各答案之间不仅具有类别关系、顺序关系、差距关系，还具有比率关系。

例如，您的年收入是________万元？

您平均每周锻炼的次数？

0 次 1 次 2 次 3 次 4 次 5 次以上

等比量表中所取的数字不仅具有数量性，还有真正的零点，能进行绝对比较。等比量表比

等距量表的数量化程度更高,它不仅能进行加减运算,还能进行乘除运算。所能运用的所有统计分析等比量表都能运用。

二、市场调查中常用的量表

量表在市场调查中具有重要的作用,通过量表技术,可以获得其他方法所不能得到的信息和资料,量表也是市场调查常用的工具之一,在实际中,市场调查常用的量表主要有以下几种。

(一)评比量表

评比量表是调查人员根据被调查者的可能态度,拟定的有关问题答案量表的两端是极端答案,中点是中性答案,并且每个答案都事先给定一个分数。评比量表是基于这样一种认识设计的:人们对某种事物的态度可能十分复杂,但总是处在两种极端态度之间,以两种极端态度为极限,在中间划分为若干不同的等级,便可以确定人们态度的位置,从而把态度问题数量化。

例如,将态度意见划分为 10 种,其排列方法见表 3.2。

表 3.2　评比量表 1

最不喜欢	很不喜欢	不喜欢	稍不喜欢	无所谓	还可以	稍喜欢	喜欢	很喜欢	最喜欢
1	2	3	4	5	6	7	8	9	10

若将态度意见划分为 5 种,其排列方法见表 3.3。

表 3.3　评比量表 2

很不喜欢	不喜欢	无所谓	喜欢	很喜欢
1	2	3	4	5

在表 3.2 中,将消费者的态度划分为 10 种,其最高分是 10 分,最低分是 1 分。在表 3.3 中,将消费者态度划分为 5 种,最高分是 5 分,最低分是 1 分,其分数也可以表示为-2、-1、0、1、2。设计好的评比量表,由市场调查人员向被调查者进行调查,再将所有填写后的量表加以整理,得到某个消费者总体的态度测量结果。评比量表用不同的数值代表某种态度,其目的是将非数量化的问题加以量化,而不是用抽象的数值随意排列。应用评比量表时应注意两个方面的问题:一方面,应注意设计量表时的定量基础,并将调查得到的态度测量结果在定量基础上进行分析,判断其高低;另一方面,应注意量表所测定的数量,只说明态度的不同,不说明其他,如应用 10 种态度评比量表对不同的消费者进行调查,甲消费者的测量结果是 8 分,乙消费者的测量结果是 4 分,则说明甲消费者对某商品喜欢,乙消费者对某商品不太喜欢,而不能说明甲消费者对某商品的喜欢程度是乙消费者对某商品喜欢程度的 2 倍。

(二)等级量表

等级量表是一种顺序量表,它是将多个研究对象展示给被调查者,要求被调查者根据某个标准或某种特性对研究对象排序或分成等级。在调查品牌偏好、广告片效果比较、形象和地位评选等方面的问题时,可以使用这种方法。等级量表有两种做法:一种是要求对所有答案进行排列;另一种只是排出前面若干种。

例如,请根据您的喜好排列下列品牌,首选请标“1”,第二选择请标“2”,依此类推。

耐克(　　)阿迪达斯(　　)李宁(　　)匡威(　　)特步(　　)锐步(　　)

彪马(　　)安踏(　　)卡帕(　　)鸿星尔克(　　)其他(　　)

您买房子时主要考虑的因素是什么?请按重要性顺序排列出前3项。

环境(　　)配套设施(　　)户型(　　)价格(　　)地段(　　)质量(　　)

物业(　　)开发商实力(　　)其他(　　)

在市场调查中,等级量表的应用非常普遍,其题目容易设计,被调查者也比较容易掌握回答的方法。等级量表强迫被调查者在一定数目的评价对象中做出比较和选择,从而得到对象间相对性或相互关系的测量数据,此外该方法也比较节省时间。

等级量表最大的缺点在于只能得到顺序数据,因此不能对各等级间的差距进行测量,同时也有可能带来所谓顺序误差。此外,用于排序的对象个数也不能太多,一般要少于10个,否则很容易出现错误、遗漏。

(三)语意差别量表

语意差别量表是用成对的反义形容词测试被调查者对某一项目的态度。在市场调查中,它主要用于市场比较、个人及群体之间差异的比较以及人们对事物或周围环境的态度研究等。例如,用语意差别量表调查受访者对于某音乐的感受,首先应确定相关维度,同时界定两个语意相反的术语代表每一个维度的两极,接下来就可以让受访者评价对音乐的感觉。

愉悦的	7——6——5——4——3——2——1	不悦的
简单的	7——6——5——4——3——2——1	复杂的
不和谐的	7——6——5——4——3——2——1	和谐的
传统的	7——6——5——4——3——2——1	现代的

调查者对各维度的分数进行统计,了解受访者对某音乐的看法,还可以进行群体和团体间的比较分析。为了防止回答的偏差,最好将彼此有关系的项目位置加以变化。例如,通常受访者如果认为某段音乐是“和谐的”,同样也认为它是“现代的”,上面的量表就将“和谐的”和“现代的”放在右侧,而将“不和谐的”和“传统的”放在左侧。

利用语意差别量表可以迅速、高效地分析产品或公司现象与竞争对手相比所具有的长处或短处。更重要的是,语意差别量表在制定决策和预测方面有足够的可靠性和有效性。而且,当用于公司现象研究时,从一组客体到另一组客体都证明语意差别量表在统计上具有适用性。

语意差别量表适用于广泛的主题,而且非常简洁。

(四)配对比较量表

配对比较量表是通过配对比较的方法来测量人们态度的一种量表。

例如,某可乐饮料经销者非常想了解几种牌子的饮料在消费者心目中的地位,就可采用此方法。如果现有A、B、C、D四种牌子的可乐饮料,即可将两两组合成6对,要求被调查者(100名)成对比较,并指出何者为佳。如果对A和B的比较中回答A佳,则在A较B为佳栏下记录一人,如果共有20人这样认为,则频数为20,全部6对可乐比较后,所得结果见表3.4。

表3.4　牌子i较牌子j佳的人数分布

j \ i	A	B	C	D
A	–	80	70	40
B	20	–	30	50
C	30	70	–	35
D	60	50	65	–

为了进一步分析,可将次数转化为频数,见表3.5。

表3.5　牌子i较牌子j佳的频数分布

j \ i	A	B	C	D
A	0.50	0.80	0.70	0.40
B	0.20	0.50	0.30	0.50
C	0.30	0.70	0.50	0.35
D	0.60	0.50	0.65	0.50
合计	1.60	2.50	2.15	1.75

在表3.5中,各个牌子与自己比较的比率均为0.50,将每栏的比率相加,就可得出各种牌子的态度值,四种牌子的态度值相比,显然B最受欢迎。

配对比较量表是属于顺序量表的一种,算出的4个数值只能反映相对次序,不能进行加减等运算,因此无法得知态度间的真实差距是多少。

配对比较量表常用于品牌测量且消费者对各种品牌的商品比较了解的情况。一般要对所有的配对进行比较,所以对于有n个对象的情况,要进行$n(n-1)/2$次配对比较,因此,被测量的对象的个数不宜太多。

配对比较量表的优点是易于比较，而且可以把测量数据转化为顺序量表和等距量表数据；其缺点是它只适用于需要比较的事物或特性不多的情况；此外，一次只在两个事物中作比较，这与消费者在市场上做购买选择的情况不太相同，消费者可能在A、B两种品牌中对A要略微偏爱些，但实际上却两个品牌都不喜欢。因此，配对比较量表有时可能测不出被调查者的真实态度。

（五）沙斯通量表

沙斯通量表是在1929年被提出的，最早运用于测定社会态度。依照沙斯通的构想，人类对社会的态度虽然极为复杂，但在某一事物的一种极端到另一种极端之间，决定每个人态度的位置是一件可能的事。沙斯通量表中的语句应该是测量同一主题的，它不太适用于对多种主题的态度的测量，因为对于多个主题的每一个主题都分别需要一系列的语句。

沙斯通量表的具体建立步骤如下：

（1）根据主题，拟定可能的有关态度调查的语句20～25个，以说明对一个主题的一系列态度，有的完全肯定，有的完全否定。

（2）选择20～50名判定员，要求他们将这些语句划分为若干组（7组、9组、11组等），这些组别划分可以反映他们对每一个表述肯定或否定的情况，如果分为9组，则可将中立态度列入第5组，不利态度列入第1～4组，最不利的放在第1组，有利态度列入第6～9组，最有利的放在第9组。事实上，所有语句都可以分为三类，即有利态度、中立态度和不利态度。当然，每个评定员对各语句的态度认识是有区别的，分组时要根据每个评定员的具体态度而定。

（3）所有评定员将语句分组后，即可根据评定人员所确定的各组语句的次数，计算其平均数和标准差。平均数反映了评定员对某语句态度的集中态度，而标准差反映了他们态度的离散程度。

（4）在各组分别选出标准差最小的两条语句，向真正调查时的被调查者提出，要求他们回答。

沙斯通量表其实可称为“评定人员量表”，因为量表数值是根据评定人员的选择做出的，而不是由调查人员简单设计的，所以该量表具有一定的科学性。但也有其自身的缺点，量表确定费时、费力；评定员的态度可能不同于随后正式调查中被调查者的态度；不同的评定人员会产生不同的态度量表。

（六）李克特量表

李克特量表是有伦斯·李克特（Luns Likert）根据一般量表方法发展而来的，是在问卷设计中运用十分广泛的量表。它要求被调查者表明对某一表述是赞成还是否定，它与沙斯通量表的不同之处有两点，一是回答者对这些问题的态度不再是简单的同意或不同意两类，而是将赞成分为若干类，范围从非常赞成到非常不赞成，中间为中性类，由于类型增多，人们在态度上的差别就能充分体现出来;二是不需要评定员。

李克特量表的具体建立步骤如下:

(1)拟定若干条正负态度的语句,两者的数目不一定要相等。每条语句的答案可分为非常赞成、赞成、未定、不赞成、非常不赞成五类、

(2)对被调查者所选的答案,都赋予一个分值,由于语句有正、负态度之分,因此他们的给分方法也有不同。

例如,调查金融危机对人们生活影响的例子。

表 3.6 金融危机对人们生活的影响

陈述	非常赞成	赞成	未定	不赞成	非常不赞成
收入减少	–	√	–	–	–
闲暇时间多了	–	–	–	√	–
出去吃饭减少了	–	–	√	–	–
会朋友机会减少了	–	–	√	–	–
旅游减少了	√	–	–	–	–
购物的次数减少了	–	√	–	–	–

(3)进行统计分析。可以汇总计算每条态度语句的得分,从而了解被调查者群体对测量对象各方面的态度;也可以计算每个被调查者对测量对象的态度总分,以了解不同被调查者对测量对象的不同态度。

对于一些复杂的测量,李克特量表便于设计和操作,经过加总,李克特量表的测量结果可以看作一个"准连续的变量",因此可以使用较为复杂的统计工具对调查结果进行分析。常用于态度询问。

【资料卡 3-2】

××汽车"4S"店的忧虑

××汽车维修公司的记录显示,在第一次免费服务之后,只有不到 40% 的新车购买者会成为忠实的服务客户,经销商急切地想把该比例至少提高到 50%。经销商已经识别出了一些影响顾客光临服务机构的因素,他们希望对在过去两年中购买了汽车的新车购买者进行一次小规模的调研,用以分析消费者的行为,进而提高回头率。

他们认为以下因素将影响顾客的回头率:

◇第一次就给客户修理好;

◇迅速处理投诉;

◇及时完成维修期内的维修工作;

◇经销商能做任何满足顾客需求的工作；
◇在承诺的时间内完成服务；
◇服务价格低；
◇在维修后将汽车清理干净；
◇服务机构方便为家庭服务。
试想如何才能帮助××汽车店提高回头率的比例呢？

资料来源：田百洲，史书良，全洪臣．市场调查与预测．清华大学出版社，2009.

本章小结

问卷又称调查表或询问表，是调查人员根据调查目的和要求，以一定的理论假设为基础提出来的，由一系列问题和备选答案及其他辅助内容所组成，是向被调查者搜集资料和信息的工具。问卷由标题、前言部分、主体部分、背景部分四部分组成，前言部分主要是对调查的目的、意义及有关事项的说明，具体内容一般包括问候语、填写说明和问卷编号三部分；问卷的主体部分是问卷的核心部分，在这一部分，调查者依据调查主题设计调查内容，主要由一系列问题和相应的备选答案组成；背景部分通常放在问卷的最后，可以放入被调查者的个人信息档案，也可再次向被调查者致谢，还可以放入调查者项目。在问卷调查中会面临各种不同的困难，这就要求必须保证问卷的质量，在问卷设计过程中，应遵循一定的原则和步骤。同时，需要掌握一定的问卷设计的技巧，包括开头部分设计的技巧、问题的设计技巧和答案的设计技巧。在问卷中使用的一个重要的工具就是量表，在市场调查中常用的有评比量表、等级量表、语意差别量表、配对比较量表、沙斯通量表和李克特量表六种，每种量表有其自身的含义、特点和适用性，在现实工作中，我们在选择量表时应考虑不同的因素，以求实现量表的作用和调查目的和效果。

思考练习

1. 问卷的作用？
2. 问卷的结构？
3. 优秀问卷的评价标准？
4. 问卷设计的步骤？
5. 问卷中问题的类型？
6. 问题设计的原则？
7. 市场调查中常用的量表？
8. 选择量表时应考虑的因素？

【案例分析】

清凉啤酒公司的经理正在考虑改进啤酒包装，采用250毫升的小瓶并采用4～6瓶组合包装出售的策略。这样做的目的：一方面是方便顾客，因为小瓶容量小适合单人饮用，不需另用杯子也不会造成浪费；第二方面是希望对更多的人具有吸引力，使小瓶装啤酒进入一些大瓶装啤酒不能进入的社交场合；第三方面是方便顾客购买并促进销售。这种啤酒在国外早已流行，但目前是不是在我国推出的时机呢？在正式作出采用新包装的决策之前，必须获得下面问题的答案：新包装是否有足够的市场？目标市场是什么？一般在什么时候饮用？顾客希望在哪类商店买到？

研究目的有以下方面：

(1)测量消费者对小瓶组合包装啤酒接受的可能性；

(2)辨别小瓶组合包装啤酒的潜在购买者和使用者；

(3)辨别新包装啤酒的使用场合；

(4)判断顾客希望在什么地方的商店买到这种啤酒；

(5)判断潜在的市场大小。

样本将是18岁以上的饮用啤酒的人。信息收集将通过在百货公司等地方拦截顾客并以面谈访问方式进行，这样做可以向被调查者出示新包装啤酒的图片和样品。

下面是清凉啤酒的调查问卷初稿：

清凉啤酒调查问卷

亲爱的女士(先生)：

您好！

我是××市场调研公司的员工，我们正在进行有关啤酒市场的调查，可以占用您几分钟时间问您几个问题吗？您所提供的信息对我们这次调查的结果相当重要。谢谢您的合作！

(1)您已经18岁了吗？(视情况发问)

是(　　)　　　　否(　　)

(2)您喝酒吗？

是(　　)　　　　否(　　)

(3)您喝什么类型的酒？

白酒(　　)　　葡萄酒(　　)　　香槟酒(　　)

啤酒(　　)(到问题5)　　其他(　　)

(4)您喝啤酒吗？

是(　　)　　　　否(　　)(询问结束)

(5)您认为啤酒适合在正规场合还是在非正规场合饮用？

正规场合(　　)　　非正规场合(　　)　　两者都行(　　)

(6)您多长时间喝一次啤酒？

天天喝(　　)　　一星期一次(　　)　　半个月一次(　　)

一个月一次(　　)　　一年几次(　　)　　其他(　　)

(7)您在什么场合喝啤酒？

日常进餐时( ) 特别节日( ) 来客人( ) 周末假日( )
聚会( ) 郊游( ) 感到轻松愉快时( ) 其他( )

(8)您知道酒类用多个小瓶组合包装出售吗?
是( ) 否( )

(9)您认为将250毫升的啤酒六个一组包装在一起销售这种方法如何?
好主意( ) 不好( ) 无所谓( )

(10)为什么?

(11)您喝过××啤酒吗?
是( ) 否( )

说明:清凉啤酒公司现正准备改进啤酒包装,采用小瓶(250毫升)六个一组专门包装在市场上推出。

(12)如果价格不比单瓶装增加的话,您愿意购买这种包装的啤酒吗?
愿意( )(到14题) 可能( ) 不愿意( )
不知道( )

(13)为什么?

(14)您会在哪些场合使用这种小瓶装啤酒?
正常进餐( ) 特别节日( ) 小型聚会( ) 周末( )
大型聚会( ) 野餐( ) 休息放松( ) 体育运动后( )
其他( )

(15)您希望在哪类商店买到这种包装的啤酒?
食品商店( ) 专门酒店( ) 百货公司( )
连锁超市( ) 其他( )

(16)您觉得这种包装的啤酒应该与哪些酒类摆在一起?
白酒( ) 香槟酒( ) 葡萄酒( ) 其他啤酒( )
饮料( ) 其他( )

思考题

1. 构思问卷基本构成内容?
2. 问卷初稿和研究设计是否符合研究目标?
3. 可否用其他问题来了解顾客态度和购买意向,可用什么方法产生更有用的信息?
4. 对于问卷中内容,还有哪些值得修改的地方?

第四章

Chapter 4

市场调查的方法

【学习目标】

(一)知识目标

需了解不同市场调查方法的含义,熟悉和掌握不同市场调查方法的优缺点。

(二)技能目标

掌握不同市场调查方法的适用范围和实际应用。

【导入案例】

快餐趋势

快餐公司每年花费10亿多美元的促销费来吸引消费者。消费者声称,到餐馆的方便程度要比快捷的服务更重要。美国人一般认为,在餐馆地理位置之后最重要的是快餐本身,25%的被调查者说,在选择餐馆时,质量是决定性因素,妇女、年轻人、老年人比其他人更注重实物的品质,只有12%的成年人说他们根据服务的速度选择快餐,8%的成年人认为价格是决定性因素。25岁以下的成年人一般收入低于平均收入,所有他们比一般消费者更注重价格,价格是他们选择餐馆最重要的因素。35~44岁的成年人中3%的人声称他们选择主要受孩子偏好的影响,不过,他们也非常关注价格和时间。以上调查是某公司所做调查的一部分,该公司定期对由1 000名成年人组成的样本进行全国性电话调查。

资料来源:田百洲,史书良,全洪臣.市场调查与预测.清华大学出版社,2009.

第一节　二手资料调查法

市场调查资料的信息主要来自于两个方面:一是第一手资料即实地调查资料;二是第二手

资料即经过他人收集、记录、整理所积累的各种数据和资料。通过对二手资料的收集，可以节省时间、费用，获得调查所需的资料。

一、二手资料调查法的定义及特点

二手资料调查法又称直接调查法，是指通过查阅、阅读、收集、购买历史的和现实的各种资料，并经过甄别、统计分析得到的调查者想要得到的各类资料的一种调查方法。

二手资料调查方法的对象是各种历史和现实的资料，即二手资料。当所需的某一个市场的资料有限而且已有可靠的二手资料时，二手资料调查法往往是比较有效的调查方法。但是当需要更深入地了解某一个市场情况时，实地调查仍是必不可少的。因此，二手资料调查往往是实地调查的基础和前道工序。二手资料调查法较实地调查法相比具有其自身的优点和缺点，主要表现为：

（一）二手资料调查法的优点

（1）二手资料调查不受时空限制。从时间上看，二手资料调查不仅可以掌握现实资料，还可获得实地调查所无法取得的历史资料。从空间上看，二手资料调查既能对企业内部资料进行收集，还可掌握大量的有关市场环境方面的资料。

（2）收集容易、成本低。与实地调查相比较而言，二手资料调查实施起来更为方便、自由，只要找到文献资料就可查阅，成本较低。

（3）二手资料调查收集到的资料的可靠性和准确性较强。二手资料调查所用的二手资料一般都是以文字、图表等书面形式表现的，因此不受调查人员和调查对象主观因素的干扰，反映的信息内容较为真实、客观。特别是政府机关信息中心发布的资料，可靠性比较高。

（二）二手资料调查法的缺点

（1）资料的适应性差。首先二手资料调查所用的二手资料大多是历史资料，随着时间的推移和市场环境的变化，这些资料难免会过时或发生变化。其次，由于二手资料并非是为手头的调查项目而采集的，它能否适用于本项目，或者说它在多大程度上能适用于本项目，必须引起调查者的重视，特别是在引用和诠释二手资料时更要引起注意。

（2）二手资料调查由于受各种客观条件的限制，很难掌握所需要的全部文献资料，所收集、整理的资料和调查目的往往不能很好地吻合，数据对解决问题不能完全使用，收集资料时易有遗漏。例如，调查所需的是分月商品销售额资料，而我们所掌握的是全年商品销售额资料，尽管可计算平均月销售额，但精确度会受到影响。

（3）二手资料调查要求调查人员有较广的理论知识、较深的专业知识及技能，需要具有一定文化水平的人才能胜任。此外，由于二手资料调查所收集的次级资料的准确程度较难把握，有些资料是由专业水平较高的人员采用科学的方法搜集和加工的，准确度较高，而有的资料只是估算和推测的，准确度较低，因此，应明确资料的来源并加以说明。

二、二手资料调查法的作用

二手资料调查的作用具体表现在以下三个方面：

（一）二手资料调查可以发现问题并为企业发展提供重要参考依据

通过对市场统计资料的收集和整理，了解企业诸如财务结构、生产状况、技术水平、职工限制、市场情况等信息。通过对有关资料的收集、分析竞争对手情况、技术发展趋势、管理理论的发展、市场供需状态等可为企业制定发展战略提供依据。在市场调查中，二手资料调查经常对以下四种情况进行研究：

（1）市场供求趋势分析。即通过收集各种市场动态资料并加以分析对比，以观察市场发展方向。例如，根据某企业近几年的营业额平均以15%的速度增长，由此可推测未来几年营业额的变动情况。

（2）市场现象之间的相关和回归分析。即利用一系列相互联系的现有资料进行相关和回归分析，以研究现象之间相互影响的方向和程度，并可在此基础上进行预测。

（3）市场占有率分析。是根据各方面的资料，计算出本企业某种产品的市场销售量占该市场同种商品总销售量的份额，以了解市场需求及本企业所处的市场地位。

（4）市场覆盖率分析。是用本企业某种商品的投放点与全国该种产品市场销售点总数的比较，反映企业商品销售的广度和宽度。

（二）二手资料调查可为实地调查创造条件

二手资料调查为实地调查提供经验和大量背景资料，具体表现在：

（1）通过二手资料调查，可以初步了解调查对象的性质、范围、内容和重点等，并能提供实地调查无法或难以取得的市场环境等方面的宏观资料，便于进一步开展和组织实地调查，取得良好的效果。

（2）二手资料调查所收集的资料还可用来证实各种调查假设，即可通过对以往类似调查资料的研究来指导实地调查的设计，用文案调查资料与实地调查资料进行对比，鉴别和证明实地调查结果的准确性和可靠性。

（3）利用二手资料调查资料并经适当的实地调查，可以用来推算所需掌握的数据资料。

（4）利用二手资料调查资料，可以用来帮助探讨现象发生的各种原因并进行说明。在中国企业市场调查费用过高的情况下，如果在开展实地调查活动之前，通过二手资料调查对整个形势有较充分的认识，提出一些假设，并分析现象发生的各种原因，确定实地调查的数量、种类、方式、重点等，可以大大降低实地调查的费用。尤其是要分析的细分市场很多，二手资料调查可提供很多基础资料，以便从中选择最有希望的市场。

（三）二手资料调查可用于有关部门和企业进行经常性的市场调查

实地调查与二手资料调查相比，更费时、费力，组织起来也比较困难，故不能或不宜经常进行，而二手资料调查如果经调查人员精心策划，尤其是在建立企业及外部二手资料市场调查体系的情况下，具有较强的机动性和灵活性，随时能根据企业经营管理的需要，收集、整理和分析各种市场信息，定期为决策者提供有关市场调查报告。

三、二手资料调查的要求

在采用二手资料调查法进行市场调查时，应遵循以下要求：

（一）资料要广泛、全面

二手资料调查的最大缺点是其局限性，因此收集资料的面要广，争取做到企业的全体人员通过各种手段为企业提供各方面的信息。收集资料时应通过各种信息渠道，利用各种机会，采取多种方式广开信息源，大量收集各方面有价值的信息。收集信息时应注意信息的时序性，以便获得反映客观事物发展变化的资料。

（二）资料要有价值、有针对性

由于二手资料大多是针对其他目的而形成的。因此在兼顾广泛和全面的同时，一定要有针对性地重点收集与调查项目主题关系最密切的资料、对企业生产经营有用的资料、市场调查活动需要的、准确的资料。

（三）资料要有时间性

在收集资料时，要注意资料的时间性。资料反映的情况变化了，这些资料就失去了价值。所以，要用最快的速度及时了解、及时收集、及时分析、及时利用各种最新资料、最新信息，以保证各种资料的时间价值。

四、二手资料调查的渠道

二手资料调查应围绕调查目的，收集一切可以利用的现有资料。从企业经营的角度讲，现有资料包括企业内部资料和企业外部资料。因此，二手资料调查的渠道也主要是这两种。

（一）企业内部资料渠道

企业内部资料渠道主要是通过收集企业经济活动的各种记录，获得所需资料，主要包括以下几种：

（1）业务资料。包括与企业业务经济活动有关的各种资料。如订货单、进货单、发货单、合同文本、发票、销售记录、业务员访问报告等。通过对这些资料的了解和分析，可以掌握本企业所生产和经营产品的供应情况，分地区、分用户的需求变化情况。

（2）统计资料。包括各类统计报表，企业生产、销售、库存等各种数据资料，各类统计分析资料等。企业统计资料是研究企业经营活动数量特征及规律的重要依据，也是企业进行预测和决策的基础。

（3）财务资料。包括各种财务报表、会计核算和分析资料、成本资料、销售利润、税金资料等。财务资料反映了企业活劳动和物化管理占用和消耗情况及所取得的经济效益,通过对这些资料的研究,可以确定企业的发展前景,考核企业经济效益。

(4)企业积累的其他资料。如平时剪报、各种调研报告、经验总结、顾客意见和建议、同业卷宗及有关照片和录像等。这些资料都对市场研究有一定的参考价值。例如,根据顾客对企业经营商品质量和售后服务的意见,就可以对如何改进加以研究。

(二)企业外部资料渠道

外部资料是指各类机构提供的已出版或未出版的资料。这些机构可以是政府的也可以是其他的非政府机构。他们提供资料有的属于政府的一项工作,有的是为了赢利,还有的是为了增加机构的声誉。作为企业的调查人员要想及时获得有用的资料,一定要熟悉这些机构,熟悉他们所能提供的资料种类。对于与企业的生产、营销活动联系密切的机构,更要熟悉该机构的工作人员。良好的人际关系是及时获取有价值资料的必要条件。对于企业外部资料,可从以下几个主要渠道加以收集:

(1)统计部门与各级各类政府主管部门公布的有关资料。国家统计局和各地方统计局都定期发布统计公报等信息,并定期出版各类统计年鉴,内容包括全国人口总数、国民收入、居民购买力水平等,这些均是很有权威和价值的信息。这些信息都具有综合性强、辐射面广的特点。

(2)各种经济信息中心、专业信息咨询机构、各行业协会和联合会提供的市场信息和有关行业情报。这些机构的信息系统资料齐全,信息灵敏度高,为了满足各类用户的需要,它们通常还提供资料的代购、咨询、检索和定向服务,是获取资料的重要来源。

(3)国内外有关的书籍、报纸、杂志所提供的文献资料,包括各种统计资料、广告资料、市场行情和各种预测资料等。

(4)有关生产和经营机构提供的商品目录、广告说明书、专利资料及商品价目表等。

(5)各地电台、电视台提供的有关市场信息。近年来全国各地的电台和电视台为适应市场经营形势发展的需要,都相继开设了市场信息、经济博览等以传播经济、市场信息为主导的专题节目及各类广告。

(6)各种国际组织、外国使馆、商会所提供的国际市场信息。

(7)国内外各种博览会、展销会、交易会、订货会等促销会议以及专业性、学术性经验交流会议上所发放的文件和材料。

【案例4-1】

海尔的二手资料调查

海尔集团在美国设厂拓展国际市场时,进行可行性调查,从二手资料收集的程序上,首先考虑企业内部的现成资料,再去收集企业外部的二手资料。从内容上,市场调查人员首先收集美国市场的一般资料情况,如美国的政法环境、经济环境、社会文化环境、科技环境、自然环境等;其次,查找行业竞争结构、美国市场基本特征、企业产品定位等较为具体的问题;最后,查找有关市场研究主体方向的资料,如美国市场消费者需求、产品定价、销售渠道、品牌知名度、广告文案等反映调查主题的资料。

资料来源:郑聪玲,徐盈群.市场调查与分析实训.东北财经大学出版社,2008.

五、二手资料调查的步骤

(一)根据调查目的明确所需的调查资料

由于调查目的不同,要求调查人员对于二手资料的搜集、分析等要有所不同,在实施二手资料调查时,首先要根据调查目的与要求,确定调查信息需求和收集内容。明确要调查什么?即调查目的、任务。在明确调查目的和任务的同时要明确为了达到这个目的,要什么样的信息?需要哪些具体具体而明确的信息,针对所需信息去选择不同的渠道、方式和方法。最后,在实施之前要制定详细的调查方案,包括调查时间、人员、方式方法等。

(二)审查与分析现有资料

在明确所需调查资料之后,为了更好的节省人力和时间,获取最有效的二手资料,调查人员应审查与分析现有资料,包括企业现有的内部资料和外部资料,从中寻找出所需的资料,同时确定需要重新查找的资料,为下一步工作指明方向,以便提高二手资料调查的质量和效率。

(三)资料的收集与筛选

企业现有资料具有一定的局限性和时效性,调查人员需要在审查与分析现有资料的基础上重新收集资料,并对所收集资料进行审核。在资料收集的过程中要尽量查找原始资料,力求全面、准确,根据调查目的对所收集资料进行筛选。筛选就是根据研究目的选择有用的文献类型与文献篇目。首先,对有可能得到的文献进行分类(按外在形式、内容等),从中选择适合于研究使用的一种或几种文献类型。然后,在选出的文献类型中浏览文献目录(如没有现成的文献目录,则需要研究者自己制作目录)。目录是查找文献的向导。目录一般有卡片式的分类目录、书名目录、著者目录、主题目录。最后,把全部目录区分为使用价值高、较高、低以及没有价值四种类型。

(四)资料的审定评估

对于所需的资料进行收集和筛选后,还需要对其进行审定评估。二手资料的审定评估主要有以下方面:

(1)评估资料来源的可靠性,其专业水平、可信度、声誉等要可靠。

(2)所收集资料的针对性,当时收集这些资料的目的是什么?与现在收集的目的有何差异?是否符合调查目的?

(3)所收集资料的时效性,收集、发布数据的时间?距现在多久?

(4)资料来源的精度要求,调查方法、抽样设计、统计分析等是否合理?

(五)分类汇总与报告

对于评审合格后的二手资料,要分类、综合、加工、制表、归档、汇编等处理,使收集的资料系统、条理、综合、有层次,为调查研究提供优质的信息服务。撰写调查报告,包括标题、目录、概述、正文、结论与建议、附件等几部分内容。

六、二手资料调查的方式和方法

方式和方法是人们达到目的的手段和工具,二手资料调查主要有以下方式和方法。

(一)二手资料调查的方式

在二手资料调查中,对于企业内部资料的收集相对比较容易,调查费用低,调查的各种障碍少,能够正确把握资料的来源和收集过程,因此,应尽量利用企业的内部资料。

对于企业外部资料的收集,可以依不同情况,采取不同的方式:

(1)具有宣传广告性质的许多资料,如产品目录、使用说明书、图册、会议资料等,是企、事业单位为扩大影响、推销产品、争取客户而免费面向社会提供的,可以无偿取得;而对于需要采取经济手段获得的资料,只能通过有偿方式获得,有偿方式取得的资料构成了调查成本,因此,要对其可能产生的各种效益加以考虑。

(2)对于公开出版、发行的资料,一般可通过订购、邮购、交换、索取等方式直接获得,而对于对使用对象有一定限制或具有保密性质的资料,则需要通过见解的方式获取。随着国内外市场竞争的日益加剧,获取竞争对手的商业秘密已成为市场调查的一个重要内容。

(二)二手资料调查的方法

要想研究现有资料,必须先查找现有资料。对于二手资料来说,科学地查寻资料具有十分重要的意义。二手资料调查的方法主要有以下几种查询、筛选、分析和收集资料的方法:

(1)参考文献查找法。参考文献查找法是利用有关著作、论文的末尾所开列的参考文献目录,或者是文中所提到的某些文献资料,以此为线索追踪、查找有关文献资料的方法。采用这种方法,可以提高查找效率。

(2)检索工具查找法。检索工具查找法是利用已有的检索工具查找文献资料的方法。依检查工具不同,检索方法主要有手工检索和计算机检索两种,现分别介绍如下:

①手工检索。进行手工检索的前提,是要有检索工具,因收录范围不同、著录形式不同、出版形式不同而有多种多样的检索工具。以著录方式来分类的主要检查工具有三种:一是目录,它是根据信息资料的题名进行编制的,常见的目录包括产品目录、企业目录、行业目录等;二是索引,它是将信息资料的内容特征和表象特征录出,标明出处,按一定的排检方法组织排列,如按人名、地名、符号等特征进行排列;三是文摘,它是对资料主要内容所做的一种简要介绍,能使人们用较少的时间获得较多的信息。

②计算机检索。与手工检索相比,计算机检索不仅具有检索速度快、效率高、内容新、范围

广、数量大等优点，而且还可打破获取信息资料的地理障碍和时间约束，能向各类用户提供完善的、可靠的信息，在市场调查电脑化程度提高之后，将主要依靠计算机来检索信息。应当指出的是，文案调查所收集的次级资料，有些十分真实、清楚、明了，可直接加以利用；而有些则杂乱无章且有失真情况发生，对此还应该经过加工和筛选，才能最终得出结论。

（3）文献资料筛选法。是指从各类文献资料中分析和筛选出与企业经营活动有关的信息和资料的一种方法。在我国主要是从印刷文献资料中筛选。印刷文献一般有图书、杂志、统计年鉴、会议文献、论文文献、科研报告、专利文献、档案文献、政府政策条例文献等。采用此法搜集资料，主要是根据调查目的和要求有针对性地去查找有关的文献资料。

【案例 4–2】

日本某公司的信息来源

日本某公司进入美国市场前，通过查阅美国有关的法律和规定得知，美国为了保护本国工业，规定美国政府收到外国公司商品报价单，一律无条件提高价格 50%。而美国法律中规定，本国商品的定义是“一件商品，美国制造的零件所含价值必须达到这件商品价值的 50% 以上”。这家公司根据这些条款，思谋出一条对策：进入美国公司的产品共有 20 种零件，在日本生产 19 种零件，从美国进口 1 种零件，这 1 种零件价值最高，其价值超过 50% 以上，在日本组装后再送到美国销售，就成了美国商品，就可以直接与美国厂商竞争。

资料来源：马连福. 现代市场调查与预测. 首都经济贸易大学出版社，2009.

（4）报纸剪辑分析法。是指调查人员平时从各种报纸上所刊登的文章、报道中，分析和收集情报信息的一种方法。市场情况的瞬息万变在日常新闻报道中都有所体现，只要我们用心去观察、收集、分析便可以从各种报纸上获得与本企业经营活动有关的资料信息以扩大视野。

（5）情报联络网法。是指企业在一定范围内设立情报联络网，使资料收集工作可延伸至企业想要涉及的地区。尤其是互联网的普及，可使此种方法成为二手资料调查的有效方法。企业建立情报网可采用重点地区设立固定情报点，企业派专人或地区销售人员兼职，一般地区可与同行业、同部门以及有关的情报资料部门挂钩，定期互通情报，以获得各自所需的资料。若企业无力建立自己独立的情报网，可借助其他部门的情报网。当然这可能是有偿的，只有支付适当的报酬才能获得自己所需的真实资料。

（6）电子网络搜索法。Internet（即因特网）是近几年发展起来的现代信息传输方式，通过网络查询和搜集可以获得大量的二手资料。与其他方法相比，电子网络搜索法更有其方便、快捷、费用低等明显优势。因此，这种方法在获取二手资料方面将发挥越来越大的作用。

第二节 定性调查方法

定性调查方法也就是进行定性研究时使用的调查方法，通过该类方法所取得的资料一般不能形成统计量化的结果。经常使用的定性调查方法主要有小组座谈法、深度访问法和投影技法。选择哪一种调查方法与调查目标、调查对象和调查员的素质等有直接关系。每一种方法都有不同的特点和使用范围，在实际操作中应注意各种方法之间的相互配合。

一、小组座谈法

（一）小组座谈法的概念

小组焦点座谈法也称焦点座谈法，是指调查人员通过召集被访问者或走访被访问者，以召开座谈会形式与被访问者直接面对面交谈获取数据的调查方法。基本形式是由一个经过训练的主持人以一种无结构的自然的形式与一个小组的被调查者交谈，主持人负责组织讨论。

小组座谈法的主要目的，是通过倾听一组从调研者所要研究的目标市场中选择来的被调查者，从而获取对一些有关问题的深入了解。这种方法的价值在于常常可以从自由进行的小组讨论中得到一些意想不到的发现。

（二）小组座谈法的特点

小组座谈法是一种重要的定性调查方法，在实际中具有广泛的应用，其特点主要为：

1. 小组座谈法的优点

与其他数据收集方法相比，小组座谈法有如下优点。

（1）取得的资料较为广泛和深入。小组座谈法将一组人放在一起讨论，与单个人去询问得到的私人的保密的回答相比，可以产生更广泛的信息、深入的理解和看法。

（2）资料收集快，效率高。由于同一时间内同时访问了多个被调查者，这样就能节约人力和时间，数据收集和分析过程都是相对比较快的。

（3）可进行科学监测。小组座谈会容许对数据的收集进行密切的监视，观察者可以亲自观看座谈的情况并可以将讨论过程录制下来用作后期分析。

（4）结构灵活。小组座谈在覆盖的主题及其深度方面都可以是灵活的。

（5）能将调查与讨论相结合。即不仅能回答问题，还能探讨原因和寻求解决问题的途径。

（6）参加者有较强的安全感和自发性。因为参加者的感觉与小组中的其他成员是类似的，所以参加者感到比较舒服并愿意表达他们的观点和感情。由于对参加者没有要求回答某个具体的问题，他们的回答可以是自发的不遵循常规的，因而应该是能够准确地表达他们的看法的。

2. 小组座谈法的缺点

小组座谈法有如下缺点。

（1）误用。小组座谈会是探索性的，但可能会误用和滥用而将结果当作是结论性的来对待。

（2）容易造成错误判断。小组座谈法的结果比其他数据收集方法的结果更容易被错误地判断，小组座谈会特别容易受主持人、客户和调研者的偏差的影响。

(3)对主持人的要求较高。小组座谈会是很难主持的,具有高素质的主持人是很少的,而调查结果的质量十分依赖于主持人的技术,但挑选理想的主持人又往往是比较困难的。

【资料卡 4-1】

主持人的标准

◇思维敏捷接受能力强的人
◇一个“友好”的领导者
◇有一定知识但不是专家
◇有好的记忆力
◇好的倾听者
◇务实者而非浮夸者
◇应变能力强
◇善解人意
◇一个全局的思考者
◇一个善于耍笔杆子的人

资料来源:韩德昌,李桂华,刘立雁.市场调查与预测教程.清华大学出版社,2008.

(4)数据凌乱。因回答结果散乱,回答的无结构性使得编码、分析和解释都很困难,小组座谈会的数据是凌乱的。

(5)错误代表。小组座谈会的结果对总体是没有有代表性的。因此,不能把小组座谈的结果当作是决策的唯一根据。

(6)有些涉及隐私、保密等问题,也不宜在会上讨论或多谈。

(三)小组座谈法的实施步骤

1.做好调查会前的准备工作

采用座谈会形式,参加人员较多,会议时间有限,搞好会前准备就显得十分必要,应注意以下几个方面:

第一,确定会议主题,设计详细的调查提纲。会议的主题应简明、集中,且应是到会者共同关心和了解的问题。

第二,确定会议主持人。主持人要求具备丰富的调查经验,掌握与所讨论的内容有关的知识,并能左右调查会的进程和方向。

第三,选择参加人员。对参加者应做预先筛选,要考虑他们的相似性和可比性。最好不要把不同社会层次、不同消费水平、不同生活方式的人放在一组,以免造成沟通障碍,影响讨论气氛。

第四,选好会议的场所和时间。

第五,确定座谈会的次数。这主要取决于问题的性质、细分市场的数量、会议时间与经费等。

第六，准备好会议所需要的演示和记录用具，如录音笔、摄像机等。

2. 组织和控制好座谈会的全过程

由于小组座谈法是以面对面交谈的形式获取调查资料，在整个调查过程中要求调查人员要善于把握会议的主题，做好与会者之间的协调工作，做好会议记录，以便于会后分析与整理资料。

3. 做好座谈会后的各项工作

在小组座谈会后要及时整理、分析会议记录，检查记录是否准确、完整，有没有差错和遗漏，回顾和研究会议情况，做好必要的补充调查，同时分析和解释结果，易于他人理解，为调查提供详尽的资料。

（四）小组座谈法的应用范围

在市场调查中，对于一些初步理解和深入了解的一些情况，可以采用小组座谈法，在调查方法方面，小组座谈法也有特殊的应用。

（1）小组座谈法可以应用于需要一些初步理解和深入了解的几乎所有情况：

①理解消费者对某类产品的认识、偏好及行为。

②获取对新的产品概念的印象。

③产生关于老产品的新想法。

④研究广告创意。

⑤获取价格印象。

⑥获取消费者对具体的市场营销计划的初步反应。

（2）在调研方法方面，利用小组座谈法可以帮助：

①更准确地定义问题。

②生成其他的行动路线。

③寻求处理问题的途径。

④获取有助于构造问卷的信息。

⑤生成能够定量地进行检验的假设。

⑥解释先前得到的定量结果。

二、深度访问法

（一）什么是深度访问法

深度访问法是一种无结构的、直接的、个人的访问，在访问过程中，一个掌握高级技巧的调查员深入地访谈一个被调查者，以揭示对某一问题的潜在动机、信念、态度和感情。此方法最适合于做探测性调查。

比较常用的深度访问技术主要有三种:阶梯前进、隐蔽问题寻探以及象征性分析。

(1)阶梯前进是顺着一定的问题线探索,例如从产品的特点一直到使用者的特点。使得调查员有机会了解被访者思想的脉络。

(2)隐蔽问题寻探是将重点放在个人的“痛点”而不是社会的共同价值观上;放在个人深切相关的而不是一般的生活方式上。

(3)象征性分析是通过反面比较来分析对象的含义。要想知道“是什么”,先想法知道“不是什么”。例如在调查某产品时,其逻辑反面是:产品的不适用方面,“非产品”形象的属性,以及对立的产品类型。

(二)深度访问法对调查员的要求

调查员的作用对深层访谈的成功与否是十分重要的。调查员应当做到:

(1)避免表现自己的优越和高高在上,要让被访者放松;

(2)超脱并客观,但又要有风度和人情味;

(3)以提供信息的方式问话;

(4)不要接受简单的“是”、“不是”回答;

(5)探究被访人的内心。

(三)深度访问法的优缺点

1. 深度访问法的优点

(1)深度访问法比小组座谈法能更深入地探索被访者的内心思想与看法。而且深度访问法可将反应与被访者直接联系起来,不像小组座谈法中难以确定哪个反应是来自哪个被调查者。

(2)深度访问法可以更自由地交换信息,常能取得一些意外的资料。而在小组座谈中也许做不到,因为有时会有社会压力不自觉地要求形成小组一致的意见。

(3)便于对一些保密、敏感问题进行调查。

2. 深度访问法的缺点

(1)能够做深层访谈的有技巧的调查员(一般是专家,需要有心理学或精神分析学的知识)是很昂贵的,也难于找到。由于调查的无结构使得结果十分容易受调查员自身的影响,其结果的质量的完整性也十分依赖于调查员的技巧。

(2)深度访问结果的数据常常难以分析和解释,需要熟练的心理学家的服务来解决这个问题。

(3)由于占用的时间和所花的经费较多,因而在一个调研项目中深度访问的数量是十分有限的。

(四)深度访问法的程序

与一般的访问方法不同,深度访问的随机性和变异性比较大,在访问过程中,受访者可以随便地提出自己的意见，而不管访问员所需要的是什么，所以在采用深度访问法收集资料时，需要有严格的访问程序，一般要经历以下几个过程：

1. 明确访问主题

与一般的访问对访问员的要求有所不同，深度访问对访问员的要求比较高，在执行中如何进行访问、问什么问题的权力，全部掌握在访问员受众，能否获得所需信息也主要取决于访问员。因此进行深度访问之前，访问员必须对自己所从事的访问工作有一定的了解，知道自己在从事什么样的工作，要达到什么访问目的，准备提什么问题，重点在哪里等，并预先拟定好访问提纲，这样才能做到有的放矢，保证访问获得必要的信息。如果访问员对所要访问的主题没有清楚地了解，或者似是而非，那么他就很难把握应该问什么样的问题，而且对受访者回答的信息是否有用、是否偏离了调查的目的也无法做出判断。

2. 选择合适的访问对象

深度访问的访问对象必须是与调查项目相关的人士，也就是说，访问对象必须对调查研究的领域有比较多的经验或了解，而且访问对象还应该比较善于言谈，这样才能够更好的获取调查资料。所以在进行深度访问前，一定好选择合适的访问对象。，不能根据自己的主观和经验作判断。

3. 做好访问前的准备

选择好合适的访问对象之后，接下来就是要做好访问前的准备工作。深度访问前的准备工作包括准备访问用品和预约访问时间两方面的内容。

(1)准备访问计划和访问用品。访问前，访问员必须根据调查目的和访问主题做好相应的访问计划，包括访问的时间、地点、提问的问题等内容，同时，为了更好的与访问对象接近，访问员应准备好能够证明自己身份的证件，如工作证、介绍信、证章佩戴卡等，这对接近访问对象、取得对方最初信任至关重要。此外，还要准备访问必须的物品，如摄像机、录音工具、纸笔、图片资料等，用以获取调查所需资料。如果要给访问者一些馈赠礼品和礼金，也应准备好。

(2)预约访问时间。由于深度访问一般时间较长，而且访问的对象常常是身居要职的人员，因此最好事先约定被访者，在被访者方便的时间进行访问。

4. 正式访问

对于深度访问法来说，正式访问阶段是至关重要的，在正式访问阶段主要可以分为以下两个部分：

(1)介绍说明。在进行正式访问之前，访问员需要做简短的介绍说明，包括自我介绍、说明调查的目的，让受访者了解他们所提供信息的意义和重要性，以使其能够更好地配合访问工作。如何能够更好地让受访者接受访问，需要访问员做好介绍说明，一般来说，访问员介绍说明主要有两种方式。

一是正面接近。即开门见山，先介绍自己的身份，直接说明调查的意图，之后就可开始正式访谈。这种方式在深度访问调查中最常用，它比较节省时间、效率高，但有时显得简单、生硬。

二是侧面接近。即先在某种共同的活动中接近被调查者,等到与被调查者建立起一定的友谊或有共同语言时,在一种自然、和谐的气氛中说明来意,进行正式访谈。这种方式有利于消除对方紧张戒备心理,能够搜集到比较真实、可靠的资料,但调查比较费时、费力。

(2)交谈

交谈是深度访问获取信息的关键步骤,它往往从活跃气氛开始,然后转入正题。活跃气氛的办法是在介绍说明的同时,注意观察受访者的行动,予以适当的礼貌和尊重,然后找个其他轻松的话题聊一聊,让气氛活跃起来,也可以从受访者感兴趣的事物谈起。此时,访问员要注意自己的情绪和态度,因为要使别人愉快、轻松,自己必须先愉快、轻松。在气氛活跃之后,再谈论正题。

谈论正题是由访问员提出问题,受访者对问题发表意见、见解的过程。访问员的问题通常是在受访者对前一个问题作出反应的基础上提出的。在交谈中,访问员要用语恰当,首先做一个好听众,在提问时要将问题表述清楚。在受访者偏离主题后,要巧妙的转移话题,进行必要的引导和追询,保持交谈的良好气氛,充分利用访问技巧,同时要做好记录。

在访谈结束时,要重温一下访问结果或快速检测一下访问提纲,避免遗漏你们想法、重要项目。其次还应在征求一下被访者的意见,了解他们还有什么想法、意见和要求等,不要回答完提纲中的问题马上离去,有可能还会掌握更多的信息。

5. 致谢

深度访问的访问时间一般在30分钟至2小时,时间比较长,在访问员结束访问之前,要礼貌的向受访者表示感谢,同时,访问员应将礼品和礼金送给受访者。

(五)深度访问法的应用

与小组座谈法一样,深度访问法主要也是用于获取对问题的理解和深层了解的探索性研究。不过,深度访问法不如小组座谈法使用那么普遍。尽管这样,深度访问法在有些特殊情况下也是有效的。

(1)详细地探究被访者的想法(例如汽车的买主);

(2)讨论一些保密的、敏感的或让人为难的话题(如个人的财政状况、全套假牙松了);

(3)在存在很严密的社会准则、被调查者容易随着群体的反应而摇摆的情况(例如大学生对古典音乐的态度,对出国留学的态度等);

(4)详细地了解复杂行为(例如选择购物的商店,见义勇为行动);

(5)访问专业人员(例如在做某项专门的调研,如对新闻工作者的调研时);

(6)访问竞争对手(他们在小组座谈的情况下不太可能提供什么信息);

(7)调查的产品比较特殊,例如在性质上是一种感觉、会引起某些情绪以及很有感情色彩的产品(如香水、沐浴液等)。

例如在研究洗澡用香皂的广告时,被调查者总是说好的香皂让他(她)们在浴后感到“又干净又清爽"。不过他们常常无法解释"干净清爽"到底意味着什么。广告研究者想要用一种新方式来谈论"清爽",但从大量文献的研究中找不到有帮助的数据。因此,调研人员通过深层访谈刺探"又干净又清爽"对被访者到底意味着什么。调查员从有关干净清爽的所有方面来刺探:有这种感觉的次数、他们心目中的图像、与此相关的情绪和感觉、浮现什么音乐和色彩,甚至还有什么幻想等。从深层访谈中发现的一个主旋律是"从日常生活中逃脱出来",即脱离拥挤的匆忙的都市,自由地、放松地、无阻碍地、被大自然所包围。由这个主旋律所激发出的词语和形象给广告创意提供了新的思路,制作出了与其他竞争对手完全不同的令人清爽的成功的广告作品。

这个例子说明了深度访问法在揭示隐蔽的反应所表现的价值。

三、投影技法

当被调查者没有能力直接给予有意义的回答时,需要采用特殊的方法来促使被调查者给出正确的回答,投影技法主要适用于这样的场合。

(一)投影技法及种类

所谓投影技法是一种无结构的非直接的询问形式,可以鼓励被调查者将他们对所关心问题的潜在动机、信仰、态度或感情投射出来。在投影技法中,并不要求被调查者描述自己的行为,而是要他们解释其他人的行为。在解释他人的行为时,被调查者就间接地将他们自己的动机、信仰、态度或感情投影到了有关的情景之中。因此,通过分析被调查者对那些没有结构的、不明确而且模棱两可的"剧本"的反应,他们的态度也就被揭示出来了。剧情越模糊,被调查者就更多地投影他们的感情、需要、动机、态度和价值观,就像在心理咨询诊所中利用投影技法来分析患者的心理那样。和心理学中的分类一样,投影技法可分成联想技法、完成技法、结构技法和表现技法。

1. 联想技法

在投影技法中,将一种刺激物呈放在被调查者面前,然后询问被调查者最初联想到的事。在这类技法中最常用的叫词语联想法。在词语联想中,给出一连串的词语,每给一个词语,都让被调查者回答其最初联想到的词语(叫反应语)。调研者感兴趣的那些词语(叫试验词语或刺激词语)是散布在那一串展示的词语中的,在给出的一连串词语中,也有一些中性的或充数的词语,用于掩盖研究的目的。例如在对百货商店顾客光顾情况的调研中,试验词语可以选择"位置"、"购物"、"停车场"、"质量"、"价格"之类的词语。被调查者对每一个词的反应是逐字记录并且计时的,这样反应犹豫者(要花3秒钟以上来回答)也可以识别出来。调查员记录反应的情况,这样被调查者书写反应词语所要求的时间也就得到了控制。

这种技法的潜在假定是,联想可让反应者或被调查者暴露出他们对有关问题的内在感情。对回答或反应的分析可计算如下几个量:

(1)每个反应词语出现的频数;

(2)在给出反应词语之前耽搁的时间长度；

(3)在合理的时间段内，对某一试验词语，完全无反应的被调查者的数目。

词语联想法可分为以下三种：

(1)自由联想法。是不限制联想的性质和范围的方法，回答者可充分发挥其想象力。

例如，请说出由下面词语所引发的联想。

酒

回答者可能回答：豪爽、醉、浓烈、营养、暴力等。这从不同侧面反映了酒的特点，为改进工艺和市场定位提供信息。

(2)控制联想法。是把联想控制在一定范围内的方法。

例如，请您写出(或说出)有下面的词语所联想到的食品。

电视

由电视联想到的食品，有的是电视广告中出现的食品，有的是看电视时消费的食品，有的则兼而有之，有的则什么也不是。对此，调查人员在分析结果时可加以区分。

(3)引导联想法。是在提出刺激词语的同时，也提供相关联想词语的一种方法。

例如，请您就所给的词语按提示写出(或说出)所引发的相关联想。

自行车

联想提示：代步、健身、娱乐、载物、运动、其他。

引导联想所给出的联想提示带有导向性，如本例的提示，将联想往自行车功能方向引导，回答者的思维也由此向这方面集中。

2. 完成技法

在完成技法中，给出不完全的一种刺激情景，要求被调查者来完成。常用的方法又分句子完成法和故事完成法。

(1)句子完成法。句子完成法与词语联想法类似，给被调查者一个包含有关刺激语信息的不完全语句，由测试者用他最先想到的语句来完成整个句子。当然，操作中也可以在语句的最后给出刺激信息，由被测试者补全语句的开头。与词语联想法相比，对被调查者提供的刺激是更直接的。不过，句子完成法不如词语联想法那么隐蔽，许多被调查者可能会猜到研究的目的。

例如，在广告媒介调查中，为了了解不同媒介在信息传播中的影响程度，可以设计语句完成法测试调查。

最好的新闻____。

____值得信赖，广告效果好。

广告挺吸引人，所以____。

展览会是____最好的广告媒介。

(2)故事完成法。在故事完成法中，给被调查者故事的一个部分，要足以将完成人的注意力引到某一特定的话题，但是不要提示故事的结尾。被调查者要用自己的话来做出结论。

例如，在百货商店顾客光顾情况的调查研究中，要求被调查者完成下面的故事：

一位男士在他所喜爱的一家百货商店里买上班穿的西服。他花了45分钟并试了几套之后，终于选中了一套他所喜欢的。当他向款台走去的时候，一位店员过来说："先生，我们现在有减价的西服，同样的价格但质量更高。您想看看吗？"

这位消费者的反应是什么？为什么？

从被调查者完成的故事中就有可能看出他（她）对花费时间挑选商品的相对价值方面的态度，以及他（她）在购物中的情感投资行为。

3. 结构技法

结构技法与完成技法是十分相近的。结构技法要求被调查者以故事对话或绘图的形式构造一种反应。在结构技法中，调研者为被调查者提供的最初结构比完成技法中提供的少。结构技法中的两种主要方法是图画回答法和卡通试验法。

（1）图画回答法。图画回答法的起源为主题统觉法或叫TAT法。做法是显示一系列的图画，有一般的也有不寻常的事件。在其中的一些画面上，人物或对象描绘得很清楚，但在另外一些中却很模糊。要求被调查者看图讲故事。他们对图画的解释可以指示出他们自身的个性特征。例如，可以将被调查者的特征描绘为是冲动的、有创造性的、没有想象力的……称之为主题统觉法是因为主题是从被调查者对图片的感觉概念中抽取出来的。

（2）卡通试验法。在卡通试验中，将卡通人物显示在一个与问题有关的具体环境内。要求被调查者指出一个卡通人物会怎样回答另一个人物的问话或评论。从被调查者的答案中就可以指示出他（她）对该环境或情况的感情、信念和态度。卡通试验法比图画的答法在实施和分析上都简单一些。

4. 表现技法

在表现技法中，给被调查者提供一种文字的或形象化的情景，请他（她）将其他人的感情和态度与该情景联系起来。两种主要的表现技法是角色表演和第三者技法。

（1）角色表演。在角色表演中，让被调查者表演某种角色或假定按其他某人的行为来动作。调研者的假定是，被调查者将会把他们自己的感情投入角色。通过分析被调查者的表演，就可以了解他们的感情和态度。

例如，在百货商店顾客光顾情况调查中，要求被调查者扮演负责处理顾客抱怨和意见的经理的角色。被调查者如何处理顾客的意见表现了他们对购物的感情和态度。在表演中用尊重和礼貌的态度对待顾客抱怨的表演者，作为顾客，希望商店的经理也能用这种态度对待他们。

（2）第三者技法。在第三者技法中，给被调查者提供一种文字的或形象化的情景，让被调查者将第三者的信仰和态度与该情景联系起来，而不是直接地联系自己个人的信仰和态度。第三者可能是自己的朋友、邻居、同事或某种"典型的"人物。同样，调研者的假定是，当被调查者描述第三者的反应时，他个人的信仰和态度也就暴露出来了。让被调查者去反映第三者立场的做法减低了他个人的压力，因此要能给出较真实合理的回答。

（二）投影技法的优缺点

前面所说的小组座谈法和深度访问法属于无结构的直接法，投影技法与其相比，具有明显的优点，当然，也有其自身的缺点。

1. 投影技法的优点

与无结构的直接法（小组座谈法和深度访问法）相比，投影技法的一个主要优点就是，可以提取出被调查者在知道研究目的的情况下不愿意或不能提供的回答。在直接询问时，被调查者常常有意地或无意的错误理解、错误解释或错误引导调研者。在这些情况下，投影技法可以通过隐蔽研究目的来增加回答的有效性。特别是当要了解的问题是私人的、敏感的或有着很强的社会标准时，作用就更明显。当潜在的动机、信仰和态度是处于一种下意识状态时，投影技法也是十分有帮助的。

2. 投影技法的缺点

投影技法也有无结构的直接技法的许多缺点，而且在程度上可能更严重。

（1）费用较高。投影技法中的技术通常需要有经过专门高级训练的调查员去作个人面访。在分析时还需要熟练的解释人员。因此，一般情况下投影技法的费用都是高昂的。

（2）有可能出现严重的解释偏差。除了词语联想法之外，所有的投影技法都是开放式的，因此分析和解释起来就比较困难，也易主观。

（3）被调查者可能不是所研究的总体的代表。一些投影技法例如角色表演法要求被调查者从事不平常的行为。在这些情况下调研者可能假定同意参加的被调查者在某些方面也不是平常的。因此，这些被调查者可能不是所研究的总体的代表。为此，最好将投影技法的结果与采用更有代表性样本的其他方法的结果相比较。

（三）投影技法的应用

投影技法一般不像无结构的直接法（如小组座谈法和深层访谈法）那么常用。有一个例外就是词语联想法，常常用于检验品牌的名称，偶尔也用于测量人们对特殊产品、品牌、包装、或广告的态度。如果遵照以下几点指导，投影技法的作用还能加强。

（1）当用直接法无法得到所需的信息，应当考虑使用投影技法。

（2）在探索性研究中，为了了解人们的最初的内心想法和态度，应使用投影技法。

（3）由于投影技法很复杂，不要认为任何人都可以使用。

第三节　定量调查方法

与定性调查方法相对应的是定量调查方法，定量调查方法就是进行定量研究时使用的调查方法，通过该类调查方法取得的资料一般要形成各种量化结果。定量调查方法常用的主要有访问法、观察法和实验法等。

一、访问法

访问法是市场调查中应用较多的方法之一,访问法具有多种类型和方法,每种方法有其自身的特点和适用范围,在实际调查中,应根据调查目的、调查经费情况等选用不同的访问法。

(一)访问的概念和类型

访问法又称询问调查法,是指调查人员采用访谈询问的方式向被调查者了解市场情况的一种方法,它是市场调查中最常用的、最基本的调查方法。根据不同的划分方式主要将访问法主要有以下类型:

(1)按访问方式分类:直接访问和间接访问。

(2)按访问内容分类:标准化访问和非标准化访问。

(3)按访问内容传递方式分类:入户访问、电话访问、拦截访问、邮寄调查、留置访问等。

(二)几种主要的访问调查方法

访问调查方法有很多方式,市场调查中使用的访问方法主要有以下几种:

1. 入户访问法

入户访问法也称直接访问法或个人访问法,是指调查者与单个的被调查者面对面进行交谈收集资料的方法。入户访问法可以采用提前设计好的问卷或提纲依问题顺序提问的"标准式访谈"形式,也可采用围绕调查主题进行"自由交谈"的形式。

(1)入户访问法的优点。

①调查有深度,调查者可以提出许多不宜在人多的场合讨论的问题,深入了解被调查者的状况、意愿或行为。

②直接性强,由于是面对面的交流,调查者可以采用一些方法来激发被调查者的兴趣,如图片、表格、产品的演示等。

③灵活性较强,调查者可以根据情况灵活掌握问题的次序,随时解释被调查者提出的疑问。

④准确性强,调查者可以充分解释问题,把问题的不回答程度及回答误差减少到最低,同时可根据被调查者回答问题的态度,判别资料的真实可信程度。

⑤拒答率低,这是入户访问法的最大优点。通过直接访问,被调查者一般不会拒绝回答问题。遇到拒绝回答问题时,也可通过访谈技巧得到问题的回答。

(2)入户访问法的缺点。

①人力物力耗费较大、调查成本高、时间长。直接的逐一访谈需要的时间较长,对调查人员的素质要高,最终使调查成本加大。尤其是大规模的复杂的市场调查更是如此。同时,对调查人员的管理较困难。

②调查的质量容易受到气候、调查时间、被访者情绪等其他因素的干扰。

③此方法受到一些单位和家庭的拒绝，无法完成。

(3)入户访问法的适用范围。

①入户访问适用于调查范围较小而调查项目比较复杂的情况。

②要得到顾客对某个产品的构想或某个广告样本的想法时比较适合。

③需了解某类问题能否通过解释或宣传取得谅解。

2. 电话访问法

电话访问法是由调查人员通过电话向被调查者询问了解有关问题的一种调查方法。这是为解决带有普遍性的急需解决的问题而采用的一种调查方法。宝洁公司利用热线电话和顾客谈话，深入了解家庭主妇的日常生活。凯迪拉克有21条不同的免费电话线路提供给顾客和经销商使用。

(1)电话访问法的优点。

①节省调查费用和时间。在几种调查方式中，电话访问法成本较低。对于一些急于收集到的资料而言，采用电话访问法最快。例如，某一商品广告播出后想了解其收视率，以打电话方式来调查最为快速。

②调查的覆盖面较广。可以访问到一些不易见到面的被调查者，如某些名人等。

③统一性较高。用电话调查，大多按已拟好的标准问卷询问，因此资料的统一程度较高。

④易于控制实施的质量。由于访问者基本上是在同一个中心位置进行电话访问，督导员或研究人员可以在实施的现场随时纠正访问员的不正确操作，例如没有严格按问答题提问、说话太快、吐字不清楚、声调不亲切或者语气太生硬等可能出现的问题。

⑤可能在某些问题上得到更为坦诚地回答。例如，有些关于个人方面的问题，或者是对某些特殊商品的看法(如卫生巾、美胸品等)，面访调查可能获得不自然或不真实的回答，但是在电话调查中则有可能得到比较坦诚地回答。

(2)电话访问法的缺点。

①问题不能深入。电话调查受到时间的限制，因而调查内容的深度远不如入户访问和拦截访问。

②访问的成功率可能较低，随即拨打的电话可能是空号或者是错号，被访者可能不在或正在忙不能接电话，被访者不愿意接受调查等。

③调查工具无法综合使用。在电话访问中，有关照片、图表、样品无法显示，会影响调查访问的效果，被调查者可能因不了解调查的详尽、确切的意图而无法回答或无法正确回答。

④辨别真实性及记录准确性较差。由于调查员不在现场，对于回答问题的真实性很难作出准确判断。

3. 拦截访问法

拦截访问法又称堵截访问法、街头访问法。主要有三种方式：一种是由经过培训的调查员在事先选定的若干地点选取访问对象，征得其同意后在现场按问卷进行面访调查；另一种是先租定地点，然后由经过培训的调查员在事先选定的若干地点选取访问对象，征得其同意后带到租定的地点进行面访调查；第三种往往是与市场营销活动紧密相连的，其面访是在商场这个特定的环境中针对某些顾客群在商场的适当位置进行拦截，将事先准备好的问题提交给拦截对象，征得其回答。

(1)拦截访问法的优点。

①拦截访问由于访问地点比较集中，时间短，可节省对每个样本的访问费和交通费等。

②拦截避免了入户困难，同时也便于对访问员的监控。

③调查的答案正确率高。被调查者有充分的时间来考虑问题，能得出比较准确的答案。

(2)拦截访问法的缺点。

①拦截访问法不适合内容较长、较复杂或不能公开的问题的调查。

②调查对象在调查地点出现带有偶然性，这会影响调查的精确度。

③拒访率高。

(3)拦截访问法应注意的事项。

①问卷内容不宜过长，问题简单明了且不能涉及有关个人隐私方面的问题。

②在访问过程中要控制其他人包括受访者的同伴对受访者的影响。对主动要求接受采访的人，调查人员要善于甄别，如果是不适合的对象，要婉言谢绝。

【案例 4-3】

墨西哥饭店的经营之道

Chi-chi's 墨西哥饭店一度生意很不景气，营销调研问题被界定为判断 Chi-chi's 在整个市场中的竞争优势。具体而言，下面的问题必须得到说明：一是当地经济发展的特点是什么；二是市场上有哪些饭店受欢迎？三是什么因素导致顾客光临 Chi-chi's 饭店以外的其他饭店。

经分析认为，所回答的问题集中、简明且拦截地点比较集中，出现在此地点的人群在特定时间偶然性较小，故决定采用拦截访问法开展实地调查活动。经过调查后发现，当地的经济正处于萧条时期，而 Chi-chi's 饭店给当地人的感觉是赚当地人的钱，同时损害当地旅馆的利益。为了改变这种形象，Chi-chi's 饭店制定了一个公关型的社区网络计划，其中包括组织女童子军参观饭店和进行一系列公益及社区赞助活动。后来，饭店的生意开始好起来。

资料来源：马连福. 现代市场调查与预测. 首都经济贸易大学出版社，2009.

4. 邮寄调查法

邮寄调查法是将设计好的调查问卷通过邮政网络系统邮寄给被调查者，由被调查者根据调查问卷的填写要求填写好后寄回的一种调查方法。邮寄名单及地址可以通过电话簿、组织名录、工商企业大全等来建立。

(1)邮寄调查法的优点。

①调查范围大,通邮的地方的用户都可以作为选择的对象。

②调查成本较低。在没有物质奖励时只需花少量的邮资和印刷费用。

③回答问题准确。被调查者有充分的答卷时间,可以较准确地回答问题。

④可让被调查者以匿名的方式回答一些个人隐私问题。

⑤被调查者所受影响小。被调查者可以避免受调查者态度、情绪等因素的影响。

⑥无需对调查人员进行专门的培训和管理。

(2)邮寄调查法的缺点。

①问卷回收率较低。造成这一结果的因素很多,如:被调查者对问题不感兴趣、问卷过长或复杂、被调查者个人原因等。

②时间较长。由于需要联系、邮寄、等待、再联系、再等待,使调查时间过长。

③无法判断被调查者的性格特征和其回答的可靠程度。由于无法交流,故不能判断被调查者回答问题的可靠程度,如被调查者可能误解问题的意思或受他人的影响,问卷不是由被调查者本人填写等。

(3)邮寄调查法的适用范围。

邮寄调查法的适用范围较窄,与入户访问和电话访问相比适用面较小。对于时效性要求不高,名单、地址比较清楚,费用比较紧张的调查可以考虑使用这种方法。如果公司有几次邮寄调查的先例,积累了几个不同的样本群体,并建立良好的合作关系,使用这种方法就变得比较简单了。

(4)邮寄调查法应注意的事项。

①用电话或跟踪信提醒。

②注意提前通知和致谢。

③需有一定的物质奖励。

④附上回信的信封并贴足邮资。

⑤增加问卷的趣味性。

【案例 4-4】

强生的决定

强生公司是一家国际知名的婴儿用品生产公司,公司想利用强生公司在婴儿用品市场的高知名度开发婴儿用的阿司匹林,但不知市场的接受程度如何。由于强生公司有一些关系较好的市场调查样本群体,且问题比较简单但需由被调查者作出解释,故决定采用费用较低的邮寄方法进行调查。通过邮寄方法的调查分析,强生公司得出这样的结论:该公司的产品被消费者一致认为是温和,但温和并不是人们对婴儿阿司匹林的期望。尽管婴儿阿司匹林很安全,但温和并不是一个合乎消费者愿望的特征。相反,许多人认为温和的阿司匹林可能不具有很好的疗效。为此强生公司认为如果开发这样一个产品,并做出适合产品的宣传就会损坏整个公司的形象和多年努力的结果。如果按以往的形象做出宣传又无法打开市场。因此,强生公司最终决定放弃这个产品的开发。

资料来源:韩德昌,李桂华,刘立雁.市场调查与预测教程.清华大学出版社,2008.

5.留置访问法

留置访问法是当面将调查表交给被调查者,说明调查意图和要求,由被调查者自行填写回答,再由调查者按约定日期收回的一种调查方法。这是介于入户访问法和邮寄调查法之间的一种调查方法,可以消除入户访问法和邮寄调查法的一些不足。留置访问的调查问卷回收率高。由于当面送问卷,说明填写要求和方法,澄清疑问,因此,可以减少误差,而且能控制回收时间,提高回收率。同时答案正确率高。被调查者有充分的时间来考虑问题,并不受调查人员的影响,能做出比较准确的回答。

(三)访问技巧

访问法是通过访谈的形式来获取调查资料,由于受调查目的、采用的方法和面对的被调查者特征的不同等因素的影响,要求调查者在使用访问法时需要掌握一定的访问技巧。

(1)访问开始阶段,做好准备工作,准备接近被调查者。采用开门见山或侧面接近的方式接近被调查者。

(2)访问主要阶段。

①按照事先拟订的访问提纲逐个进行访问,防止偏离访问提纲,如采用问卷调查,则可以按照问卷所列的问题的先后顺序回答。

②在访问过程中,对需要引导和追问的问题,调查人员要做必要的引导和追问。

③在访问开始和过程中,如果涉及被调查者的隐私问题,应加强保密。

④在必要和时间允许的条件下,可先从被调查者的关心的话题开始,逐渐缩小访问范围,最后问及所要提问的问题。

⑤在访问过程中,调查人员应该始终保持公平、中立的立场。

二、观察法

观察是人们认识周围事物常常采用的方法。在市场调查中,观察也是一种科学的调查手段,观察法也是一种重要的市场调查方法,得到广泛的应用。

(一)观察法及类型

观察法是调查员凭借自己的感官和各种记录工具,深入调查现场,在被调查者未察觉的情况下,直接观察和记录被调查者行为,以收集市场信息的一种方法。观察法有直接观察和测量观察两种基本类型。

直接观察就是观察人员直接到商店、家庭、街道等处进行实地观察。一般是只看不问,不使被调查者感觉到在接受调查。这样的调查比较自然,容易得到真实情况。这种方法可观察顾客选购商品时的表现,有助于研究购买者行为。

测量观察就是运用电子仪器或机械工具进行记录和测量,例如某广告公司想了解电视广告的效果,选择了一些家庭作调查样本,把一种特殊设计的“测录器”装在这些家庭的电视机上,自动记录所收看的节目。经过一定时间,就了解到哪些节目收看的人最多,在以后的工作中根据调查结果合理安排电视广告的播出时间,收到很好的效果。

(二)观察法的特点

1. 观察法的优点

(1)直接可靠。观察法是到现场进行实地观察,它可以直接记录观察的事实和被调查者的行为,比较客观地收集原始资料,由于观察者处于旁观的地位,不易被人发现,而被观察者处于自然的状态下,其行为更为真实,调查结果更接近于实际。

(2)不依赖于语言交流,减少了误会和干扰。观察法基本上是调查者的单方面活动,不会受到被调查者意愿和回答能力等问题的困扰。

(3)简单易行,灵活性强。观察法是对现场发生现象的观察和记录,或通过摄像、录音如实反映,直接测度、记录现场的特殊环境和事实,可随时随地进行观察。

2. 观察法的缺点

(1)观察深度不够。观察法只能观察表面现象,或者说只能限于对被调查者的外部行为的观察,而观察不到被调查者内在的因素。

(2)时间长、费用高。为全面及客观地反映事实,防止偶发因素的影响,需用大量观察员到现场作长时间观察,才能发现某种规律,调查时间较长,调查费用支出较大。

(3)限制性较大。观察法一般只适用于较小的微观环境,且同时受到观察人员自身的身体条件、观察力、记忆能力、心理分析能力等因素的限制,对观察员的技术水平要求较高。

(三)观察法实施的一般程序

1. 明确问题,选择观察对象

明确问题即选择和确定研究问题,当然,在选定参与观察的研究问题的同时,也基本上确定了观察者与观察对象。因为问题的选择和确立必须考虑到在某一特定的情境里观察者是否能进行自然观察。例如,要研究“教师期望对师生交往的影响”,就需要考虑在什么样的学生、在哪个年级的班进行,观察者应具备哪些知识、能力和观察技能。

2. 制定观察计划

观察研究怎样进行,观察的程序是什么,先观察什么,后观察什么,观察多长时间,间隔多长时间进行重复观察等问题在观察之先都要做出周密的计划和安排 。在观察计划中要规定明确的观察目的、重点、范围以及要搜集的材料、观察的次数,每次观察的时间、采用的仪器、制订哪些表格以及填写的要求等等。

3. 做好观察准备

观察准备是否充分, 往往影响观察的成败。只有周密的观察准备,才有可能准确地收集

观察材料。观察准备的主要工作有:

(1)确定观察的项目和指标

根据观察目的和观察计划的要求,确定观察的项目和指标,将要观察的方面具体化和指标化。所确立的观察项目与观察的目的应有本质的联系,能较全面地反映与研究课题有关的某些特征的变化,且是便于观察记录的具体内容。

确定观察的指标时,除定性以外可以定量的要尽可能量化。例如对学生举手情况的观测,就不能仅以踊跃、积极、稀少、一般等描述性词汇来划分,而可以统计一下男女生的举手率(每一次举手的人数与总人数之比)、举手覆盖率(一堂课举过手的人数与总人数之比)等指标。此外,要考虑便于日后的分析处理。对定性的材料,要考虑如何归纳与分类,对定量的材料,要考虑所选用的统计处理方式。确定的指标不可以模棱两可,不可以提出几个是交叉关系的指标,以避免观察与记录时无所适从。例如,统计答题的正确率,必须考虑学生回答得不全对怎么办,因此就不能仅仅统计对错,还可以设"不全对"一档,并事先规定好各档次之间的界限,避免产生某一答案归入这类与归入哪类均可的现象。

(2)选择观察途径和方法

观察的途径与方法可因人而异,因调查主题而定。一般的途径有听课、参观、参加活动、列席会议等。观察的方法通常与观察途径有关联,常用的方法是直接的参与观察。

(3)观察取样

观察往往不能面向全体,包罗万象,而要加以取样。下表是几种常用的取样方法。

表4.1 常用的观察取样方法

取样方法	特 点
对象取样	选取特定的对象进行观察
时间取样	在特定时间内观察所发生的行为
场面取样	有意识地选择一个自然的场面
事件取样	观察一个事件的完整过程
阶段取样	选择某一阶段(如期中、期末)进行有重点的观察
追踪观察	对观察对象作长期的、系统的观察,以了解其发展的全过程

(4)设计观察表格及记录方法

为了便于观察记录和观察材料的整理,项目设计应符合如下要求:①每个项目均是研究所需要的指标;②项目数以10个以下为好,并按其逻辑顺序排列;③项目的答案应是确定的,排除那些对不同的观察者可能会作出不同解释的推断性词语。设计观察表格时,要规定观察材料的记录方法。记录观察材料,一般有三种方法:

①评等法,对观察对象所表现的特征、按所属等级,在表格中画圈或做其他记号。

②频数记录法,以符号"√"记录对象某项行为出现的次数。

③连续记录法,利用录音机、录像机等把整个过程加以记录。

(5)其他准备、包括仪器、人员培训、分工及应变措施等。

4. 现场观察并做好记录

在实施观察法调查的过程中,最重要的是现场观察和现场观察记录的撰写,进入现场要注意两点,第一是选好观察位置,有较好的角度和光线以保证观察有效、全面、精确;第二是不惊扰观察对象或与观察对象打成一片。如果间接观察、非参与性观察,最好不让观察对象知道。如果是直接观察、参与性观察,要与观察对象建立和谐良好的关系,以免被观察者产生戒备心理。

实施观察要注意看、听、问、思、记等互相配合,达到最佳效果。①观看。这是最主要的方式。凡是与观察目的有关的行为反应和各种现象都要仔细察看。②倾听。凡是现场发现的声音都要听,特别是观察对象的发言更要仔细地听。③询问。内部观察时,观察者可面对面询问观察对象有关问题。例如可以问"这个问题你是怎么想的?"④查看。现场查看与观察目的有关的资料。例如听课时查看学生当堂的练习情况以了解上课效果,参加会议查看以前记录等等。⑤思考。从现场开始获取信息时就要进行思考、分析,随着观察活动的深入进行,观察资料的积累,逐步形成自己的初步看法。观察时还要及时作好现场记录。记录要注意以下几点:

①记录要准确。要尊重客观事实,有什么记什么,不能凭主观想象,更不能凭空捏造。

②记录要全面。要根据观察内容将全部情况都记录下来,不能随便丢掉一些现象,否则,就可能导致整个观察的失败。

③记录要有序。要按事情发展的固有顺序记录,不能随意颠倒。记录的有序性不仅能为下一步研究工作打下基础,而且很可能从中揭示出观察对象内部的联系和规律。

5. 整理与分析观察资料

观察记录的材料要加以整理和分析,准备下一步撰写调研报告。

首先,要把所有记录的材料,详细地加以检查,看分类是否恰当;如果有遗漏和错误,要设法补作记录和改正错误,以免时间久了,无法补充和修正。

其次,所有材料整理好后,加以全面考虑;如果需要的材料还没有搜集到,那就要延长观察时间继续观察,一直到所需材料基本齐全为止。

再次,观察记录的材料,如果数量较少,按观察记录的时间顺序存放保管即可;如果观察的项目较多,记录材料繁多,就要分类存放以便查阅。

最后,记录材料整理后,需要加以说明的,要详细地加以说明。要及时清理搜集的材料,以免时间久了,容易忘记或发生疑问。

6. 提出观点并撰写调查报告

根据对观察资料的分析研究,提出自己的认识,并加以理论的论证,最后撰写成调查报告。

往往仅借助自然观察法不能完成对一个调查主题的系统研究，通过观察所收集的资料常常要与其他研究方法所获得的信息融为一体之后，才能提出观点并加以阐述。

观察报告中不仅要写清被视察对象的自然情况，还要写清观察过程出现的现象，包括观察现象所发生的背景以及观察资料的统计结果 和经分析和推论得出的结论。结论可以是发现的规律，也可以是发现的问题。

(四)观察法的运用原则

观察法的运用是观察人员的主观活动过程。为使观察结果符合客观实际，要求观察人员必须遵循以下原则：

(1)客观性原则。即观察者必须持客观的态度对市场现象进行记录，切不可按其主观倾向或个人好恶，歪曲事实或编造情况。

(2)全面性原则。即必须从不同层次、不同角度进行全面观察，避免出现对市场片面或错误的认识。

(3)持久性原则。市场现象极为复杂，且随着时间、地点、条件的变化而不断地变化。市场现象的规律性必须在较长时间的观察中才能被发现。

(五)观察法的应用

观察法在市场调查工作中的应用较为广泛，下面是有代表性的几种：

(1)对市场商品需求情况的观察分析。通过在商品的销售现场、展览会、试销会等直接观察消费者喜爱的品牌、花色、款式包装等，并进行记录分析，可以掌握大量的、真实的第一手资料。也可以借助行为观察仪，记录消费者进入现场后的目光、行走、表情以及购买等行为，使用仪器观察的资料不仅详尽、准确，还可避免人员观察的诸多不便。通过资料分析，可以掌握市场商品需求的趋向。

(2)对零售企业经营状况的观察分析。通过零售企业的商品陈列、橱窗布置、接待顾客的频率、服务态度、顾客流量以及外部装潢等的观察、比较，获得比较真实、全面的资料，以了解零售企业的情况。

(3)对商品库存情况的观察分析。商品库存是企业营销的保证，也是影响企业经济效益的重要环节。商品库存数量及其结构是否合理，仅从账面上难以反映，需要实地观察。通过对商品库存直接进行盘点，并观察库存的残次及变化，可以直接掌握商品库存的精确数字和结构的真实资料。

(4)对商品生产数量和质量的观察分析。对生产现场和使用现场进行观察，了解生产过程和商品质量以及商品性能、操作技巧和维修等情况。

(5)对广告效果的观察分析。对各种广告媒体效果观察可以通过消费者对不同广告的注意程度、记忆和理解度、知名度和视听率来推断广告效果的大小。

另外，还要注意遵守社会公德，不得侵害公民的各种权利，不得强迫被调查者做不愿做的事，不得违背其意愿观察被调查者的某些市场活动，并且还应为其保密。

三、实验法

访问法和观察法一般是在不改变环境下收集资料，而现实中环境是在不断变化的，这就需要我们对环境中的各问题因素之间的因果关系进行研究，通过小规模的研究，来确定其是否值得大规模推广，这就需要实验法来完成。

(一)什么是实验法

实验法是指市场调研者有目的、有意识地改变一个或几个影响因素，在控制其他因素均不发生变化的条件下，来观察市场现象在这些因素影响下的变动情况，以认识市场现象的本质特征和发展规律。实验调查既是一种实践过程，又是一种认识过程，并将实践与认识统一为调查研究过程。企业的经营活动中经常运用这种方法，如开展一些小规模的包装实验、价格实验、广告实验、新产品销售实验等，来测验这些措施在市场上的反映，以实现对市场总体的推断。

实验法按照实验的场所可分为实验室实验和现场实验。

1. 实验室实验

是指调查者创造符合一定条件的环境，在对某些变量实施控制的同时，操纵另一些变量的变化，观察和测量自变量对因变量的影响程度。实验室实验在新产品、包装和广告设计及其他调查的初始测试中有着广泛的应用。实验室实验的最大优点是节省时间、成本低，有良好的内在有效性，但其预测效力差。所谓预测效力是指用实验结果推断实际情况的能力。因为实验室实验最大限度地消除了外生变量对实验结果的影响，实验环境与真实环境差距较大，从而降低了实验室实验的预测效力。同时，实验室实验可能导致被测试者的反映误差，即应答者可能只对环境变化有所反应，而对自变量变化没有反应。

2. 现场实验

是指在现实的环境中，观察和测量自变量对因变量的影响程度。现场实验是在接近于真实的市场环境条件下进行的，其途径是在市场上处理或调节自变量。但是，现场实验缺乏有效控制，既缺乏对自变量的控制，也缺乏对外生变量的控制。所谓外生变量是指现场实验中环境中的不可控因素，如天气变化、战争、竞争者等。现场实验的应用范围不如实验室实验，但现场实验的结果有较高的预测效力。因此，现场实验主要用于企业进行新产品大规模上市的试销或称为市场测试。

(二)实验法的类型

在实际调查活动中一般是通过不同的实验设计来得出调查结果，其形式很多，下面介绍几种常用的方法。

1. 单一实验组前后对比实验

选择若干实验对象作为实验组，将实验对象在实验活动前后的情况进行对比，得出实验结论。在市场调查中，经常采用这种简便的实验调查。例如，某食品厂为了提高糖果的销售量，认为应改变原有的陈旧包装，并为此设计了新的包装图案。为了检验新包装的效果，以决定是否在未来推广新包装，厂家取 A、B、C、D、E 五种糖果作为实验对象，对这五种糖果在改变包装的前一个月和后一个月的销售量进行了检测，得到的实验结果见表 4.2。

表 4.2　单一实验组前后对比表　　　　单位：千克

糖果品种	实验前售量 Y_0	实验后销量 Y_n	实验结果 Y_n-Y_0
A	300	340	40
B	280	300	20
C	380	410	30
D	440	490	50
E	340	380	40
合计	1 740	1 920	180

改变包装比不改变包装销售量大，说明顾客不仅注意糖果的质量，也对其包装有所要求。因此断定，改变糖果包装，以促进其销售量增加的研究假设是合理的，厂家可以推广新包装。但应注意，市场现象可能受许多因素的影响，180 千克的销售增加量，不一定只是改变包装引起的。

因此单一实验组前后对比实验，只有在实验者能有效排除非实验变量的影响，或者是非实验变量的影响可忽略不计的情况下，实验结果才能充分成立。

2. 实验组与对照组对比实验

选择若干实验对象为实验组，同时选择若干与实验对象相同或相似的调查对象为对照组，并使实验组与对照组处于相同的实验环境之中。例如，某食品厂为了解面包的配方改变后消费者有什么反应，选择了 A、B、C 三个商店为实验组，再选择与之条件相似的 D、E、F 三个商店为对照组进行观察。观察一周后，将两组对调再观察一周，其检测结果见表 4.3。

表 4.3　实验组与对照组对比表

	原配方销售量(百袋)		新配方销售量(百袋)	
	第一周	第二周	第一周	第二周
A		37	43	
B		44	51	
C		49	56	
D	35			41
E	40			47
F	45			52
合计	120	130	150	140

从表中可知,两周内原配方面包共销售了 120+130=250(百袋),新配方面包共销售了 150+140=290(百袋)。这说明改变配方后增加了 40 百袋的销售量,对企业很有利。

实验组与对照组对比实验,必须注意二者具有可比性,即二者的规模、类型、地理位置、管理水平、营销渠道等各种条件应大致相同。只有这样,实验结果才具有较高的准确性。但是,这种方法对实验组和对照组都是采取实验后检测,无法反映实验前后非实验变量对实验对象的影响。为弥补这一点,可将上述两种实验进行综合设计。

3. 实验组与对照组前后对比实验

这是对实验组和对照组都进行实验前后对比,再将实验组与对照组进行对比的一种双重对比的实验法。它吸收了前两种方法的优点,也弥补了前两种方法的不足。例如,某公司在调整商品配方前进行实验调查,分别选择了 3 个企业组成实验组和对照组,对其月销售额进行实验前后对比,并综合检测出了实际效果(见表 4.4)。

表 4.4　双组前后对比表　　　　**单位:万元**

实验单位	前检测	后检测	前后对比	实验效果
实验组	$Y_{。}=2\ 000$	$Yn=3\ 000$	$Yn-Y_{。}=1\ 000$	$(Yn-Y_{。})-(Xn-X_{。})$ $=1\ 000-400$
对照组	$X_{。}=2\ 000$	$Xn=2\ 400$	$Xn-X_{。}=400$	

表中的检测结果,实验组的变动量 1 000 万元,包含实验变量即调整配方的影响,也包含其他非实验变量的影响;对照组的变动量 400 万元,不包含实验变量的影响,只有非实验变量

的影响,因为对照组的商品配方未改变。实验效果是从实验变量和非实验变量共同影响的销售额变动量中,减去由非实验变量影响的销售额变动量,反映调整配方这种实验变量对销售额的影响作用。由此可见,实验组与对照组前后对比实验,是一种更为先进的实验调查方法。

【案例4-5】

肯德基开拓中国市场的调查方法

美国肯德基在开拓中国时,在公园和其他公共旅游景点,向旅游者提供休息场所。一边免费向潜在的消费者提供已经烹调好的炸鸡块,一边征询消费者的意见,以便对肯德基炸鸡的口味进行调整。他们会在消费者做了初步品尝后,与调查对象坐在一起,亲切地询问"味道是否合适、盐放得多还是少、烤制得是否过火、皮是否够脆、肉是否够嫩"等问题,内容详细周到。消费者在感谢的同时,并不觉得他们已成为被调查的对象,会将自己的真实意见毫无保留地说出来。肯德基由此找到了符合中国消费者口味的生鸡来源、炸鸡配方,为肯德基连锁店在中国的迅速发展奠定了基础。

资料来源:郑聪玲,徐盈群.市场调查与分析实训.东北财经大学出版社,2008.

(三)实验法的特点

实验法与其他方法相比,主要有以下特点:

1.实验法的优点

(1)结果具有较大的客观性和实用性。实验调查法是一种真实的或模拟真实环境下的具体的调查方法。其结果一般是客观的,而且具有较大的推广实用性。

(2)方法具有主动性和可控性。调查者可以主动地改变影响市场的因素,可控制其变化程度以便分析、观察某些现象之间的因果关系及相互影响程度。

(3)可以探索在环境中不明确的市场关系。

(4)实验的结论具有较强的说服力。

2.实验法的缺点

(1)实验的市场条件不可能与其他市场条件完全相同,实验市场成功的策略不一定适应于新市场。

(2)时间长、费用大。由于影响环境的因素是多种多样的,要想比较准确地掌握环境,需做多组实验,综合分析,才能真正掌握因果变量之间的关系。

(3)有一定的局限性。实验只能掌握因果变量之间的关系,而不能分析过去和未来的情况。

(四)实验法的基本程序

实验法的实施程序与其他方法大致相同,分为准备工作、具体实施和资料处理三个阶段。

1.准备阶段

准备阶段的工作主要有以下几项:

(1)确定实验主题及实验目的。一般做法是在有了初步的构想后,通过查阅文献和有关访谈,对初步构想的价值和可行性进行一些探索性研究,最终明确实验的主题、大致的内容范围和所要达到的目标。

(2)提出理论假设。一般做法是仔细寻找出实验的主题和内容范围所涉及的各种变量,将它们分类,并认真分析它们之间的关系,建立各种变量之间的因果模型。

(3)选取实验对象。选取的根据是实验的主题和变量间因果模型的需要,选取的方法既可以是随机抽样,也可以是主观指派。

(4)选择实验方式和方法。根据实验的要求和可能,决定究竟采用哪种实验类型,如何分组,怎样控制实验过程,如何进行检测等。

(5)制定实验方案。将已确定的实验主题、内容范围、理论假设、实验对象及实验方式方法等整理成文字,说明实验的时间安排、地点和场所、实验进程、实验和测量工具等,并形成系统的、条理分明的实验方案。

2. 实施阶段

实施阶段的工作主要有以下几项:

(1)前测。用一定的方法对实验对象的各种因变量做详细的测量,并做详细记录。如果是有对照组的实验,事先要做到能够控制实验环境和条件,以保证实验组与对照组的状态基本一致。

(2)引入或改变自变量,对实验组进行实验激发。在激发的过程中,要仔细观察,认真作好观察记录。

(3)后测。在经过一段时间后,选择适当时机对实验对象的各种因变量做再次详细测量,并做详细记录。

3. 资料处理阶段

资料处理阶段的工作主要有以下几项:

(1)整理分析资料。对全部观测资料进行统计分析,并对原假设进行检验,形成实验结果,据此提出理论解释和推断。

(2)撰写实验报告。实验包括的内容要详尽、具体,将实验的过程、变量关系、实验结论等内容进行详细阐述。

(五)实验法的应用

进行市场的实验调查,一是要有实验活动的主体,即实验者;二是要有实验调查所要了解的对象;三是要营造出实验对象所处的市场环境;四是要有改变市场环境的实践活动;五是要在实验过程中对实验对象进行检验和测定。

实验调查是一种探索性、开拓性的调查工作,实验者必须思想解放,有求实精神,敢于探索新途径,能灵活应用各种调查方法,才能取得成功。正确选择实验对象和实验环境,对实验调查的成败也有重要作用。如果所选的市场实验对象没有高度的代表性,其实验结论就没有推广的可能性。此外，由于实验活动要延续相当的时间，还要有效地控制实验过程，让实验活动严格按实验设计方案来进行。

第四节　网络调查

互联网的迅速发展，为企业进行调查提供了现代化的技术工具。世界已开始进入信息时代，企业的外部环境出现了新变化，消费者需求呈现出多样化、个性化和要求快速反应等特点。企业若不借助网络获得市场信息，将难以快速地了解市场和消费者需求的变化，会在竞争中处于劣势。因此，企业应积极、充分利用网络这一现代科技手段。

一、网络调查的基本知识

网络调查是企业整体营销战略的一个组成部分，是建立在互联网基础上，借助于互联网的特性来实现一定营销目标和调查目的的一种手段。

（一）网络调查前瞻

互联网，又称信息高速公路，是自电话以来又一伟大的信息沟通媒介，它几乎彻底改变了人们的沟通方式。作为以信息收集为主的市场调研，随着互联网的迅猛发展，也得到了空前的发展，利用互联网进行市场研究，自 20 世纪 90 年代以来越发热门。与其他调研方式相比，网络调查的费用低、速度快，可进行纵向调查，能够获得大量样本，还可以利用多媒体音像技术等，因此受到广大公司与被访者的接受和青睐。

网络调查是企业进行市场预测和决策的基础，是网络营销链上的极其重要的环节。没有市场营销，就把握不了市场。通过市场调研，可以了解和掌握消费者现实和潜在需要，就能有针对性地制订营销方案，减少决策中的盲目性，在竞争中发挥企业的优势，从而取得良好的业绩。因此，营销调研是每一个活跃在市场并取得成功的企业不可缺少的重要组成部分。

（二）网络调查含义

网络调查又称网上调查或联机调查，它指的是通过网络进行有系统、有计划、有组织地收集、调查、记录、整理、分析与产品、劳务有关的市场信息，客观地测定及评价现在市场及潜在市场，用以解决市场营销的有关问题，其调研结果可作为各项营销决策的依据。网络调查与传统调查方式相比，在组织实施、信息采集、信息处理、调查效果等方面具有明显的优势，充分认识这一调查方式的特点，是开展好网络调查的前提。具体比较，详见表 4.5。

表 4.5　网络调查与传统调查方式的比较

	网络调查	传统调查
调研费用	较低,主要是设计费和数据处理费,每份问卷所要支付的费用几乎是零	昂贵,要支付包括:问卷设计,印刷,发放,回收,聘请和培训访问员,录入调查结果,有专业市场研究公司对问卷进行统计分析等多方面费用
调查范围	全国乃至全世界,样本数量庞大	受成本限制,调查地区和样本均有限制
运作速度	很快,只需搭建平台,数据库可自动生成,几天就可能得出有意义的结论	慢,至少需要 2 ~6 个月才能得出结论
调查的时效性	全天候进行	不同的被访问者对其可进行访问的时候不同
被访问者的便利性	非常便利,被访问者可自行决定时间地点回答问卷	不方便,要跨越空间障碍,到达访问地点
调查结果的可信性	相对真实可信	一般有督导对问卷进行审核,措施严格,可信性高
实用性	适合长期的大样本调查;适合要迅速得出结论的情况	适合面对面地深度访谈;食品类等需要对访问者进行感观测试

【案例 4-6】

网络科技的力量

Great BscaPes 是一个全球旅游服务代理机构,是由两位 60 多岁受人尊敬的老妇人开办的。它充分展示了一个小型公司是如何以网络科技为工具,以不断进取的精神获取成功的。桑德拉·克里斯摩尔和黛比·普尔顿利用了电子邮件这一再简单不过的网络工具办起了这家旅游代理公司。她们被称为“具有超前意识”的人。这说明了在 21 世纪要建立一个成功的商业企业除了需要企业家精神外,还需要掌握一些网络技术。

资料来源:马连福. 现代市场调查与预测. 首都经济贸易大学出版社,2009.

二、网络调查的常用方法

网络调查已成为市场调查中使用较多的方法之一，网络调查同样也有不同的方式和方法。常用的主要有以下几种：

（一）网络访谈法

网络访谈法，是指在电脑网络上，使用已经建立的网站，通过事先的邀请，让确定的若干名网友在指定的时间登陆一个特定的网站而进行市场调查的方法。在网络已经成为信息传递必不可少的工具时，利用网络进行调查可能成为一种潮流。被称为现代调查方法。我国已经有机构利用这种新的方法组织过市场调查活动。

1. 网络访谈法的优点

（1）快速性。利用网络访谈法进行市场调查可以说是速度最快、最省时间的一种调查方法。据有的调查公司通过实践总结认为：从征选受访者到获得调查结果，并且进行信息资料的汇总和访谈总结，只需要 5 ~ 6 天的时间。

（2）节省性。利用网络访谈法可以节省的费用起码有：会议室的租赁费用、使用仪器的费用、差旅费用、住宿费用、办公用品费用等，节省付给受访者的费用（其他方法也不能免）。随着电脑价格的下降和网络登陆成本的减少，网络访谈法费用将越来越节省。

（3）接近性。使用网络访谈法可以使无论位置多远的受访者，都可以在很短的时间内实现接近，而且可以与任何人进行接近，例如行动不方便的人等。只要双方认为有接近的必要性，都可以实现接近，几乎不存在接近障碍。

（4）真实性。在电脑显示器的遮掩下，受访者对别人而言都是匿名的，他们可以对于任何问题开展畅所欲言的讨论，也可以随意地进行思想的驰骋；网络访谈法的隐蔽性，使任何想公布自己真实想法的人士，都可以毫无顾虑的公开自己的秘密，而不会不好意思，除非他不愿意公开；受访者完全以一种人的本来面目进行讨论；这对于市场调查机构而言，获得的应该是完全真实地回答。

2. 网络访谈法的缺点

（1）样本数量有限。现在进行网络调查法的最大问题可能是样本数量的局限性。很多上网的消费者不愿意浪费时间去接受一些调查。

（2）对象的不确定性。在进行网络访谈法时，你甚至不知道与你进行对话的是一个人还是还是几个人。实际上上网的人士中，数量比较多的人是青少年而不是成年人。因此，对市场细分和目标市场的选择而言，这样的调查活动可能完全没有帮助。

（二）E-mail 问卷调查法

E-mail 调查法主要是指利用计算机网络调查对象的电子信箱进行问卷手法和完成市场调查的方法，也包括把一份简单的调查问卷以电子广告的形式，在计算机网络上进行公开调查的方法。进行 E-mail 调查时，调查主持者在自己的终端机上制定调查问卷，而后，或者按照已经知道的 E-mail 网址发出问卷（电子调查邮件），或者直接粘贴在自己的网站上。受访者在自己的信箱中或者计算机网络上看到问卷后，直接把答案寄回到调查者的信箱，或者立即进行点击回答。调查主持者通过事先设计好的软件程序进行调查结果的统计。可分为主动问卷调查法和被动问卷调查法两种。

1. 主动问卷调查法

主动问卷调查法是调查者首先建立被访者 E-mail 的地址信息库，选定调研目标，设计调查问卷，然后通过 E-mail 进行调查，整理、分析调查资料，最后分析调查结果的一种方法。

例如，美国消费者调查公司（American Opinion）是美国的一家网上市场调研公司。通过互联网在世界范围内征集会员，只要回答一些关于个人职业、家庭成员组成及收入等方面的个人背景资料问题即可成为会员。该公司每月都会寄出一些市场调查表给符合调研要求的会员，询问诸如“你最喜欢的食物是哪些口味，你最需要哪些家用电器”等问题，在调查表的下面注着完成调研后被调查者可以获得的酬金，根据问卷的长短以及难度的不同，酬金的范围在 4～25 美元，并且每月还会从会员中随即抽奖，至少奖励 50 美元。该公司会员注册十分积极，目前已有网上会员 50 多万人。

2. 被动问卷调查法

被动问卷调查法一种是将问卷放置在 www 站点上，等待访问者访问时主动填写问卷的一种调研方法。与主动问卷调研法的主动出击寻找被调查者相比，被动问卷调研法更像是守株待兔，此方法无需建立被访者 E-mail 地址信息库，在进行数据分析之前也无法选定调研目标，但它所涉及的被调查者范围要比主动问卷调研法广阔的多，几乎每个网民都可以成为被调查者。被动问卷调研法通常应用于类似于人口普查似的调研，特别时对网站自身建设的调研。

例如，中国互联网络自身发展状况调查 CNNIC（中国互联网络信息中心）每半年进行一次的“中国互联网络发展状况调查”采用的就是被动问卷调研法。在调查期间，为达到可以满足统计需要的问卷数量，CNNIC 一般与国内一些著名的 ISP（网络服务提供商）/ICP（网络媒体提供商）设置调查问卷的链接，如：新浪、搜狐、网易等，进行适当的宣传以吸引大量的互联网浏览者进行问卷点击，感兴趣的人会自愿填写问卷并将问卷寄回。

（三）使用 BBS 电子公告板进行网络调查

网络用户通过 TELNET 或 WEB 方式在电子公告栏发布消息进行网络调查，BBS 上的信息量少，但针对性较强，适合行业性强的企业。

（四）互动式调查

互动调查是与被调查者约定在某一时间段内进行网上交流，回答问题，收集信息资料。此种方法既可一对一交流，又可“座谈会”式交流。这种方法充分利用了网上访问的优势，可根据被访者回答的情况进行“追问式”访问，及时沟通，使研究工作既有速度，又有深度；但使用此法应事先约访，并负担被访者上网费用，确保被访者按时上网。

（五）弹出式调查

弹出式调查是指将软件安装在网站上，根据一定的比例抽取被访者，当网站的访问者被随机抽中时，一个独立的小窗口就会弹出，询问被访者是否愿意完成一份调查问卷。如果被访者单击“否”，该窗口立即消失；如果单击“是”，一份调查问卷就会出现在另一个新的浏览窗口中，被访者即可进行在线答题；当其对有些题目不甚了解时，可随时查看有关说明性内容，直到完成、提交问卷。使用此种方法的优点是尊重被访者的意愿，但据此获得的资料准确性和代表性等均难以控制。

（六）网络固定样本组调查

网络固定样本组调查是指调查公司根据自愿注册及有偿参与的原则，只要符合要求的网民，均可注册为样本组成员，调查公司将收到的所有网民的背景资料存入网民固定样本组——“网民信息库”中。通过该数据库，调查公司能够提供一个全方位的、精确的和独立的目标网民细分，来满足客户的特殊需求。

三、网络调查的优势与局限性

网络调查作为一种现代化的科学手段，具有其自身的优势，但同时也有局限性。

（一）网络调查的优势

（1）组织简单，成本低。网络调查每次只需根据客户的不同需求设计一套问卷及相应的程序，一次上传到网站上，组织简单，且不需要安排大量的访问人员，节约了大量的访问人员工作、差旅费和管理费等，因此调查总成本比传统调查方法低。

（2）采集信息的质量可靠。这主要表现为，一是网络调查问卷上可以附加全面、规范的指标解释，有利于消除因对指标理解不清或调查员解释口径不一而造成的调查偏差；二是问卷的复核检验有计算机依据设定的检验条件和控制措施自动实施，可以有效地保证对调查问卷的复核检验与控制的客观性、公正性；三是通过被调查者身份验证计算，可以有效地防止信息采集过程中的虚假行为。

（3）样本容量大。由于互联网极大的包容性，在同一时间内可以同时进行多人答卷多人提交，且不会相互干扰，从而在同样的研究费用和时间情况下，可收集到和处理更多的样本单位资料，增加样本的代表性，这是传统的调查方法无法比拟的。

（4）缩短了调查周期。进行网络调查时，将问卷直接放在网上，要求被调查者在线回答，被调查者只需轻点鼠标就可表明自己的立场，轻而易举完成并很快提交问卷，被调查者在填写并提交问卷的同时，也就完成了问卷的录入过程。这些都大大缩短了调查的周期，提高了工作效率。

（5）富有灵活性和趣味性。网络调查也有一定的灵活性，是否愿意接受调查取决于被调查者的个人愿意，而且通过互联网出示给被调查者的问卷中的问题选项顺序是随机的，可以避免位置排列先后造成某选项被选概率偏高或偏低的误差。同时，网络调查还可以利用互联网的特点，充分发挥声音、图形、动画等表现形式的优越性和亲和力，使调查工作生动活泼，充满趣味性。

（二）网络调查的局限性

网络调查的局限性主要表现为：

（1）在上网人数还不足够多的情况下，被调查者只能是网民，因此调查总体欠完整，同时也限制了所调查问题的范围。

（2）网络调查所使用的问卷不宜过长，否则被调查者会离线，而不能完成问卷调查。

（3）填写问卷者的身份难以辨认，由此造成的误差也难以控制。

四、网络调查的步骤

网络调查应遵循一定的程序。具体如下：

（一）选择合适的搜索引擎

搜索引擎是指能及时发现需要调研对象的内容的电子指针。如国外的yahoo、国内的中文雅虎、163、新浪等，它们能提供有关的市场信息，阅读分析存储数以万计的资料。

（二）确定调查对象

网络调查的对象可分为三类：企业产品的消费者、企业的竞争者、企业合作者和行业内的中立者。营销人员在市场调查过程中，应兼顾到这三类对象，但也必须有所侧重。特别是在市场激烈竞争的今天，对竞争者的调查显得格外重要，竞争者的一举一动都应引起营销人员的高度重视。互联网为营销人员及时调查市场情况提供了方便。

（三）查询相关调查对象

在确定了调查对象后，营销人员通过电子邮件向互联网上的个人主页、或个人邮箱发出相关查询。营销人员利用搜索引擎对个人站点进行访问，公司产品的消费者和潜在消费者都可以成为调查对象。新闻组是互联网上针对人们感兴趣的主题而设立的公告板块。新闻组设计的内容很广泛，现在互联网上至少有15 000个新闻组，它们对人们讨论各类话题提供了机会。邮件列表与新闻组大体相似，也是为方便公众讨论相关话题而设立的公告板块。与新闻组不同的是，每天在邮件列表中发表的信息会发送到个人的邮件箱中，营销人员可以针对邮件列表中的信息提出询问，并得到回复。

（四）确定适用的信息服务

营销人员利用互联网进行市场调查的一大优势就是反应迅速。在互联网上，营销人员可以不定期地查看本公司的电子邮件信息，向个人和公开站点发出查询请求。这样就能及时准确地把握市场动态,制定出相应的营销策略。

互联网上提供了数量巨大的信息数据库,可以查到各种媒体提供的原始资料。在这些材料中,营销人员可以看到诸如产品报价、销售报表、市场活动报告等信息。营销人员能从互联网上获取充足的信息并从中得出有说服力的结论。

(五)信息的加工、整理、分析和运用

营销人员从互联网上获取大量信息后,必须对这些信息进行加工、整理和分析,在面对数量巨大的信息和数据时,营销人员可以利用计算机来快速地进行分析,分析结果通常是真实可信的。

五、网络调查的应用

网上调查的适用范围很广,这一点会随着国际互联网应用的普及逐渐显示出来。网上调查将成为应用领域最广泛的主流调查方法之一,网上调查既适合于个案调查也适合于统计调查。

1. 调查服务

对于从事专业调查的调查组织来说,可以开展赢利性的网上调查业务。赢利性的调查组织的网上调查服务,可以由面向全体用户免费开放的公众调查信息浏览服务、面向收费会员客户的调查信息数据库查询服务和面向特需客户的收费委托调查业务服务三个应用服务层次构成。

2. 其他应用

除了网上市场调查以外,还可以利用 Internet 进行其它一些网上调查的应用。对于政府机构和社会团体来说,可以开展非赢利性的调查研究项目。政府机构和社会团体开展的网上调查工作,可以包括统计调查、市场调查、民意调查和研究项目调查等。

Internet 作为一种特殊的媒体和信息沟通渠道,它非常适合进行各种网上调查活动,网上市场调查作为需求量最大的调查业务,可以充分发挥 Internet 的便捷、经济特性,更好、更快的为企业的市场调查提供全面支持。

本章小结

本章主要介绍了不同的市场调查方法,主要包括二手资料调查法、定性调查方法、定量调查方法和网络调查。二手资料调查法是指通过查阅、阅读、收集历史的和现实的各种资料,并经过甄别、统计分析得到的调查者想要得到的各类资料的一种调查方法。定性调查方法主要包括小组座谈法、深度访问法和投影技法三种。小组座谈法是指调查人员通过召集被访问者或走访被访问者,以召开座谈会形式与被访问者直接面对面交谈获取数据的调查方法。深度访问法是一种无结构的、直接的、个人的访问,比较常用的深度访问技术主要有三种:阶梯前进、隐蔽问题寻探以及象征性分析。深度访问法同样具有其自身的优点和缺点,在现实中有着不同的应用。投影技法是一种无结构的非直接的询问形式,可以鼓励被调查者将他们对所关心问题的潜在动机、信仰、态度或感情投射出来。与定性调查方法相对应的就是定量调查方法,主要包括访问法、观察法和实验法三种。随着互联网的普及和应用,网络调查成为市场调查中的一个重要调查方法,网络调查是企业进行市场预测和决策的基础,是网络营销链上的极其重要的环节。

思考练习

1. 二手资料调查法及其特点?
2. 二手资料调查法的作用?
3. 小组座谈法的应用范围?
4. 深度访问法的应用?
5. 投影技法的特点?
6. 入户访问的特点?
7. 邮寄访问应注意的事项?
8. 观察法的应用?
9. 实验法及其类型?
10. 网络调查的步骤?

【案例分析】

澳大利亚一家出版公司设计向亚洲推出一本畅销书,但是不能确定用哪一种语言、在哪一个国家推出。后来决定在一家著名的网站做一下市场调研。方法是请人将这本书的精彩章节和片段翻译成亚洲多种语言,然后刊载在网上,看一看究竟用哪一种语言翻译的摘要内容最受欢迎。过了一段时间,他们发现,网络用户访问最多的网页是用中国的简化汉字和朝鲜文字翻译的摘要内容。于是他们跟踪一些留有电子邮件地址的网上读者,请他们谈谈对这部书的摘要的反馈意见,结果大受称赞。于是该出版公司决定在中国和韩国推出这本书。书出版后,受到了读者普遍欢迎,获得了可观的经济效益。

思 考 题

1. 该出版公司运用了什么调查方法?该方法的特点是什么?
2. 出版公司成功的关键在于什么因素?
3. 是否还有更合适的办法帮助出版公司推出新书?

第五章

Chapter 5

市场调查的实施

【学习目标】

(一)知识目标

了解市场调查实施方式的选择与调查前准备工作,掌握调查员队伍的选聘与培训工作,熟悉现场调查的实施与质量控制的方法。

(二)技能目标

掌握对调查员进行选聘、培训、监督管理、评价、报酬支付的方法和技巧;理解调查进度与质量监控的重要性和必要性,掌握监控的方法和技巧。

【导入案例】

普瑞辛格调研公司给《中国财富》出示了两组数据,来说明调研的严谨性。同样的调研问卷,完全相同结构的抽样,两组数据结论却差异巨大。北京普瑞辛格副总经理邵志刚介绍说,国内一家知名的电视机生产企业,2004 年初设立了 20 多人的市场研究部门,就是因为下面的这次调查,部门被注销、人员被全部裁减。

调研的问题:列举您会选择的电视机品牌?

其中一组的结论是:有 15% 的消费者选择本企业的电视机;另一组的得出的结论却是:36% 的消费者表示本企业的产品将成为其购买的首选。巨大的差异让公司高层非常恼火,为什么完全相同的调研抽样,会有如此矛盾的结果呢?公司决定聘请专业的调研公司来进行调研诊断,找出问题的真相。

普瑞辛格的执行小组受聘和参与调查执行的访问员进行交流,并很快提交了简短的诊断结论:第二组在进行调查执行过程中存在误导行为。调研期间,第二组的成员佩带了公司统一发放的领带,而在领带上有本公司的标志,其尺寸足以让被访问者猜测出调研的主办方;其次,第二组在调查过程中，把选项的记录板（无提示问题）向被访问者出示，而本企业的名字处在侯选题板的第一位。以上两个细节，向被访问者泄露了调研的主办方信息，影响了消费者的客观选择。这家企业的老总训斥调研部门的主管："如果按照你的数据，我要增加一倍的生产计划，最后的损失恐怕不止千万。"

市场调查是直接指导营销实践的大事，对错是非可以得到市场验证，只是人们往往忽视了市场调查本身带来的风险。一句"错误的数据不如没有数据"，包含了众多中国企业家对数据的恐慌和无奈。对于调查的实施工作无论是调查员的选聘与培训，还是现场调查的实施与质量控制，都关系到调查工作的成败以及调查结果的有效性。因此，我们应该做好调查人员的培训和调查现场的质量控制。

资料来源："百度文库"《中国企业市场调查失败案例》

第一节　实施方式的选择与调查前准备

实施市场调查是一项复杂的系统工程，为了有效地进行市场调查，实现市场调查结果科学性与实用性，既达到调查研究的目的，又避免资源浪费，通常我们可以结合实际市场调查的规模、内容、可操作性以及公司自身情况选择科学合理的市场调查实施方式。同时，在实施市场调查之前，我们还应做好充分的准备工作，使市场调查工作收到事半功倍的效果。

一、市场调查的实施方式

市场调查实施方式，按照实施主体的不同，可分为市场调查机构委托调查和企业内部调查机构直接调查两种模式。当企业规模较小，缺乏必要的市场调查机构，或不能有效实施市场调查时，则可借助企业外部的专业性市场调查机构进行市场调查。由专业性的市场调查机构进行市场调查的优点主要包括以下两点：一是这些机构具有高效的市场调查所必需的各种条件，如有效的调查实务经验、专业有素的调查队伍、良好的调查关系网络和精密的调查工具等，借助这些机构，能提高调查结果的准确性和有效性；二是由这些机构进行调查，工作人员对调查结果的顾虑比较少，容易得到更加客观和有助于决策的建议。本书主要介绍市场调查机构委托调查方法的实施方式主要包括调查机构的类型主要职能，以及企业委托市场调查机构之前的准备和双方承担的职责等问题。

（一）市场调查机构的类型

1. 按市场调查机构所属部门分类。市场调查机构通常可分为各级政府部门内的调查机构、新闻单位、高等院校和研究机关的调查机构、专业市场调查机构、专项服务和辅助性调查机构、企业内部的调查机构等。

2. 按市场调查的执行部门分类。市场调查机构通常可分为市场调查的内部提供者，主要指企业内部的调查机构和市场调查的外部提供者，主要指企业外部的一切调查机构。其中专业性市场调查机构是我们企业外部调查机构的核心,下面将着重介绍。

(二)专业性市场调查机构的主要职能及代表公司

1. 专业性市场调查机构的主要职能。专业性市场调查机构主要包括综合性市场调查公司、咨询公司、广告公司的调查部门等。其中,综合性市场调查公司专门搜集各种市场信息,当有关单位和企业需要时,只需要交纳一定费用,就可随时获得所需资料。同时,它们也承接各种调查委托,具有涉及面广、综合性强的特点;咨询公司一般是由资深的专家、学者和有丰富实践经验的人员组成,为企业和单位进行诊断,充当顾问,这类公司在为委托方进行咨询时,通过市场调查,对企业的咨询目标进行可行性分析,当然,它们也可接收企业或单位的委托,代理或参与调查设计和具体的调查工作;广告公司为了制作出打动人心的广告,取得良好的广告效果,就要对市场环境和消费者进行调查,广告公司大都设立调查部门,经常大量地承接广告制作和市场调查。

2. 专业性市场调查机构的代表公司。专业性市场调查机构,比较著名的有以下几家,他们在各自的调查领域各有所长。麦肯锡公司是世界级领先的全球管理咨询公司,涉及公司整体与业务单元战略、企业金融、营销/销售与渠道、组织架构、制造/采购/供应链、技术、产品研发等领域;AC 尼尔森,专长于零售研究;GFK(赛诺、科思瑞智)市场研究公司,专长于家电、通信行业的零售数据监测;盖洛特市场研究有限公司,专长移动通信行业、媒介行业、房地产行业;盖洛普(中国)咨询有限公司,专长民意测验和商业调查;明思产业研究,专长于行业研究、竞争对手调查、产业研究、营销咨询;新华信,专长于汽车市场研究;CRT,电视收视率监测;益普索,专长于个案研究;慧聪,专长于平面媒体监测;华南国际市场研究公司,专长于专项市场研究;央视市场研究股份有限公司,专长媒介调查;北京零点研究集团,专长于行业与产品研究、消费文化研究、社会问题研究;新生代市场监测机构有限公司,专长于媒介监测;北京华夏盈联市场咨询有限公司,专长于满意度调查、神秘顾客调查;北京环亚市场研究社,专长于汽车行业研究专家等等。

(三)企业委托市场调查机构之前的准备

1. 制定全面的委托调查计划。当企业需要委托市场调查专业机构进行调查时,应做到知己知彼,慎重地选择合作对象,以取得事半功倍的效果。企业在委托调查机构完成调查任务时,应制定委托调查计划,用来与市场调查机构进行洽谈。委托调查计划主要包括以下要点:

第一,明确调查机构提供何种调查活动。目前市场调查机构的活动范围日趋广泛,包括确定市场特征、衡量市场潜力、市场份额分析、企业趋势分析、竞争产品研究、价格调查、短期预测等多种,因此委托调查计划中需明确指出调查的目的、内容以及预期的要得出的结果。

第二,明确希望提供综合性服务还是某种专门或特定性服务。其中,综合性调查是指对综合性问题的系统调查,其特点为内容全面、范围广泛,综合性强;专题性调查是对专门性问题的深入调查,其特点是内容集中、具体深入,针对性强。

第三,明确是长期合作还是短期合作。

第四,明确是否希望调查机构提供某种额外的服务。

第五,在调查时间上有何要求?提交调查报告的最后期限。

第六,明确调查预算为多少。

第七,明确资料是归企业独家享用,还是与调查机构共享。

2. 考察确定委托市场调查机构。企业在选择市场调查机构时,必须了解和考虑以下几个方面的因素:

第一,目前有哪些市场调查机构,结合此次市场调查目的和内容,哪家调查机构对此比较专长。

第二,调查机构的信誉。指调查机构在同业界的声誉和知名度,严守职业道德及公正原则的情况,限期完成工作的能力等。

第三,调查机构的业务能力。指调查机构内专业人员具有实务能力的高低;能否提供有价值的资讯,他们是否具备创新观念、系统观念、营销观念和观念沟通能力。

第四,调查机构的经验。包括调查机构创建的时间长短,主要工作人员服务年限,已完成的市场调查项目性质及工作范围等。

第五,市场调查机构所拥有的硬件和软件条件。硬件包括信息搜集、整理和传递工具的现代化程度;软件包括调查人员的素质及配备情况。

第六,调查机构收费合理性。包括调查机构的收费标准和从事本项调查的费用预算等。

(四)市场调查用户与委托调查机构的职责

市场调查用户(委托人)在选定了某家具体的市场调查机构之后,委托人与受托人之间就形成了一种“对等交换”的关系,就必须要切实地进行协作,彼此相互信任,相互配合,互通信息,及时沟通。

1. 市场调查用户的职责。对于委托调查的企业来讲,一旦委托调查机构进行市场调查后,应给予信任和授权,并提供充分的协助,使调查能顺利进行,主要包括:提供充分的背景材料;解释调查的目的;说明所需信息的类型;解释调查结果的作用;估计所获信息的价值;说明时间要求和可提供的经费。

市场调查用户应避免的不道德的行为包括:未经市场调查机构同意而将市场调查机构的方案、报价、研究技术细节和有关记录对外披露;未征求研究者的意见即公布调查结果;追查被访者的有关信息。

2. 市场调查机构的职责。对于受委托的调查机构来讲,应严守职业道德,时刻为用户着想,为用户提供满意的服务。在接受委托后,应迅速适应委托企业的经营环境。对现有资料加以消化,提出市场调查建议书,内容包括:市场调查的重点及可能结果,提供市场报告的时间,市场调查预算及收费条件,企业应有的协助,增强市场调查用户的信心和信任感等。在委托企业接受市场调查建议书后,即可实施调查,在提出市场报告后,还应注意随时为委托企业提供调查后服务，以求取得长期合作的机会，并树立良好的信誉。

市场调查机构的职业道德主要包括：对自己所掌握的所有研究记录保密；不做有损于市场研究行业的声誉或使公众丧失信心的举动；不对自己的技能、经验和所在机构的其他情况做出不切实际的表述；不对其他市场调查机构做出不公正的批评或诬蔑；在没有充分数据支持的情况下，不得有意散布从市场研究项目中得出的结论；严格遵守与用户达成的书面协议；在提供市场研究报告时，必须对研究发现和主观解释与建议进行区分，确保用户不会发生误解；在获取信息的过程中，不得采取诱导甚至欺骗的手段，应遵守自愿的原则；不将受访者的有关信息用于非研究目的。

（五）企业选择市场调查公司存在的误区

1. 企业与市场调查公司的沟通不足。沟通在企业市场调查项目中非常重要，企业和市场调查公司如果没有深入的沟通，很容易偏离方向。然而，目前国内一些企业在选择调查研究公司之前，对有效沟通的重视程度并不足够，方式、方法及程序也欠科学和严谨。

【案例 5-1】

某房地产公司想做一个楼盘定位调查，在给市场调查公司发标过程中制定了这样一个规则：

①限价人民币××万；（高素质市场研究公司未必应标）

②两天内准备标书；（欠缺有效沟通）

③该项目的周期必须控制在 10 天之内；（10 天无法保证质量）

④第三天下午五点前确定中标公司。（缺少对投标公司实力和方案的考虑）

从中不难看出，仅凭一本标书文本，双方根本没有时间坐下来认真沟通，评标的质量在一天之内并且这一天之内只是看标书，其缺乏严谨和科学又是不言而喻的。

【案例 5-2】

某企业市场调查项目“招标”，选择了 6～8 家市场调查公司。从应标—报标—开标，市场调查公司只知道要做方案，而对方对于高层的有关人员的姓名职务都无从了解。并且对方接洽人员一再强调，我们“领导”会综合考虑你们的项目建议书的，你们先做吧。这样的“招标”，就好像病人请了医生，但是却不让医生对病人有任何深入的了解和接触一样，市场研究公司只有靠“运气”了。从表面上看，这一招标过程十分“严谨”，但实际上却明显地缺乏严谨和科学。

2. 企业对市场调查公司功能认识不够。有一些企业在企业的经营或者是市场营销工作中出现了问题，就希望能够获得一些外部机构的支持，市场调查公司自然也在企业选择的行列。但是由于一些企业的相关人员对市场研究的作用不甚了解，甚至对市场调查公司期望过高，导致双方沟通失效，不欢而散，也会因此引起企业对市场研究的不信任。市场调查公司思考问题是从如何解决问题出发的，通常受到企业委托后，都会确定调查目的和预期结果，再在如何达到目的进行方案设计，但是市场调查公司不是专门帮企业搞情报的，不能与情报机构混淆。

【案例 5-3】

华中某城市2010年由于两家国外仓储式大型超市的进入，引发了商场之间的大战，几大商场先后开展了优惠打折大酬宾活动，但有一个商场由于没有好的活动而冷冷清清，后来，商场负责人不得不采取全场商品打折活动，最低的商品打到了三折。尽管如此，仍然没有吸引来更多的消费者，相反，一些进驻的商家由于承担不起如此高的促销费用，纷纷要求推出。该商场为此找到市场研究公司，市场部的经理急不可待的请求市场调查公司的研究经理们帮忙出谋划策，但是他们的要求却与市场调查公司解决问题的方法背道而驰，他们要求市场调查公司出面收集竞争对手的销售额，各类产品的销售比例等，以找到有效的策略来吸引消费者，打破僵局。但是市场调查公司并不是搜集情报的，而是研究市场状况的，何况得到对手的销售情况后的意义并不大，该商场所遇到的问题是不知道消费者为什么不会被吸引前来购物。最后市场调查公司提出的方案包括了对该商场的目标消费者进行定位研究，寻找消费者对商场不满意的地方、其他商场能够吸引目标消费者的原因，以及不来此处购物的原因、消费者感兴趣的促销办法和对商品的格局的建议等，但是最后该商场负责人还是以不能获得销售额而否决了，甚至埋怨市场调查公司“这么一点情报都搞不到”。

(3)企业对市场调查公司居高临下。“招标”这一购买手段往往适用于以“买方市场”为主导的情况之下，因此，凡采用招标形式的企业往往有十分明显的“购买心态”，这就会造成发标方与竞标方产生明显的不对等状态。

【案例5-4】

某移动运营商要做某个群体的用户满意度研究，根据样本设计的科学性，只需要600个样本就够了，但是运营商非提出来要做1 000个，认为1 000个样本才够精确，其实了解市场研究的人都知道，样本量加大对于精度的作用是比较小的，而且还会增加成本，最后参加竞标的市场调查公司再三解释也没有用，为了获得项目只有被迫按照要求更改；这样的招标由于合作双方地位的不对等，没有办法在一个平台上来进行深入的探讨，最后很可能造成“双输”的局面，对市场调查公司和企业均百害而无一利。

(4)企业对市场研究价值认识不足。企业经常希望对市场研究投入最少，一方面是企业舍不得花钱，不能够正确评估市场研究能够带来的价值，另一方面是一些刚成立的小公司为了争取客户，采取恶性价格竞争，以至于误导了企业对市场研究价值和价格的判断。

【案例5-5】

某企业想投资建立一家西餐厅，因此需要研究当地的西餐消费习惯，以考虑如何有效的进入市场和进行准确的市场定位，当时找了三家本地刚成立的市场调查公司，同时找了一家全国知名市场研究机构在当地的分支机构，同是一个项目，同样的调查方法和样本量，知名公司与本地公司之间的差价竟然在4万左右！有个公司竟然报出了每个样本20元(包含了从问卷设计、实地执行到报告撰写的全流程费用)。有点市场调查常识的人都知道，问卷印刷费、抽样的费用、访问员劳务费、被访者礼品费、复核员劳务费等，加起来也不止20元，这样的价格就根本没有包含市场调查公司的智力劳动成果。而且如此低的价格，如何能获得高质量的数据。

(5)忽视市场研究的高度保密原则。目前国内市场研究行业普遍都遵循欧洲民意市场研究协会制定的"ESOMAR"规则,该规则明确规定了市场调查公司与企业合作的"保密原则",比如市场调查公司要替企业保密,替被访者保密,然而很多企业却在选择市场调查公司时,为了想了解市场调查公司的实力,就要求市场调查公司提供做过的同类项目的调查报告,这是违背市场研究的规则的。

【案例5-6】

某区域有企业要做一项市场研究,邀请了当地几家市场调查公司参加投标,在市场调查公司递交了项目建议书后,为了综合评估各个公司的实力,企业要求市场调查公司提供他们做过的同类项目的市场研究报告,有一家市场调查公司就将曾经做过的一个客户的报告打印出来提供给该企业,最后该公司成功得到了项目。一项市场研究成果提供给了企业,就是企业的商业机密,企业享有版权,同时市场调查公司必须履行保密职责。

二、市场调查前的准备

(一)编写调查指导手册

调查指导手册对于现场工作人员的工作指导具有不可忽视的作用。调查指导手册包括调查员手册和督导员手册。

1. 调查员手册

主要是现场应遵守的操作条例和有关的技术指导。文字性的手册便于随时查阅。主要可以包括以下内容:与被调查者怎么第一次接触,筛选正确的样本,就近调查;一般的调查技巧和技术;问卷的审核方法和规则;疑难解答。

2. 督导手册

先熟悉调查员手册,专门的督导手册为调查的管理提供指导。主要包括:作业管理,即如何给调查员分配任务;怎样向调查员分发和回收问卷;如果财务也由督导负责,如何处理开销凭证及向调查员分发报酬;质量检查,即解释对调查人员工作进行质量检查的原则和方法;执行控制,即如何通过各种表格记录调查实施过程中各环节的执行情况。

(二)相关文件准备

调查前需准备调查问卷;样本单位名单录,包括受访者的地址表、显示地理位置的地图等;调查中需要的卡片、相关表格;介绍信、调查员证等证明文件。

(三)必要的物品准备

现场调查中常用到的物品主要包括礼品、测试用品(概念测试、包装测试、口味测试和产品留置)、使用工具(记录笔、调查夹、手提袋、手表等)。

【资料卡 5-1】

市场信息网络是现代市场调查的一种新形式，也可算作是一种新的特殊的市场调查机构。市场信息网络可分为宏观市场信息网络和微观市场信息网络两种。我国自 20 世纪 80 年代起，也逐步建立起各种经济信息网络，其中影响较大的有以下几种形式：

一是行业性市场信息网络，它是以行业为主体，广泛建立信息点组织调查，搜集信息，进行综合分析，按照这种网络的地域覆盖范围不同，可分为全国性、地区性和企业性三类；

二是以产品为主体的市场信息网络，它是以产品为龙头，广泛组织有关单位参加，以自愿为原则，互相交换信息；

三是联合性市场信息网络，这种网络不受行业和产品的限制，按照一定的市场活动需要自动联合，互相交流信息，这样，商品生产者、转卖者和用户都可以借助计算机网络直接了解某种商品的销售和库存情况，根据不同情况合理安排生产和流通，从而把产、销、用三者紧密地联系起来；

四是临时性的市场信息网络，这主要是通过会议或展览的形式，临时组织有关信息人员参加会议、沟通信息。

资料来源：摘自《中华统计学习网》

第二节　调查员队伍的选聘与培训

调查员队伍的高效率和高质量是市场调查现场有效实施的保证。调查员本身的素质、观念、条件、责任心等都在很大的程度上制约着市场调查作业的质量，影响着市场调查结果的准确性和客观性，因此，调查员队伍的选聘与培训是市场调查有效实施的重要人力保障。

一、调查员队伍的选聘

（一）建立调查员队伍的标准

只有明确了组建调查员队伍的标准，才能在调查员队伍建设中有针对性地展开工作。一支好的调查员队伍的标准大致可以从这样几个方面来加以衡量：

1. 调查员的数量

调查员数量的确定主要根据公司业务的状况。相对公司业务来讲，调查员数量过多或过少都不利于调查员队伍的建设。

2. 调查员队伍结构

不同等级调查员数量。一般来讲，在调查员队伍中，高、中级的调查员数量应该占绝大多数。

不同文化层次的调查员数量。目前调查员队伍中，主要是以在校大学生居多。一般而言，调查员的文化层次应尽可能在高中以上，否则会影响调查质量和对调查要求的理解。

不同来源的调查员数量。为了保证不同类型项目的顺利执行，在招聘调查员时，应该考虑从不同的途径和渠道招聘调查员。比如，在调查员队中可以有一些医务工作者、教育工作者等，这样对于一些特殊类型的项目就可以克服进入的障碍。

3. 调查员可用于现场工作的时间

在招聘调查员时，必须要求调查员详细登记他们的空余时间，主要包括在一周的什么时间有空，一周总共有多少空余时间等。一般来讲，一支好的调查员队伍调查员的空余时间基本上要能够均匀覆盖现场工作时间。

4. 调查员对现场工作和公司的认同度

一支好的调查员队伍，其中绝大多数的调查员应该对现场工作和公司有很强的认同度，只有有了很强的认同度，调查员在现场实施中才能克服各种困难，完成工作。

（二）调查员分类

调查员队伍的成员主要由调查员、抽样员和复核员组成。其中调查员主要是进行各种形式的问卷调查工作的人员，包括入户、定点、街头拦截、电话调查、座谈会约人等；抽样员，主要在随机抽取的范围内，根据设定的抽样方法，详细记录样本的地址，抽取正确有效的样本，清晰明了地画出平面示意图，以确保入户调查员按地址和示意图能顺利地找到该户；复核员，负责对现场完成的问卷进行复查，一般通过入户和电话两种形式，确认问卷的真实性。

（三）调查员基本要求

对调查员队伍中的各类人员要求，首先是都要具备一定的个人基本素质，其中包括外表形象要和善、有亲和力、说话吐字清楚、诚实可靠、有高度的工作责任感、能吃苦耐劳、踏实肯干、耐心细致、能服从管理；其次因各类人员从事的工作内容不同，其基本要求侧重有所不同，主要包括以下几类：

1. 主要负责调查的调查员的基本要求

调查员除了空余时间较多，具有亲和力外还应具备较强地理解问卷能力、较强的文字记录能力、在调查过程中灵活运用调查技巧能力、较强地与人沟通的能力、较强的抗挫折能力、逻辑思维能力、语言表达能力、倾听被访者诉说的能力。

2. 主要负责抽样的调查员的基本要求

抽样员除了应有的基本素质外，还应具备、有较强的方向感、熟悉所在城市的地形、识别地图能力强、较强的画图能力。

3. 主要负责复核的调查员的基本要求

复核员除了应有的基本素质外，还应具备认真细致、坚持原则、善于与人沟通、应变能力、发现问题的能力、逻辑推理能力、识别地图能力强、保持中立的能力。

（四）调查员来源

调查员的来源主要由在校的学生和下岗人员组成。两类来源各有特点，如表 5.1，针对在校学生与下岗人员的不同特点,可以结合不同项目特点进行安排。如街访安排学生,入户安排下岗人员。

表 5.1　不同来源的调查员比较

描述	理解力	反应速度	责任感	被拒访的程度	社会经验	时间	珍惜工作的程度	吃苦耐劳程度	交问卷的时间
在校学生	强	快	弱	低	少	少	低	弱	不保证
下岗人员	弱	慢	强	高	多	多	高	强	不保证

(五)招募调查员的程序

1. 刊登调查员的招聘启事

通常由调查员督导到大学、中专职校和居委会张贴和分发招聘启事,或到各求职中心填写招聘要求。也可以在求职报上刊登招聘广告,一般在启示上需要交代这样几个方面的事情:招聘调查员的目的、调查员工作的简单描述、应聘调查员的基本要求、应聘方式、联系方式、联系时间和联系人。

2. 电话预约

通常让应聘者电话预约面试时间,考察应聘者的电话沟通能力和与陌生单位或个人洽谈的能力。同时也考察应聘者可参加市场调查的自由时间。

3. 调查员报名和面试

让应聘者在规定的时间到公司面试,面试是筛选应聘者的第一道程序。首先让应聘者本人亲自填写应聘登记表,通过填写可以了解应聘者的基本情况以及书写能力。然后由调查员督导与其进行交谈,通过交谈可以了解其基本素质,参考调查员基本要求。最后由面试的督导填写面试记录表,确认初步合格后,通知其参加基础培训的时间,进行基础培训。

二、调查员队伍的培训

调查员是调查者与调查对象的中介,是调查的直接实施者,优秀的调查员能够提高调查的可信度。因此,调查员队伍的培训对于市场调查顺利进行极为重要。培养一个优秀的调查员需要经过培训、实践、再培训、再实践的过程,具体讲就是要对调查员进行"基础培训—实践—项目培训—再实践"。本章重点介绍对主要负责调查工作的调查员进行培训的过程。

(一)对调查员的基础培训

基础培训是指调查员被招聘后,所接受的最开始的入门培训。因此是调查员队伍建立的重点需要投入大量的时间和精力。一般基础培训的课程不少于 7 个小时。基础培训应注意

"四多"即多互动、多练习、多举实例、多做示范,鼓励调查员多提问,多发言,循序渐进地演示和灌输规范操作的观念。

培训的内容包括行业的基本知识、工作准则、调查的基本知识及技巧等方面,其中的重点在于调查的基本知识及技巧上,尤其是沟通技巧,一个调查是否成功,沟通技巧很重要。

(1)行业、企业及调查项目简介。培训的第一步,一般是概要地介绍行业的基础知识和企业背景,使调查员从宏观视角了解行业发展现状,企业在行业中所处地位,企业的主营业务,企业发展现状及管理规定,如调查员守则和基本协议等。

此外,还要对调查项目的整体概况做全面介绍,即该项调查研究的目的、计划、内容、方法及与调查项目有关的其他情况,以便调查员对该项工作有一个整体性的了解。

(2)调查员工作的基本原则。

①树立正确积极的职业理念。调查员的职责是用专业知识和技巧,以严谨的态度去收集市场信息。一个职业的调查员应该建立下列观念:一是要有积极的调查心态,调查是有意义的工作市场调查是通过收集消费者的意见,使企业可以不断改良产品和服务,更好地为广大消费者服务,而调查员正是主要资料的直接搜集者,是市场研究非常关键的环节,因此调查员承担的工作是一项极有意义的工作;二是树立规范的调查态度,真实的信息才是有用的,实行标准的调查规范可以保证调查质量,保证所取得信息是真实地反映消费者自己的意见;三是树立整体观念,互相沟通,共同进步,每一位调查员都是整个项目的有机组成部分,其工作的质量直接影响到整体的工作水准,在工作中要服从督导的安排,共同克服困难,以便做好每一个调查。

②严格遵循调查准则。调查员应严格遵循调查准则,保证市场调查有效实施。主要调查准则为以下方面:一是保持客观和中立的态度,不能加入自己的意见和观点来影响被访者;二是不要携带任何与研究无关的产品去做调查;三是客观地询问被访者本人,不要妄自推测被访者的回答;四是完全按照问卷上打印的问题次序,逐字逐句地提问;五是控制自己的情绪,以积极的心态做好每一个调查;六是保护被调查者和客户隐私,不随意向他人透露调查客户的任何个人信息。

(二)对调查员的实践培训

在市场调查员的实践培训中,除组织调查员集中学习调查员须知、调查问卷、调查员手册等材料之外,必须让调查员掌握调查实践技能,为调查员讲清为何要如此开展调查工作。

调查员的基本职能包括:如何使用地址表,如何找到被访者,如何提问,如何追问,如何记录被访者的答案。

(1)使用接触表做好调查记录。接触表是用来记录与被访者接触情况的表格,根据项目类型的不同分为,街访/中心设点接触表,电话接触表以及入户接触表。由于各类表格内容大同小异,我们这里主要介绍入户接触表。

入户接触表又叫入户登记表或地址表,它是事先经过科学的抽样方法抽取的,按一定要求抄录的一定数量的被访者地址，由于它关系到样本的代表性，所以要求调查员必须正确使用：一是要按地址表顺序逐户调查，不得打乱地址顺序挑选调查或随意涂改地址；二是每敲一户必须填写相应的入户情况通常包括未成功调查和成功调查两大类。未成功调查又分为，住户的原因和被访者的原因。其中住户原因包括无人在家、住户拒访、不是居民户、无法接触等；被访者原因包括拒访、配额满、中断调查、不在家、过滤条件不符以及其他原因等。无论哪种原因，调查者都要如实记录被拒访的原因。对符合条件的，能接受调查的被访者，要记录相应的被访者姓名和性别、问卷编号、调查日期及电话等成功调查记录。

(2)使用随机表确定最终被访者。一般的研究要求，在一个抽样地址中只确定并实施一个具体的调查对象，而实际项目操作过程中，一个抽样地址可能同时存在若干名符合项目要求的潜在被访者，为避免人为因素的影响，需要采用随机表按随机原则确定该抽样地址中唯一的，最终的被访者。但是，不是被选出的被访者都可以调查，如是以下人员则终止调查。盲、聋、哑、有重病、有精神病的人；语言不通、无法沟通的人；不识字的人；住户雇佣的保姆；不在该地址住的家庭成员。

(3)入户的技巧。调查员的首要任务是获得被访者的合作，而调查员面对的是不同阶层、不同年龄的被访者，他们一般并不认识调查员，他们往往根据调查员的服饰、发型、性格、年龄、声调、口音等来决定是否采取合作态度。因此，调查员必须保持本身端正的仪容、用语得体、口齿伶俐、态度谦和礼貌，给人以亲切感，使被访人员较易放心地接受调查。

有研究统计表明，一般的消费者对接受访问的反应大致分三类:其中觉得欢迎或无所谓的占20%，犹豫的占60%，拒绝的占20%。对于持无所谓态度的人容易争取；对于持拒绝态度的人群争取成功的机会较小，需要重点争取的是持犹豫态度的人群，此类人群是否合作很大程度上取决于争取的方式和力度是否恰当，其最主要的是在于如何打消他们的顾虑，取得其合作，这是访问是否成功最关键的第一步。

(4)开场白的技巧。自我介绍是调查开始时的重要步骤之一，自我介绍要按照规范的形式进行，这是市场调查人员和被调查者的首次沟通，对是否顺利入户是一个关键的环节。市场调查人员自我介绍时，应该快乐、自信，如实表明调查目的，出示身份证明。有效的开场白能增强潜在的被调查者的信任感和参与意愿。开场白起着非常重要的作用，一般受访者答应你做问卷大多是在头7秒钟，所以好的开场白对接后的发展是个良好的铺垫。例如，“您好，我叫××是的××调查员，这是我的证件。我们正在进行一项关于市民消费习惯的访问，想了解消费者意见，需要耽误您一些时间，请教您几个问题，可以进来同您谈一谈吗？谢谢！”对于这样的调查，受调查者一般会在很愉悦的气氛中顺利地接受调查。

通过给出姓名，调查显得更具私人性；调查人员也可带着介绍信或有关证件，出示介绍信或证件表明研究是真实的，不是推销产品；使用大学(或市场调查公司)的名字，对被访者来讲，也意味着调查是可信的。如果调查备有礼品，在调查开始时，调查人员可以委婉地暗示：

"我们将耽误您一点时间,届时备有小礼品或纪念品以示谢意,希望得到您的配合。"但切不可过分渲染礼品,以免让他(她)觉得难堪,有贪小便宜之嫌,反而拒绝接受调查。或者为了获取礼品,来迎合调查,尽说好话,从而影响到调查的实际效果。

调查人员应当避免使用诸如"我可以进来吗"或"我可以问您几个问题吗"这类请求允许调查的问题,因为在这些情况下,人们更易拒绝参与或不情愿接受调查。调查人员也应当具备应付拒绝或不情愿接受调查的技巧,调查人员要确定拒绝或不情愿的原因并加以克服。如果被访者借口说现在很忙,调查人员可以这么说:"晚上七点您在吗?我很愿意晚上七点再来。"另外,调查人员也可进一步解释调查目的和意义,说明接受调查后所提供的资料可供改善目前的产品及促进社会发展等;有时,向被访者作出保密承诺也是很重要的。如果被访者实在不情愿参与调查,调查人员仍应礼貌地说:"谢谢,打扰了",这对那些对自己的公众形象很敏感的委托企业而言是很重要的。

调查人员也应懂得"得寸进尺"和"进尺得寸"技巧。这两项技巧在获得调查方面是重要的。所谓"得寸进尺"即假如我们能让别人接受我们提出的小请求,则再让别人接受更大请求的可能性,会比以前不曾向其提出过请求的情况下的可能性来得大。一个实验表明,对一个小小的电话调查请求(即一个几乎没有人会拒绝的小请求)的允诺,会导致对第二次请求填写一份长的问卷的更大的允诺。所谓"进尺得寸"即假如我们首先提出一个很大而别人不易接受的请求,然后再提出一个小些的请求,那么别人接受小请求的可能性,要比先前不曾提出大请求的情况下的可能性大。据此,调查人员起初可用一个很大的几乎每个人都会拒绝的请求开始,然后要求一个小小的照顾,即请求进行一次短的调查,那么获得调查的可能性就大。掌握这两个原理有助于改善现场工作。

(5)提问的技巧。一个项目的调查通常由一定数量的调查员完成,如果每个调查员都按照自己的理解去调查,可能会得到有偏差的答案。为了保证调查按照统一的标准进行,通常要求调查员按照如下的原则去提问。一是清晰完整地按照问卷题目的原话读出问题以及题目中包含的解释;二是按照问题的原有顺序提问;三是让被访者理解提问内容,不可误导被访者,不可过度解释;四是重读下划线的关键词;五是较复杂的问题,适当地完整重复问题;六是读题时留出适当的时间让被访者理解;七是提问过程中留意被访者反应;八是过渡句完整读出,以引导被访者集中注意力;九是发音清晰,音量和速度控制在适中水平。

尽管调查人员通过培训已了解了这些规则,但许多调查人员在实地工作时并不严格遵循这些规则。没有经验的调查人员也许不能理解严格遵循这些规则的重要性,即使专业调查人员,当调查变得枯燥时也会讲得简单些,他们可能仅靠自己对问题的记忆而不是读出问卷上问题的用词,而无意识地缩减了问题的用词。即使问题的用词只有一点点变化,也可能歪曲问题的意思,从而产生调查偏差。通过读出问题,调查人员就能注意在问题中使用的特定用词或短语,并在语调方面避免发生任何变化。

(6)询问的技巧。市场调查向被调查者询问问题是必不可少的,而调查人员掌握表达问题的艺术是非常重要的,因为这方面的偏差可能是调查误差的一个重要来源。询问问题的应遵循以下原则:一是用问卷中的用词来询问;二是慢慢地读出每个问题;三是按照问卷中问题的次序发问;四是详细地询问问卷中的每个问题;五是重复被误解的问题。

如果被访者不理解问题中的一些概念,他们通常会要求作出澄清,如果调查指导上没有要求作出特别的解释,调查人员不得随意解释。但调查人员经常用他自己的定义或随便作番解释,这些个人的解释是调查偏差的一个来源,因为每个调查人员的解释可能并不一样,并且有些解释可能是错误的,建议的方法是重复问题或回答"正如您想的那样好了"。

在许多场合,被访者会自愿提供一些与下面估计要问的问题相关的信息,在这种情况下,调查人员不是不按顺序跳到回答的那个问题,而是要调整应答者的思路,使其不要离题太远,但又不能影响应答者的情绪。调查人员可以这样说:"关于这个问题,我们等一下再讨论,让我们先讨论……"通过按序询问每个问题,就不会有漏问问题的现象发生。

(7)追问技巧。追问使市场调查更深一步。这种适当的追问技巧能使调查获得更为具体、详细,甚至更多的信息。追问可以分为两种:挖掘式追问和明确式追问。前者是在被访者已经回答的基础上,进一步挖掘、询问问题的方法,目的在于引出被访者对有关问题的进一步阐述;后者是让被访者对已回答的内容作进一步详细的解释,目的在于进一步明确被访者给出的答案,通过挖掘式追问可以扩展被调查者的喜好,而且通过明确式追问则可以得到更确切、具体的答案。这两种追问都有助于市场调查更进一步。

例1:您喜欢这种品牌的内衣什么呢?第一回答:喜欢质地好。追问:您还喜欢什么?第二次回答:穿着舒适、暖和。追问:您还有没有喜欢的呢?第三次回答:没有了。挖掘式追问的例子,通过追问,扩展了被访者的回答,完整地记录下了被访者所喜欢的。

例2:您喜欢这种品牌的内衣什么呢?第一次回答:不错。追问:您所谓的"不错"具体是指什么?第二次回答:穿着舒适、暖和。追问:舒适、暖和是指什么呢?第三次回答:质地柔软,相当于一件保暖衣或一件羊毛衫。这是明确性追问的例子,通过追问,从"不错"这个一般化的回答中,调查人员抽取出了更确切、更得体的答案。

追问的目的是鼓励被访者积极回答,这些追问应当是中性的,不应当有任何提示或诱导。错误的做法:您不喜欢这一口味?您是指口味太甜了吗?正确的做法:您不喜欢这一口味,那么不喜欢这一口味的什么方面呢?是否具有使用中性的刺激来鼓励被访者给出澄清或扩展他们回答的能力是判断调查人员是否有经验的标志。调查人员可根据情况选择以下不同的追问技巧。

①重复问题。当应答者保持完全沉默时,他也许没有理解问题,或还没有决定怎样来回答,重复问题有助于被访者理解问题,并会鼓励其应答。

②观望性停顿。调查人员认为被访者有更多的内容要说,沉默性追问,伴随着观望性注

视,也许会鼓励应答者收集他的思想并给出完整的回答。当然调查人员对应答者必须是敏感的,以避免沉默性追问成为无意义的沉默。

③重复应答者的回答。随着调查人员记录回答,他也许会逐字重复应答者的回答,这也许会刺激应答者扩展他的回答。

④中性的问题。问一个中性的问题也许会具体向应答者指明要寻找的信息类型,例如:如果调查人员认为应答者的动机应当澄清,可以提问:“为什么您这样认为呢?”如果调查人员感到需要澄清一个词或短语,可以提问:“您的意思是?”

⑤对开放性的问题。对开放性的问题进行一次提问和两次追问后,会产生一些模糊的答案。如开放性的问题,经常的答案是“好、可以、不错、喜欢、习惯、适合、不好、差、糟糕、不喜欢、不习惯、不适合、差不多、到时再说、不一定、没想过……”针对以上的模糊答案,需再次追问。可以提问:“您提到的×××,具体指什么呢?”“为什么您会说×××呢?”“还有呢?”。

调查员追问时应注意以下问题:一是不可以使用提示或诱导性的字眼;二是不要咄咄逼人,甚至有些像盘问证人;三是每次追问后,要给被访者留足够的时间去思考;四是追问“不知道”时,一个真正意义上的“不知道”与一个详细的答案一样重要,所以要识别出是否是真的不知道,而分类对待,找到准确的答案。

(8)记录回答的技巧。收集被访者回答的答案,是每个实施项目的真正目的,所以要求调查员准确地进行记录,以保证不丢失任何可用的信息。尽管记录回答看起来非常简单,但错误经常在记录阶段发生,每一个调查人员应当使用同样的记录技巧。针对不同类型的问题,记录方法不一样。

①封闭题记录。记录封闭式问题的应答规则随具体问卷变化而变化,一般是在反映应答者回答的代码前打钩或画圈。如果圈错地方或被访者又选出另外一个答案而否定原答案,则在错误答案上画双斜线,以示删除,同时圈出正确答案。如果删错答案,在已删答案旁写出对应答案,再重新圈出。

②开放题记录。先听清楚被访者的回答,按原话逐字逐句记录,不要概括,包括他们的语法错误和俚语。如被访者说得太快,可通过请求被访者放慢速度或边重复对方说话边记录;有问必有答,所有问题一经提问,必须记录被访者的回答,即便回答是“不知道、不清楚”等也要如实记录;按题目正确提问和追问,取得最终答案后,在答案后注明“已追问”;对于模糊的答案或不完整答案要进行深度追问,深度追问最多不超过3次,对每次追问答案用不同的符号表示出来,如第一次追问的答案用( ),第二次追问的答案用【 】,第三次追问的答案用{ }。

(9)结束语技巧。结束调查要做到有礼貌,避免仓促离开。如使用“谢谢您的合作,再见!”等用语。如果被调查者问起调查目的,应当尽己所能解释清楚,给被调查者留下好的印象,我们应为花费了他们的时间和好的合作表示感谢,同时也可能为下一次调查做好准备。这是十分必要的。

(三)培训的途径和方法

1. 培训的途径

对调查员培训的途径主要有两种,即业余培训和离职培训。业余培训是提高调查员素质的有效途径,是调动调查人员学习积极性的重要方法,它具有投资少、见效快的特点。离职培训是一种比较系统的训练方法,它可以使调查人员集中精力和时间进行学习。离职培训可以采取两种方式:一种是举办各种类型的调查人员培训班;另一种是根据调查人员的工作特点和本部门的需要,送他们到各类经济管理院校相应专业,系统学习一些专业基础知识、调查业务知识、现代调查工具的使用知识等,这种方法使调查人员有较扎实的基础,但投资较大。

2. 培训的方法

对调查员培训的方法主要有集中讲授、以会代训、以老带新、模拟训练、实习锻炼等。其中,模拟调查或调查实习是常采用的方法,即在正式调查之前,最好模拟调查和调查场景,是在一小范围中,让每个调查员都按正式调查的要求和步骤,从头到尾实际操作一遍。然后认真总结模拟调查或调查实习中存在的问题,并通过讨论或讲解,解决这些问题。

(1)集中讲授方法。这是目前培训中采取的主要方法。就是请有关专家、调查方案的设计者,对调查课题的意义、目的、要求、内容、方法及调查工作的具体安排等进行讲解,在必要的情况下,还可讲授一些调查基本知识,介绍一些背景材料等,采取这种培训方法,应注意突出重点、针对性强、讲求实效。

(2)以会代训方法。以会代训方法,即由主管市场调查的部门召集会议。有两种形式的会议:一是开研讨会,主要就需要调查的主题进行研究,从拟定调查题目到调查的设计,资料的搜集、整理和分析调查的组织等各项内容逐一研究确定;二是开经验交流会。在会上,大家可以互相介绍各自的调查经验、先进的调查方法、手段和成功的调查案例等,以集思广益,博采众长,共同提高。采取以会代训方法,一般要求参加者有一定的知识水平和业务水平。

(3)以老带新方法。这是一种传统的培训方法,它是由有一定理论和实践经验的人员,对新接触调查工作的人员进行传、帮、带,使新手尽快熟悉调查业务,得到锻炼和提高。这种方法能否取得成效,取决于带者是否保留地传授,学者是否虚心求教。

(4)模拟训练方法。模拟训练方法即人为地制造一种调查环境,由培训者和受训者或受训者之间相互分别装扮成调查者和被调查者,进行二对一的迷你调查,练习某一具体的调查过程。模拟时,要将在实际调查中可能遇到的各种问题和困难表现出来,让受训者做出判断、解答和处理,以增加受训者的经验。采用这种方法,应事先做好充分的准备,模拟时才能真实地反映调查过程中可能出现的情况。

(5)实习锻炼方法。实习锻炼方法即在培训者的策划下,让受训者到自然的调查环境中去实习和锻炼,这样,能将理论和实践有机地结合,在实践中发现各种问题,在实践中培养处理问题的能力。采用这种方法,应注意掌握实习的时间和次数,并对实习中出现的问题和经验及时进行总结。

(四)调查员的监督管理

对调查员监督管理的目的是要保证调查员能按照培训的方法和技术来实施调查。要搞好对调查员的监督管理,首先要了解调查员在调查过程由于调查员本身的原因可能出现的问题,其次要掌握监控的各种方法手段,对调查员的工作过程和质量实施监督管理,建立调查质量的核查制度,主要包括:调查员自查、调查指导员的审核、调查质量复核等。

1. 调查员常出现的问题

(1)调查人员自填问卷,而不是按要求去调查被访者;

(2)没有对指定的调查对象进行调查,而是对非指定的调查对象进行调查;

(3)调查人员自行修改已完成的问卷;

(4)调查人员没有按要求向被访者提供礼金或礼品;

(5)调查过程没有按调查要求进行,如调查员将本应由调查员边问边记录的问卷交由被访者自填;

(6)调查员在调查过程中带有倾向性;

(7)有些问题答案选择太多,不符合规定的要求;

(8)有些问题漏记或没有记录;

(9)调查人员为了获取更多报酬,片面追求问卷完成的份数,而放弃有些地址不太好找的调查对象,或放弃第一次碰巧没有找到的调查对象;

(10)家庭成员的抽样没有按抽样要求进行。

2. 监控的方法手段

对调查员的监督管理,重点在于保证调查的真实性,保证调查的质量,同时也是衡量调查员的工作业绩、实行奖优罚劣的需要。具体来说,主要应做好以下四个方面的工作:质量控制与校正;抽样随机性控制;监督伪造或欺骗;中心办公室控制。

(五)调查员的评价和报酬支付

1. 调查员的评价

对调查员进行评价是一件非常重要的工作。

(1)培训时评价:

模拟考试差错率=填错格数/总格数×100%(应在5%以下)

(2)现场调查表现评价:

调查员评价准则主要包括:费用和时间;回答率;调查的质量;数据的质量等四个方面。

2. 调查员的报酬支付

调查员的报酬主要有两种支付方式,即按完成调查问卷份数支付(计件制)、按工作的实际小时数支付(计时制)。在有些情况下,也有按月支付工资或根据全部工作量付费的。

【资料卡 5-2】

市场调查职业资格认证

中国商业技师协会市场营销专业委员会开发并组织实施的全国市场营销职业人员培训认证工作自1988 年开展以来,得到了各地政府部门的大力支持,受到了社会各界特别是广大工商企业和相关职业人员的欢迎和认可。为了进一步深度开发全国市场营销职业人员培训认证项目,加快培养造就一批职业化、现代化、国际化的专业市场调查人员,满足企业对市场调查人才日益增长的需要,中国商业技师协会市场营销专业委员会在广泛调查、专家论证的基础上,自 2003 年开展了市场调查人员资格培训认证工作。

市场调查人员资格培训认证的主要对象是:在各类企事业单位或其他社会组织中,为本组织或受托为其他组织从事市场调查、市场研究、统计分析及相关活动的人员。市场调查人员培训认证细分为三个层级:市场调查员、助理市场调查师、市场调查分析师。市场调查人员资格培训认证实行统一认证标准、统一教材、统一试卷、统一考试评估,合格者颁发由中国商业技师协会《中国市场调查职业人员资格证书》。

第三节　现场调查的实施与质量控制

一、调查进度监控

(一)调查进度监控的重要性

调查进度安排是否合适,直接会影响到调查的完成情况,影响到调查工作的质量。而调查进度表经双方一致认可后,市场调查公司就必须严格按照这个进度表来执行,保证市场调查的所有工作在进度表规定的时间内完成。

(二)确定调查进度的几个因素

进度的安排要综合地考虑所有相关的因素。确定调查进度主要考虑的因素有:客户的要求、兼职调查员和督导员的数量和比例、调查员每天所完成的工作量等。

1. 客户的要求

客户的要求是市场调查公司安排调查进度时必须考虑的第一重要因素。

2. 兼职调查员和督导的数量和比例

实施期间可以工作的兼职调查员的人数和督导的数量和比例也直接影响到调查进度。

3. 调查员每天所完成的工作量

确定调查员每天的应完成的工作量主要从下面几个方面考虑:

(1)调查员的工作能力;

(2)调查员的责任心;

(3)调查问卷的复杂程度;

(4)调查的方式;

(5)调查的区域和时段。

(三)调查进度控制图

调查进度控制图是进行调查进度控制的有效工具。控制图就是对生产过程的关键质量特性值进行测定、记录、评估并监测过程是否处于控制状态的一种图形方法。根据假设检验的原理构造一种图,用于监测生产过程是否处于控制状态。它也是统计质量管理的一种重要手段和工具。

二、调查质量监控

调查质量监控是以调查结果为对象,以消除调查结果的差错为目标,通过一定方法和手段,对调查过程进行严格监控,对调查结果进行严格的审核和订正的工作过程,从而使调查结果能反映所调查事物的真实情况。调查质量属性主要包括适应性、准确性、时效性、可获得性、可解释性和连贯性等。

(一)调查误差的产生

调查误差是指在取得样本数据资料过程中产生的误差。这部分误差通常与调查者、回答者、资料搜集方式和问卷等因素有关,它们会形成在调查过程中出现无回答和回答出现偏误等情况。

1. 调查误差的类型

现场调查的误差泛指原始数据及其统计指标与真实情况之间的差别。一般包括:个体变异、重复测量误差(测量偶然误差)、随机误差、系统误差、统计误差、抽样误差、过失误差等。其中随机误差、系统误差是误差常见的两种主要类型。

(1)个体变异:应在个体同质的基础上如实反映。

(2)重复测量误差(测量偶然误差):改进测定条件,可缩小这类误差,但不会消失。

(3)随机误差:主要来源于抽样;也可来自测量(由于偶然的机遇造成)。主要来源于抽样误差和随机测量误差。因为主要是抽样误差,故通常笼统称之为抽样误差。

(4)系统误差:因某原因使原始数据一律偏大或偏小,呈倾向性特征,即偏向一个方向,广泛存在于调查的各个环节,影响指标与数据分布的准确性。实验研究中,由于仪器不准,试剂不纯,方法不对;现场调查中,调查者与被调查者都可引起。这类误差应当避免。如调查员诱导式的提问,被调查者的特定心理状态,调查表的设计质量等均导致系统误差。系统误差虽不像抽样误差一样可以估计(或测量),但它可以控制,不过难度较大。

(5)统计误差:由于运用了某种统计方法而产生的误差(如运算中所取精密度、分组的粗细、选择不同的统计方法等引起)。这类误差一般较小,处理得当,不致影响分析结果。

(6)过失误差:在调查、汇总、计算等过程中的过失造成的误差。这类误差影响大,必须严格防止。

2. 调查各环节可能出现的误差

(1)调查各环节可能出现的误差,见表5.2。

表5.2　调查各个环节产生的误差类型

调查的各个环节	产生的误差类型
调查设计	系统误差
调查对象的确定	系统误差
抽取样本	抽样误差、系统误差
调查员选择与培训	系统误差
调查询问、应答率	系统误差、随机误差
数据录入	随机误差

(2)调查误差的来源。能引起调查误差的主客观因素称为“调查误差来源”。在调查总误差中,某特定误差来源的影响既取决于其固有的导致误差的可能性,又取决于这种可能性在调查实践中被控制的程度。具体来说,调查误差的来源于以下几个方面:

1)调查计划。调查设计者可能误解了主办者的目的意图,制定了错误方针,误导研究方向,其调查内容可能不符合主办者的愿意。调查设计者事先没有预料到调查中应采取的某些步骤、会出现的问题以及选择的雇员不合格导致计量质量降低。对调查各环节的资金分配不合理,可能导致经费不足,降低了调查质量。

2)抽样。准备工作用于分层的标准可能并不能使抽样误差最小化。抽样框不够完善,会导致某些总体单位被抽中的可能性过高,而某些总体单位却没有机会进入样本,从而产生偏差。

3)问卷和表格的设计。设计问卷中题项的位置可能设置不当;被调查者可能没有真正理解某问题的特别意图;被调查者可能宁愿迫使自己回答问题,也不愿承认自己无知;某些问题的用词可能会诱导受访者;问卷太长,可能会使被调查者失去兴趣,致使调查不能圆满完成。

4)数据的收集。雇佣的数据收集人员可能不合适。对数据收集人员的培训不够充分,可能会导致他们对预定步骤的执行有误,或是在不理解自己应该干些什么时自我行事,总部对收集数据的操作进行监控不够。

5)审卷和编码。准备工作所进行的审卷和编码可能并不适用,审卷可能并不能检查出所有错误;编码分类可能不是唯一的,就会导致编码问题。招聘的审卷人员或编码人员可能不称职。对于审卷人员或编码人员的培训不适当。如果不对问卷进行登记与分组,丢失问卷的可能性就会增加,从而无回答也会增加。审卷或编码工作通常都比较繁琐,如果工作环境不好,很容易导致工作质量下降。审卷或编码人员的督导可能不称职。对审卷人员或编码人员的工作质量的检查程序不完善或是根本不存在,错误不被发现的可能性便会加大。

6)数据录入。设计的数据录入程序可能是无效的,不能为分析提供有用的数据;雇佣的数据录入员可能不称职;对数据录入员的培训可能不适当。操作数据录入设备可能会出现故障。数据录入的督导可能不称职。质量控制中的措施不适当或缺乏措施,致使录入出错率高得无法接受。

7)数据处理。数据查错计算机程序员可能错误应用了数据查错和编程的说明,给分析人员带来问题,数据查错中可能不能发现原始数据文件所有遗留的错误。

8)数据分析。①抽样权数的计算。对无回答的调整,可能较差地反映调查者的回答概率,因而也不大可能达到降低无回答偏差的目的。抽样过程可能并没有经过严密的证明,只能对最初抽样概率进行估计或推测。在计算暂定权数与后面的调整值时,可能会出现计算错误。②准备工作。不使用抽样权数可能导致调查估计值有偏。忽视了被调查者的结构特性,对估计值的统计精确性的测量可能也不准确。某些调查要花费很长时间才能完成。研究计划可能没有正确回答问题。计算机软件中,可能存在没被发现的程序错误。没有对数据报告的数据项进行加权,对此又没有说明,很难发现数据报告的错误。③操作。分析人员在执行分析计划时可能出现错误。在探索性研究中,分析人员在专业性判断上的错误可能会误导分析方向,从而错过了可能有重大发现的机会。分析人员在使用分析工具时出现程序错误或句法错误,可能会导致结论错误。

9)最终的研究报告。①报告的准备工作。可能没有计算或是没有给出调查估计值的统计精确度,让人很难了解估计值的好坏程度。对调查结果的解释可能是错误的。最终的报告可能遗漏了调查中出现的一些重要的程序问题,因此很难对总体质量进行评价。②外部评论。研究人员可能并没有打算对最终报告进行评价,因而也就失去了完善研究以及提高表述质量的一次机会。研究报告人员可能不能胜任研究工作。

(二)调查质量的影响因素

调查质量的影响因素主要包括调查内容、调查环境、应答者、调查员等四个方面对数据质量的影响。调查内容对数据质量的影响,主要体现在调查内容的敏感性、问题的难度和问题的兴趣;调查环境对数据质量的影响,主要体现在调查的开展时间、调查地点和被调查社区对调查的态度;应答者对调查数据质量的影响,主要体现在应答者的社会特征、应答者对入户调查的态度和合作程度、应答者对提问的理解能力(如两周患病率的概念、慢性病的概念)和应答者的回答能力及方式(礼貌偏误、迎合偏误、社会期望偏误、回答问题简单化);调查员对调查数据质量的影响,主要体现在调查员的社会特征、调查技术的掌握程度和调查员的主观能动性和工作责任心。

（三）市场调查质量控制方法

1. 调查准备阶段的质量控制方法

（1）确定调查对象，以实际居住人口为调查对象。

（2）抽取有代表性的样本。

（3）认真设计调查问卷，应根据研究目的，设计专门的调查问卷，主要注意以下六个方面的质量控制：一是每个问题的意思明确，理解一致；二是问题易懂，尽量口语化；三是问题尽量采用封闭式，固定选择答案；四是敏感问题要排在后面；五是要有填表说明；六是要有“调查员记录”、“初审、复审者签名”。

（4）调查员的选择与培训，应根据调查要求，选择适宜人选做调查员，并对其进行职业道德教育，采用讲演、角色扮演、模拟训练培训合格调查员。

（5）组织试调查。

2. 人员的工作质量控制方法

调查员是成功收集数据的关键因素，因此现场调查的质量控制重点为调查员的选择与培训，要确保聘用的调查员具备进行调查的素质和能力。现场调查实施中采取以下的质量控制措施：

（1）调查员的选择：愿意从事调查工作，态度认真负责，工作细致耐心，有一定的社会交往能力的人员。

（2）调查员的培训，具体内容见上节（即第五章第二节），调查员的培训的相关内容。

（3）建立严格的调查质量控制与核查制度，并严格执行，包括针对调查员和调查指导员的各项制度。

3. 调查实施阶段的质量控制方法

（1）要设法提高应答率。

（2）尽量询问每个成员及家庭主要能说清情况者，减少回答误差。

（3）调查进行后的 2 ~ 3 天，要及时小结，讨论遇到的问题，统一标准，解决难题。

（4）注意减少环境因素带来的影响。

（5）做好初审、复审，及时发现错、漏项，予以改正、补充。

4. 整理资料阶段的质量控制方法

（1）对调查表的再次审核（包括编码），发现有缺项与错项应要求所属地区负责核查更正，如无法更正者，则将其作废。

（2）采取两次录入，完全一致的数据才能进入分析。

（3）计算机逻辑检错。计算机逻辑检错的作用，调查时询问、填写错误，录入错误，编码错误等。计算机逻辑检错的方式为：区间型逻辑检错，即超出某项编码范围者的错误；关系型逻辑检错即指标逻辑检错率和某问题的逻辑检错率。

(四)市场调查质量评估

高质量的现场实施是高质量调查数据的基础和前提,因此,调查质量的评估可以包括调查实施过程的质量评估和数据质量的评估。

1. 实施过程的质量评估

实施过程的质量,可以反映在以下两个方面:

(1)调查员的工作质量。调查员是成功收集数据的关键因素。对调查员的评估,包括以下一些内容:一是,访谈过程的规范性,包括具有亲和力的自我介绍,提问、追问的规范性操作,现场调查中的应变能力等;二是,问卷的填写应严格按照要求,记录字迹清晰,格式规范,没有错答或漏答;三是,按要求填写接触记录;四是,按规定的时间上交问卷,在规定的时间完成布置的调查数。

(2)管理工作的质量。管理工作的质量可以通过一系列的文档文件得以反映。这些文件包括:培训材料,主要指培训手册、调查员操作手册等;操作控制文件,如接触表、问卷收交表、项目进度表、配额表等,其中接触表是对调查现场的一个全面记载,是评估数据质量不可缺少的材料;检查性文件,如陪访报告、问卷复核记录、复核报告等。

2. 数据质量的评估

数据的质量直接影响到最终的分析结果,因此,在数据分析阶段之前,对原始数据的评估确实十分必要,可以从两个方面对原始数据的质量进行评估。

(1)受访者的配合程度。在调查问卷的尾部,一般要设计几个题项,这些题项由现场的调查员在调查结束后填写,题项的内容主要包括:

①受访者对问卷的理解程度。受访者对调查内容的充分理解,有助于提高回答的质量。这方面的信息也可以作为修改、完善问卷设计的参考。

②受访者的配合程度。受访者的配合程度高,说明受访者在回答问题时比较关注和用心,这有助于提高数据的信度。在调查过程中,受访者不耐烦、不情愿、不认真,通常对数据的信度会带来一定影响。

(2)问卷的回答率。问卷回答率是评价数据质量一个重要的量化指标。回答率低的调查项目,数据的质量肯定受到影响。在用回答率评价数据质量时要考虑以下几个因素。

①采集数据的方式。采集数据有面访、电话调查、邮寄调查等不同方式,不同方式的回答率是不同。一般而言,面访的回答率较高而邮寄调查的回答率较低。

②问卷难度。内容较难、较长的问卷,含有敏感性问题的问卷,回答率通常都会降低。

③无回答的类型。调查中的无回答有两种类型,一种是单位无回答,这是指整个问卷是空白的,没有获得受访者的任何信息;另一种是项目无回答,这是指在一份问卷中,有些问题(容易的、不敏感的)受访者进行了回答,而另一些问题(困难的、敏感的)受访者没有回答。显然,无回答的不同类型对数据的影响是不同的,单位无回答的负面影响大于项目无回答。严格的质量评估应当分别计算单位无回答率和项目无回答率(或回答率)。

用回答率(无回答率)评估数据质量,要特别注意无回答产生的原因,因为无回答产生的原因不同,对调查结果的影响也不同。从动因上,无回答可分为有意识不回答和无意识不回答。有意识不回答是被调查者采取不合作的态度。例如,在调查内容中涉及敏感性问题时,被调查者不愿意作答,这时有可能出现项目无回答,甚至导致单位无回答。无意识不回答与调查内容无关。例如,被调查者不在家或正在生病,无法接受调查,由此产生单位无回答。如果无回答与调查内容有关,来自于被调查者有意识的拒绝,这种无回答就减少了样本容量,扩大了估计量的方差,同时还造成了估计量的偏差。如果无回答产生于一些客观原因,与调查内容无直接关系,这种无回答虽然会由于样本量减少而增大估计量方差,却不会带来估计量偏差。但有一种特殊情况,如果这种无意识的不回答集中于某个群体,而该群体与其他群体数量特征上有明显差异,这样的无意识不回答也会造成估计量偏差。

【资料卡 5-3】

六西格玛理论

六西格玛是一项以数据为基础,追求几乎完美的质量管理方法。西格玛是一个希腊字母σ的中文译音,统计学用来表示标准偏差,用“σ”度量质量特性总体上对目标值的偏离程度,其数学公式见公式(1)。

$$\sigma = \sqrt{\frac{\sum (x - \bar{x})^2}{n - 1}} \tag{1}$$

几个西格玛是一种表示品质的统计尺度,“Sigma”的定义是根据俄国数学家 P. L. Chebyshtv (1821—1894)的理论形成。根据他的计算,如果有68%的合格率,便是±1 Sigma(或 Standard Steviation),±2 Sigma 有95%的合格率,而±3 Sigma 便达至99.73%的合格率。更加注重于从问卷总体来看待访问质量,而不是单个样本的访问质量,从而发现问卷中存在的特有原因,然后从特有原因出发来更好的培训访问员和做好市场调查工作。

6sigma 包含着 DMAIC 五个步骤。D:define——定义调查执行部门存在的问题;M:measurement——根据对过程中问题的定义,给出对问题的测量方法,并且计算出当前流程中的 sigma 质量水平;A:analysis 和 I:improvement——分析过程中存在的问题、提出解决方法,改善存在的现状;C:control——对已改进的过程的控制,以随时监测过程运转状况。

本章小结

本章对调查活动实施过程中的有关问题进行了梳理和讨论,从市场调查实施方式的选择与调查前准备工作、调查员的培训、现场调查的实施与质量控制进行了细致的阐述。对调查员的培训是十分重要的,调查的成败往往取决于调查员的工作态度和调查专业技巧。现场调查的质量控制是保证高质量数据不可缺少的工作环节。

思考练习

1. 市场调查的数据收集过程有哪些因素会导致非抽样误差的产生？
2. 如何选聘市场调查工作人员？
3. 市场调查工作人员的培训应包括哪些方面的内容？
4. 如何减少数据收集过程可能给市场调查带来的误差？
5. 如何评估市场调查现场工作人员的工作？

【案例分析】

数据给企业带来的噩梦

上海柴远森先生出差来北京的时候，在西单买了一本市场调查的书。3个月以后，他为这本书付出了三十几万元的代价。更可怕的是，这种损失还在继续，除非柴先生的宠物食品公司关门，否则那本书会如同魔咒般伴随着他的商业生涯。

为了能够了解更多的消费信息，柴先生设计了精细的问卷，在上海选择了1 000个样本，并且保证所有的抽样在超级市场的宠物组购物人群中产生，内容涉及：价格、包装、食量、周期、口味、配料等6大方面，覆盖了所能想到的全部因素。沉甸甸的问卷让柴氏企业的高层着实振奋了一段时间，谁也没有想到市场调查正把他们拖向溃败。

2005年初，上海柴氏的新配方、新包装狗粮产品上市了，短暂的旺销持续了一星期，随后就是全面萧条，后来产品在一些渠道甚至遭到了抵制。过低的销量让企业高层不知所措，当时远在美国的柴先生更是惊讶："科学的调查为什么还不如以前我们凭感觉定位来的准确？"到2005年2月初，新产品被迫从终端撤回，产品革新宣布失败。

柴先生告诉《中国财富》："我回国以后，请了十多个新产品的购买者回来座谈，他们拒绝再次购买的原因是宠物不喜欢吃。"产品的最终消费者并不是"人"，人只是一个购买者，错误的市场调查方向，决定了调查结论的局限，甚至荒谬。

经历了这次失败，柴先生认识到了调查的两面性，调查可以增加商战的胜算，而失败的调查对企业来说是一场噩梦。

思 考 题

请结合案例分析我们如何实施和使用调查数据。

第六章

Chapter 6

调查问卷的整理

【学习目标】

（一）知识目标

了解和掌握调查问卷的回收、整理与审核的方式和内容，了解和掌握调查数据的处理方法，了解和掌握调查问卷的编码的方法和步骤，了解和掌握调查数据的插补与离群值的处理，了解和掌握调查问卷的信度和效度分析的一般方法。

（二）技能目标

能够正确运用手工和计算机 Excel 工具对调查问卷进行整理和初步信度和效度分析。

【导入案例】

如何保证能力素质测评的信度和效度

N 公司是一家外资工程管理公司，为了应对市场压力，保留现有中高层骨干人才，并让他们“适人适位”，N 公司请来了北大纵横管理咨询公司，希望通过专业评估解决这个问题。

经过双方共同探讨，项目组结合 N 公司的实际情况，选择个人驱动力等九个指标作为测评因素，并采用层次分析法，来确定各测评因素在管理素质和业务素质上的权重。项目组采取 16PF 人格要素心理测验、深度面谈和情景模拟测验等三类测评工具进行测评。项目组为保证本次测评的信度和效度，采取了以下措施：

（一）保证测评信度采取措施分析

1. 16PF 测试采取的是计算机标准化题目的方式，计算机答题、计算机处理结果。被测试人员全部独立进行测试，并在规定时间内完成了测试。

2. 深度面谈使用了 20 个题目，围绕测评因素的各个维度对被测评者进行考察。面谈进行顺利，被测人员都能较积极配合回答问题，和主试人进行较好的双向交流。

3. 情景模拟采用案例分析和主题演讲两种测评工具，被测人员从两个题库中各抽取1题，测评小组根据其表现进行现场评估。测评得到了被测人员的积极配合，都能就问题提出自己的见解。

4. 为增加评分者信度，本次测评工作专门成立了测评小组，并在测评前熟悉了整个测评程序和操作；各类能力素质附有评分标准，各类试题附有评分参考，力图对被测试者的表现进行量化分析；测评中，向测评者提供"成绩比较表"，便于测评者在打分时进行比较；测评后，采用肯德尔和谐系数来判定评分者信度的高低。

（二）保证测评效度采取措施分析

本次测评目的明确，因此建立的能力素质模型和测评目的相适应。

评价中心技术是现代人事测评的一种主要形式，被认为是一种针对高级管理人员的最有效的测评方法。本次测评同样采取这种方法，内容综合，工具多元，从不同角度，全面、客观地对被测者进行考察，增加了测试的效度。

除16PF为人机对话外，其它测试都是由各类专家进行的，他们的能力和经验增加了此次测评的效度。

测评结束后，测评小组对本次测评进行问卷调查，了解被测评者对测评效果的看法。通过邮件反馈并统计得知，89%的被测评者认为此次测评发挥了自己的水平，11%的被测评者认为由于自身状况等原因，水平没有完全发挥。因此此次测评的效度还是比较高的。

资料来源：中国人力资源开发网

通过调查过程的实施，各调查员搜集了大量的原始资料，但调查取得的原始资料是分散、杂乱、不系统的，只能表明各个被调查者的具体情况，不能说明调查对象的总体情况，主要包括定量资料、定性资料、视听资料和实物资料，本章所讲的调查问卷主要是针对定量资料。定量资料的整理一般包括调查问卷（主要是调查问卷）的回收与审核、编码、分类和汇总，以及调查问卷的信度和效度分析等，对调查问卷的科学整理可以对调查资料的科学分析，提供有力的原始资料保障。

第一节　调查问卷的回收与整理概述

数据资料的处理过程是从回收第一份问卷开始的。按照事先调查方案的计划，尽量确保每份问卷都是有效问卷。所谓"有效"问卷，指的是在调查过程中按照正确的方式执行完成的问卷。

一、调查问卷的回收

调查问卷的发放与回收不是简单的发出去、收回来的问题，还要考虑被调查者在总体中的代表性、问卷的回收率，以及实施问卷调查的成本问题等。

(一)调查问卷的回收方式

问卷回收的主要方式为:邮政投递式、集中填答式、网络填答式。三种方式各有千秋(可参见表6.1“三种分发方式比较表”),研究者可根据需要和可能进行选择。

1. 邮政投递式

就是研究者通过邮局向被选定的调查对象寄发问卷,并要求被调查者按照规定的要求和时间填答问卷,然后再通过邮局将问卷寄回给研究者。邮递问卷有利于控制发卷的范围和对象,有利于提高被调查者的代表性,回答质量较高,可节省时间。但问卷的回收率较低,约在30% ~60%左右。

2. 集中填答式

这是研究者亲自到被调查对象的单位。据调查对象集中起来,由研究者向被调查对象说明调查的目的和填答问卷的方法,被调查者即时填答,然后由研究者把问卷收集起来。这种方式的回收率可高达90%以上,有效率也高。但是,这种方式耗费人力、耗费时间、耗费金钱,只适用于特定的场合,如对在校的学生、教师进行调查便较常用此法,而且这种方式被调查者的填答容易受研究者的主观因素的影响。

3. 网上填答式

运用网络技术进行问卷调查属于新的方式。通过网上提交问卷,比较以上两种方式的优势是:减少了印刷和邮寄问卷的时间,缩短研究过程的时间,也节约了邮寄问卷的费用。而且,数据能直接进入问卷开发者设定的数据库,并能容易地转到数据统计软件包,进行数据统计分析,这就节省了数据输入的费用。因此,这种方式越来越受到教育研究者的青睐。然而,这种方式可能遇到的最大问题是问卷的回收率低。

表6.1　三种分发方式的比较

方式 特点	邮政投递式	集中填答式	网上填答式
调查对象	有一定的控制和选择	可控制选择	不可控制与选择
调查范围	比较广泛	比较窄	最广泛
影响回答因素	难以控制和判断	易受研究者的影响	难以控制和判断
回收率	30% ~60%	90%以上	难以确定
有效率	一般	很高	较低
回收时间	较长	很短	很短
费用	一般	较高	很低

(二)提升调查问卷的回收率的有效措施

1. 慎选研究问题与调查对象。研究者进行调查研究所选择的研究问题如能让填答者感到很重要,很有价值,且对个人、社会很有意义,由此会引起被试乐意花时间去填答,回收率会相应的提高。

2. 鼓励被试填答问卷。鼓励被试填答的最好诱因是使他们相信研究的价值及他们参与的重要性。如果是国家级、省部级的研究项目,指出项目的重要性,也能激发被试填答的意愿。有时,也可使用附赠小礼物作为诱因,以鼓励填答。或者可向被试承诺寄送研究结果摘要,作为填答的诱因。

3. 问卷调查的时间安排。进行问卷的时间是否适当,会影响收回率。重要的假日、学校学期开始、结束及学校考试期间等,均不适宜让被调查者填写问卷。

4. 调查问卷的内容要简洁。编辑一个包括几个问题的问卷很容易, 编辑一个包含很多问题的问卷也一样很容易。难度在于如何编辑一个简短的,精练的问卷,然而却回答了很多方面的问题。您设计的问题必须容易理解,语义明确,不自相矛盾, 语法正确。句子尽量简短,避免过分修饰和冗长句子。我们进行的是网上问卷调查,可以把详细的描述的链接放入问卷中,同时还要搭配字体及背景颜色,使你的问卷易于阅读。具体技巧已在第三章给予充分说明,此处不在赘述。此外,还要进行试验测试 ,以确保所有收集数据的工作正常,保证答题不会白费工夫。

5. 适时发出催覆信函。在邮寄或网上的问卷调查中,总有相当一部分被调查者没有填写问卷。其中相当一部分人是因为遗忘的因素,或者是工作太忙而顾不上。因此,在问卷发出一段时间后(通常约两周左右),需发出催覆信函,并再附上一份问卷,提醒被试填答寄回。在两周以后,如果还是没有收到回复,可再发一次温馨提醒,并再附上问卷表,请被调查者填写。

二、调查问卷整理的概述

资料整理是根据调查研究的目的,运用科学的方法,对调查所获得的资料进行审查、检验、分类、汇总等初步加工,使之系统化和条理化,并以集中、简明的方式反映调查对象总体情况的过程。资料整理是资料研究的重要基础,是提高调查问卷质量和使用价值的必要步骤,是保存资料的客观要求。

(一)调查问卷整理的步骤

调查问卷整理是一项细致周密的工作,需要有计划、有组织的进行,因此,进行统计资料整理必须按以下步骤进行。

1. 设计和编制统计资料的整理方案

这是保证统计资料的整理有计划、有组织地进行的重要一步。资料的整理往往不是整理一个或两个指标,而是整理多个有联系的指标所组成的指标体系。因此,我们在整理方案中一是要确定调查问卷的审核和校正标准,按照审核要求,对回收的问卷进行审核;二是要明确调查问卷的分类和编码原则,确定分组标志、组距、编码的方法;三是确定调查问卷的录入方法,项目小组成员在数据录入阶段,应确定选用的分析软件,建立数据库;四是编制所需的基本调查数据样表,调查人员必须在方案中编制好所需的基本数据样表;五是确定使用的统计图的形式和数量;六是确定拟采用的统计分析方法,这样可以使资料的整理与汇总更有针对性,便于数据资料的统计分析工作的开展。

2. 对原始资料进行审核

为了保证统计资料的质量,在统计资料进行整理前,应该对统计调查材料的准确性、及时性、完整性进行严格的审核,看它们是否达到准确、及时、完整,若发现问题及时纠正。汇总后须对其结果进行逻辑检查和技术性检查。具体要求见本章第二节。

3. 编码与录入

用一定的组织形式和方法对原始资料进行编码,编码的目的是把文字信息转化为数字代码,以便于录入和制表,我们将在本章第三节详细讨论有关数据编码的问题。数据的录入是将回答转化成可机读的形式。

4. 复审核与数据插补

问卷和数据的复审核是在数据录入到计算机以后进行的,通过再次审核,将存在问题的调查问卷挑出来,留待进一步处理。进一步处理包括对被调查者进行追踪回访,或对缺失的数据做查补。

5. 编制统计表

通过编制统计表,以简明扼要地表达社会经济现象在数量方面的有关联系。即将分类后资料分别进行统计及汇总,并将汇总结果以统计数字形式表示。制表方式分为:(1)简单制表,是将答案一个一个分类而形成统计表,以百分数法,记述调查分布情况。(2)交叉制表,是将两个问题之答案联系起来,以得更多的资讯,如表6.2,以统计表,表示分布情况。(3)多变数间关系分析,将两个以上问题之答案联系贯连起来,以得更多资讯。主要有因子分析、回归分析、组群分析等分析方法。当前只要将问卷答案输入电脑,经由SPSS套装统计软体,就可列印成表,统计方便且正确性颇高。

表6.2　某企业月收入与年龄分布统计表

每月收入及人数	年龄				
	20～29岁	30～39岁	40～49岁	50～59岁	60岁以上
1 000元以下139人	98	30	5	2	4
1 000到1 500元以下159人	40	63	24	10	22
1 500到2 000元以下186人	10	95	40	13	28
2 000到2 500元以下153人	8	30	70	15	30

续表 6.2

每月收入及人数	年龄				
	20～29 岁	30～39 岁	40～49 岁	50～59 岁	60 岁以上
2 500 到 3 000 元以下 127 人	7	20	50	10	40
3 000 到 3 500 元以下 75 人	6	15	24	20	10
3 500 元以上 76 人	3	15	30	20	8
合计	172	268	234	90	142

6. 撰写实地市场调查报告

以统计检定方法，分析资料结果。检定假设是否成立，并说明各种调查资料间依存关系。如果属记述性调查，应将调查市场资料及各种资料间相互关系明白阐释，以做市场调查结果报告之依据。如果属于假设检定调查，应明白指出假设条件是否成立，进而完成市场调查结果报告。

7. 统计资料的保管与积累

相关调查部门应将整理好的统计调查问卷作好原始资料和统计资料的保管与积累，通常可以采用数据库和平面文件两种形式储存，以方便日后查阅。

（二）调查问卷整理的原则

调查问卷整理的原则是要保证资料真实性、准确性、完整性、统一性、简明性和新颖性。具体而言，各种特性反映在如下要求：

1. 真实性指调查数据资料必须真实，不能弄虚作假，主观杜撰。对收集到的调查数据资料要根据实践经验和常识进行辨别，看其是否真实可靠地反映了调查对象的客观情况。

2. 准确性指调查数据资料必须准确，不能模棱两可，含混不清，更不能自相矛盾。如果某位被调查者在年龄栏内填写的是 30 岁，而在工作年限栏内填写的是 21 年，这显然是不合乎逻辑的，对类似的调查数据资料都应认真审核处理。

3. 完整性指调查数据资料必须完整，不能残缺不全，更不能以偏概全。检查调查数据资料是否按照调查提纲或统计表格的要求收集齐全或填报清楚，应该查询的问题和事项是否都已经查询无漏。如果调查数据资料残缺不全，就会降低甚至失去研究的价值。

4. 统一性指调查数据资料必须统一。主要指调查指标解释、计量单位、计算公式的统一。检查各项调查问卷是否按规定要求收集的，是否能够说明问题，对所研究的问题是否起应有的作用。在较大规模的调查中，对于需要相互比较的材料更要审查其所涉及的事实是不是具有可比性。如果调查数据资料没有统一标准，就无法进行比较研究。

5. 简明性指调查数据资料必须简明，不能庞杂无序。经过整理所得的调查数据资料，要尽可能简单、明确，并使之系统化、条理化，以集中的方式反映调查对象总的情况。如果整理后的调查数据资料仍然臃肿、庞杂，使人难以形成完整的概念，那么，就会给以后研究工作增加许多困难。

6. 新颖性指调查数据资料应尽可能的新颖。在调查数据整理资料时，要尽可能从新的角度来审视调查数据资料、组合调查数据资料，尽量避免按照陈旧的思路考虑问题，更不能简单重复别人的老路。只有从调查数据资料的新组合中发现新情况、新问题，才能为创造性研究打下良好基础。

【案例 6-1】

如何提高在线调查问卷的答卷回收率?

我们经常会问“怎么才能使网络调查的回收率达到我们的预期值呢?”这个问题泛泛了一些，如果没有明确具体的网络调查问卷，受访人群特征、发布问卷的方法以及调查信息的类别，这个问题是很难准确回答的。本文就介绍一些提高网络调查问卷回收率的方法。

1. 要使您的网络调查问卷简洁

编辑一个包括几个问题的问卷很容易，编辑一个包含很多问题的问卷也一样很容易。难度在于如何编辑一个简短的，精练的问卷，然而却回答了很多方面的问题。

您设计的问题必须容易理解，语义明确，不自相矛盾，语法正确。句子尽量简短，避免过分修饰和冗长句子。我们进行的是网上问卷调查，可以把详细的描述的链接放入问卷中。

2. 搭配字体及背景颜色，使你的问卷易于阅读

中国在线调查网(数据100)的编辑视觉效果功能使您很快捷、方便地做到这一点。白色的背景和黑色宋体字体是比较好的。要把您的答题者的注意力集中在问卷的正文上，而不是被那些小图片或古怪效果的字体所吸引。

3. 提供激励

怎样才能激励人们填答您的网络调查问卷呢? 不同类型的问卷，有不同的激励方式。

物质奖励：这很有效。尤其是对那些您不太熟悉，或对您有收集的信息没有既定兴趣的人群。物质奖励可以是抽奖的形式，如有机会获得掌上电脑，新款手机等高科技产品，或直接获得免费的 T 恤衫或咖啡杯等。如果您的目的是要这些受访人参与问卷调查，那么这些物质必须是对他们有价值的东西。

信息交换：有时候受访人回答调查问卷的原因就是要看到此问卷调查结果。如果您寻访的人群是某协会或贸易组织等时，这一激励方法非常有效。

行政责任要求：您对员工进行问卷调查时，问题就简单多了。发出行政要求就可以了。但如果调查问卷中包含一些敏感的题目，您别忘了让答题者匿名填答。另外一类责任激励法多用于对答卷人群强调他们提供回答的重要性。这种方法多用于为受访人群提供某些服务的非赢利机构等。

要记住的是，任何一个问卷调查都需要某种形式的对受访者的激励机制，并且这些机制必须根据调查问卷的实质和特定的受访人群而定。

4. 利用关系

您所在的单位和被访人群的关系对问卷调查回收率的影响非常大。人们喜欢参与那些对他们有影响的事情，不管是正面的还是负面的。

与受访者毫无关联的问卷调查很难有高的回收率。试想，当一个人收到一个不知哪儿来的问卷，问的又是些和他没有关系的问题，他回答问卷的几率要远远低于对从一个他熟悉的有关系的人或组织那里来的非常个性化的调查问卷。

资料来源 www.data100.net

第二节　调查问卷的审核与编码

当实地调查完成时，搜集的所有访问表格，只是一堆资料而已。研究人员必须将所有搜集来的资料，加以编辑、组织及分类与制表，方能使调查资料变成可供分析解释的资讯。对调查问卷进行审核是保证调查工作质量的关键。资料的审核是指对回收问题的完整性和访问质量的检查，目的是要确定哪些问卷可以接受，哪些问卷要作废。规定详细的检查规则，一份问卷哪些问题是必须填写完整的，哪些问题出现缺失时可以容忍等，使督导员明确检查问卷的每一项流程。

一、调查问卷的审核

（一）调查问卷审核的内容

1. 调查问卷的完整性审核

资料完整性的审核应包括调查问卷总体的完整性和每份调查问卷的完整性两个方面的审核。审核应包括被调查单位是否都已调查，问卷或调查表内的各项目是否填写齐全。如果发现没有答案的问题，则应立即询问，填补空白问题。如果问卷中出现“不知道”的答案所占比重过大，就会影响调查问卷的完整性，应采取适当措施处理并加以说明。

2. 调查问卷的准确性审核

资料准确性的审核主要是审核调查问卷的口径、计算方法、计量单位等是否符合要求。剔出不可靠的资料，使资料更加准确。因此，审核员应当了解该调查项目的任务，熟悉各指标含义、计算方法和资料审核方法等。

3. 调查问卷的一致性审核

资料一致性的审核主要是审核被调查者的回答是否前后不一致，有无逻辑错误。调查员在审核问卷时，可能发现某一被调查者的回答前后不一致，或者一个资料来源的数字与其他资料来源的数字不一致，这就需要调查人员深入调查，探询原因，或剔除、或调整资料，使之真实、准确。

(二)调查问卷审核的主要方法

调查问卷审核的方法,概括起来有三种:一是平衡审核,二是逻辑审核,三是选择性审核。

1. 平衡审核

平衡审核是将各种资料的计算口径予以平衡达到一致。这是通过计算来复核表中的各项数字有无差错,各项指标的计算方法是否恰当,计算单位是否正确,有关项目之间的平衡关系是否得以保持等。具体的计算检查方法有:

(1)加总法,对资料中的有关指标或项目进行加总,看是否等于合计数;

(2)对比法,把有相互联系的数字进行对比,看是否合理,如把企业规模与产量对比;

(3)平衡法,把有平衡关系的调查数字联系起来计算,看是否平衡,例如,把商品的购、销、存等数字进行平衡审核。

2. 逻辑审核

逻辑审核是对各种资料进行理论分析,以求内容上合理性。即根据调查项目之间的内在联系和实际情况,对数据进行逻辑判断,看是否有不合理或前后矛盾的情况。例如,某调查者的年龄填写“13 岁”,而婚姻状况却填写“已婚”,其中必有一项是错误的。又如,某消费者前面说“不知道”某品牌,后面又说“每天都在使用”,显然前后矛盾。

3. 选择性审核

为避免时间和经费浪费在那些对估计并无太大影响的数据上,通常要求进行选择性审核。选择性审核包括各种方法:

(1)自上而下法,对于给定的一个估计域,按(加权后)数据对估计影响的大小将数值列表,逐一检查,当下一个影响最大的值对域估计的影响不是很显著时,就停止往下检查和验证。

(2)聚集法,确定可疑的域估计,并分别检查该域中各个记录的权数。如,某村的平均家庭,规模是 23,则该村所有被赋予权数的个体记录都要被检查。

(3)画图法,把数据画成图形,确定可疑值。如,画出数据的分布图,找出分布尾部的可疑值。

(三)调查问卷审核的常见问题

1. 对无效问卷的审定

无效的问卷指的是以下几种可能情况:

(1)不完全的问卷,即有相当的部分没有填写的问卷;

(2)个别调查者没有理解问卷的内容而答错的,或是没有按照指导语的要求来回答的问卷。例如,跳答的问题没有按要求去做;

(3)回答没有什么变化的问卷也是值得怀疑的。例如在 5 级的态度量表中,不管是正向的还是反向的看法,填表人都只选 4(比较同意)的情况;

(4)缺损的问卷,即有数页丢失或无法辨认的问卷;

(5)在截止日期之后回收的问卷；

(6)由不符合要求的其他人填写的问卷，例如在一项商品调查中，调查对象是20~70岁的成年人，因此在这个范围之外的人所填写的问卷都应视为无效；

(7)前后矛盾或有明显错误的问卷，例如年龄为20岁，职业为退休人员；或是年龄为60岁，职业为中学生之类的问卷均为无效。

2. 按缺失数据处理的审定

在以下三种情况，按缺失值来处理是可行的：

(1)不大符合要求的问卷数较少时；

(2)这些问卷中不大符合要求的问答的比例也很小；

(3)对应于不合要求的问答变量不是关键变量时。

3. 按丢弃问卷处理的审定

在以下五种情况下，不大符合要求的问卷(即调查对象)可以丢弃：

(1)不大符合要求的被调查者(问卷)的比例很小(低于10%)；

(2)样本容量很大；

(3)不大符合要求的调查对象与符合要求的调查对象之间没有明显的不同(例如，在人口特征、媒介接触行为或商品使用行为方面)；

(4)准备丢弃的每个调查对象所完成的问卷不符合要求的回答占很大的比例；

(5)对关键变量的回答是缺失的。

二、调查问卷的编码

(一)编码的有关概念

数据编码就是将问卷信息(包括调查问题和答案)转化为统一设计的计算机可识别的代码，以便于对其进行数据整理与分析。编码的作用重在减少数据录入和分析的工作量，节省费用和时间，提高工作效率；将定性数据转化为定量数据，进行定量分析减少误差。编码应本着准确性、完整性、有效率、便于数据的整理与分析以及标准化的原则进行。

编码可以在设计问卷时进行，也可以在数据收集结束后进行，分别叫前设计编码和后设计编码。前设计编码的问卷通常是将每个答案的对应值印在问卷上，数据文件用的记录格式常常放在最右边或放在某处的括弧内，主要应用于结构式问卷中的封闭题和数字型开放题。后设计编码指的是给某个没有事先编码的答案分配一个代码。通常需要事后编码的有：封闭式问题的“其他”项，开放式问题。

(二)编码设计的内容与方法

编码的设计即确定各问卷、问卷各项目和答案对应代码的名称、形式、范围以及与数据的对应关系。

1. 编码表的结构

编码设计的具体内容包括:问卷代码、变量的定义(名称、类型、位数、对应的问题等)及取值的定义(范围、对应含义等)。将这些内容列成表格形式,称为编码表。编码设计是整个编码过程的基础,科学、合理、准确、全面、有效的编码设计,有助于提高调查数据分析的质量。例如,问卷代码为“1031102”,第一位数字“1”代表哈尔滨卷烟厂,后面两位数字“03”代表老巴夺第11款香烟,再后面两位数字“11”为调查员编号,最后两位数字“02”必是该调查员对老巴夺第11款香烟调查成功完成的第2份问卷。表6.3为其部分编码表:

表名

表6.3　老巴夺第11款香烟项目编码表

题号及描述

代码(code)

代码的描述(lable)

A5-2	促销措施
11	增送精美礼品
12	香烟免费派发/品尝
13	赠送消费礼券
14	随烟赠送抽奖券
15	现场抽奖

2. 不同调查问卷题型的编码方法

编码主要针对的是问卷中的开放题和半开放题(半封闭题),不同的题型有不同的编码方法。

开放式调查题型问卷,是指对问题的回答不提供任何具体的答案,而由被调查人自由回答的调查问卷。开放式问卷的优点是可以使调查得到比较符合被调查者实际的答案,缺点是有时意见比较分散,难以综合。

封闭式调查题型问卷,是指答案已经确定,由调查者从中选择答案的调查问卷。封闭式调查问卷的优点是便于综合,缺点是有时答案可能包括不全。因此,使用封闭式调查问卷时,必须要把答案给全。

所谓半开放式题型问卷,是指通常给出主要部分答案,而将未给出的答案或用其他一栏表示,或留以空格,由访问员(被调查者)自行填写。

(1)开放式调查题型问卷编码方法。有些广告(画面)回忆、心理描述等开放题不适宜编码:一是回答极为分散,会导致该题目的码特别多,通常情况下这种码表已经失去了编码的意义;二是含义复杂,难以汇总,而且浪费人力;宜选择在EXCEL中按题目与问卷编号交叉抄录文字为佳。例如:问卷号A1.请用一句话来描述你曾经历过的最美好的事情?回答如下:

问卷号	A1
1101	让所有的朋友亲人开心
1102	童年的无忧无虑
1103	被幸福围住
1104	舒服的感觉
1105	拥有最难忘的友情
1106	找到了属于自己的方向
1107	爱了一个值得爱的人
1108	跟六个女生一起吵架
1109	第一次拉女孩的手

一些如品牌、型号、城市的开放题,因回答清晰,不必抄码,可直接进行编码。例如:B12.请列举你喜爱的三个时尚品牌。① ____② ____③____ 码表如下:

B12. 时尚品牌	
1	海尔
2	NIKE
3	联想
4	李宁
5	欧莱雅
6	松下
7	香奈儿
8	IBM

一些如口味、满意度、促销等方面的题,应该提供编码表,编码表的来源有以下两种:

①原有码表再应用。包括两部分(一是标准码表,二是项目与以往的项目进行对比时,提供既往码表)。例如 D2. 请您针对老巴夺香烟的销售情况,提出您对老巴夺的价格等方面的意见和建议。码表如下:

D2. 意见和建议	
1	价格低 / 价格便宜
2	价格高
3	价格最好定在 5 ~ 6 元
4	降低价格在 5 元左右
5	价格降低至 7 ~ 9 元/包
6	价格可以降低至 10 元左右
7	价格合理
8	价格大众化
9	价位多 / 全

②制定新编码表：

• 抄码：在确定码表前，通常将一定比例的问卷文字题内容原原本本抄录下来，然后提供给研究员制定码表，研究部门应在项目执行前确定抄码的问卷数量或比例。

• 500 样本以内抄 40%、(但至少抄 100 份问卷)；500 ~ 2 000 样本抄 30%；2 000 ~ 10 000 样本抄 20%；10 000 样本以上抄 10%；也可根据具体情况进行调整。

• 抄码时应该注意每个城市或问卷类别都要选取适量样本，还应考虑研究目的、配额等，或者根据项目及题项要求灵活确定。

• 初步建立编码表 就是将所抄列的清单变成一个标准格式的过程，主要由该项目的研究员来完成，最终码表由项目主负责的研究员审定，必要时需给客户确认。

• 制定编码表和研究目的有很大关系，所以不能完全局限于消费者的回答，研究员应站位高一点，考虑多方面的情况。

• 根据研究目的合并相同的答案。

• 相接近的码放在彼此相接近的位置。

• 正负面两种对应的答案尽量使用相对应的代码。

• “其他” / “无” / “没有” / “不知道”这样的答案放在每个编码表末位。

• 码表的确认。编码督导需与研究员及数据部人员商定码表的结构及一些相关的逻辑性问题，对问卷出现的一些笔误或被访者回答错误的答案，在确认的情况下需进行修正；不确定的信息需进行查证；对于一些关键性问题无法查证到时需要作废。

• 码表的测试 编码表需要在小范围内进行测试(30 ~ 50 份)，以便码表得到修正，并使编码员充分地理解码表。测试中，在编码表归入“其他”的码需抄写出具体内容及写问卷号。

(2)封闭式调查题型问卷编码方法。事实上在调查问卷开始设计的时候，编码工作就已经开始了。因为有些问题的答案范围研究者事先是知道的,像性别,学历等。这样的问题,在问卷中以封闭问题的形式出现,被访者回答问题时只要选择相应的现成答案就可以了。封闭式问题的调查问卷,在问卷回收后就可以直接录入电脑,这对调查来说是非常便捷有效的。所以正常的问卷调查都尽可能地使用封闭式问题。即便是那些事先不容易知道答案的问题,如购买某商品的地点类型、使用某种商品的主要原因等也可采用此类形式,但通常会在封闭式问题的答案中增加一个“其他”选项,就是为了保证所有的被访者在回答问题时都有合适的被选对象,并且这个选项被选择的机会应当是可以预见到很少的,不会超过主要答案被选择的机会。

例如,Q1.请问您通常在什么地方购买日常用品?[多选]

1.小杂货店/便民店　2.仓储/超市　3.商场内超市　4.百货商场

5.零售摊点　6.批发市场　7.直销/邮购　8.网上购买　9.其他

①对于单选题只需规定一个变量,取值为选项号。

例如,A12　请问您最近一年内买过DVD光盘吗?(　　)

(1)买过　　(2)没买过

设计编码时对上题定义变量名为V18,属于数字型变量,变量所占字节数为1,变量取值范围为1,2或9,其中1表示买过,2表示没买过,9表示该题无回答。设计问卷时,在问题后统一位置留出相应位数用于编码,而且位置的编排应统一醒目。这里应注意,如果有项目无回答,应返回问卷改正。但有时实在无法得到答案,应编上专门表示无回答的码,不能“漏码”。还有,这个码不能与合理回答相重复。例如,询问家中电视机数时,答案为0表示家中没有电视,如果回答也用0表示,编码就不能如实反映原数据了。所以无回答常用9或99表示。

②对多选题需规定多个变量。对变量与取值的定义一般有两种做法:一种做法是将各个可能回答的答案选项都设为一个0—1指示变量,如被调查者选择了该答案,此变量的值为1,否则为0。这种方法的优点是便于分析,编码的结果不用转换,可直接分析;缺点是不便于录入,变量随选项增多而增多,对于大样本,录入工作负担较重,而且录入时,如果录入值与问卷答案不同,很容易出错。改进的方法是,该0—1变量为真时,取值为对应选项号,这样录入时出错率少一些,但工作量仍较大。

例如,Q15　请问您观看的DVD光盘的主要来源是(　　)。

(1)自己购买　　(2)租借　　(3)向朋友/同事/亲戚借

(4)别人送的　　(5)单位的　　(6)其他

对上题设计的编码如表6.4所示。

表 6.4　Q15 问题的编码(方法一)

变量序号	变量名	变量类型	变量所占字节	取值范围		取值对应含义	备注	对应题号	对应问题
				方法一	改进法				
48	V171	数值型	1	0 或 1	0 或 1	取值为 1(或 1-6)表明该选项为主要来源,为 0 则不是	全为 0 表示该题无回答	15	观看的 DVD 盘的主要来源
49	V172		1	0 或 1	0 或 2				
50	V173		1	0 或 1	0 或 3				
51	V174		1	0 或 1	0 或 4				
52	V175		1	0 或 1	0 或 5				
53	V176		1	0 或 1	0 或 6				

另一种做法是将变量定义为所选题号,变量值为选项号,变量排列顺序即为选择答案的顺序。仍以上题为例,假设题中规定至多只选择 3 项,则该题设计的编码如表 6.5 所示。如果题中没有规定选择项数,则问卷设计时难以确定变量个数,应等问卷回收后翻阅问卷回答结果,再根据分析的需要确定变量个数。这种编码方法的优点是便于录入和检查,但分析前要用程序把它们转化为各选择答案的 0-1 变量。

表 6.5　Q15 问题的编码(方法二)

变量序号	变量名	变量类型	变量所占字节	取值范围	取值对应含义(i=1,2,3,4,5,6)	备注	对应题号	对应问题
48	V171	数值型	1	0-6	取值为 i 表明第 i 选项为主要来源,为 0 则说明其余选项都不是主要来源	全为 0 表示该题无回答	15	观看的 DVD 盘的主要来源
49	V172		1	0-6				
50	V173		1	0-6				

③排序题的编码设计。对排序题同样需要规定多个变量,与多选题类似,也有两种方法,这两种方法对应的问题形式略有差异,一种方法是,变量个数即选项个数,按照选项排列顺序,分别定义各变量为对应选项所排次序号,取值即为次序号。

例如,Q16 请您根据信任程度由大到小对下列广告排序(信任程度最高的广告前填 1,其次信任的广告前填 2,依次类推,最不信任的广告前填 5):

(　　)1. 电视广告　(　　)2. 报纸广告　(　　)3. 广播广告

(　　)4. 杂志广告　(　　)5. 路牌广告

对上题设计的编码如表6.6所示。按照这种题型对所有选项排序，采用此法比较可行，问卷设计时对应各选项统一留出位置填写次序号。如果仅取前几名排序，采用此法与多选题一样，优点是可以直接进行分析，但录入工作量大。

表6.6　Q16问题的编码(方法一)

变量序号	变量名	变量类型	变量所占字节	取值范围	取值对应含义(i=1,2,3,4,5,6)	备注	对应题号	对应问题
30	V121	数值型	1	0~5	取值为i表明该广告的信任程度排名为i，为0则表明对该广告的排名缺失	全为0表示该题无回答	16	对各类广告的排序
31	V122		1	0~5				
32	V123		1	0~5				
33	V124		1	0~5				
34	V125		1	0~5				

另一种方法是，变量个数即要求排序项数，按照次序号排列顺序，分别定义各变量为各次序号对应的选项项数，取值即为选项号。仍以上题为例，但形式稍作改变：

Q16 请问下列广告中，您最信任哪个广告？(　　)其次呢？(　　)再次呢？(　　)

(　　)1. 电视广告　(　　)2. 报纸广告　(　　)3. 广播广告

(　　)4. 杂志广告　(　　)5. 路牌广告

对上题设计的编码如表6.7所示。如果问题只要求取前几名排序，与多选题一样，采用此法便于录入，减少工作量和出错率，但分析时要先进行数据转化。

表6.7　Q16问题的编码(方法二)

变量序号	变量名	变量类型	变量所占字节	取值范围	取值对应含义(i=1,2,3,4,5,6)	备注	对应题号	对应问题
30	V121	数值型	1	0~5	I为对应信任度的广告对应的选项号。0则表明对信任度的广告缺失	全为0表示该题无回答	16	对各类广告的排序
31	V122		1	0~5				
32	V123		1	0~5				

(3)半开放调查题型问卷编码方法。

①半开放题原则上在原有编码的基础上追加编码即可,不必抄码;原因是半开放题的CODE设计已经含有了研究员的一些码表思路,因此遵循研究员的思路继续往下编码即可。

②不提倡在EXCEL中进行半开放题汉字录入,这样处理会给后期的数据处理带来很多麻烦。

第三节　调查问卷的信度和效度分析

信度和效度的概念来源于心理测试中关于测验的可靠性和有效性研究,当建构和评估测量时,通常使用信度和效度这两个技术性指标。因此我们采用问卷的信度和效度分析来评估其测量能力,进而实现对问卷设计质量的检验。

一、调查问卷的信度分析

(一)信度分析的概述

1.信度的定义

调查问卷的可信度(亦称信度),即可靠性,它是指采用同样的方法对同一对象重复测量时所得结果的一致性程度,是指问卷调查结果所具有的一致性或稳定性的程度。所谓一致性,是指同一调查项目调查结果的一致程度。较高的一致性即意味着同一群受访者接受关于同一项目的各种问卷调查所得到的各测量结果间显示出强烈的正相关;所谓稳定性则是指在前后不同的时间内,对相同受测者重复测量所得结果的相关程度,如果一群受访者在不同时空下接受同样的问卷调查时,结果的差异很小,则说明调查问卷具有较高的稳定性。以笔记本电脑消费倾向调查问卷为例,如果设计的不同问卷对同一群体的调查结果或者同样的问卷短期内对同一群体进行调查的结果,如消费者的品牌倾向、所能接受的价位等存在高度相似,则认为调查问卷具有较高的可信度。

调查问卷的信度包含两层含义:

一是相同的个体在不同时间,以相同的问卷测验,或以复本测验,或在不同的情景下测验,是否能得到相同的结果,即问卷测验结果是否随时间和地点等因素而变化;

二是能否减少随机误差对问卷测验结果的影响,从而能够反映问卷所要测量的真实情况,即问卷测验结果是否具有稳定性、可靠性和可预测性。一个好的问卷必须是稳定可靠的,且多次问卷测验结果应前后一致。

2.信度的评价方法

信度研究的是问卷测验结果的可靠性与稳定性,可以从不同的角度来评价,主要包括在相同条件下所得问卷测验结果的一致程度;不同研究者用同一种问卷同时测验所得结果的一致程度;同一研究者用同一种问卷在不同时间内测验所得结果的一致程度。

(1)重测信度法。这一方法是用同样的问卷对同一组被调查者间隔一定时间重复施测,计算两次施测结果的相关系数。显然,重测信度属于稳定系数。重测信度法特别适用于事实式问卷,如性别、出生年月等在两次施测中不应有任何差异,大多数被调查者的兴趣、爱好、习惯等在短时间内也不会有十分明显的变化。如果没有突发事件导致被调查者的态度、意见突变,这种方法也适用于态度、意见式问卷。由于重测信度法需要对同一样本试测两次,被调查者容易受到各种事件、活动和他人的影响,而且间隔时间长短也有一定限制,因此在实施中有一定困难。

(2)复本信度法。复本信度法是让同一组被调查者一次填答两份问卷复本,计算两个复本的相关系数。复本信度属于等值系数。复本信度法要求两个复本除表述方式不同外,在内容、格式、难度和对应题项的提问方向等方面要完全一致,而在实际调查中,很难使调查问卷达到这种要求,因此采用这种方法者较少。

(3)折半信度法。折半信度法是将调查项目分为两半,计算两半得分的相关系数,进而估计整个量表的信度。折半信度属于内在一致性系数,测量的是两半题项得分间的一致性。这种方法一般不适用于事实式问卷(如年龄与性别无法相比),常用于态度、意见式问卷的信度分析。在问卷调查中,态度测量最常见的形式是5级李克特(Likert)量表。进行折半信度分析时,如果量表中含有反意题项,应先将反意题项的得分作逆向处理,以保证各题项得分方向的一致性,然后将全部题项按奇偶或前后分为尽可能相等的两半,计算二者的相关系数(r_{hh},即半个量表的信度系数),最后用斯皮尔曼-布朗(Spearman-Brown)公式,求出整个量表的信度系数(r_u)。

(4)α信度系数法。

Cronbach α信度系数是目前最常用的信度系数,其公式为:

$$\alpha = \left[\frac{k}{k-1}\right]\left[1 - \frac{(\sum S_i^2)}{S_X^2}\right]$$

其中,k为量表中题项的总数,S_i^2为第i题得分的题内方差,S_X^2为全部题项总得分的方差。从公式中可以看出,α系数评价的是量表中各题项得分间的一致性,属于内在一致性系数。这种方法适用于态度、意见式问卷(量表)的信度分析。

(二)常用的信度系数

信度是用估计测量误差大小的尺度,来说明问卷测验结果中测量误差所占的比率。信度可定义为真实分数(true score)的方差与测验实得分数(observed score)的方差之比,当实得分数变异可以全部由真实分数的变异解释时,测验误差就是0,这时问卷测验的信度为1。可信度的评价指标是可信度系数,理论上可以表达为真实值方差和测量值方差的比值。若X为测量值,T表示真实值,E表示测量随机误差,则真实值和测量值之间关系为$X = T + E$,$\sigma_X^2 = \sigma_T^2 + \sigma_E^2$,即测量值的方差等于真实值的方差与随机误差的方差之和,所以可信度系数为:

$$R_X = \sigma_T^2/\sigma_X^2 = 1 - (\sigma_E^2/\sigma_X^2)$$

常用的信度系数如下：

1. 重测信度(test-retest reliability)

假定短时间内一批对象的状况并没有改变，对每个对象用同一个问卷先后测验两次，两次测验得分的相关系数就称为重测信度。重测信度是用皮尔逊积差相关系数 r 公式计算的。

$$r = \frac{\sum XY - \frac{(\sum X)(\sum Y)}{n}}{\sqrt{(\sum X^2 - \frac{(\sum X)^2}{n})(\sum Y^2 - \frac{(\sum Y)^2}{n})}}$$

重测信度的局限性主要表现为：间隔时间长，环境影响；如果间隔时间短，记忆影响。

2. 复本信度(alternate form reliability)

复本通常是根据相同的设计说明分别独立编制的两个平行问卷，即题目不同但是内容相似的两份问卷。复本信度也叫等值性系数(coefficient of equivalence)。两个复本间隔一定时间或同时施于同一答卷者所得分数的相关系数就是复本信度。其信度计算公式为：

$$r_n = \frac{\sum X_1X_2 - (\sum X_1)(\sum X_2)/n}{\sqrt{\sum X_1^2 - (\sum X_1)^2/n}\sqrt{\sum X_2^2 - (\sum X_2)^2/n}}$$

复本信度的局限性主要表现为：如复本编制不容易，易出现顺序效应，受练习的影响；复本信度只能反应问卷内容所造成的误差，无法反应答卷者本身所造成的误差等。

3. 分半信度(split-half reliability)

当测验没有复本且测验不可避免地受到时间的影响，只适合用于一次测验时，可用分半信度。分半的方法很多，一般是将奇数题和偶数题各作为一半，而非前后分半，目的是避免顺序效应。分半信度也叫折半信度，其计算方法是将问卷的题目分成对等的两半，分别求出两半题目的总分，再计算两部分总分的相关系数。

使用分半信度时要注意两个问题：一是问卷题目所测的应是同一种特质；二是两半题目应是等值的。对问卷题目进行分半会造成了对整个问卷信度的低估，为此需要对分半信度进行校正，其校正公式为斯皮尔曼 - 布朗(Spearman-Brown) 公式：

$$r_{XX} = \frac{n \cdot r_{x_1x_2}}{1 + (n-1)r_{x_1x_2}}$$

r_{XX} 为分半信度，$r_{x_1x_2}$ 表示两半题目各自得分和之相关系数，n 为原问卷相对于变化后问卷长度的倍数，计算分半信度时 $n = 2$。

4. 库得 - 理查森信度(Kuder – Richardson)

库德 - 理查森信度适用于计算“对或错” 的是非题的同质性信度，其是计算所有可能的分半信度的平均数。最有代表性的计算公式是库德 – 理查森公式：

$$r_{KR_{20}} = \frac{n}{n-1}\left(1 - \frac{\sum_{i=1}^{n} p_i q_i}{S_X^2}\right)$$

S_X^2 为问卷测验总得分的方差，p_i 表示答对该题的人数占总答卷人数的比例，p_i 可视为该题的难度，$q_i = 1 - p_i$。式中 n 为问卷包含的题目数。其计算公式为：

$$\alpha = \frac{n}{n-1}\left(1 - \frac{\sum_{i=1}^{n} S_i^2}{S_X^2}\right)$$

式中 n 为问卷包含的题目数，S_i^2 为答卷者在第 i 题得分的方差，S_X^2 为答卷者问卷测验总得分的方差。α 系数有以下性质：

(1) α 系数是所有可能的分半信度的平均值；

(2) α 系数是估计信度的最低限度；

(3) 当问卷计分为二分名义变量时，即答案为0或1，α 系数与 KR_{20} 值相同，即库德－理查森信度公式是克隆巴赫的 α 系数的一个特例。

低信度：$\alpha < 0.35$，中信度：$0.35 < \alpha < 0.70$，高信度：$0.70 < \alpha$。一般的，问卷的 α 系数在0.8以上该问卷才具有使用价值。Cronbachs α 值皆达0.85以上，表明问卷信度良好。

5. 评分者信度(inter-scorer reliability)

考察评分者信度的方法为，随机抽取相当份数的问卷，由两位评分者按记分规则分别给分；然后根据每份问卷的分数计算相关系数，就得到评分者信度。评分者信度也可以是一位评分者两次评分的相关系数。如果是多个评分者或一位评分者两次以上的评分，可采用肯德尔和谐系数和 Kappa 系数。肯德尔和谐系数用于等级资料，Kappa 系数用于定性资料。肯德尔和谐系数计算公式为：

$$W = \frac{\sum_{i=1}^{N} R_i^2 - \frac{\left(\sum_{i=1}^{N} R_i\right)^2}{N}}{\frac{1}{12}K^2(N^3 - N)}$$

信度系数类型：重测信度；复本信度；分半信度(Spearman-Brown; Guttman)；库德－理查森系数；克隆巴赫 α 系数；评分者信度。

(三)提高信度的方法

影响测验信度的误差归纳起来主要有以下两个方面：

(1)抽样误差：简单说，这是在抽样过程中由于被试间的差异所造成的误差。被试间的差异可以用全距和方差大小来表示。全距是指某一心理量最大值与最小值之差。全距大说明被试间差异大，全距小说明被试间差异小。被试间在某一心理量上参差不齐，差别悬殊，则该心理量的方差大;反之,方差小。对于方差小的样本,被试间在某一心理特征上相差较小,则前后两次测验结果的一致性较低,即降低了信度。因为被试之间的差别越小其同质性越高,被试的分数只要发生小的变化,其名次就可能改变,从而降低信度。

(2)随机误差:由于各种偶然因素的影响而产生的误差,表现为用同一方法多次测量同一对象时结果上不一致。随机误差是由许多因素造成的,如量标的质量,测量的程序,被试的身心状态,测量的环境等。

根据影响测验信度的因素,可从以下几方面来提高测验的信度:一是从测验本身考虑,如测验的长度、难度、区分度、速度、程序、环境条件与计分方法等;一是从被试自身考虑,如被试在被测心理特征上的差异大小,参加测验的动机水平,对测验的态度和积极性等。在此主要介绍如下几种提高测验信度的方法:

1. 适当延长问卷的长度

测验的长度主要指量表所包含的题目多少。对一个测验来说,测验的题目越少,得分越容易受偶然因素的影响,故测验的信度越低。反之如果测验题目较多,即测验长度延长,扩大了被试得分范围,可在一定程度上排除偶然因素的影响,从而提高测验信度。但是测验信度的增加并不是等比例提高信度系数。当信度系数较小时,延长测验长度信度系数增加较大;当信度系数已经较大时,延长测验长度对信度系数的影响就较小了。而且,在延长测验长度时,还需考虑其他因素的影响,如被试在回答问题时是否疲倦或产生厌烦情绪,是否节省时间、物力和财力,测题是否符合测验目的等。

2. 问卷的难度适中

当问卷题目难度太大时,问卷得分普遍过低;当问卷题目难度太小时,问卷得分普遍较高。问卷题目太难或太易都会使问卷得分差异减小,使实得分数方差减小,从而降低了问卷的信度。

3. 问卷的内容尽量同质

性质相同的测验内容,对被试也要求相同的能力、知识和技能;而内容不同质的测验,则要求被试不同的能力、知识和技能。因而为了提高测验信度,测验内容应尽量同质。

4. 测验的时间要充分

一份问卷应保证绝大多数答卷者在规定的时间内能完成测验。当答卷者不能从容地回答所有题目时,问卷的得分就不能反映答卷者的真实情况。

5. 测验的程序要统一

问卷题目要统一,指导语、回答问题的方式、分收试卷的方法和问卷测验的时间等都要统一,这些是问卷有较高信度的基本保证。

6. 评分要客观

评分是否客观对测验信度有直接的影响。对于客观性题目,评分标准明确,评分容易做到客观;但对于主观性题目,受评分者影响较大,不易做到客观。为了尽可能客观评分,应制定明确而易掌握的评分标准,尽量做到一卷多评,或一人只评一题等。

二、调查问卷的效度分析

(一) 效度分析的概述

1. 效度分析的意义

效度(validity)即有效性,它是指测量工具或手段能够准确测出所需测量的事物的程度。通常是指问卷的有效性和正确性,亦即问卷能够测量出其所欲测量特性的程度。对于一个标准测验来说,效度比信度更为重要。

效度是问卷调查研究中最重要的特征,问卷调查的目的就是要获得高效度的测量与结论,效度越高表示该问卷测验的结果所能代表要测验的行为的真实度越高,越能够达到问卷测验目的,该问卷才正确而有效。

问卷的准确性或称为有效性是用问卷的效度加以刻画的,它反映了对问卷的系统误差的控制程度。

2. 效度的定义

有效度(亦称效度) 通常是指测量结果的正确程度,即测量结果与试图测量的目标之间的接近程度。就调查问卷而言,有效度是指问卷能够在多大程度上反映它所测量的理论概念。以关于居民收入的调查问卷为例,如果问卷中的问项直接询问被调查者的收入和缴纳所得税的情况,则该调查得到的收入统计数据很可能会较大低于居民的真实收入,则可以认为,该份问卷的效度较差。

对效度的定义可作如下理解:

(1)任何一种测验只是对一定目的来说才是有效的。

(2)测验的效度是对测量结果而言的,即一种测量工具只有经过实际测量,才能根据测量结果判断它的效度。

(3)测验的效度是相对的而非绝对的。测验是根据行为样本,对所要测量的心理特性作间接推断,只能达到某种程度的准确性,而没有全有、全无的差别。

类似于可信度系数的公式,有效度系数一般规定为与测量目标值的方差在总测量值方差中所占的比例,即有效度系数为:

$$R_X = \sigma_T^2/\sigma_X^2 = 1 - (\sigma_E^2/\sigma_X^2)$$

其中 $T = T_X + T_0$, T_X是想要测量的目标值, T_0则是与测量目的不相关的系统性偏差。

效度是指问卷测验的准确性,即测验能够反映所要测量特性的程度。其包括两个方面的含义:一是问卷测验的目的;二是问卷对测量目标的测量精确度和真实性。效度是一个具有相对性、连续性、间接性的概念。

3. 效度分析的方法

效度分析有多种方法,其测量结果反映效度的不同方面。常用于调查问卷效度分析的方法主要有以下几种。

(1)单项与总和相关效度分析。这种方法用于测量量表的内容效度。内容效度又称表面效度或逻辑效度,它是指所设计的题项能否代表所要测量的内容或主题。对内容效度常采用逻辑分析与统计分析相结合的方法进行评价。逻辑分析一般由研究者或专家评判所选题项是否"看上去"符合测量的目的和要求。统计分析主要采用单项与总和相关分析法获得评价结果,即计算每个题项得分与题项总分的相关系数,根据相关是否显著判断是否有效。若量表中有反意题项,应将其逆向处理后再计算总分。

(2)准则效度分析。准则效度又称为效标效度或预测效度。准则效度分析是根据已经得到确定的某种理论,选择一种指标或测量工具作为准则(效标),分析问卷题项与准则的联系,若二者相关显著,或者问卷题项对准则的不同取值、特性表现出显著差异,则为有效的题项。评价准则效度的方法是相关分析或差异显著性检验。在调查问卷的效度分析中,选择一个合适的准则往往十分困难,使这种方法的应用受到一定限制。

(3)结构效度分析。结构效度是指测量结果体现出来的某种结构与测值之间的对应程度。结构效度分析所采用的方法是因子分析。有的学者认为,效度分析最理想的方法是利用因子分析测量量表或整个问卷的结构效度。因子分析的主要功能是从量表全部变量(题项)中提取一些公因子,各公因子分别与某一群特定变量高度关联,这些公因子即代表了量表的基本结构。通过因子分析可以考察问卷是否能够测量出研究者设计问卷时假设的某种结构。在因子分析的结果中,用于评价结构效度的主要指标有累积贡献率、共同度和因子负荷。累积贡献率反映公因子对量表或问卷的累积有效程度,共同度反映由公因子解释原变量的有效程度,因子负荷反映原变量与某个公因子的相关程度。应再次强调,为了提高调查问卷的质量,进而提高整个研究的价值,问卷的信度和效度分析绝非画蛇添足,而是研究过程中必不可少的重要环节。

(二)常用的效度指标

确定一个问卷效度的方法,通常是以答卷者的问卷得分和另一个效度标准求相关,以其相关系数的大小来表示效度。如果相关系数高,则该问卷的效度就高。一般常用的效度指标有内容效度、结构效度。

1. 内容效度(Content Validity)

内容效度是指问卷内容的贴切性和代表,即问卷内容能否反应所要测量的特质,能否达到测验目的,较好地代表所欲测量的内容和引起预期反应的程度。内容效度常以题目分布的合理性来判断,属于命题的逻辑分析,所以,内容效度也称为"逻辑效度"、"内在效度"、"循环效度"。

内容效度的评价主要通过经验判断进行,通常考虑三个方面的问题:其一是项目所测量的是否真属于应测量的领域;其二是测验所包含的项目是否覆盖了应测领域的各个方面;其三是测验题目的构成比例是否恰当。

常用的内容效度的评价方法有两种：一是专家法，即请有关专家对问卷题目与原来的内容范围是否符合进行分析，作出判断，看问卷题目是否较好地代表了原来的内容。二是统计分析法，即从同一内容总体中抽取两套问卷，分别对同一组答卷者进行测验，两种问卷的相关系数就可用来估计问卷的内容效度。计算某个问题与去掉此问题后总得分的相关性情况，分析是否需要被剔除（敏感性分析）。

2. 结构效度（Construct Validity）

结构效度又称构想效度，是指问卷对某一理论概念或特质测量的程度，即某问卷测验的实际得分能解释某一特质的程度。如果我们根据理论的假设结构，通过问卷测验得到答卷者实际分数，经统计检验，结果表明问卷能有效解释答卷者该项特质，则说此问卷具有良好的结构效度。

常用的确定结构效度的方法有：

①根据文献、前人研究结果、实际经验等建立假设性理论建构；

②对问卷题目进行分析。主要是分析问卷的内容，答卷者对题目所作的反应，问卷题目的同质性以及分项目之间的关系来判断问卷的结构效度；

③根据建构的假设性理论编制适当的问卷；

④计算与同类权威问卷的相关；

⑤以统计检验的实证方法去考查问卷是否能有效解释所欲建构的特质。

3. 效标效度（Criterion Validity）

效标效度也称为准则关联效度、经验效度、统计效度。效标效度是说明问卷得分与某种外部准则（效标）间的关联程度，用问卷测量得分与效度准则之间的相关系数表示。

一般估计效标效度的主要方法有：

①相关法，即求某问卷分数与效标间的相关，所得结果即效标效度。

②区分法，即看问卷分数是否可以区分由效标所划分的团体。可以运用 t 检验对先后两次问卷结果平均分数进行差异性检验。若差异有统计学意义，说明问卷是有效的；若差异无统计学意义，说明问卷是无效的。

4. 判别效度（Discriminant Validity）

判别效标也称为辨别效标，是指运用相同的问卷测定不同特质和内涵，测量结果之间不应有太大的相关性。

5. 聚合效度（Convergent Validity）

聚合效度也称为收敛效度，是指运用不同测量方法测定同一特质所得结果的相似程度，即对同一特质的两种或多种测定方法间应有较高的相关性。

（三）提高问卷效度的方法

提高测验效度的方法主要有以下几种：

（1）控制系统误差。系统误差是影响测验效度的主要因素。它主要包括仪器不准，题目和指导语有暗示性，答案安排不当（被试可以猜测）等，控制这些因素可以降低系统误差，提高效度。

（2）精心编制测题和测验量表。首先，测题内容要适合测验目的，如知识性测题就不能全面反映被试的智力水平，它主要测量其知识水平。其次，测题要清楚明了，用语要让被试理解，排列由易到难。第三，测题的难度和区分度要合适。

（3）严格按照测验程序进行测量。要严格按照测验手册进行测量，防止测量误差。不能做过多的解释，按标准评分，两次测验间隔要适当。

（4）样本容量要适当。当样本容量增大时，样本对总体的代表性提高，样本大，被试的内部差异增大，扩大了真分数的方差，使效度提高。样本容量一般不应低于30。另外，抽样方法也很重要，一般用随机抽样，当群体很大时，可分层抽样，样本容量扩大时，其代表性才随之增大。

（5）适当增加测验的长度。增加测验的长度可提高测验的信度，也可以提高效度，但增加测验的长度对信度的影响大于对效度的影响。如果增加测验长度到原来的 n 倍，则新测验的效度系数 $R_{(nx)y}$ 计算公式：

$$R_{(nx)y} = \frac{nr_{xy}}{\sqrt{n(1 - r_{xx} + nr_{xx})}}$$

式中 r_{xy}、r_{xx} 分别是原测验的效度系数和信度系数。

从理论的角度来看，一份好的问卷应具有足够的效度和信度。但是，从实践的观点来看，一份好的问卷还应该具有实用性，即问卷的经济性、便利性和可解释性。

适当增加问卷的长度。增加问卷的长度既可提高问卷的信度，也可以提高问卷的效度，但增加问卷的长度对信度的影响大于对效度的影响。但是按经验以使答卷者在30分钟之内完成问卷较佳。

三、效度和信度的关系

1. 信度和效度

信度和效度的共同点都是以相关系数来表示其大小的，都是整个运用问卷调查技术进行科研工作的可靠性保证。

2. 不同点主要包括以下几个方面

（1）研究的对象不同，信度针对答卷人，效度针对组卷人。

（2）研究的角度不同，信度注重测量的质量，效度注重问卷的质量。

（3）涉及的误差不同，信度仅考虑随机误差占测验总变异的比例；效度则还包括与测验无关但稳定的测量误差。两者存在着必然的联系，问卷的信度是效度的必要而非充分条件，信度越高，效度不一定越高，即如果问卷是完全可信的，那么问卷可能达到完全有效，也可能达不到，这种现象产生的原因是测量误差的存在。

(4)数值大小不同,可以证明,问卷的效度为问卷信度所制约,且效度不会大于信度,测量理论研究发现,效度的最大值小于或等于信度的平方根。效度高的测验,信度必定高,但信度高的测验,效度未必高。

3. 正确处理好信度与效度的关系

信度是效度的必要条件,但信度高的测验,效度不一定高;而效度高的测验,信度却比较高。但是,既要有高效度,又要有高信度是不容易做到的。“最大可靠度(信度)要求测验项目之间有高度的组间相关;最大预测有效度却要求低度的组间相关。最大可靠度(信度)要求项目等同的难度;最大预测有效度却要求项目的难度有所区别。中等程度的组间相关(0.10~0.60),通常可产生良好的效度(0.30~0.80),并且产生满意的信度(0.90)。”

【案例6-2】

信度、效度分析实例

某人在新入学的大学生中随机抽取40人,组织症状自评量表(SCL-90)测验,以了解新生心理健康的水平,及有针对性地进行心理教育和疏导,避免意外事件的发生。试就量表测验结果,对此次测验的可靠性进行分析。

一、信度分析

SCL-90量表,包含90个题目,由受试者根据自己在最近一周以内的实际感受,在:没有、很轻、中等、偏重、严重各选项中选择一个答案,每个选项分别计为0,1,2,3,4分。

SCL-90分为9个因子,分别为躯体化、强迫症状、人际关系敏感、忧郁、焦虑、敌对性、恐怖、偏执和精神病性。分析对象为答卷者所选的五项答案得分,计算各因子得分和问卷总分。求各因子的各种信度系数和问卷总的信度系数。

在“Model:”选项中,SPSS提供5种信度分析模型:

①Alpha:Cronbach α 系数。

②Split-half:分半信度,又称Spearman-Brown系数,其应用的前提条件是两个分半表的信度和方差均满足齐性。

③Guttman:Guttman分半信度,可不满足上述要求。

④Parallel:平行模型。

⑤Strict Parallel:严格平行模型量表的cronbach α 系数。

从菜单选择Analyze → Scale → Reliability Analysis…→Item:a1/b2/c3/a4/.../j89/i90(共90个变量) → Model:Alpha → √ List item labels →OK,如上图所示。

Reliability Coefficients

N of Cases = 40.0　　N of Items = 90

Alpha = 0.9740

量表有90个题目,量表总的Cronbach α 系数为0.974 0,信度较高。各因子的Cronbach α 系数。

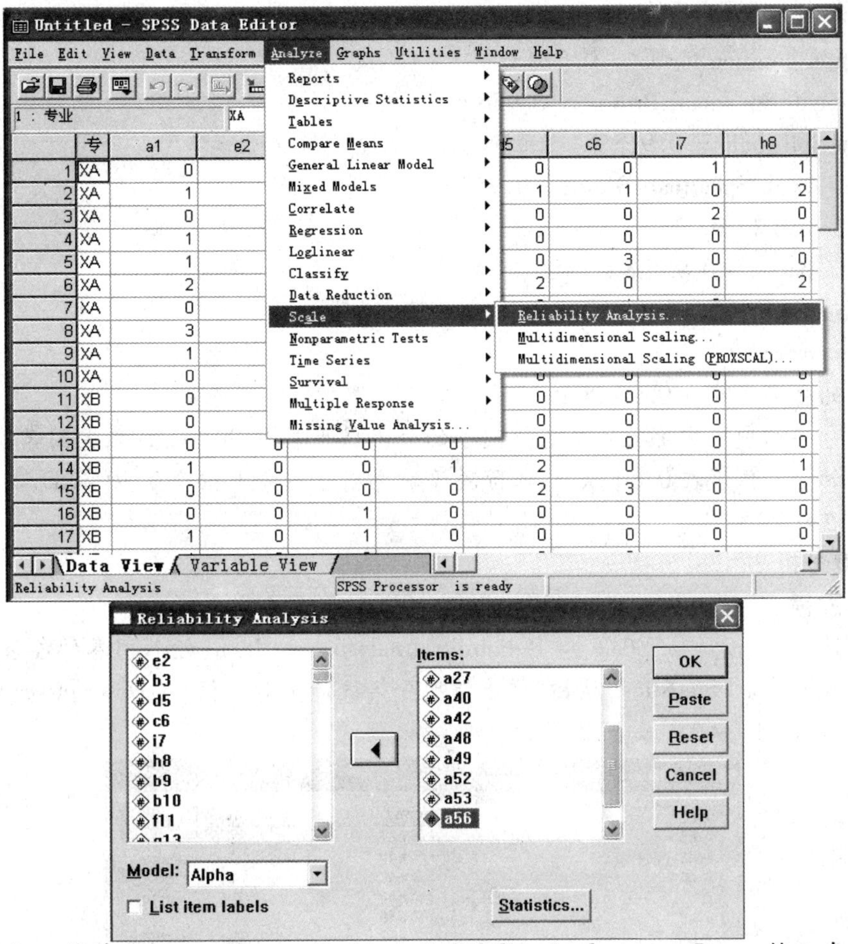

操作过程从菜单选择 Analyze → Scale → Reliability Analysis…→Item：输入各因子的条目 a1/a4/a12/a27/a40/a42/a48/a49/a52/a53/a56/a58（躯体化因子，共 12 个变量）→ Model：Alpha → OK

量表的 9 个因子的 Cronbach α 系数分别为：躯体化 0.874 0；强迫 0.860 0；人际关系敏感 0.748 3；忧郁 0.944 5；焦虑 0.851 7；敌对性 0.600 9；恐怖 0.921 8；偏执 0.721 0；精神病性 0.646 1。忧郁、恐怖、躯体化、强迫、焦虑因子的信度较高；人际关系敏感和偏执因子的信度尚可；但是敌对性和精神病性的信度偏低。从结果中我们还可以看出各项因子的 Cronbach α 系数小于问卷总的 Cronbach α 系数。

分半信度操作过程：

从菜单选择 Analyze →Scale → Reliability Analysis…→Model：Split-half→OK。

总量表的分半信度

总量表分半信度计算结果：

Reliability Coefficients　　90 items

Correlation between forms = 0.914 7

Equal-length Spearman-Brown = 0.955 4

Guttman Split-half = 0.913 3

Unequal-length Spearman-Brown =0.955 4

Alpha for part 1 =0.961 3

Alpha for part 2 =0.935 8

45 items in part 1

45 items in part 2

总量表的分半信度在0.90以上。

各因子分半信度中忧郁因子与恐怖因子的分半信度在0.90以上；焦虑因子、强迫因子和躯体化因子的分半信度在0.80以上；人际关系敏感因子的分半信度0.70以上；其余几个因子得分半信度在0.70以下。

二、效度分析

1. 操作过程

从菜单选择 Analyze → Scale → Reliability Analysis…→ Item（输入问卷的各条目或各因子包含的条目）→ 单击"Statistics"按钮，弹出信度分析统计量对话框 → Descriptives for：→ √ Scale if item deleted →OK。如下图所示。

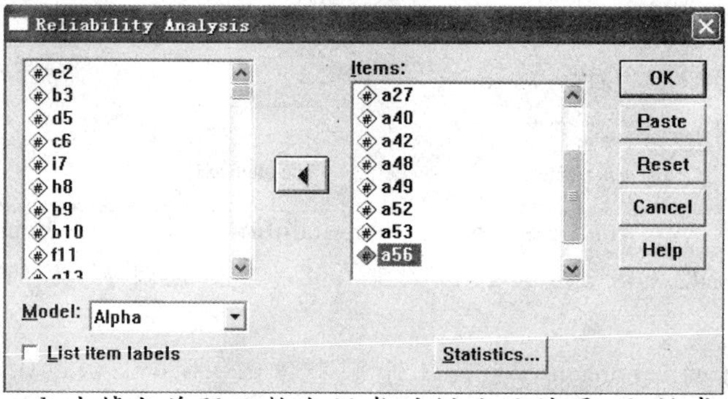

Scale if item deleted：去掉当前题目整个问卷的描述统计量，即敏感性分析，包括以下内容：Scale Mean if Item Deleted：去掉当前题目问卷合计分的均数；

Scale Variance if Item Deleted：去掉当前题目问卷合计分的方差；

Corrected Item-Total Correlation：当前题目得分与去掉当前题目问卷合计分的 Pearson 相关系数；

Squared Multiple Correlation：以当前题目为因变量，其他所有题目为自变量求得的决定系数 R2；Alpha if Item Deleted：去掉当前题目后问卷的 Cronbach α 系数。

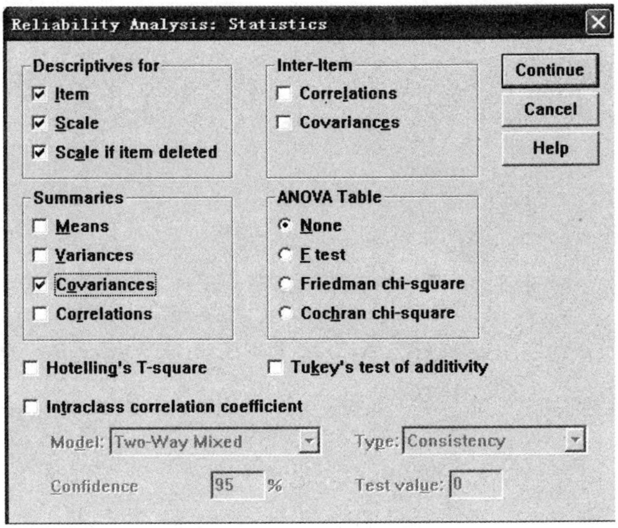

2. 输出结果

SCL90 各条目的敏感性分析结果：

	Item Mean if Item Deleted	Scale Variance if Item Deleted	Scale Item-Total Correlation	Corrected Alpha if Item Deleted
A1	31.7250	1272.7173	0.6397	0.9736
E2	31.7500	1253.6282	0.8027	0.9732
B3	31.8250	1261.0712	0.7408	0.9734
A4	31.7500	1259.7821	0.7557	0.9733
D5	31.7000	1278.2667	0.3872	0.9740
C6	31.8250	1300.0455	0.0596	0.9745
I7	31.9000	1279.0667	0.5320	0.9737
H8	31.5750	1255.1224	0.7590	0.9733
B9	31.2750	1259.2301	0.6572	0.9735
E86	31.1750	1272.8147	0.3764	0.9742
I87	31.9250	1277.1481	0.6231	0.9736
I88	32.0500	1282.9718	0.6057	0.9737
J89	32.2000	1304.1641	0.0000	0.9741
I90	32.1750	1302.7122	0.1250	0.9741

【资料卡 6-1】

信度的定义除本章的定义外,还可以从理论和操作两个层面给出定义。

1. 理论定义:传统的信度理论认为,每一个测验的实得分数 (X) 总是由真实分数(T) 和误差(E), 两个部分构成的,公式为:

$$X = T + E$$

讨论一组测验分数的特性时,可用方差导标具体分数,公式:

(测验实得分数的方差) = (测验真分数的方差) + (测验误差的方差)

2. 操作定义:

定义 1:一组测量分数的真分数变异数(方差) 与总变异数(总方差、实得分数的方差) 的比率,或者是真实分数方差占总方差的百分比。计算公式:

$$\tau_{xx} = S_T^2 / S_X^2$$

定义 2:信度乃是一个被试团体的真分数与实得分数的相关系数的平方。即

$$\tau_{xx} = P_{tx}^2$$

定义 3:信度乃是一个测验 X(A 卷) 与它的任意一个"平行测验"X'(B 卷) 的相关系数。即 $\tau_{xx} = P_{xx}^2$。

本章小结

本章通过对调查问卷的回收与整理进行概述,明确了调查问卷的回收方式、提升调查问卷的回收率的有效途径以及调查问卷整理的步骤和整理的原则;并针对调查问卷的审核与编码工作和调查数据的插补与离群值处理给予详细的论述;最后,调查问卷的信度和效度分析和评价方法,以及效度和信度的关系进行了系统的阐述。

思考练习

1. 调查问卷的回收方式有哪些?如何提高调查问卷的回收率?
2. 常见的缺失数据插补方法有哪些?举例说明。
3. 如何对调查问卷的进行审核与编码?
4. 调查问卷的信度和效度分析和评价方法有哪些?

【案例分析】

企业员工工作满意度实证研究

随着社会的进步,人才竞争变得日益激烈,为了吸引、稳住人才,各企业家都将目光重点投向自己的员工,更加关注员工的需要和感受。哈佛大学的一项调查研究表明:员工满意度每提高 3 个百分点,企业的顾客满意度提高 5 个百分点;员工满意度达到 80% 的公司,平均利润率增长要比同行业其他公司高出 20% 左右。通过员工满意度调查,可以明确企业在管理中存在的问题,根据发现的问题,提出针对性的解决方案,在实践中

予以解决和改进，比如监控企业绩效管理的成效，及时预知企业人员的流动意向。

工作满意度的概念最早由霍波克（Hoppock）在其著作《Job Satisfaction》中提出，工作满意度是工作者心理和生理两方面对环境因素的满足感受，即工作者对工作情境的一种主观反应。回顾以往的研究，工作满意度的含义可分为三类：第一类，综合性定义；第二类，与期望差距的定义；第三类，参考架构性定义。本研究将结合综合性定义来测量整体工作满意度，即员工工作满意度是指员工对工作本身及工作相关各个方面的一种态度和看法，包括对企业、工作本身、工作回报、管理者、同事关系和工作环境等方面的满意程度。

Porter 和 Steers 提出离职倾向是当员工经历了不满意以后的一个退缩行为。离职倾向是预测离职行为的重要方法。相关研究发现，员工满意感对员工的缺勤、怠工、离职以及绩效等都有一定的影响和预测作用。了解员工的离职倾向，针对高离职倾向的员工，加强沟通与辅导，改善管理，减少不必要的员工离职，减少组织的损失。

一、问卷设计与调查

1. 问卷设计

问卷的第一部分是个人的基本情况，包括性别、工龄、年龄、学历等内容。第二部分是员工工作满意度问卷，借鉴了国内外相关研究[3]，结合我国和 S 公司实际情况，提出调查的七个维度，分别是：①对企业的满意，包括对公司发展前景、管理制度等的满意度；②对领导的满意度，包括对不同层面管理工作的满意度等；③对工作回报的满意度，包括对绩效管理、报酬、福利、培训与晋升等的满意度；④对同事关系的满意度，包括人际沟通等的满意度；⑤对工作本身的满意度，包括工作胜任感、成就感等；⑥对工作环境的满意度，包括工作环境，工作气氛等；⑦对生活的满意度，包括生活娱乐设施等的满意度。第三部分，离职倾向。问卷采用 5 级评分法。

2. 样本情况

本次调查的 S 制药企业，是国家“863”计划和国家“十一五”科技支撑计划等国家重点科技计划项目承担单位，公司设备先进，崇尚科学的管理方法。为确保问卷调查的可靠性，问卷由经过培训的第三方——心理学研究生，统一发放，当场填写收回。共发放调查问卷 220 份，收回 196 份，剔除无效问卷 14 份，共获得有效问卷 182 份，有效回收率为 82.7%，其中男 90 人，女 92 人；生产部门 120 人，管理部门 62 人；29 岁及以下 104 人，30 岁至 39 岁 51 人，40 岁及以上 27 人；学历：初中 18 人，高中或中专 82 人，大专及以上 82 人；工龄在 5 年以下有 31 人，6 至 10 年 95 人，11 年及以上 56 人。

3. 方法

本研究选用的统计方法有相关分析、回归分析、方差分析等。首先，对自编问卷的信效度检验；其次，了解 S 企业员工工作满意度水平，讨论员工满意度各维度与离职倾向的关系；最后，比较不同人口统计特征的员工满意度差异。数据分析使用 SPSS11.5 软件。

二、数据分析

1. 问卷的信度和效度检验

采用内部一致性系数（Cronbach's alpha）进行信度检验，工作满意度问卷各分问卷内部一致性 a 系数均在 0.64 ~ 0.90，问卷总体 a 系数为 0.95，离职倾向问卷内部一致性为 0.68，说明工作满意度问卷和离职倾向问卷具有较好的可靠性。

通过计算各分问卷与总问卷之间的相关系数作为本工作满意度问卷的内容效度，各分问卷与总问卷的相关系数均在 0.37 ~ 0.88 之间，具体如表 1 所示，并且所有相关系数的 $P<0.01$，说明问卷的内容效度较好。

2. 员工工作满意度的描述性统计

从S企业员工工作满意度的总体情况来看，员工工作满意度处于中等水平，总体平均值为3.25. 具体来看，员工在同事关系上的满意度最高，其次是工作本身和工作环境，员工在工作回报上的满意度最低。这说明员工对同事间关系和睦和对工作本身的认可，但也反映出与员工对福利、培训发展等方面存在不满足的需求，有待企业改进。员工有中等偏下的离职倾向，总体平均值为2.76，比较愿意留在本单位工作。

3. 员工工作满意度与离职倾向的关系

相关分析发现，离职倾向与员工对企业、生活、领导、工作回报、同事关系、工作本身、工作环境和总体满意度都有显著的负相关。员工的工作满意度越高、离职倾向越低。

进一步了解工作满意度各变量对离职倾向的解释能力是否存在不同，以离职倾向为因变量，企业、生活、领导、工作回报、同事关系、工作本身和工作环境为自变量，进行逐步回归分析，工作本身和领导能显著负向预测员工的离职倾向。员工对工作本身的满意度越高，离职倾向越低；员工对领导的满意度越高，离职倾向越低。具体所示：

逐步回归分析结果

变量	回归系数	B	标准误差	标准回归系数	Betat Sig. R	决定系数	R^2	调整后 R^2	F 常数
工作本身	−0.343	0.086	−0.323	−4.000	0 .000	0.469	0.220	0.215	50.73
领导	−0.250	0.083	−0.243	−3.008	0 .003	0.507	0.257	0.249	31.02

思考题

请结合数据分析问卷的信度和效度检验、员工工作满意度的描述性统计和员工工作满意度与离职倾向的关系，从薪酬制度、企业文化角度为该企业提出合理化建议。

第七章

Chapter 7

调查资料的数据统计分析

【学习目标】

(一)知识目标

通过对本章的学习,要求学生了解数据统计分析的特点、类型、步骤、重要作用。

(二)技能目标

利用现有的统计分析软件,掌握基本的数据统计分析操作技巧。

【导入案例】

中国女性减肥产品市场分层研究

根据研究的目的和设计、数据类型和特征,该研究选用了因子分析、聚类分析、方差分析和频数分析等统计分析方法。

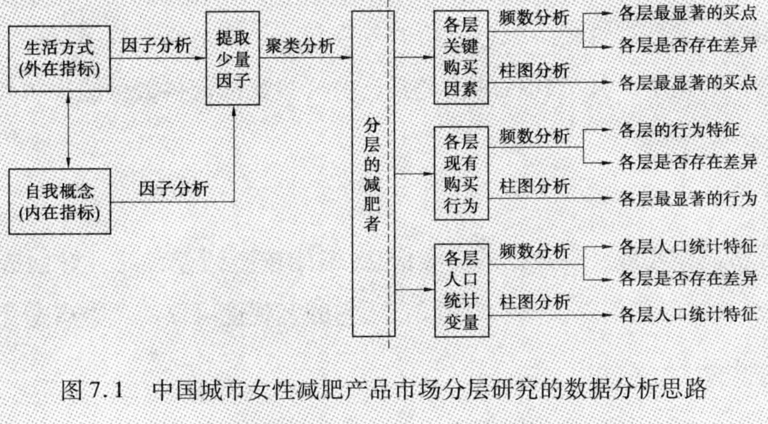

图 7.1　中国城市女性减肥产品市场分层研究的数据分析思路

首先对描述生活方式的35个变量进行因子分析,提取了9个生活方式子;然后选取上述9个因子作为聚类变量,采取分层聚类方法将样本聚为三类;接着用方差分析比较各层间在生活方式和自我概念方面是否存在显著差异;最后用频数分析方法对各层的关键购买因素和人口统计变量进行描述和比较,勾画出几个细分市场的特点。

资料来源:周春峰,等《中国大中城市女性减肥品市场消费者分层研究》,内部报告,2003

调查资料的统计分析是市场调查程序中的重要阶段,根据不同的调查目的,针对不同的类型的调查数据,采用不同的统计分析方法有效地满足调查目的。按照统计学的主要功能来划分,数据统计分析分为描述统计和推论统计;根据涉及的变量的多少,分为单变量、双变量和多变量数据统计分析技术。

第一节　数据统计分析的概述

所谓数据统计分析,就是在数学科学基础上运用各种方法对事物数量特征进行分析,进而揭示出事物的特征及其规律性的分析方法。统计分析作为一种认识方法,它以掌握事物总体的数量特征为目标,一方面在社会现象的质和量的辩证统一中着重研究其数量特征;另一方面从整体出发,研究大量社会现象的总体数量特征。

一、数据统计分析的特点

(一)数量化

数据统计分析的首要特点就在于它是对事物的数量方面进行研究。它的分析对象就是在调查过程中获得的大量数据资料。统计分析的过程和结果都是通过数字、符号、公式和图表等数学语言表达的。数据统计分析的目的就是要反映这些数据资料数量的现状和发展变化的规律。

(二)客观性

数据统计分析应如实地反映数据的真实信息,不能按照调查者的喜好创造或增加某种信息,也不能按调查者的厌恶消除或减少某种信息,它的客观性可以使调查者避免很多错误。

(三)系统性分析

数量统计分析的研究对象是事物现象的总体数量特征。影响事物现象变化和发展的因素有很多,而且它们之间又相互联系,相互影响,相互制约。数据统计分析可以综合地、系统地考察各因素之间的关系。

(四)方法与工具

数据统计分析只是一种调查研究的方法和工具。它要受调查研究的对象、目的和任务的严格制约。调查研究的具体课题决定了数据统计分析的具体目的和任务,决定了它所要采取的具体方法。

(五)科学性

统计分析是建立在数学科学基础之上的,它所采用的方法、程序都有科学的依据。统计分析的运算结果、推论估计是相当精确的,在预测时,既能指出可能的范围,又能指出其把握程度。

二、数据统计分析的类型和步骤

(一)数据统计分析的类型

1. 按照统计学的主要功能来划分

(1)描述统计分析。描述统计是指对调查获得的大量数据资料进行系统的描述。在调查过程中,对于收集大量的数据资料,我们很难直观发现其价值及规律性。因此,研究者想要了解资料反映了什么,通过描述统计可以全面地反映出大量资料所包含的数量特征和数量关系。我们可以通过次数和比率、平均数、标准差、相关系数等计算方法对原始数据进行整理、分析,制作图表,计算集中趋势和离散程度,测定两个或两个以上的现象变量之间的关系等,将大量纷繁复杂的数据简化,使其中蕴含的信息清晰地呈现出来。

(2)推断统计分析。推断统计也叫统计推论。它是在描述统计的基础上,应用概率理论,从样本资料中显露出来的信息去推断总体的一般情形。受时间和财力的限制大量的市场调查只能采用抽样调查,在调查总体中选取部分样本进行研究,然后,再把样本的结论推断到总体中去。所以推断统计是抽样调查中必不可少的一环。

推断统计主要包括两个部分:一是从样本的统计值对总体的参数进行估计;二是进行统计假设检验。

【资料卡 7-1】

表 7.1 数据的四种计量尺度及其适用统计方法的比较

类型	尺度	基本性质	市场调查案例	适用的统计方法	
				描述统计方法	推论统计方法
定性数据	定类尺度	表明对象或其类别的数字	性别，品牌，商店	比例，众数	χ^2 检验，二项式检验
	定序尺度	表示对象的相对位置，但不能表示差异大小的数字	偏好排序，在市场中的位次，社会层次	比例，众数，中位数	顺序相关系数，Friedman ANOVA
定量数据	定距尺度	可以比较对象间的差异，但不存在“绝对零点”	态度，意见	中位数，全距，均值，标准差	相关系数，t 检验，ANOVA，回归，因子分析
	定比尺度	存在“绝对零点”，可以计算对象间的比率	年龄、收入、成本、销售量、市场份额	全距，均值、标准差、几何均值，调和均值	变异系数

①定类尺度。定类尺度(nominal scale)也称列名尺度或名义尺度，是测量尺度中层次最低的计量尺度。它按照某种属性对事物进行分类，是判断“属于/不属于”的基准。它用于测量定类变量，如性别分为男和女，可以用编号 1 表示男，2 表示女。但这里的数字(如 1 和 2)并不能区分大小或进行加减乘除数学运算，只能计算各类别的频数或频率。在市场调查中，定类尺度常被用来度量被访者、品牌、属性、商店等对象。

②定序尺度。定序尺度(ordinal scale)也称顺序尺度，比定类尺度高级，不仅能将事物分成不同的类别，还可以确定这些类别的优劣或顺序，是判断“A 比 B”的基准。它用于测量定序变量，如文化程度分为大专及以上、高中、初中、小学及以下四类，编号分别为 4，3，2，1。这里的数字除了可以计算各类别的频数或频率外，还可以比较大小，但不能进行加减乘除数学运算。在市场调查中，定序尺度常被用来度量相对态度、意见、感觉、偏好等。

③定距尺度。定距尺度(interval scale)也称间隔尺度，度量层次高于定序尺度，不仅能将事物分成不同类别并进行排序，还可以准确地计量它们间的差距。用于测量定距变量，如考试成绩，90 分比 80 分高 10 分。这里的数据除可以分类或比较大小外，还可以进行加减运算。由于没有“绝对零点”，不能进行乘除运算。在市场调查中，等级量表中的态度数据经常被作为定距变量处理。

④定比尺度。定比尺度(ratio scale)也称比率尺度，是最高层次的度量尺度，除具有以上三种尺度的所有特性外 4 还具有“绝对零点”，因此，除了可以分类、比较大小以及加减运算以外，还可以进行乘除运算，计量测度值间的比值。例如“收入，0 表示：没有收入”，这样的 0 称为“绝对零点”，这时不仅可以说 1 000 元比 800 元多 200 元，还可以说 1 000 元是 500 元的 2 倍。而对于定距变量，如温度是 0℃就不

能说是“没有温度”,也不能说温度为30℃是15℃的2倍。在市场调查中,销售额、成本、市场份额、消费者数量等都是定比变量。

以上四种尺度对事物的度量层次是由低级到高级,由粗略到精确逐步递进的。高层次计量尺度的数据可以转化成低层次计量尺度的数据;反之不行,即低层次计量尺度的数据不能转化成高层次计量尺度的数据。低层次计量尺度的数据适用的统计方法高层次计量尺度的数据也适用;反之也不行,即高层次计量尺度的数据适用的统计方法低层次计量尺度的数据并不适用。定类尺度和定序尺度的数据统称为定性数据,定距尺度和定比尺度的数据统称为定量数据。

资料来源:简明. 市场调查方法与技术(第二版). 中国人民大学出版社, 2009.

2. 按涉及的变量多少来划分

(1)单变量统计分析。即通过对某一变量数据进行计算分析,对其数量水平或其他特征进行概括,或对总体进行推断。单变量分析主要集中在单变量的描述和统计推断两个方面,在于用最简单的概括形式反映出大量样本资料所容纳的基本信息,描述样本数据中的集中或离散趋势,单变量统计推断则是从样本资料来推断总体的情况,主要包括参数估计和统计假设检验。

(2)双变量统计分析。双变量分析目标是确定两个变量之间的相关性,测量它们之间的预测或解释的能力。测量的程度不同,使用的分析方法也不同。

(3)多变量统计分析。多变量统计分析是统计方法的一种,包含了许多的方法,最基本的为单变量,再延伸出来的多变量分析。当统计资料中有多个变量(或称因素、指标)同时存在时所采用的统计分析,是统计学的重要分支,是单变量统计的发展。

(二)数据统计分析的步骤

(1)明确数据统计分析的目的。这是进行数据统计分析首先解决的问题。数据统计分析是为调查研究服务的,它一种统计分析的工具,必须根据调查研究的目的和任务来决定统计分析的对象、提纲和各阶段的统计方法的选择,使整个统计分析围绕调查研究的课题而进行,有效地完成调查研究的目的。

(2)统计资料的整理工作。在进行统计分析之前必须要对原始资料进行处理和加工,使之规范化、系统化和条理化。这是数据统计分析必要的准备工作,具体包括资料的审核、汇总、分组及制作统计图表等等。

(3)确定变量类型选用统计方法。根据市场调查中所得到不同类型的数据须选用不同的数据统计方法,否则其统计出来的结果便无意义。例如,对定类变量就不能选用平均数的方法。因此,统计分析中必须首先弄清楚资料的变量类型,选用适当的方法。

(4)计算统计值。计算统计值是统计分析中的基本任务。这就是根据资料所设计的变量类型选用恰当的统计方法按照调查研究的目的和任务来具体计算现象的集中趋势、程度、相关系数、回归系数等,即计算出研究所需要的能反映全部数据总体特征的代表性统计值,使原始数据中所包含的信息显示出来。

(5)统计推论。在进行抽样调查时,计算出样本值以后,必须对总体特征进行系统推论,从计算出来的样本统计值推断总体相应参数,并进行统计假设检验。

这五个步骤连接在一起,就构成了调查研究的统计分析的基本内容。

三、数据统计分析的作用和要求

1. 数据统计分析的作用

(1)有利于提供一种简洁、清晰、明确化的语言,使调查研究人员能够进行科学的定量分析。任何事物总是具有质和量两种特性。有了数据统计分析就能使我们在调查研究中对现象量的方面的进行研究,特别是抽样调查研究,并使折中研究逐渐接近于自然科学的准确度。例如,学者对独生子女政策实行前的行为进行研究,可以发现生育行为受文化程度的影响比较大。从总体上看,文化程度高的妇女,其子女的数量少于文化程度低的妇女。用定性的分析方法只能得出这样一个概率认识。如果采用定量方法进行分析就可以把这种关系提炼成一个学公式:$Y=4.38-0.16X$。Y 代表任何一个妇女的生育子女的数量,X 代文化程度。从这个方程式可以看出,每提高一组文化程度,就可以少生 16 个孩子。

(2)有利于我们驾驭大量调查资料,方便了数据资料的显示、储存和比较。

(3)有利于我们认识复杂的社会现象,找出其中内在的联系及其规律性。

(4)有利于我们较为准确地预测社会现象的发展变化趋势。它不仅能预测某一社会现象将要发生什么变化,而且能估计出这种预测本身有多大的可靠性。

(5)经常地运用统计分析,对调查研究人员本身思维方法和调查研究态度也有很大的影响,有助于调查人员避免“先入为主”的片面性,培养思维上和行动上的严密性和准确性。

2. 数据统计分析的要求

数据统计分析在调查中有着十分重要的作用,但数据统计分析只是调查研究过程中的一个环节,只有把它放在恰当的位置上,才能充分认识和发挥它的功能。

第一,数据统计分析应与前面几个环节结合起来。统计分析只是调查中的一个环节,它必须与整个调查过程相联系,才能发挥自己的作用。在调查开始的几个环节上,就必须认认真真、老老实实地开展工作,才能为统计分析提供真实可靠的原始资料和科学的指标变量。

第二,数据统计分析必须和定性分析结合起来。统计分析不可能代替定性分析。它只是一种与定性分析相互补充的定量分析手段。离开了定性研究,离开了调查的目的和任务,统计分析就只能是无味的数学游戏。统计分析在调查中有着十分重要的作用,但统计分析毕竟只是调查研究过程中的一个环节和一种方法,只有把它放在恰当的位置上,才能充分认识发挥它的功能。

第三,数据统计分析必须和严肃认真的工作态度相结合。在调查统计分析中面临的是大量的数据资料,任何粗枝大叶、马虎了事都可能导致数据上和过程上的错误,从而使统计分析

"差之毫厘,谬以千里"。

第四,数据统计分析必须与调查目的相结合。正确的调查目的就是要实事求是地弄清问题的事实真相。

第二节　单变量数据统计分析

一、描述性统计分析

描述性统计分析是市场调查资料分析中最常见的定量统计分析方法,主要用于描述和评价调查对象的数量特征和规律。如规模、水平、结构、集中趋势、离散程度、发展速度、发展趋势等等。单变量描述性统计分析的目的在于对样本所有元素在某一方面的观测值进行概括性的描述。下面主要介绍单变量数据的中心趋势分析和数据的离散程度分析和数据的相对分析的方法。

(一)数据的中心趋势分析

1. 数据中心趋势分析的定义

数据中心趋势分析,是对调查总体的特征进行准确描述的重要前提。中心趋势是指数据分布趋向集中于一个分布的中心。其表现是次数分布中心附近的变量值的次数较多,而相距次数分布中心较远的变量值的次数较少。中心趋势对大量数据的共性作了科学的抽象,能够说明被研究的对象在具体条件下的一般水平,所以在统计分析中有广泛的应用。

2. 中心趋势值的意义

第一,说明在一定条件下某一社会现象数量的一般水平。如用人均国民生产总值(GDP)来反映经济生活水平,用人均住宅面积反映居住的水平。

第二,估计或预测某一调查总体中各具体单位的数值。例如,用平均亩产量来估计该地区每块土地的粮食产量。尽管这种估计和预测也未必准确,但比用其他数值进行预测所发生的错误要小得多。

第三,可以用来进行两组数据间的比较,以判断一组数据与另一组数据的数值差别。这种比较即可以是时间上的纵向比较也可以是时间上的横向比较。

第四,可以用来分析社会现象之间的依存关系。如通过调查受教育程度不同的社会群体的人均收入水平的变动情况,可以发现人们的受教育状况与收入水平之间的依存关系。

3. 反映数据中心趋势的常用指标

(1)平均值:平均值是总体中各单位数值之和除以标志值项数得到的数值。平均值的具体计算方法有简单算术平均值、加权算术平均值、调和平均值和几何平均值等多种,其中算术平均值是最简单、最基本的形式,它又视资料分组与否而有简单算术平均值和加权算术平均值之分,见

$$\bar{x} = \sum x_i / n \tag{7.1}$$

式中,$\bar{x}$ 为样本在某一特性上的平均值,n 为样本单位数(样本容量),x_i 为第 i 个单位在这一特性上的观察值。利用平均值,可以将处在不同地区、不同单位的某现象进行空间对比分析,以反映一般水平的变化趋势或规律,可以分析现象间的依存关系等,从而拓宽分析的范围。

如果等差或等比量表数据是以组、群或层的形式出现的,那么可以用下面的公式计算其平均值:

$$\bar{x} = \frac{1}{n}\sum_{i=1}^{k} f_i \bar{x}_i \tag{7.2}$$

式中,$\bar{x}$ 为样本在某一特性上的平均值,n 为样本单位数,f_i 为第 i 组、群或层中的样本单位数,$\bar{x}_i$ 为第 i 组、群或层内平均值,k 为组、群或层数。

例 7.1 某乳品公司用分层随机抽样的方法,对某地区居民的月消费情况进行调查。样本由各年龄段的 80 名居民组成。调查问卷中,没有询问被调查者每月花费在购买乳制品的具体金额。不过,通过相关统计资料,研究者找到了对应于每一组(层)消费者月消费乳制品金额的组内平均值。调查的分组情况、分组单位数目和组内平均值如表 7.2。那么,样本每月花费在乳制品的平均金额是多少?

表 7.2 某地区居民的乳制品月消费情况

年龄	单位数目 f_i	平均值 $\bar{x}_i$	$f_i \bar{x}_i$
15 ~ 19 岁	20	32.5	650
20 ~ 24 岁	30	27.5	825
25 ~ 29 岁	20	22.5	450
30 岁以上	10	17.5	175
合计	80		2 100

解

$$\bar{x} = \frac{1}{n}\sum_{i=1}^{k} f_i \bar{x}_i = 2\,100/80 = 26.25$$

答:样本每月乳制品花费平均金额为 26.25。

(2) 众数:众数是总体中各单位在某一标志上出现次数最多的变量值,也是测定数据集中趋势的一种方法。它克服了平均数指标会受到数据中极值影响的缺陷。某项对大学生每天上网时间的调查所得的资料显示,大多数学生每天上网时间 3 小时,这一数字即是众数。所以,确定众数的方法比较容易。

从分析的角度看,众数反映了数据中出现次数最多的数据的代表值,可以使我们在实际工作中抓住事物的主要问题,有针对性地进行解决。但若出现了双众数甚至多众数现象,则可能说明调查总体不具有同质性,资料可能来源于两个不同的总体。这类结果既可以用来检查方案设计中的总体一致性问题,也可以用来帮助验证数据的可靠与否。在三个集中趋势分析指标中,众数的适用范围最广。

(3) 中位数:中位数是总体中各单位按其在某一标志上数值的大小顺序排列时,居于中间位置的变量值。在某些情况下,用中位数反映现象的一般水平比算术平均数更具有代表性,尤其对于两极分化严重的数据。中位数的主要优点在于较少受极端值的影响,其主要缺点是较难用于推断性数据分析。例如:在一次购物中心拦截访问中访问了9位酸奶消费者(平均每天喝1杯以上)。

询问他们每天喝多少杯酸奶。他们的回答见表7.3。

表7.3　被访者每天消耗酸奶数量　　单位:杯

被访者编号	1	2	3	4	5	6	7	8	9
数量	2	2	1	3	1	2	1	2	4

在上例中,算术平均值=2杯,中位数=2杯,众数=2杯。

(4) 调和平均数:又称倒数平均数,是指各变量值倒数的算术平均数的倒数。一般用符号 $\overline{X}_H$ 表示,计算公式

$$\overline{X}_H = \frac{n}{\sum \frac{1}{x_i}} \tag{7.3}$$

公式中 x_i 代表各单位的数值,n 代表样本的个数。调和平均数是集中趋势的测度值之一,是平均数的另一种表现形式,适合用于定比数据的分析,同样也容易受到极端值的影响。算术平均数和调和平均数并无本质区别,只是由于掌握现象总体的资料不同而采用不同的算法。在实际中,往往由于缺乏总体单位数的资料而不能直接计算算术平均数,故需用调和平均法来求得平均数。调和平均数是算术平均数的一种变形。

(5) 几何平均数:是指 n 个变量值乘积的 n 次方根,一般用符号 $\overline{X}_G$ 表示,适用于对比率数据的平均,主要用于计算平均增长率与平均发展速度。

计算公式为

$$\overline{X}_G = \sqrt[n]{x_1 x_2 \cdots x_n} = \sqrt[n]{\prod_{i=1}^{n} x_i} \tag{7.4}$$

【资料卡7－2】

表7.4　数据类型和所适用的集中趋势统计量

数据类型	类别数据	顺序数据	等距数据	等比数据
适用统计量	众数	中位数	平均数	平均数
		四分位数	中位数	调和平均数
		众数	四分位数	几何平均数
			众数	中位数
				四分位数
				众数

如果变量数据呈单峰对称分布(如正态分布),则众数、中位数和均值都相同,选择哪一个都没关系。但是,在偏态分布中,众数、中位数和均值就不再是同一数值了,三者之间差异的大小与方向依赖于偏斜的大小与方向(见图7.2)。在这种情况下,由于众数具有非唯一性及不受极端值影响的特性,因而较适合用来概括集中趋势;相反,由于平均数极易受到极端值的影响,所以在变量数据呈偏态分布时,平均数不适宜对集中趋势进行度量。在不同分布状态下众数、中位数、平均数的关系如图7.2所示。

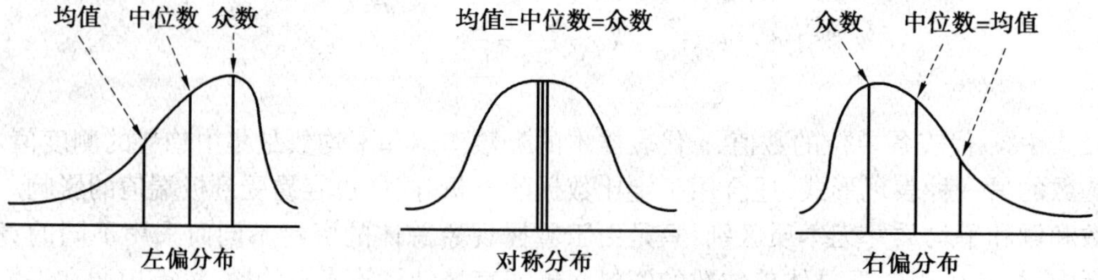

图7.2　不同分布状态下众数、中位数、平均数

资料来源:张灿鹏《市场调查与分析预测》清华大学出版社,2008.

(二)数据的离散程度分析

在市场调查和预测的过程中,除了需对集中趋势进行研究,以反映事物的一般水平外还要对数据分布偏离一般水平或小于中心值的程度进行概括,以反映各单位标志值之间的差异程度,从而更全面、深刻地认识事物的特征。离散趋势通常由全距、极差、平均差、离散系数、方差、标准差等指标反映。

1.全距

全距(也称极差)是数据中的两个极端值的差。一般来说,全距越大,值的代表性越小。所以,全距可以一般性地检验平均值的代表性大小。由全距的计算方法可知,全距是所有标志值中最大值与最小值之差,全距只受最大值和最小值的影响。如果因特殊原因出现特别大或特别小的数值时,全距就不能确切地反映标志值真实的变异程度,可见它只是粗略的测量离中趋势的指标。在实际应用中,当经济现象的离散程度比较稳定时,可用这一指标。

2. 极差

又称全距,是指变量数列中最大变量值与最小变量值之差,一般用符号 R 表示。

其计算公式为:

$$\text{极差} = \text{最大标志值} - \text{最小标志值}$$

根据组距数列求极差的计算公式为:

$$\text{极差} = \text{最高组上限} - \text{最低组下限}$$

根据极差的大小能说明标志值变动范围的大小。

极差是一个粗糙的测度数据离散程度的指标,它仅与两个极端值有关,只受最大值和最小值的影响,而与其他数据以及总体单位数都无关。极差虽然计算简便;但是易受极端影响,不能准确反映全部变量值的实际离散程度。在实际工作中,极差可以用于检查产品质量的稳定性和进行质量控制。在正常生产条件下,产品质量稳定,极差在一定范围内波动,若极差超过给定的范围,就说明有不正情况产生。

3. 平均差

平均差是总体各单位标志值与其算术平均数离差绝对值的算术平均数。平均差与平均数代表性的关系,与极差基本一致。不同的是,平均差的计算由于涉及总体中的全部数据,因而能更综合地反映总体数据的离散程度。平均差,即平均离差,它是指将离差数值的总和除以离差的项数的结果,其计算公式为:

$$\text{平均差} = \frac{\sum |X - \bar{X}|}{N} \tag{7.5}$$

平均差数值的意义在于,平均差越大,则表示用众数、中位数和平均数等测算的数值的代表性越小;反之,平均差越小,平均数等的代表性越大。

4. 方差与标准差

这两个指标均是反映总体中所有单位标志值对平均数的离差关系,是测定数据离散程度最重要的指标,其数值的大小与平均数代表性的大小呈反方向变化。方差与标准差是幂的关系,前者是后者的平方。标准差是各个离差平方的算术平均数的平方根,亦称均方根或均方差,其计算公式为:

$$\delta = \sqrt{\frac{\sum (X - \bar{X})}{n}} \tag{7.6}$$

计算标准差的基本原理及其含义与平均差相同,它采用对离差进行平方来消除正负号。

5. 离散系数

上述的各种标志变异度指标,都是对总体中各单位指标值变异测定的绝对量指标。当比较平均数大小有较大差异或者计量单位不同时的两个总体的离散程度时，还需要用离散系数展开进一步的分析。离散系数是测定总体中各单位标志值变异的相对量指标，以消除不同总体之间在计算单位、平均水平方面的不可比因素。常用的离散系数主要是标准差离散系数。其公式：

$$\nu_{\sigma} = \frac{\sigma}{\overline{X}} \times 100\% \tag{7.7}$$

6. **频率**

在数学中的频率是指在相同的条件下，进行了 n 次试验，在这 n 次试验中，事件 A 发生的次数 $n(A)$ 称为事件 A 发生的频数。比值 $n(A)/n$ 称为事件 A 发生的频率，并记为 $fn(A)$。用文字表示定义为：每个对象出现的次数与总次数的比值是频率。频率是一种类别的数据在全部数据中出现的百分比，常用于描述类别量表数据的离散程度。在其他条件相同的情况下，少数类别出现的频率越大，类别量表数据的离散程度越小；各类别出现的频率越相同，类别量表数据的离散程度越大。

【资料卡 7-3】

表 7.5　单变量分析的统计工具

数据的量表性质	描述性分析		推断性分析	
	中心趋势	离散程度	单样本	多样本
等差和等比量表数据	平均值	标准差 全距	区间估计 Z 检验 t 检验	独立样本 t 检验 非独立样本 t 检验
顺序量表数据	中位数	四分位差	K-S 检验	Mann-whitney U 检验 Wilcoxon 方差分析
类别量表数据	众数	频率	卡方检验	卡方检验 Mcnemar Cochran Q

资料来源：庄贵军. 市场调查与预测. 北京大学出版，2009

【资料卡 7-4】

数据挖掘

数据挖掘(Data Mining)，顾名思义就是从大量的数据中挖掘出有用的信息。一般来说，人们认为它是从大量的、不完全的、有噪声的、模糊的、随机的数据集中识别有效的、新颖的、潜在的、有用的以及最终可理解的模式的非平凡过程。它也可理解为是在一些事实或观察数据的集合中寻找模式的决策支持过程。数据挖掘是一门涉及面很广的交叉学科，包括机器学习、数理统计、神经网络、数据库、模式识别、粗糙集和模糊数学等相关技术。它也被称为知识发现,相对来讲,数据挖掘主要流行于统计界(最早出现于统计文献中)、数据分析、数据库和管理信息系统界;而知识发现则主要流行于人工智能和机器学习。

数据挖掘的主要步骤是:数据准备、数据挖掘、结果的解释评估。数据挖掘的主要功能有:分类或预测模型、数据总结、数据聚类、关联规则发现、序列模式发现、依赖关系或依赖模型发现、异常和趋势发现等。

【资料卡 7-5】

利用 SPSS 进行集中和离散趋势的分析

操作步骤:

按【analyze】→【Descriptive Statistics】→【Frequencies】

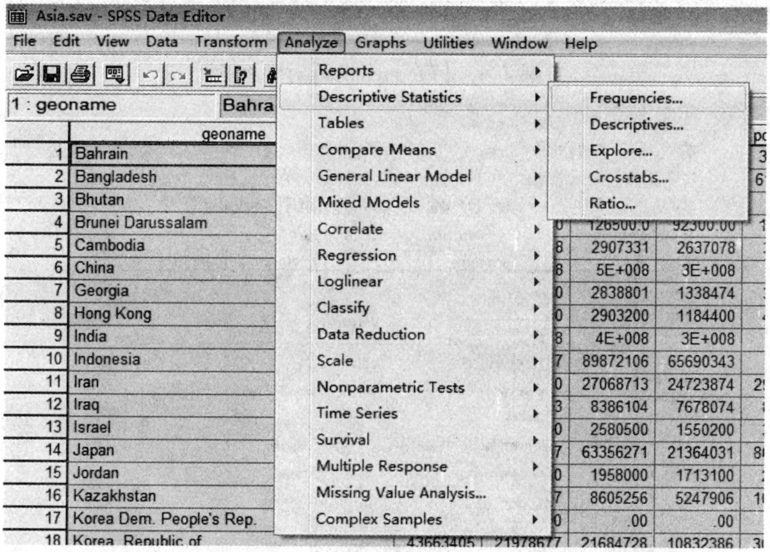

图 7.3　集中和离散趋势操作步骤

出现【Frequencies】对话框

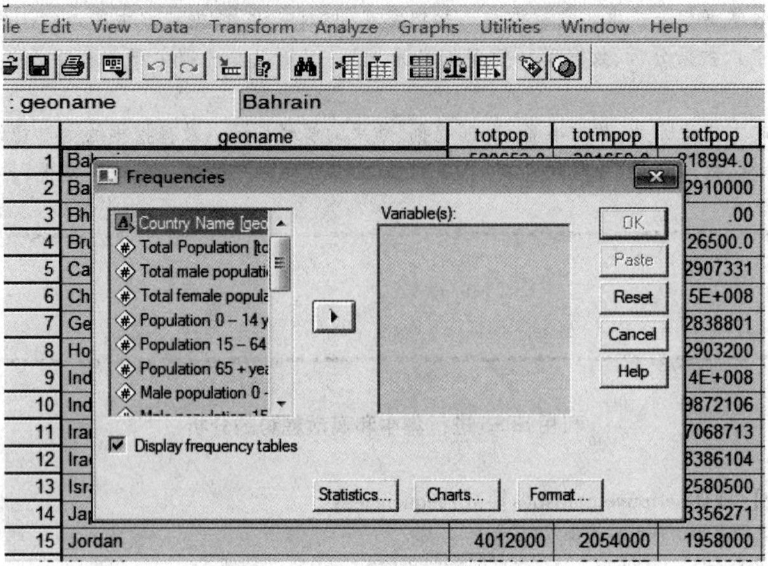

图 7.4 【Frequencies】对话框

点击【Statistics】按钮,按需要选择所需统计量

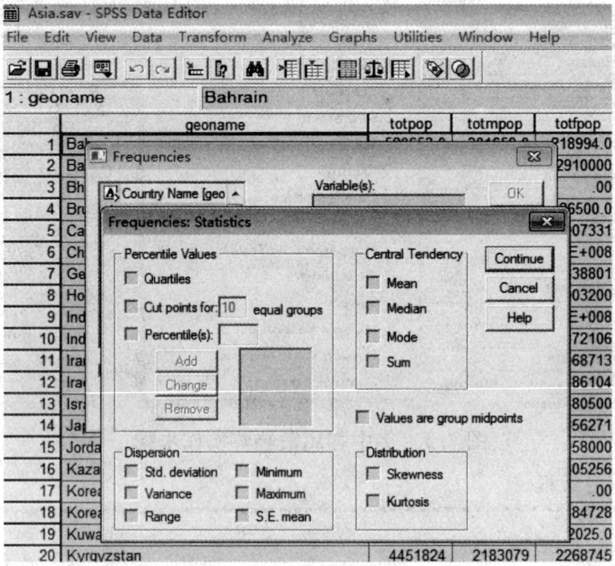

图 7.5 【Frequencies Statistics】对话框

二、推断性分析

企业在进行市场调查活动时，当研究者根据样本的情况来推断总体的情况时，则属于推断性分析问题。对于总体的未来情况研究者则需要根据样本或总体过去的情况和现在的情况来进行推断，这属于预测的问题。

推断性统计分析分为两大类：(1)参数估计，(2)假设检验。所谓参数的估计，就是根据一个随机样本的统计值来估计总体之参数值是多少。例如，根据样本计算出的月消费平均值是700元，那么在总体中平均值是多少呢？根据参数估计统计推论方法，先看样本情况，再推算总体的情况。而假设检验，在逻辑上与参数估计有点不同；它是首先假设总体的情况，然后以一个随机样本的统计值来检验这个假设是否正确。即要先构思总体情况，才进行抽样和分析样本的资料。例如，我们先假设总体的均值是800元，然后根据样本的均值来发问：原先的想法(假设)对吗？由此可见，参数估计与假设检验，虽然都是用来作推断统计，但在逻辑上略有不同；前者是先看样本情况才问及总体的情况，后者则先构思总体的情况，然后才进行抽样和分析样本的资料。

(一)参数估计

参数估计包括点估计与区间估计，即用样本的统计值来推断总体的统计值。

1. 点估计

点估计就是用样本统计值作为总体统计值的估计值。只要样本有足够的代表性，点估计有可能对总体统计值作出比较接近实际的估计。但是，由于点估计不考虑抽样平均误差，所以无法确知估计的把握程度有多大。如：在进行有关小学生身高的研究中，随机抽取2 000名小学生并计算出他们的平均身高为1.45米。如果直接用这个1.45米代表所有小学生的平均身高，那么这种估计方法就是点估计。

2. 区间估计

区间估计是指在一定的把握程度下，根据统计量的抽样分布特征、样本统计值和抽样平均误差，对总体统计值落入的区间范围所作出的估计。其中，把握程度称为置信概率，区间范围称为置信区间。社会统计学中常用的置信度为90%、95%、99%，那么允许的误差分别为10%、5%、1%。置信度可以通过标准正态分布表查出它的Z值，上述置信度Z值分别为1.65、1.96、2.58。如上例中，如果是按区间估计的方法推断小学生的平均身高，则会给出以下表达：根据样本的数据，估计小学生的平均身高在1.4～1.5米之间，可靠程度为95%，这种估计就属于一个区间估计。

区间估计的类别分为两种：(1)第一种是已知允许误差的情况下，求总体统计值落入的置信区间和置信概率。分为总体平均值的区间的估计和总体百分比的区间估计。

①总体平均值的区间的估计公式：

$$Z = \frac{\Delta_{\bar{X}}}{\widehat{\sigma}_{\bar{X}}} = \frac{\Delta_{\bar{X}}}{\frac{S}{\sqrt{n}}} \tag{7.8}$$

② 总体百分比的区间估计公式：

$$Z = \frac{\Delta_P}{\widehat{\sigma}_P} = \frac{\Delta_P}{\sqrt{\frac{P(1-P)}{n}}} \tag{7.9}$$

其中 $\Delta_{\bar{X}}/\ \Delta_P$ 为已知的允许误差，$\widehat{\sigma}_{\bar{X}}/\ \widehat{\sigma}_P$ 为总体方差的估计值，Z 为置信度的数值，S 为样本的标准差，n 为样本数，P 为样本中的百分比。

例 7.2 某市常住居民的人均年食盐需要量的区间估计。

某市常住居民为 70 万人。现采用简单随机方法抽样，对该市常住居民人均年食盐需要量进行调查。共抽取 1 400 人进行调查，得知人均年食盐需要量为 5.6 千克，样本方差为 40.46。如果允许误差为 0.34 千克，请问该市常住居民年食盐需要量 C 的置信区间和置信概率各是多少？

解 ① 计算置信区间。已知 $X = 5.6$，$\Delta_{\bar{X}} = 0.34$ 千克。置信区间为：

人均年食盐量的区间 $5.6 - 0.34 \leqslant u \leqslant 5.6 + 0.34$，即

$5.26 \leqslant u \leqslant 5.94$

$700\ 000 \times 5.26 \leqslant C \leqslant 700\ 000 \times 5.94$

$3\ 682\ 000 \leqslant C \leqslant 4\ 158\ 000$

② 计算置信概率。

$N = 1\ 400$，$S^2 = 40.46$，因为 $n > 30$，所以可以用 S 作为总体标准差的估计值 $\widehat{\sigma}_{\bar{X}}$，根据公式可得：

$$Z = \frac{0.34}{\sqrt{\frac{40.46}{1\ 400}}} = 2$$

查表可得置信概率为 95.45%

答：该市民年食盐量不低于 3 682 000 千克，不高于 4 158 000 千克的把握程度为 95.45%。

（2）第二种是已知置信概率的情况下，求允许误差和置信区间。分为总体平均值的区间的估计和总体百分比的区间估计。

① 总体平均值的区间估计的公式为：

$$\bar{x} \pm Z \times \frac{S}{\sqrt{n}} \tag{7.10}$$

其中 $\bar{x}$ 为样本平均数，Z 为置信度的数值，S 为样本的标准差，n 为样本数。如果置信度为

95% 我们可以用上述的公式计算出置信区间：$\bar{x} \pm 1.96 \times \frac{S}{\sqrt{n}}$；如果置信度 99%，则公式如下：$\bar{x} \pm 2.58 \times \frac{S}{\sqrt{n}}$

例 7.3 我们要估计某地区年轻人的平均工资，所抽取的一个样本是：$N = 250$ 人，$X = 1\,400$ 元，$S = 105$，如果要求置信度是 95%，那么：

$$1\,400 \pm 1.96 \times \frac{105}{\sqrt{250}}$$

即 $1\,400 \pm 13.01$

$$1\,386 \leqslant M \leqslant 1\,413$$

因此我们估计是全区年轻人的平均工资是介于 1 386 元和 1 413 元之间，这个估计的置信度是 95%，5% 误差率。

② 总体百分比的区间估计的公式：

$$P \pm Z\sqrt{\frac{P(1-P)}{n}} \tag{7.11}$$

P 为样本中的百分比。

例 7.4 我们要估计某城镇有多少对夫妻不合。从一个随机样本（$N = 100$）中知道有 20% 的夫妻不合，即 $P = 20\% = 0.02$。如果要求的置信度是 95%，则

$$0.2 \pm 1.96\sqrt{\frac{0.2(1-0.2)}{100}} \approx$$

0.2 ± 0.08，则

$$0.12 \leqslant p \leqslant 0.28$$

由此可见，在该城镇的全体家庭中有 12% 至 28% 的家庭是夫妻不合的，而这个估计的置信度是 95%。如果要求的置信度是 99%，则：

$$0.2 \pm 2.58\sqrt{\frac{0.2(1-0.2)}{100}} \approx$$

0.2 ± 0.1，则

$$0.1 \leqslant p \leqslant 0.3$$

可见有 99% 的机会是：该城镇的夫妻不合家庭所占的比例介于 10% 与 30% 之间。相对之下，也可见到 99% 的置信间距是大于 95% 的置信间距。

（二）假设检验

假设检验是指在总体的分布函数未知或不知总体参数的情况下，为推断总体的特征，要先对总体提出假设，然后根据样本资料对假设的正确性进行判断，决定是接受还是拒绝这一假设的这一过程。假设检验的基本思想是小概率事件原理，即发生概率很小的随机事件在一次试

验中几乎不可能发生。假设检验包括参数假设检验和非参数假设检验。参数假设检验是在总体分布已知的情况下,先对总体参数提出假设,然后利用样本信息去检验该假设是否成立;非参数假设检验是在总体分布未知的情况下,先对总体提出假设,然后根据样本资料对假设的正确性进行判断。

通常将研究者想搜集证据给予支持的假设称为备择假设,或称为研究假设,用 H_1 表示。如当你正在做一项研究,并想使用假设检验来支持你的说法,就应该把你认为是正确的看法作为备择假设。通常将研究者想搜集证据给予反对的假设称为原假设,或称为零假设,用 H_0 表示。确定原假设和备择假设在假设检验中非常重要,它直接关系到检验的结果。

例7.5 一种机器零件的生产标准是直径应为20厘米,为对生产过程进行控制,质量监测人员定期对一台加工机床进行检查,确定这台机床生产的零件是否符合标准要求。如果零件的平均直径大于或小于20厘米,则表明生产过程不正常,必须进行调整。试陈述用来检验生产过程是否正常的原假设和备择假设。

解 设这台机床生产的所有零件平均直径的真值为 m。如果 $m=20$ 表明生产过程正常,如果 $m>20$ 或 $m<20$ 表明机床的生产过程不正常,研究者要检测这两种可能情况中的任何一种。根据原假设和备择假设的定义,研究想搜集证据予以证明的假设应该是“生产过程不正常”,因为如果研究者事先认为生产过程正常,也就没有必要去进行检验了。所以建立的原假设和备择假设应为

$$H_0:m=10 \quad (\text{生产过程正常}),$$

$$H_1:m\neq 10 \quad (\text{生产过程不正常})。$$

检验的目的是要根据样本信息作出是否拒绝原假设而倾向于备择假设的决策。研究者的决策是建立在样本信息的基础之上,而样本是随机的,所以就有出现错误。原假设与备择假设是不能同时成立,即要么拒绝原假设 H_0,要么不拒绝 H_0。我们希望的情况是:当原假设 H_0 正确时没有拒绝它,当原设 H_0 不正确时我们会拒绝它,但很难保证不犯错误。假设检验过程中可能发生下两类错误。

(1)当原假设正确时而拒绝了原假设,所犯的错误被称为第Ⅰ类错误,又称弃真错误。犯第Ⅰ类错误的概率常记为 α。

(2)当原假设错误时没有拒绝原假设,所犯的错误被称为第Ⅱ类错误,又称取伪错误。犯第Ⅱ类错误的概率常记为 β。

因此,在确定检验法则时。我们应尽量使这两类错误出现的概率较小。在固定样本量的条件下,要减少一类错误的概率,则另一类错误发生的概率往往增大。要使这两类错误的概率都减小,除非增加样本容量。在给定样本容量的情况下,我们一般能够控制犯第Ⅰ类错误的概率。这种只控制第Ⅰ类错误不控制第Ⅱ类错误的检验问题,称为显著性检验问题。显著性水平是指当原假设实际上是正确时,检验统计量落在拒绝域的概率。它是人们事先指定的犯第Ⅰ类错误概率的最大允许值。显著性水平越小,犯第Ⅰ类错误的可能性自然就越小,但

犯第 Ⅱ 类错误的可能性则随之增大。实际应用中,显著性水平是我们事先给出的一个值,一般情况下,我们认为犯第 Ⅰ 类错误的后果更严重一些,因此通常会取一个较小的 α 值。著名的英国统计学家 Ronald Fisher 在他的研究中把小概率的标准定为 0.05,所以作为一个普遍适用的原则,人们通常选择显著性水平为 0.05 或比 0.05 更小的概率。常用的显著性水平有 0.01、0.05、0.1 等。

显著性假设检验分析的一般步骤如下:

(1) 对研究总体提出原假设 H_0 和备择假设 H_1,一般把需要通过样本去推翻的观点作为原假设,支持的结论作为备择假设。

(2) 确定显著性水平 α,即能允许的最大犯"弃真"错误的概率,常用的显著性水平有 0.01、0.05、0.1 等。

(3) 确定一个适当的检验统计量,从所研究的总体中抽出一个随机样本,并利用样本数据计算出其具体数值。

(4) 根据样本观察值计算检验统计量的值,计算 P 值。

(5) 比较 P 值和显著性水平,作出决策。

如 P 值小于等于 0.05,拒绝 H_0;反之,接受 H_0。

第三节　双变量统计分析

经济现象之间客观地存在着各种各样的联系,一种经济现象的存在和发展变化必然会受到与之相联系的其他现象存在和发展变化的制约与影响。在进行市场调查过程中,研究者通常对两个或两个以上变量之间的关系感兴趣,这就需要使用双变量统计分析技术。

一、相关分析

相关关系是指一个变量与另一个变量之间存在着非严格的、不确定的依存关系。在社会经济生活中,存在大量的不能用函数精确表达的变量间的关系,然而在大量观察的条件下,可以发现变量之间具有某种统计规律性。例如,收入水平与受教育程度之间的关系,商品的消费量与居民收入之间的关系,销售人员的销售业绩与其受教育程度、处理人际关系的能力、工作满意度和区域市场潜力等之间的关系等。如果一个变量的值发生变化,另一个变量的值也随之变化,则这两个变量就是相关的。相关系数是正确判断两个变量之间共变或关联的统计指标,用于描述两个变量 X 和 r 之间联系的紧密程度。其计算公式为

$$r_{xy} = \frac{\sum (X_i - \bar{X})(Y_i - \bar{Y})}{\sqrt{(X_i - \bar{X})^2 (Y_i - \bar{Y})^2}} \tag{7.12}$$

式中 X_i 和 Y_i 分别为 X 和 Y 的第 i 个观察值,$\bar{X}$ 和 $\bar{Y}$ 分别为 X 和 Y 的平均值,n 为观察值的

个数或样本单位数。相关系数r取值的范围是从 -1.0 ~ 1.0。如果r值等1.0,变量之间就有一个完全正向的线性关系;如果r值等于 -1.0,变量之间就有一个完全负向的线性关系;如果r等于0,就说明变量之间不具有相关性。一个相关系数既说明了线性关系的大小,又说明了这种关系的方向。

【资料卡7-6】

利用Spss进行相关分析

在进行相关分析之前,应该使用Graphs菜单中的Scatter命令作散点图,进行初步的观察,确认两个变量间有相关趋势,再按下列不走进行相关分析

1. 建立数据文件

2. 选择分析变量

按 Analyze → Correlate → Bivariate 顺序单击菜单项,如图7.6所示。

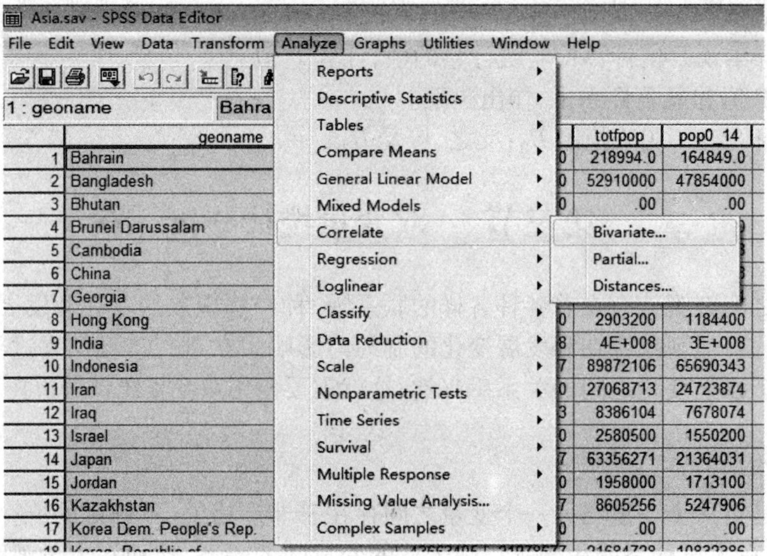

图7.6 进行相关分析

3. 出现二元变量相关分析主对话框,选中要分析的两个变量,按箭头后,放到Variables框中,如图7.7所示。

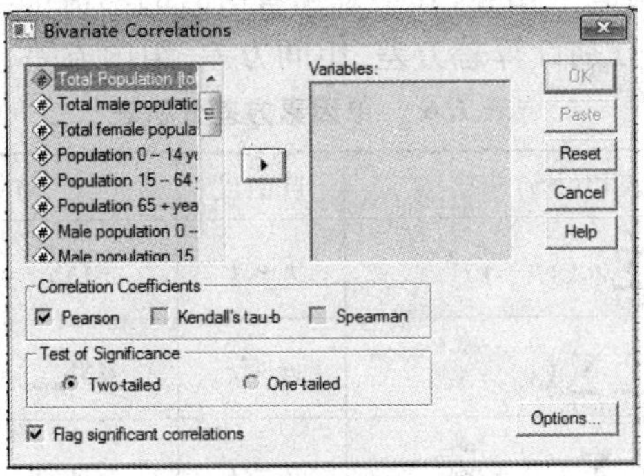

图7.7　选择分析变量

二、方差分析

方差分析用于两个及两个以上样本均数差别的显著性检验。其目的是通过数据分析找出对该事物有显著影响的因素,各因素之间的交互作用,以及显著影响因素的最佳水平等。由于受各种因素的影响,研究对象的观察数据呈现波动状态。造成数据波动的原因分成两类,一类是不可控的随机因素,另一类是可控因素。在市场调查中,我们经常关心某一因素不同水平下对因变量的影响差异是否显著。例如,观看不同媒体的广告的消费者对某品牌的评价是否有显著差异;零售商、批发商和代理商对公司新产品的看法是否有显著差异;在不同的促销手段下,消费者对某品牌商品的购买欲望是否不同;对商场的熟悉程度不同的消费者对该商场的偏好是否不同等。使用方差分析表可以分析这类问题。应用方差分析时一般假定所比较的总体都服从正态分布,而且具有相同的方差。在方差分析中,当涉及的因素只有一个时,称为单因素方差分析;当涉及的因素为两个或两个以上时,统称为多因素方差分析。下面以单因素方差分析为例介绍其思想。

进行单因素方差分析的步骤一般为:

(1) 明确因变量与自变量,建立原假设。

在方差分析中,原假设所描述的是在自变量 X 的每个水平下,因变量 Y 的均值 u 相等。因此,检验自变量的每个水平的总体均值是否相等,需要提出如下形式的假设:

$H_0: u_1 = u_2 = u_3 = u_4 = \cdots = u_n$　　自变量对因变量没有显著影响

$H_1: u_i (i = 1, 2, \cdots, n)$ 不全相等　　自变量对因变量有显著影响

式中 u_i 为第 i 个总体的均值。如果拒绝原假设 H_0,则意味着自变量对因变量有显著影响,也就是自变量与因变量之间有显著关系;如果不拒绝原假设 H_0,则没有证据显示自变量对因

变量有显著影响,也就是说,不能认为自变量与因变量之间有显著关系。拒绝原假设 H_0 时,只是表明至少有两个总体的均值不相等,并不意味着所有的均值都不相等。

(2) 构造检验统计量,分别计算总方差、组间方差、组内方差,建立方差分析表。

表 7.6　单因素方差分析表

方差来源	平方和(SS)	自由度	方差	F 值
组间(因素影响)	$SS_x = \sum_{i=1}^{r} n_i(\overline{y}_i - \overline{y})^2$	$r-1$	$MSS_x = \frac{SS_x}{r-1}$	$F = \frac{MSS_x}{MSS_{error}}$
组内(误差)	$SS_{error} = \sum_{i=1}^{r}\sum_{j=1}^{u_i}(y_{ij} - \overline{y}_i)^2$	$n-r$	$MSS_{error} = \frac{SS_{error}}{n-r}$	
总和	$SS_y = \sum_{i=1}^{r}\sum_{j=1}^{n_i}(y_{ij} - \overline{y})^2$	$n-1$		

资料来源:简明. 市场调查方法与技术. 中国人民大学出版社,2009.

(3) 进行显著性检验:F 检验,计算 P 值,分析结果。

如果 P 值高于显著性水平则接受原假设,认为自变量对因变量没有显著影响;如果 P 值低于显著性水平,则拒绝原假设,认为自变量对因变量有显著影响。

【资料卡 7-7】

用 Excel 进行方差分析的操作步骤

第一步:选择【工具】下拉菜单;选择【数据分析】选项

第二步:在分析工具中选择【单因素方差分析】,然后单击【确定】

第三步:当对话框出现时。

在【输入区域】方框内键入数据单元格区域。

在【α】方框内键入 0.05(可根据需要确定)。

在【输出选项】中选择输出区域。

例:消协对 4 个行业的服务质量进行评价,分别从 4 个行业中各抽取 6 个企业进行调查,统计其一年内被投诉的次数,每个行业抽取的企业假设其服务对象、服务内容、企业规模基本都相同。调查结果见表 7.7。

表 7.7　消费者对 4 个行业的投诉次数

乳品制造业	方便面制造业	饮料制造业	饼干制造业
57	68	31	88
66	39	49	51
49	29	21	65
40	45	34	77
55	56	40	58
44	98	30	78

下面利用 EXCEL 2007 软件进行方差分析。

1. 点击【数据分析】,选中【方差分析:单因素方差分析】,按【确定】,如图 7.8 所示。

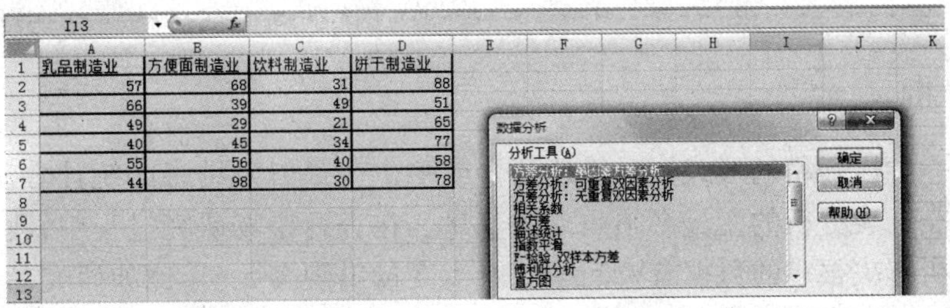

图 7.8　【数据分析】对话框

2. 在【输入区域】选中原始数据所覆盖的区域;在【α】方框内键入 0.05(可根据需要确定),在【输出区域】输入相应区域位置,点击【确认】,如图 7.9 所示。

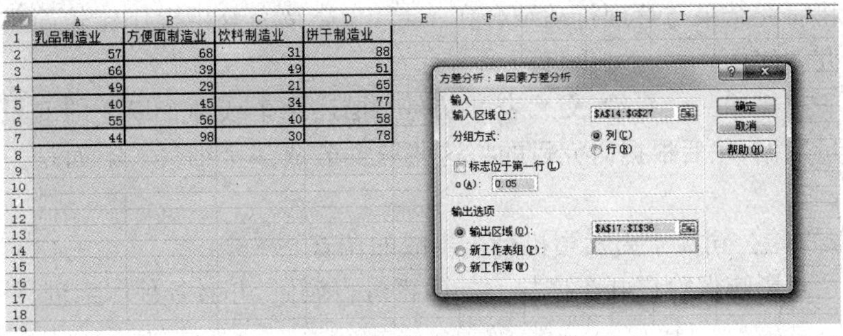

图 7.9　【单因素方差分析】对话框

3. 得出结果,如图 7.10 所示。

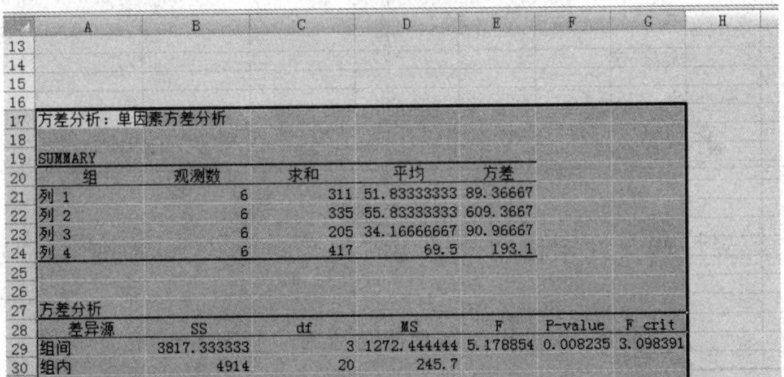
方差分析:单因素方差分析

SUMMARY

组	观测数	求和	平均	方差
列 1	6	311	51.83333333	89.36667
列 2	6	335	55.83333333	609.3667
列 3	6	205	34.16666667	90.96667
列 4	6	417	69.5	193.1

方差分析

差异源	SS	df	MS	F	P-value	F crit
组间	3817.333333	3	1272.444444	5.178854	0.008235	3.098391
组内	4914	20	245.7			
总计	8731.333333	23				

图 7.10　单因素方差分析结果

结果表明 P 值小于0.05,拒绝原假设,即 $H_0:u_1=u_2=u_3=u_4=\cdots=u_n$ 不成立,行业的不同对投诉次数的影响是显著的。

三、交叉表分析

交叉表是一种以表格的形式同时描述两个或多个变量以及结果的统计方法,反映了变量的联合分布。交叉表分析的变量必须是离散变量。在进行市场研究过程中,我们可以通过简单的描述性分析解决很多的数据分析问题。但当变量出现多元时,比如研究品牌的使用者与职业之间的关系,研究品牌的消费者特征与消费行为的关系等问题时,通常要求将两个变量联系起来进行分析。在这些情况下,通常采用交叉表分析。交叉表分析在商业性市场营销研究中被广泛使用,原因有:①交叉表分析使结果简单明了,将复杂的数据简单化,便于理解;②清晰的解释易于将研究结果与管理行动结合在一起;③交叉表分析操作比较简单,容易掌握,适用于一般的研究者使用。

频数分布一次描述一个变量,交叉表可以同时描述两个或两个以上的变量。交叉表方法的起点是单变量数据,然后根据研究目的将这些数据分成多个细目。下面是一个描述交叉列表分析应用的例子。

例7.6 某保险公司关于男女司机行车事故的调查。

某保险公司对影响保险户开车事故率的因素进行调研,并对各种因素进行了交叉表分析,见表7.8。

表7.8 司机交通事故率统计

类别	比率%
无事故	60
至少有一次事故	40
样本总人数	18 000

为了更好地了解男性和女性司机在交通事故出现频率的区别,结合性别信息进行二维交叉列表分析见表7.9。

表7.9 男女司机交通事故率的交叉表分析

类别	男%	女%
无事故	55	65
至少有一次事故	45	35
样本总人数	9 000	9 000

表7.9显示,男性司机的交通事故率比女性司机的交通事故率高出10%。我们想进一步考察男士交通事故较多的原因。于是引进第三个变量"行驶距离",考察该变量对交通事故率的影响,得到三维交叉表7.10。

表7.10　不同驾驶距离下的事故率

类　别	男/%		女/%	
驾驶距离	>1万公里	≤1万公里	>1万公里	≤1万公里
无事故	51	73	50	73
至少一次事故	49	27	50	27
样本总数/人	7000	2000	2500	6500

表7.10显示,男士驾驶者的高事故率是由于他们的驾驶距离较长,从而证明了驾车事故率与驾驶距离成正比,而与驾驶者的性别无显著关系。

需要注意的是交叉表分析只能用于有数据基础的变量分析,它描述的是变量间关系,但不一定是因果关系。交叉列表有两个局限。其一,如果需要考虑多个变量,样本容量必须要大;其二,很难保证对所有的相关变量进行了分析,如果变量选择不当会得出错误的结论。即使变量选择得正确,研究者也许会因使用不当法找到真正的关系。

【资料卡7-8】

如何用SPSS进行交叉列表分析

具体步骤如下:

利用菜单选项:【Analyze】→【Descriptive Statistics】→【Crosstabs】,出现以下窗口。如图7.11所示。

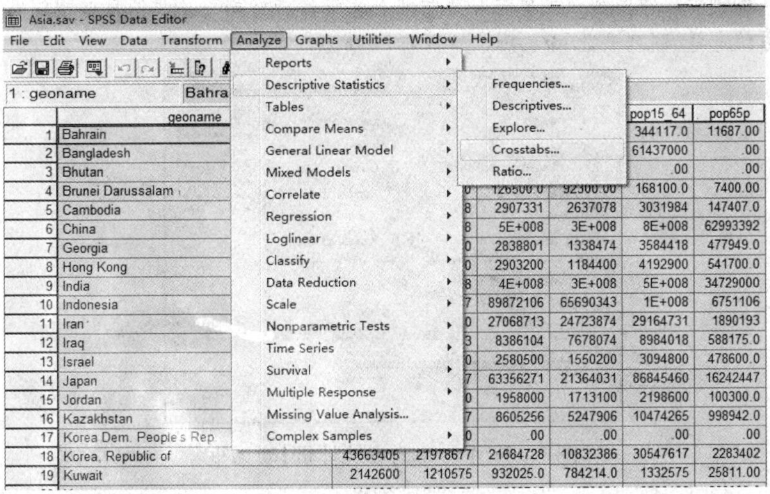

图7.11　交叉列表分析

具体操作时，选择一个变量作为行变量放到 Row 选框中，而选择另外一个变量列变量放到 Column 选框中。如果有其他变量参与分析，可以将它们作为层控制变量选定到 Layer 框中。在指定控制变量时，应根据实际分析的要求通过按 Previous 或 Next 按钮来确定它们的具体层次。如图 7.12 所示。

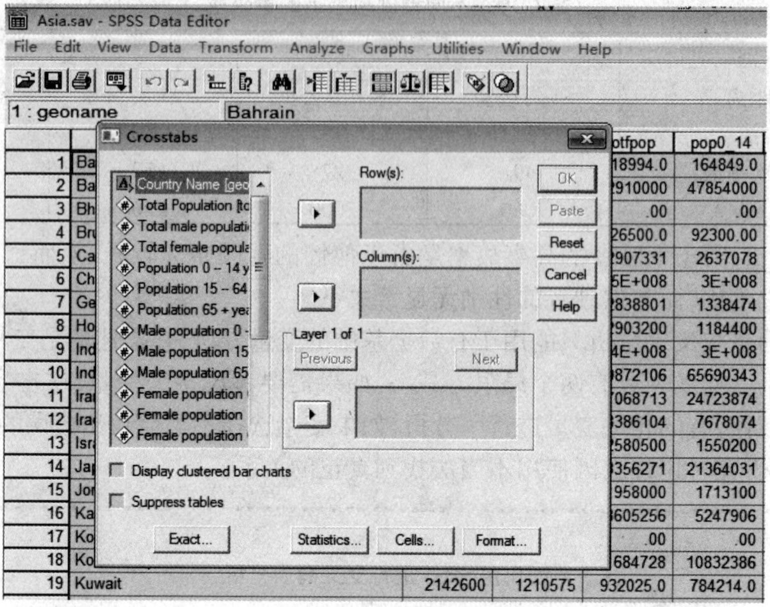

图 7.12 【交叉列表】对话框

而 Statistics 按钮的操作内容则主要与一些联列表的统计指标相关。我们可以根据需要选择相应的统计量，如：卡方统计量、联列系数、Φ系数。如图 7.13 所示。

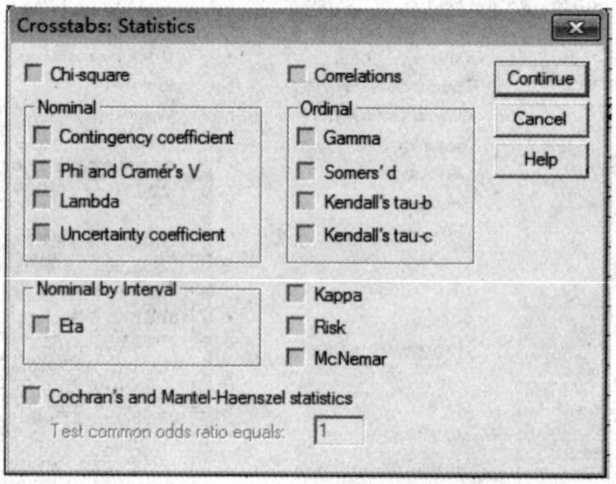

图 7.13 【交叉列表统计量】对话框

第四节　多变量统计分析

多变量分析是指对两个以上变量之间的关系进行分析。多元变量分析技术很多,本节重点介绍多元相关分析和多元判别式分析。

一、多元相关分析

多元相关分析主要用于描述两个以上变量之间的相关程度。偏相关系数是指在控制其他变量的条件下,得出的两个变量之间的相关性指标。例如某企业认为它的某种产品的销售量与该产品质量、品牌知名度、品牌忠诚度、产品的价格、广告支出和推销人员的数量有关,为了确定这些变量之间是否两两相关以及它们之间两两相关的程度,就需要使用多元相关分析,并计算偏相关系数,即在控制了价格和推销人员数量的影响之后,该产品的销售额与广告支出之间是否显著相关以及相关性有多强?在控制了广告支出和推销人员数量的影响之后,该产品的销售额与价格之间是否显著相关以及相关性有多强?在控制了该产品的销售额和价格的影响之后,广告支出与推销人员数量是否显著相关以及相关性有多强?

在涉及 x、y 和 z 三个变量的多元相关分析中,在控制 z 变量的情况下,x 和 y 偏相关系数的计算公式如下:

$$r_{xy,z} = \frac{r_{xy} - r_{xz}r_{yz}}{\sqrt{(1 - r_{xz}^2)(1 - r_{yz}^2)}} \tag{7.13}$$

式中,$r_{xy,z}$ 为 X 和 r 的偏回归系数,r_{xy}、r_{xz} 和 r_{yz} 分别为 X 和 y、X 和 Z 以及 y 和 z 之间的简单相关系数。偏相关系数的取值范围和简单相关系数相同,都在 1 和 −1 之间。

如果涉及更多的变量,计算公式和计算过程将非常复杂。用电脑和电脑软件偏相关系数的计算很容易。下面用 SPSS 软件计算的 x、y、z 之间的偏相关系数。具体操作步骤如下:

(1)按【Analyze】→【Correlate】→【Partial】,如图 7.14 所示。

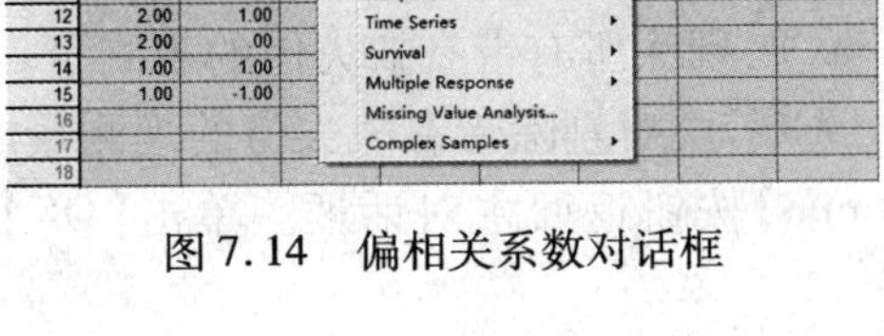

图 7.14　偏相关系数对话框

(2)从左面变量表中选择分析变量送入 Variables 矩形框中。选择控制变量送入 Controlling 框内。如图 7.15 所示。

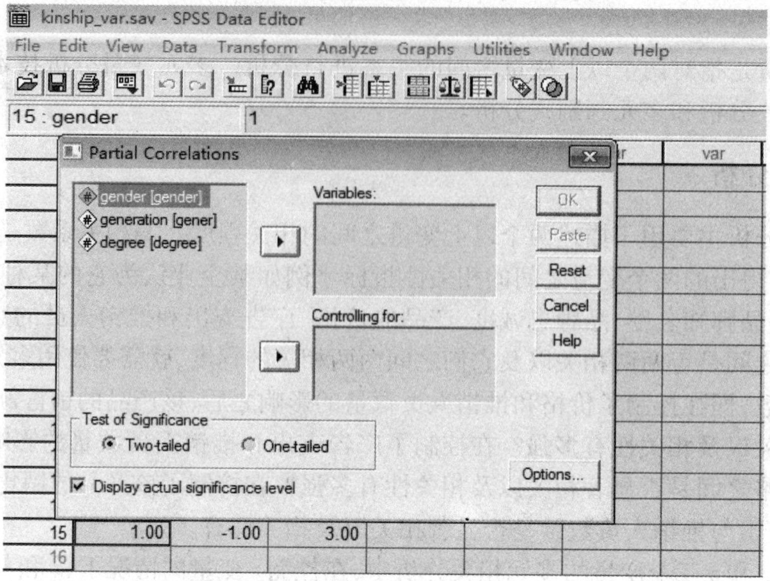

图 7.15　选择分析变量

(3)在【Test of Significance】栏中选择假设检验类型,有两个选项:

①Two-tailed 选项,双尾检验,用于有正负相关两种可能的情况,是系统默认方式。

②One-tailed 选项,单尾检验,用于只可能是正向或只可能是负向相关的情况。

(4)是否显示实际的显著性水平。

选择【Display actual significance level】复选项,在显示相关系数的同时,显示实际的显著性概率。不选择此项,其显著性概率使用星号“*”代替,表示其显著性概率在 5% ~1% 之间。“**”表示其显著性概率小于或等于 1%。

(5)【Options】窗口中的选项。

在主对话框中单击【Options】按钮。

①Statistics 统计量选项。

- Means and standard deviations 复选项,要求计算并显示各分析变量的均值和标准差。
- Zero-order correlations 复选项,要求显示零阶相关矩阵,即 Pearson 相关矩阵。

②Missing Values 处理缺失值观测量的选项。

- Exclude cases listwise 选项,剔除所有带有缺失值的观测量。系统默认此项。
- Exclude cases pairwise 选项,成对剔除带有缺失值的观测量。

选择完成后,单击【Continue】按钮返回主对话框。单击【OK】按钮提交系统执行。如图 7.16所示。

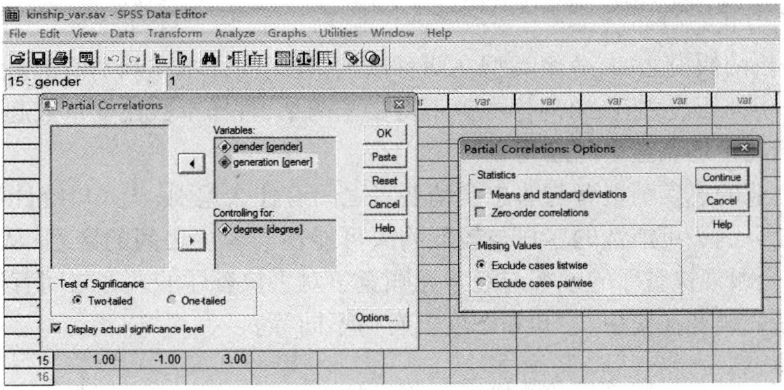

图 7.16　Options 窗口

二、多元判别分析

判别分析是判别样本所属类型的一种多元统计方法,是费舍(R. A. Fisher)在 1936 年提出的。在生产、科研与日常生活中都经常用到。例如,在市场调查研究中,市场调研人员可以根据调查数据,判断产品是畅销、一般还是滞销。

1. 判别分析的原理

判别分析是一种对事物进行归类的方法。判别分析是在已知研究对象分为若干类型(或组),并已经取得各种类型的样本观测数据基础上,根据某些准则建立起尽可能把属于不同类型的数据区分开来的判别函数,然后用它们来判别未知类型的样品应该属于哪一类。在很多情况下,被研究对象包含两组或者两类,比如,雄性与雌性、高与低。另外,有多于两组的情况,比如低、中、高的分类。根据判别的组数,判别分析可以分为两组判别分析和多组判别分析;根据判别函数的形式,判别分析可以分为线性判别和非线性判别;根据判别时处理变量的方法不同,判别分析可以分为逐步判别、序贯判别等;根据判别准则的不同,判别分析有距离判别、Fisher 判别、Bayes 判别等。

2. 判别分析的假设条件

判别分析最基本的要求是,分组类型在两组以上;在第一阶段工作时每组案例的规模必须至少在一个以上;解释变量必须是可测量的,才能够计算其平均值和方差,使其能合理地应用于统计函数。

(1)判别分析的假设之一是每一个判别变量(解释变量)不能是其他判别变量的线性组合。

(2)判别分析的假设之二,是各组变量的协方差矩阵相等。判别分析最简单和最常用的形式是采用线性判别函数,它们是判别变量的简单线性组合。

(3) 判别分析的假设之三,是各判别变量之间具有多元正态分布,即每个变量对于所有其他变量的固定值有正态分布。

(4)判别分析的假设之四,分组类型在两种以上,且组间样本在判别值上差别较明显。

(5)判别分析的假设之五,组内样本数不得少于两个,且样本数比变量数起码多两个。

3. 判别分析在市场调查中的应用

如分析某企业的忠实消费者与非忠实消费者之间有什么差别;从人口统计和生活方式看,对某新产品有较高购买可能性的客户与较低购买可能性的客户之间的区别;从人口统计和生活方式看,经常光顾某快餐厅的顾客与经常光顾竞争对手快餐厅的顾客之间有何区别;已经选购不同品牌商品的顾客在使用、感知和态度上有何不同等。

4. 基本步骤

判别分析过程包括五个基本步骤:

第一步,明确研究目标,确定判别变量与自变量,对问题进行界定。

明确研究目标是进行判别分析最重要的环节。确定判别变量与自变量时,判别变量必须是分层变量,如果因变量是定距或定比变量,可以通过分层转换成分类变量。然后,把样本分为两部分,其中一部分称为分析样本(或称估计样本),用于估计判别函数;另一部分称为验证样本(或称持有样本),然后互换角色,再分析一次,这种方法称为双重交互确认。此外,我们还可以重复多次进行判别分析,当然每一次样本的划分都不相同。这样经过多次实验,可以验证判别分析的有效性。例如全部样本中包含38%的忠诚顾客和62%的非忠诚顾客,则分析样本与验证样本中也都应该有38%的忠诚顾客和62%的非忠诚顾客。

第二步,估计判别函数系数。

分析样本确定之后,就可以估计判别函数系数。根据判别准则的不同,判别的方法有多种,这里仅介绍常用的距离判别、Fisher判别和Bayes判别的基本思想。

(1)距离判别。首先根据已知分类的数据,分别计算各类的重心,即分组均值。判别准则是对于任何观测值,若它与第i次的重心距离最近,就认为它来自第i类。

(2)Fisher判别。其思想是投影,将是组户维数据投影到某个方向,使它们的投影组与组之间尽可能分开。它借助方差分析的思想来构造判别函数

$$y = C_1X_1 + C_2X_2 + \cdots + C_PX_P$$

其中判别系数确定的准则是使组间区别最大,组内离差最小。

(3)Bayes判别。假定对研究对象已有一定的认识,已知各总体的先验分布,判别规则是新样本属于该总体的条件概率最大。

第三步,判别函数的显著性检验。

如果估计的判别函数不具有统计上的显著性,即各组的判别函数的均值差异不显著,那么其结论也是没有意义的。我们可以建立原假设为:在总体中,所有组中的全部判别函数的均值相等。如果原假设被拒绝,就表明判别函数具有统计上的显著性,研究人员就可以对结果进行解释。在SPSS统计分析软件中这种检验基于威尔克(Wilk)分布的λ值、Hotelling迹和pillai准

则。根据卡方检验,可以估计显著性水平。

第四步,对判别系数进行解释。

在自变量间不存在多重共线性的情况下,一种办法是通过比较标准化的判别函数系数绝对值的大小,来确定各个变量的相对重要性,通常系数绝对值较大的变量有着更大的判别能力。另一种办法是,通过检查结构相关矩阵来比较变量的相对重要性。这种方法也称为典型载荷法或判别载荷法。每个变量和判别函数之间的单相关系数代表变量和函数的同方差。

第五步,结果的验证。

判别分析的最后一个阶段就是验证判别分析的结果,通常采用分割样本或者交叉验证法。两种广泛使用的方法是 U 法和小刀法。这两种方法都是以"留一个观测在外"的原则为基础。

【资料卡 7-9】

判别分析与回归分析、方差分析

判别分析、回归分析和方差分析这三种方法都涉及一个因变量与多个自变量之间的关系,但是不同方法中变量的性质是不同的。在回归分析和方差分析中,因变量是定距或定比的(例如,购买人寿保险的总额),而在判别分析中,它是定类或定序的(例如,购买人寿保险的数量是高、中还是低)。在方差分析中,自变量是定类或定序的(收入被分为高、中和低),而在回归分析与判别分析中,自变量是定距或定比的(如年份与收入额)。两组判别分析(判别分析的因变量只分为两类)与多元回归关系比较密切。多元回归的因变量是 0-1 变量时,其偏回归系数与判别方程系数是成比例的。如果估计的判别函数是不显著的,也就是各组的判别函数的均值差异不显著,那么其结论也是没有意义的。

资料来源:简明. 市场调查方法与技术. 中国人民大学出版社. 2009

本章小结

调查资料的数据统计分析是市场调查过程中的重要阶段,根据不同的调查目的,针对不同的类型的调查数据,采用不同的统计分析方法有效地满足调查目的。按照统计学的主要功能来划分,数据统计分析分为描述统计和推论统计;根据涉及的变量的多少,分为单变量、双变量和多变量数据统计分析技术。进行数据统计分析的步骤包括:确定数据统计分析的目的;统计资料的整理工作;确定变量类型选用统计方法;计算统计值;统计推论等五个步骤。针对单变量数据的统计分析,对描述型统计分析主要对集中趋势分析、数据的离散程度分析和数据的相对分析的方法进行了介绍,对推断统计分析主要介绍了参数估计和假设检验;针对双变量数据的统计分析,主要介绍相关分析、方差分析和交叉表分析;针对多变量统计分析对多元相关分析、多元判别式分析方法进行了介绍。

思考练习

1. 数据集中趋势的指标有哪些? 各有何特色?

2. 数据离散趋势的指标有哪些？各有何特色？

3. 什么是交叉列表？如何正确地选择和确定交叉列表中的变量？

4. 某企业广告支出费与销售额之间的关系，连续调查 11 个季度的相关资料，试分析广告支出费与销售额之间的相关关系。

企业 11 个季度的相关资料

广告费	36	42	55	48	45	47	50	61	68	72	77
销售额	1 261	1 306	1 680	1 520	1 343	1 486	1 623	1 780	1 907	2 104	2 230

5. 某公司在一次新产品的研究中，试验三种不同的包装（实验处理，$K=3$）对新产品销售的影响。从某城市的相似商店中随机选取三组样本，每组样本各有 5 个商店。将三组样本分别随机地配以三种不同包装的新产品进行销售。有关资料下表。要求根据试验结果检验包装对新产品的销售量是否有显著影响。（显著性水平 $d=0.05$）

甲、乙、丙包装在不同商店的销售量

	甲 包 装	乙 包 装	丙 包 装
商店 1	10	15	10
商店 2	14	20	12
商店 3	12	17	6
商店 4	8	8	12
商店 5	11	15	10

【案例分析】

鸿飞销售公司销售业绩调查

鸿飞销售公司是黑龙江省一家批发公司。它们主营批发多个品牌的乳制品等，该公司拥有一支 50 人的销售队伍，向哈尔滨、大庆、佳木斯、牡丹江、齐齐哈尔、黑河 6 个城市的批发商提供产品。公司每年对销售人员的业绩情况都要进行统计分析，以下为该公司 10 个销售人员的描述性信息及这两年的销售业绩。

鸿飞销售公司销售人员业绩数据

地区	业务员年龄	工作年限	2009 年销售额/元	2010 销售额 /元
哈尔滨	42	10	4 251 631	4 312 564
哈尔滨	32	6	3 254 896	3 356 894
大庆	36	7	3 856 289	3 756 123

地区	业务员年龄	工作年限	2009 年销售额/元	2010 销售额 /元
大庆	38	9	4 023 564	4 126 465
牡丹江	26	2	2 985 643	2 845 631
牡丹江	28	2	2 564 323	2 513 546
齐齐哈尔	29	1	2 325 645	2 569 465
齐齐哈尔	24	2	2 531 464	2 516 365
佳木斯	27	2	2 405 645	2 423 254
黑河	35	8	2 536 456	2 546 897

思考题

请对以上数据中的变量计算平均数、标准差、中位数、众数，并根据计算结果分析该公司销售人员的基本信息和业绩分布情况。

第八章

Chapter 8

市场调查报告的撰写

【学习目标】

(一)知识目标

了解市场调查报告的概念,把握市场调查报告的作用及其重要性,重点掌握调查报告的结构及写作技巧。

(二)技能目标

能够撰写市场调查报告。

【导入案例】

经理们究竟需要什么样的市场调查报告?

某地区的一个调研人员曾经谈起他为某国一家最大的糖果制造商精心准备的长达250页的报告(包括图表和统计数据)的故事。在经历了大约6个月左右的艰苦调研后,他直接向公司3名最高决策者作口头汇报。他信心百倍,自以为他的报告中有许多重大发现,包括若干个可开发的新细分市场和若干条产品理念方面的创意。

然而,在听了一个小时的充满事实、数据与图表的汇报后,糖果公司的总经理站起来说道:"打住吧,伙伴!我听了一个多小时枯燥无聊的数字,完全给搞糊涂了,我想我并不需要一份比字典还要厚得多的报告。明天早晨8点前务必把一份5页纸的摘要放到我的办公桌上。"说完就离开了房间。在此,这个调研员遇到了将使他受益于整个职业生涯的一个教训。

可见,无论调查设计得多么科学,数据分析多么恰当,市场多么能够具有代表性,问卷调查表达得如何仔细,数据收集的质量控制得多么严格,以及调查本身是多么与调查目标相一致,如果调查者不能够与决策者进行有效地沟通,那么一切努力都将付诸东流。

调查报告的作用是什么呢？市场调研者如何才能更有效地表达？一份“好”报告应包括什么？撰写调查报告时应避免那些错误？什么因素决定使用还是不使用调查报告的发现？以上问题将在本章中获得解答。

资料来源：《市场调查教程》

市场调查报告是市场调查人员以书面形式，反映市场调查内容及工作过程，并提供调查结论和建议的报告。市场调查报告是市场调查研究成果的集中体现，其撰写的好坏将直接影响到整个市场调查研究工作的成果质量。一份好的市场调查报告，能给企业的市场经营活动提供有效的导向作用，能为企业的决策提供客观依据。因此，我们在对调查数据进行统计分析之后，应根据这些基本依据和素材，将整个调查研究的成果用文字形式表现出来，使调查真正起到解决社会问题、服务于社会的作用。与普通调查报告相比，市场调查报告无论从材料的形成还是结构布局方面都存在着明显的共性特征，但它比普通调查报告在内容上更为集中，也更具专门性。

第一节 市场调查报告撰写的概述

市场调查报告，就是根据市场调查、收集、记录、整理和分析市场对商品的需求状况以及与此有关的资料的文书，是经济调查报告的一个重要种类，它是以科学的方法对市场的供求关系、购销状况以及消费情况等进行深入细致地调查研究后所写成的书面报告。其作用在于帮助企业了解掌握市场的现状和趋势，增强企业在市场经济大潮中的应变能力和竞争能力，从而有效地促进经营管理水平的提高。

一、市场调查报告的作用

市场调查报告是市场调查研究成果的一种表现形式。它是通过文字、图标等形式将调查的结果表现出来，以使人们对所调查的市场现象或问题有一个全面系统的了解和认识。因此，能否撰写出一份高质量的调查报告，是决定调查本身成败与否的重要环节。市场调查报告撰写的意义归纳起来有三点：

(1)它是市场调查所有活动的综合体现、是市场调查工作的最终成果。市场调查报告是调查与分析成果的有形产品。市场调查从制订调查方案、收集资料、加工整理和分析研究，到撰写并提交调查报告，是一个完整的工作程序，缺一不可。调查报告是将调查研究的成果以文字和图表的形式表达出来。因此调查报告是市场调查成果的集中体现，并可用做市场调查成果的历史记录。

(2)它是通过市场调查分析，透过数据现象分析数据之间隐含的关系，使我们对事物的认识能从感性认识上升到理性认识，更好的指导实践活动。市场调查报告比起调查资料来，更便于阅读和理解，它能把死数字变成活情况，起到透过现象看本质的作用，使感性认识上升为理性认识，有利于商品生产者、经营者了解并掌握市场行情，为确定市场经营目标、工作计划奠定基础。

(3)市场调查报告是为社会、企业、各管理部门服务的一种重要形式。市场调查的最终目的是写成市场调查报告呈报给有关决策者，以便他们在决策时作参考。一个好的调查报告，能对企业的市场活动提供有效的导向作用，同时对各部门管理者了解情况、分析问题、制定决策和编制计划以及控制、协调、监督等各方面都起到积极的作用。

二、市场调查报告的分类

一般最常用的分类如下：

(一)根据调查报告的内容及其表现形式分类

市场调查报告根据调查报告的内容及其表现形式将其分为纯资料性调查报告和分析性调查报告两大类。

纯资料性调查报告是以对问题的简单描述为主要目的，它通常以公布调查所得的各项资料为主，不加以任何解释。这些资料可供社会各界人士广泛使用，使用者可根据自己的研究选择相应的资料。大型调查多是以这种报告方式为主。

分析性调查报告则以资料的分析和研究为主，它通常以文字、图表等形式将调查过程、方法及分析结论表现出来，目的是使人们对该项调查及结论有一个全面的了解。我们通常所说的调查报告主要是指分析性调查报告。

(二)根据企业开展经营活动的需要分类

市场调查报告根据企业开展经营活动的需要，将市场调查报告分为市场商品需求的调查报告、市场与消费潜量的调查报告、市场商品供给的调查报告、商品价格调查报告、商品销售渠道的调查报告、市场竞争情况的调查报告、经营效益的调查报告等七类。

(1)市场商品需求的调查主要包括消费者数量及其结构，家庭收入、个人收入及家庭人均收入，用于商品支付购买力的大小以及购买力的增减变化等，潜在需求量及其投向。其中包括城乡人民存款额的增减及尚待实现的购买力的大小等，消费者在消费支付中吃、穿、用等大类商品所占比重的变化情况，需求层次的变化情况，不同消费者对商品的质量、品种、花色、款式、规格等的不同要求，消费者的心理变化等。

(2)市场与消费潜量的调查主要指企业地区销售额以及销售额的变动趋势给企业带来的影响。商品价格调查主要包括商品成本、市场价格变动情况，消费者对价格变动情况的反映等。

(3)商品销售渠道的调查主要包括对商品的流转环节、流通路线、运输、储存等一系列属于市场营运问题的调查。

(4)市场商品供给的调查主要包括商品生产的状况，商品资源总量及其构成，产品的更新换代速度，不同商品所处市场生命周期的阶段等。

(5)商品价格调查主要包括商品成本、市场价格变动情况、消费者对价格变动的反映等。

(6)市场竞争情况的调查主要包括对竞争的对手、手段，各种竞争产品质量、性能等情况的调查。

(7)经营效益的调查主要包括各种推销手段的效果、广告效果以及变化原因等的调查。

三、市场调查报告的撰写原则

1. 坚持实事求是的原则

市场调查报告作为调查研究的成果，最基本的特点就是尊重客观实际，用事实说话，为政府和企业的决策提供可靠的调查资料。因此，只有深入调查研究力求弄清事实，摸清原因，才能真实地反映事物的本来面目。

2. 语言表达要简洁准确

阅读市场调研报告的人，一般都是繁忙的企业经营管理者或有关机构负责人，因此，撰写市场调查报告时，要力求条理清楚、言简意赅、易读好懂。在语言表达上要求文字简练，数字准确，能够尽量用图表说明问题，使人容易理解。

3. 结构上要完整严密

调查报告要求中心明确、突出，结构完整、严密，材料与观点统一。调查报告能够回答调查任务中规定的问题。

四、市场调查报告的撰写特点

市场调查报告应具有针对性、创新性、时效性、实用性、调查性、科学性等几个方面的特点。

1. 市场调查报告应具有针对性

针对性包括选题上的针对性和阅读对象的明确性两方面。首先，调查报告在选题上必须强调针对性，做到目的明确、有的放矢，围绕主题展开论述，这样才能发挥市场调查应有的作用；其次，调查报告还必须明确阅读对象。阅读对象不同，他们的要求和所关心的问题的侧重点也不同。

2. 市场调查报告应具有创新性

市场调查报告的创新性是指调查报告应从全新的视角去发现问题，用全新的观点去看待问题。市场调查报告要紧紧抓住市场活动的新动向、新问题等提出新观点。这里的新，更强调的是提出一些新的建议，即以前所没有的见解。比如，许多婴儿奶粉均不含蔗糖，但通过调查发现，消费者并不一定知道这个事实。有人就在调查报告里给某个奶粉制造商提出了一个建议，建议在广告中打出“不含蔗糖”的主张，不会让小宝宝的乳牙蛀掉。结果取得了很好的效果。

3. 市场调查报告应具有时效性

市场的信息千变万化，经营者的机遇也是稍纵即逝。市场调查滞后，就失去其存在意义。因此，要求调查行动要快，市场调查报告应将从调查中获得的有价值的内容迅速、及时地报告出去，能够及时通过市场调查报告了解国内外技术经济情报，了解市场价格、需求和同类产品的竞争能力，才能不失时机地在一定范围内调整生产和经营，防止盲目生产、无效劳动，提高企业经济效益。

4. 市场调查报告应具有实用性

市场调查报告，可在相当的程度上反映市场现状及趋势，这对于研制、生产和供应适销对路的产品，实用价值是非常明显的、直接的。它的读者虽然不多，但是它提出的建议一经采纳，立刻会产生经济效益。

5. 市场调查报告应具有科学性

市场调查报告不是单纯报告市场客观情况，还要通过对事实作分析研究，寻找市场发展变化规律。这就需要写作者掌握科学的分析方法，以得出科学的结论，适用的经验、教训，以及解决问题的方法、意见等。

五、市场调查报告的撰写步骤

（一）构思

构思是根据思维运动的基本规律，从感性认识上升到理性认识的过程。通过收集到的资料，认识客观事物。通过收集到的资料，即调查中获得的实际数据资料及各方面背景材料，初步认识客观事物。重点解决以下几个方面的问题：

（1）确立主题思想。在认识客观事物的基础上，确立主题思想。

（2）确立观点，列出论点、论据。确定主题后，对收集到的大量资料，经过分析研究，逐渐消化、吸收，形成概念，再通过判断、推理，把感性认识提高到理性认识。然后列出论点、论据，并作出结论。

在作出结论时，应注意以下几个问题：一是，一切有关实际情况及调查资料是否考虑了；二是，是否有相反结论足以说明调查事实；三是，立场是否公正客观，前后一致。

（3）安排文章层次结构。在完成上述几步后，构思基本上就有个框架了。在此基础上，考虑文章正文的大致结构与内容，安排文章层次段落。层次一般分为三层，即：①基本情况介绍；②综合分析；③结论与建议。

（二）选取数据资料

市场调查报告的撰写必须根据数据资料进行分析。即介绍情况要有数据作依据，反映问题要用数据做定量分析，在提建议、措施同样要用数据来论证其可行性与效益。

选取数据资料后，还要运用得法，运用资料的过程就是一个用资料说明观点、揭示主题的过程,在写作时,要努力做到用资料说明观点,用观点论证主题,详略得当,主次分明,使观点与数据资料协调统一,以便更好地突出主题。

(三)撰写初稿

根据撰写提纲的要求,由单独一人或数人分工负责撰写,各部分的协作格式、文字数量、图表和数据要协调,统一控制。

(四)定稿

写出初稿,征得各方意见进行修改后,就可以定稿。定稿阶段,一定要坚持对事客观、服从真理、不屈服于权利和金钱的态度,使最终报告较完善、较准确地反映市场活动的客观规律。

六、市场调查报告的撰写要求

由于市场调查报告应具备描述调查结果、充当参考文件、证明所做工作的可信度几个方面的功能。所以在撰写市场调查报告时,应注意以下三个方面的内容:

1. 市场调查报告必须表述研究的细节

市场调查报告中应对已完成的调研项目做完整而又准确的描述。也就是说,调查报告的内容必须详细,完整地表达给读者以下内容:

(1)调查目的。

(2)主要背景信息。

(3)调查方法的评价。

(4)以表格或图形的方式展示调查结果。

(5)调查结果摘要。

(6)结论。

(7)建议。

2. 市场调查报告必须恰当运用数据支撑观点

市场调查报告的独特风格就是以调查资料为依据,而资料中数据资料显得尤为重要,数据资料具有很强的概括性和说服性。用数据证明事实的真相往往比长篇大论更能使人信服。但运用数据要适当,过少不能说明问题,使调查报告,空洞无物,失去特色;过多地堆砌数字又太繁琐,反而使人眼花缭乱,不得要领。所以,恰当地运用调查数据,可以增加调查报告的科学性、准确性和说服力。一篇好的市场调查报告,必须有数字,有情况,有分析,既要有用资料说明观点,又要有用观点统帅资料,二者应紧密结合,相互统一。通过定性分析与定量分析的有效结合,达到透过现象看本质的目的,从而揭示市场活动的发展、变化过程及其规律性。

3. 市场调查报告必须建立并保持研究的可信度

调查报告的可信度可以从以下几个方面得到体现:一是调查报告的外观质量会影响到人们对它的可信度。换句话说,如果调查报告格式不规范,错别字太多,印刷质量太差,有漏掉的页码，图表制作缺乏美观等。那么，给人的第一印象就不好，使人们对调查报告的制作者态度产生怀疑，进而影响了读者对研究可信度的评价；二是调查报告所采用的调查方法和抽样技术以及可能的误差要加以说明，使得使用调查报告的人员确信调查报告在某些方面是可信的；三是避免提出一些极端性建议。总之，调查报告必须让读者感受到调查人员对整个调查项目的重视程度和对调查质量的控制程度。

4. 市场调查报告必须具有实际操作性

市场调查报告是为社会、企业、各管理部门的相关决策者服务的，为其科学决策提供有力的参考。因此，市场调查报告的政策性建议应该具有可操作性，要符合市场运行和行业发展规律；其预测的结果应该具有科学性和前瞻性。

5. 市场调查报告必须以书面语言形式撰写

调查报告是用书面形式表达的语言，提高语言表达能力，是写好调查报告的重要条件之一。有了丰富的资料，深刻的感受，而写作不能得心应手，词不达意，则会使整个调查研究工作功亏一篑，前功尽弃。报告的语言要逻辑严谨、数据准确、文风质朴、简洁生动、通俗易懂、用词恰当，并且善于使用表格、图示表达意图，避免文字上的累赘。

【资料卡 8-1】

市场调查报告与预测报告的异同

市场调查报告与预测报告，都是市场调研成果的集中体现、市场信息的重要载体，又都具有新闻的成分和报告的属性。尽管市场调查报告、市场预测报告落脚点不同，但都以调查为基础，借助信息渠道，全面掌握市场动态及其发展变化趋势对于完善生产经营的管理，提高企业的社会、经济效益，都有着重要的指导作用。但两者还有着明显的区别：

1. 写作目的不同。市场调查报告的写作目的，一般是为了了解过去、总结经验，认识现状，发现问题，指导现实的生产经营活动；而市场预测报告是着眼于未来，在调研的基础上认识未来，以寻求企业的生存与发展之路，为经济决策提供依据，使企业赢得生产经营管理的主动权。

2. 反映对象不同。市场调查报告是反映市场的过去和现状，反映市场经 济活动中的经济状况与条件；而市场预测报告则是通过大量具体现实材料的归纳、分析、推理、判断来反映市场未来的变化和趋势。这种变化和趋势又是尚未形成的经济现象。

3. 内容侧重点不同。这是二者最主要的区别，市场调查报告侧重于调查，反馈市场信息；而市场预测报告侧重于预测，揭示市场趋向。

资料来源：《21 世纪凤凰科技网》

第二节　市场调查报告撰写的格式

市场调查报告没有统一不变的结构模式，它常因调查课题、报告的长短及阅读者的不同而有所区别。但对于大多数的市场调查报告来说，还是能找到一种最基本的结构框架。这种结构框架至少需要符合以下要求:(1)便于阅读者找到他所需要的资料。(2)报告前段应包括为谁而写、为何目的及采用何法等内容。(3)较长的报告在正文前应有摘要。(4)在调查中收集到的事实称为调查结果,它应是报告的精髓。(5)大多数统计资料或相应的佐证资料应放在报告的附件部分。

一般的市场调查报告的结构主要由题目、目录、摘要、简介、正文、结论与建议、附件等几个部分组成。

一、市场调查报告的题目

题目是报告的开始部分,主要告诉读者以下信息:调查的标题或主题、调查的委托者、调查的执行者及报告的作者、报告完成的日期。如有必要,还应在标题页上标明调查编号、机密等级等内容,一般应打印在扉页上。其中,标题是画龙点睛之笔,标题必须准确揭示报告的主题思想,做到题文相符。标题要简单明了,高度概括,具有较强的吸引力。标题的形式一般包括以下两种构成形式:

(1)公文式标题,即由调查对象和内容、文种名称组成,是反映调查意向或指出调查地点、调查项目的标题。例如,《2010年中国城乡玩具市场调查报告》。值得注意的是,实践中常将市场调查报告简化为“调查”也可以,这种标题的特点是简明、客观。

(2)文章式标题,即用概括的语言形式直接交代调查的内容或主题,是直接阐明作者的观点、看法,或对事物做出判断、评价的标题。例如《我国保险市场主体结构和业务结构的地区非均衡分析》、《玩具业格局谋变面临洗牌》。实践中,这种类型市场调查报告的标题多采用双题(正副题)的结构形式,更为引人注目,富有吸引力。例如,《儿童消费品安全问题值得关注——2010年婴幼儿消费市场调查报告解析》、《3G时代湖南手机报发展对策研究——湖南手机报市场调查报告》等。此外,标题还可以用设问、反问等形式,突出问题的焦点和尖锐性,吸引读者阅读、思考。例如,《消费者愿意到网上购物吗?》。

例如:浙南茶叶市场调查报告

CMR市场调查咨询有限公司

Add:中国上海四川北路××号

Post:××××××

Tel:(86)21-××××

Fax::(86)21-××××

项目经理:×××

××××年××月××日

二、市场调查报告的目录

如果调查报告的内容、页数较多,为了方便读者阅读,应当使用目录或索引形式列出报告所分的主要章节和附录,目录应该列出各章节的小标题及它们各自所在的页码,一般来说,目录的篇幅不宜超过1页。如若报告较短(比如仅有5页),则可删除目录而只在报告正文中列小标题。如果报告中有附件,则可排在目录的最后位置。

例如:木地板市场调查报告

目　　录

8.2 家庭收入特征

8.3 家庭装修费用支出

附件:北京木地板市场主要品牌一览表

三、市场调查报告的摘要

摘要是整个报告的缩影,因此在摘要中应点明该调查为谁而做、为何目的、采用何法以及一些主要调查结果、结论与建议。摘要的编写应当以阅读者无法看见其他任何资料这一假设为条件,而且摘要本身也应该是一份独立的文件。经验表明,摘要最受人们的欢迎,它也是那些公务繁忙的管理者们阅读报告的唯一内容。因此,在撰写摘要时必须非常认真才行。

摘要是报告中十分重要的一部分,写作时需要注意以下几个问题:一是摘要只给出最重要的内容,一般不要超过2~3页;二是每段要有个小标题或关键词,每段内容应当非常简练,不要超过三四句话;三是摘要应当能够引起读者的兴趣和好奇心去进一步阅读报告的其余部分。摘要由以下几个部分组成:

(1)调查目的。即为什么要开展调研,为什么公司要在这方面花费时间和金钱,想要通过调研得到些什么?

(2)调查对象和调查内容。如调查时间、地点、对象、范围、调查要点及要解答的问题等。

(3)调查研究的方法。如问卷设计、数据处理是由谁完成,问卷结构,有效问卷有多少,抽样的基本情况,研究方法的选择等。

例如:　　摘　　要

1. 目标的简要陈述
2. 调研方法的简要陈述
3. 主要调研结果的简要陈述
4. 结论与建议的简要陈述
5. 其他相关信息(如特殊技术、局限、背景信息)

四、市场调查报告的简介

摘要的后面应当紧跟着正式的简介。它可能是一篇小文章,包括背景、目标、方法及定义等内容。背景中要点明调查委托者所面临的市场问题;目标中指出在对市场问题进行整理分析后,具体在此次调查中所需调查和解决的问题;调查方法中包括诸如抽样的方法、样本的大小等;若是对某些具有技术或专业性质的市场调查,则有必要针对某些名词加以注释和定义。

五、市场调查报告的正文

正文是调查报告的精髓部分,也是报告中最长的部分。它经常由许多章节组成,并配以不少图表说明,内容涉及所调查市场的各个层面,诸如市场的大小、最终使用者的市场、市场上的供应商、分销方式、购买决策及未来趋势等。

在编写时,每一章的开头最好作一简短的说明,然后再分小节陈述,这样便于读者了解接下来谈什么问题,使层次显得更加分明。值得一提的是,调查者往往试图在这一部分中写入每一个调查发现,但这是不可能而且是没必要的,必须努力将调查结果限定在最切题的那些调查发现中。但正文部分必须正确阐明全部有关论据,包括问题的提出到引起的结论,论证的全部过程,分析研究问题的方法等。正文包括开头部分和论述部分。

(一)开头部分

开头部分的撰写一般有以下几种形式:

1. 开门见山,揭示主题

文章开始就先交代调查的目的或动机,揭示主题。例如:“我公司受北京电视机厂的委托,对消费者进行一项有关电视机市场需求状况的调查,预测未来消费者对电视机的需求量和需求的种类,使北京市电视机厂能根据市场需求及时调整其产量及种类,确定今后的发展方向。”

2. 结论先行,逐步论证

先将调查的结论写出来,然后逐步论证。许多大型的调查报告均采用这种形式。特点是观点明确,使人一目了然。例如:“我们通过对天府可乐在北京市的消费情况和购买意向的调查认为它在北京不具有市场竞争力,原因主要从以下几方面阐述……”

3. 交代情况,逐步分析

先交代背景情况、调查数据,然后逐步分析,得出结论。“本次关于非常可乐的消费情况的调查主要集中在北京、上海、重庆、天津,调查对象集中于中青年……”

4. 提出问题,引入正题

用这种方式提出人们所关注的问题,引导读者进入正题。CCTV 很多的调查分析报告都是采用的这种形式。

(二)论述部分

论述部分是调查报告的核心部分,它决定着整个调查报告质量的高低和作用的大小。这一部分着重通过调查了解到的事实分析说明被调查对象的发生、发展和变化过程,调查的结果及存在的问题,提出具体的意见和建议。

由于论述一般涉及内容很多,文字较长,有时也可以用概括性或提示性的小标题,突出文章的中心思想。论述部分的结构安排是否恰当,直接影响着分析报告的质量。论述部分主要分为基本情况部分和分析与预测两部分。

1. 基本情况部分

市场调查报告的基本情况介绍,即对调查所获得的基本情况进行介绍,是全文的基础和主要内容,要用叙述和说明相结合的手法,将调查对象的历史和现实情况包括市场占有情况,生产与消费的关系,产品、产量及价格情况等表述清楚。在具体写法上,既可按问题的性质将其归结为几类,采用设立小标题或者撮要显旨的形式;也可以时间为序,或者列示数字、图表或图像等加以说明。无论如何,都要力求做到准确和具体,富有条理性,以便为下文进行分析和提出建议提供坚实充分的依据。基本情况部分撰写主要有三种方法:第一,是先对调查数据资料及背景资料做客观的说明,然后在分析部分阐述情况的看法、观点或分析;第二,首先提出问题,提出问题的目的是要分析问题,找出解决问题的办法;第三,先肯定事物的一面,由肯定的一面引申出分析部分,又由分析部分得出结论,循序渐进。

2. 分析与预测部分

市场调查报告的分析预测,即在对调查所获基本情况进行分析的基础上对市场发展趋势做出预测,它直接影响到有关部门和企业领导的决策行为,因而必须着力写好。要采用议论的手法,对调查所获得的资料进行科学的研究和推断,并据以形成符合事物发展变化规律的结论性意见。用语要富于论断性和针对性,做到析理入微,言简意赅,切忌脱离调查所获资料随意发挥分析部分是调查报告的主要组成部分。在这个阶段,要对资料进行质和量的分析,通过分析,了解情况,说明问题和解决问题。

分析有三类情况:第一类原因分析。是对出现问题的基本成因进行分析,如对××牌产品滞销原因分析,就属于这类。第二类,利弊分析。是对事物在市场活动中所处的地位,起到的作用进行利弊分析等。第三类,预测分析。是对事物的发展趋势和发展规律做出的分心,如对××市居民住宅需求意向的调查,通过居民家庭人口情况、住房现有状况、收入情况及居民对储蓄的认识,对分期付款购房的想法等,对××市居民住房需求意向进行预测。

此外,论述部分的层次段落一般有 4 种形式:一是层层深入形式,各层意思之间是一层深入一层,层层剖析;二是先后顺序形式,按事物发展的先后顺序安排层次,各层意思之间有密切联系;三是综合展开形式,先说明总的情况,然后分段展开,或先分段展开,然后综合说明,展开部分之和为综合部分;四是并列形式,各层意思之间是并列关系。总之,论述部分的层次是调查报告的骨架,它在调查报告中起着重要作用,撰写市场调查报告时应注意结合主题的需要,采取什么写法,应该充分表现主题。

六、市场调查报告的结论与建议

调查者的作用不仅仅是陈述事实,还需要在发现的基础上得出结论。这就要求调查者对众多的调查结果作高度的分析和概括,从而推断出若干条具有说服力的结论。这些结论必须是客观的、明确的,在表达上应简洁有力。建议部分有时被并入结论中,有时则自成一段,这要看建议段落的长短而定。尽管市场调查者可能不了解委托者的实际情况,但这并不妨碍他按调查结果和结论提出某些建议,有时这些建议可能更显得客观。当然,最终是否接受这些建议,决定权还在决策者。

结论与建议是撰写综合分析报告的主要目的。这部分包括对引言和正文部分所提出的主要内容的总结，提出如何利用已证明为有效的措施和解决某一具体问题可供选择的方案与建议。结论与建议和正文部分的论述要紧密对应，不可以提出无证据的结论，也不要没有结论性意见的论证。

结尾是市场调查报告的重要组成部分，要写得简明扼要，短小有力。一般是对全文内容进行总括，以突出观点，强调意义；或是展望未来，以充满希望的笔调作结。视实际情况，有时也可省略这部分，以使行文更趋简练。好的结语，可使读者明确题旨，加深认识，启发读者思考和联想。结论与建议一般有以下几个方面：

(1)概括全文。经过层层剖析后，综合说明调查报告的主要观点，深化文章的主题。

(2)形成结论。在对真实资料进行深入细致的科学分析的基础上，得出报告的结论。

(3)提出看法和建议。通过分析，形成对事物的看法，在此基础上，提出建议和可行性方案。

(4)展望未来、说明意义。通过调查分析展望未来前景。

七、附件

附件是指调查报告正文包含不了或没有提及，但与正文有关必须附加说明的部分。它是对正文报告的补充或更详尽说明，目的是集中所有论证、说明或深入分析报告正文内容所必要参考的资料。包括调查问卷、数据汇总表、原始资料背景材料、必要的工作技术报告、书籍与参考资料来源、统计图表及分析计算、财务状况提供资料人员的名单、介绍实地走访对象的详细情况、现场走访人员约访时间表的抄本或日记、人员走访的谈话记录、今后可能需要保持联系的机构的名单、调查中获得但已归档的文件及内容提要。

【资料卡 8-2】

市场调查报告的写作要点

(一)市场调查报告——以科学的市场调查方法为基础

在市场经济中，参与市场经营的主体，其成败的关键就在于经营决策是否科学，而科学的决策又必须以科学的市场调查方法为基础。因此，要善于运用询问法、观察法、资料查阅法、实验法以及问卷调查等方法，适时捕捉瞬息万变的市场变化情况，以获取真实、可靠、典型、富有说服力的商情材料。在此基础上所撰写出来的市场调查报告，就必然具有科学性和针对性。

(二)市场调查报告——以真实准确的数据材料为依据

由于市场调查报告是对市场的供求关系、购销状况以及消费情况等所进行的调查行为的书面反映，因此它往往离不开各种各样的数据材料。这些数据材料是定性定量的依据，在撰写时要善于运用统计数据来说明问题，以增强市场调查报告的说服力。关于这点，我们从上述市场调查报告范文中也可略见一斑。

(三)市场调查报告——以充分有力地分析论证为杠杆

撰写市场调查报告,必须以大量的事实材料作基础,包括动态的、静态的,表象的、本质的,历史的、现实的等,可以说错综复杂,丰富充实,但写进市场调查报告中的内容决不是这些事实材料的简单罗列和堆积,而必须运用科学的方法对其进行充分有力地分析归纳,只有这样,市场调查报告所作的市场预测及所提出的对策与建议才会获得坚实的支撑。

资料来源:《秘书工作》"怎样撰写市场调查报告"

第三节　市场调查报告撰写技巧与注意事项

一、市场调查报告的格式

当市场调查者着手撰写调查报告时,必须注意书写格式。市场调查报告的格式主要包括段落的编号、表格的位置、表格的标题、统计资料的提出、图表的提出和文字说明等。

(一)段落的编号

市场调查报告中,每个章、节都应有段落编号。编号的格式应当能包容各章节,足够扩充三种不同标题的可能空间。

例如:　　2.00 供应商的态度

2.10 引言

2.11 主要供应商

(二)表格的位置

市场调查报告中常常会出现许多表格,表格的位置应该放在正文叙述后面,这样可使人阅读时感到方便而不至于产生困惑。

(三)表格的标题

表格一定要编号,并加上适当的标题。标题可写在表格的上方,也可写在表格的下方,但同一报告中所有表格的标题位置必须统一。表格中数字应表明出处及年份,或者在表格下方标明来源;如果表格中数字出自调查计算,则应说明样本大小。

(四)统计资料的提出

市场调查报告中的统计资料应该尽量简化,这有助于阅读。如果统计资料过于复杂而又不得不提出时,调查者可将其分为两个或更多的表格来加以表示。统计数据一般应尽量避免小数点,以取整为宜。

(五)图表的提出

市场调查报告经常借助图表来更清晰、更简易地表达有关调查资料。一般的原则是:在表达资料时使用表格或图表应有一贯性，尽量避免两者皆用。图表亦以简单为宜，对于复杂的资料可以分表处理。如同表格一样，图表也应有编号和标题。

（六）文字说明

市场调查报告中使用的文字要简单明确，富有权威性，不应咬文嚼字、模棱两可或卖弄文笔，宜采用短句。如果阅读者不是专业人员，那就应避免使用专业名词。对某些重点语句可用星号或粗体字予以强调。

二、市场调查报告的撰写技巧

市场调查报告的写作技巧主要包括表达、表格和图形表现等方面的技巧。

（一）表达技巧

表达技巧主要包括叙述、说明、议论、语言运用四个方面的技巧。

1. 叙述的技巧

市场调查的叙述，主要用于开头部分，叙述事情的来龙去脉表明调查的目的和根据，以及过程和结果。此外，在主体部分还要叙述调查得来的情况。市场调查报告常用的叙述技巧有：概括叙述、按时间顺序叙述、叙述主体的省略。

（1）概括叙述。叙述有概括叙述和详细叙述之分。市场调查报告主要用概括叙述，将调查过程和情况概略地陈述，不需要对事件的细枝末节详加铺陈。这是一种“浓缩型”的快节奏叙述，文字简约，一带而过，给人以整体、全面的认识，以适合市场调查报告快速及时反映市场变化的需要。

（2）按时间顺序叙述。是指在交代调查的目的、对象、经过时，往往要按时间顺序叙述方法，次序井然，前后连贯。如开头部分叙述事情的前因后果，主体部分叙述市场的历史及现状，就体现为按时间顺序叙述。

（3）叙述主体的省略。市场调查报告的叙述主体是写报告的单位，叙述中用“我们”第一人称。为行文简便，叙述主体一般在开头部分中出现后，在后面的各部分即可省略，并不会因此而令人误解。

2. 说明的技巧

市场调查报告常用的说明技巧有：数字说明、分类说明、对比说明、举例说明等。

（1）数字说明。市场运作离不开数字，反映市场发展变化情况的市场调查报告，要运用大量数据，以增强调查报告的精确性和可信度。

（2）分类说明。市场调查中所获材料杂乱无章，根据主旨表达的需要，可将材料按一定标准分为几类，分别说明。例如，将调查来的基本情况，按问题性质归纳成几类，或按不同层次分为几类。每类前冠以小标题，按提要句的形式表述。

（3）对比说明。市场调查报告中有关情况、数字说明，往往采用对比形式，以便全面深入地反映市场变化情况。对比要清楚事物的可比性,在同标准的前提下,作切合实际的比较。

(4)举例说明。为说明市场发展变化情况,举出具体、典型事例,这也是常用的方法。市场调查中,会遇到大量事例,应从中选取有代表性的例子。

3. 议论的技巧

市场调查报告常用的议论技巧有:归纳论证和局部论证。

(1)归纳论证。市场调查报告是在占有大量材料之后,作分析研究,得出结论,从而形成论证过程。这一过程,主要运用议论方式,所得结论是从具体事实中归纳出来的。

(2)局部论证。市场调查报告不同于议论文,不可能形成全篇论证,只是在情况分析、对未来预测中作局部论证。如对市场情况从几个方面作分析,每一方面形成一个论证过程,用数据、情况等作论据去证明其结论,形成局部论证。

4. 语言运用的技巧

语言运用的技巧包括用词方面和句式方面的技巧。

(1)用词方面。市场调查报告中数量词用得较多,因为市场调查离不开数字,很多问题要用数字说明。可以说,数量词在市场调查报告中以其特有的优势,越来越显示出其重要作用。市场调查报告中介词用得也很多,主要用于交代调查目的、对象、根据等方面,如用"为、对、根据、从、在"等介词。此外,还多用专业词,以反映市场发展变化,如"商品流通"、"经营机制"、"市场竞争"等词。为使语言表达准确,撰写者还需熟悉市场有关专业术语。

(2)句式方面。市场调查报告多用陈述句,陈述调查过程、调查到的市场情况,表示肯定或否定判断。祈使句多用在提议部分,表示某种期望,但提议并非皆用祈使句,也可用陈述句。

(二)图表说明的技巧

一般说来,与使用任何文字去说明某种变化趋势及各个因素的相互关系比较,使用图表通常可以收到更为明显的效果。

使用图表说明必须要有明确的目的性、不能只是为了装饰文字,以求悦目。通常情况下,在总结调查结果和报告正文当中所使用的图表,应该只是扼要地介绍资料的图表。详细地介绍一切所搜集到的重要资料的图表,应该归入报告附件部分。

此外,使用图表说明还必须认真考虑图表的设计和格式。如果图表格式设计不当,不但无助于说明情况,甚至可能产生曲解事实真相的相反效果。

作为报告附件部分的图表,要求格式设计必须完整,主要是为了更好地向读者全面介绍有关的资料,以便读者进行独立思考和分析问题。正是这个缘故,图表中所有列载的资料务求尽量完整和准确,一般都需要提供绝对数值的资料,而不是百分比或指数。

在报告正文部分中使用图表还有一种特殊的作用,那就是通过图表去突出某些方面的资料,或强调某种关系和变化趋势。因此,在报告正文中选用图表列载的资料,一般须有较大的选择性。为了方便阅读,图表中各项资料的数值通常应选用整数,但经常也会使用百分比和指数,或作补充说明,或使用代替某些绝对数值的资料。

三、市场调查报告撰写的注意事项

市场调研报告撰写过程中容易出现的问题，主要包括篇幅长但质量低、解释不充分、偏离目标或脱离现实、过度使用定量技术、虚假的准确性、调研数据单一、资料解释不准确、虚张声势的图表等问题。

市场调查报告核心环节为情况说明、问题议论和对策建议，如何把三者有机地结合起来，是我们在撰写市场调查报告时应注意的关键问题。一般来说，情况不能复杂，要做到情况说明充分，详略得当；问题议论部分要详细且深刻，因为市场调查是为了发现问题和解决问题；对策建议部分要简练，呈条文式，应避免与问题重复，对策建议的关键是要有一定的理论高度，要有前瞻性、科学性和可操作性。具体要做到以下几个方面：

（一）以报告阅读对象为本，灵活撰写报告

报告应当是为特定的读者而撰写的，他（们）可能是领导、管理部门的决策者、也可能是一般的用户。不但要考虑这些读者的技术水平、对调查项目的兴趣，还应当考虑他们可能在什么环境下阅读报告，以及他们会如何使用这个报告。有时候，撰写者必须适应有几种不同技术水平和对项目有不同兴趣的读者，为此可将报告分成几个不同的部分或干脆完全针对对象分别地撰写整个报告。

（二）内容客观、资料的解释要充分准确

调查报告的突出特点是用事实说话，应以客观的态度来撰写报告。报告中引用的调查资料要翔实可靠，对于重要的数据要反复核实、测算，做到确凿无误。同时，选材时要客观、全面，不能只选对自己观点有利、支持自己看法的材料，如有对自己观点不利、与自己观点相悖的材料，也应附带提及，说明清楚，或加以分析，或录以备考，尽可能避免片面性，以免领导或委托方据以决策时导致失误。在文体上最好用第三人称或非人称代词，如“作者发现……”、“笔者认为……”、“据发现……”、“资料表明……”等语句。行文时，应以向读者报告的语气撰写，不要表现出力图说服读者同意某种观点或看法。读者关心的是调查的结果和发现，而不是你个人的主观看法。同时，报告应当准确地给出项目的研究方法、调研结果的结论，不能有任何迎合用户或管理决策部门期望的倾向。

在进行资料的解释时，注意解释的充分性和相对准确性。解释充分是指利用图、表说明时，要对图表进行简要、准确的解释；解释相对准确是指在进行数据的解释时尽量不要引起误导。例如在一个相对小的样本中，把引用的统计数字保留到两位小数以上常会造成虚假的准确性。“有65.32%的被调查者偏好我们的产品。”这种陈述会让人觉得65%这个数是非常精确的。另外，还应注意的是：对于名义量表和顺序量表不能进行四则运算、对等距量表只能进行加减、不能进行乘除，只有比率量表才能进行加减和乘除。

(三)分析工作应全面深刻

(1)在进行数据的分析过程中,一定要尽量从各个层面来考虑问题,也就是透过现象看本质。从下例中我们可以看出,在分析数据时,对数据的层面考虑的不同,得出的结论是有显著差异的。

例如:某汽车企业要对三种广告设计进行试验,以判定哪一种广告对提高汽车的销售量最有效。在不同时间里分别在不同四个城市进行了市场试验,结果见表8.1。

表8.1　广告与销售量之间的关系表

广告	跟广告有关的销售量
A	2 431
B	2 164
C	1 976

从表8.1的数据表明广告A是最有效的。但这种分析是否充分呢?如果我们从另一个角度看,把参加试验的四个城市分别列出来,变成表8.2:

表8.2　不同城市广告与销售量之间的关系表

城市\广告	1	2	3	4	总计
A	508	976	489	458	2 431
B	481	613	528	442	2 164
C	516	560	464	436	1 976

对表8.2分析结果是三种广告的效果差不多,广告A的销售量增加是由第2个城市的不正常的需求引起的。

(2)数据的分析应包括三个层次:说明、推论和讨论。即说明样本的整体情况、推论到总体并对结论作因果性分析。

①说明:说明是根据调查所得统计结果来叙述事物的状况,事物的发展趋势以及变量之间的关系等。例如:各种收入家庭的彩色电视机拥有情况见表8.3。

表8.3　拥有彩色电视机的比例(%)

家庭人均月收入 是否有彩电	1 000以下	1 000~2 000	2 000以上	总计
有	30	50	80	53
无	70	50	20	47
总计	100	100	100	100

根据表 8.3 可作如下说明：调查对象中有一半左右的家庭拥有彩色电视机（事实描述）；随着家庭收入的增多，彩色电视机的拥有率也随之提高（趋势描述）；家庭收入的高低对电视机的购买有很大程度的影响（因果关系描述）。

②推论：大多数的市场调查所得数据结果都是关于部分调查对象（即样本）的资料，但研究的目的往往是要了解总体的情形，因此，研究者必须根据调查的数据结果来估计总体的情况，这就是推论。推论主要是考虑样本的代表性，代表性强，由样本推断总体的误差就小。要进行推论时，以表 8.3 中的数据为例，我们会得出结论：在置信度为 95%，最大允许误差不超过 3% 时，我们可以得出如下结论：即调查对象总体中，拥有彩色电视机的家庭占 50% ~56%，得出这一结论犯错误的概率不超过 5%。

③讨论：讨论主要是对调查结果产生的原因作分析，讨论可以根据理论原理或事实材料对所得的结论进行解释，也可以引用其他研究资料作解释，还可以根据研究者经验或主观的设想作解释。

（四）提出的建议应该是积极正面的

调查报告的结论与建议部分说明调查获得了哪些重要结论，根据调查的结论建议应该采取什么措施。结论的提出方式可用简洁而明晰的语言对调查前所提出的问题作明确的答复，同时简要引用有关背景资料和调查结果加以解释和论证。

结论并不一定要单独列出来写，它与调查课题有关，如果调查课题小，结果简单，可以直接与调查结果合并成一部分来写。反之，就应分开来写。建议是针对调查获得的结论提出可以采取哪些措施、方案或具体行动步骤。如：媒体策略如何改变；广告主题应是什么；与竞争者抗衡的具体方法；价格、包装、促销策略等。

需要指出的是：大多数建议应当是积极的，要说明采取哪些具体的措施或者要处理哪些已经存在的问题。尽量用积极的、肯定的建议，少用否定的建议。肯定的建议如“用加大广告投入”，“将广告理性诉求为重点变为感性诉求为主”等建议。否定建议如“应立即停止某一广告的刊播”，使用否定建议只叫人不做什么，并没有叫人做什么，所以应尽量避免使用。

（五）力求简明扼要，删除一切不必要的词句

确定调查报告的长短，要根据调查目的和调查报告的内容而定，对调查报告的篇幅，做到宜长则长，宜短则短，尽量做到长中求短，力求写到短小精悍。调研报告中常见的一个错误是：“报告越长，质量越高。”通常经过了对某个项目几个月的辛苦工作之后，调研者已经全身心的投入，因此，他试图告诉读者他所知道的与此相关的一切。因此，所有的过程、证明、结论都纳入到报告当中，导致的结果是“信息超载”的噪声。事实上，如果报告组织的不好，有关方甚至连看也不看。总之，调查的价值不是用重量来衡量的，而是以质量、简洁与有效的计算来度量。

调查报告应该是精练的，任何不必要的东西都应省略。不过，也不能为了达到简洁而牺牲了完整性。

（六）要突出重点，注意观点和材料的统一

撰写市场调查报告不能满足于材料的堆积和数字的罗列，必须既有材料，又有观点，观点统帅材料，材料说明观点，切忌观点和材料脱节，更要防止二者相抵触。作者要在反映情况的基础上提出有见地、有说服力的分析意见和相应的建议。切忌将分析工作简单化即资料数据罗列堆砌，只停留在表面文章上，根据资料就事论事，简单介绍式的分析多，深入细致的分析及观点少，无结论和建议，整个调查报告的系统性很差，使分析报告的价值不大。只有重点突出，才能使人看后得到深刻的印象。因此，市场调查的内容较广泛，涉及的问题也较多，在整理和撰写时，要根据主旨的需要来剪裁取舍材料。一份市场调查报告，要突出重点，一般以回答一两个重要问题为宜，切忌面面俱到。如果调查涉及的内容过多，可以分专题写几份报告。这样，每份报告都能突出自己的重点。切忌面面俱到、事无巨细地进行分析把收集来的各种资料无论是否反映主题，使读者感到杂乱无章，读后不知所云。一篇调查报告自有它的重点和中心，在对情况有了全面了解之后，经过全面系统的构思，应能有详有略，抓住主题，深入分析。一篇调查报告的主要价值就在于最后的对策建议部分，因此调查报告应在提供客观情况基础上，重点体现在对策建议上，提出科学的解决问题的办法。

四、调查结果的口头汇报

对于市场调查报告除了书面汇报外，经常还有口头汇报。口头汇报将所有有关群体聚集在一起，使其熟悉调研目标和调研方法，还可能从中发现一些意外的新发现，并突出调研结论。口头汇报资料一般包括：汇报提要、视觉辅助、执行性摘要、最终报告的复印件。

进行口头汇报时，要充分考虑听众的偏好、态度、偏见、教育背景和时间因素并注意相关的词语、概念，对不易理解的数字进行解释。汇报后留出提问和讨论的时间。应注意：数据的真正含义是什么？它们有什么影响？我们能从数据中获得些什么？在现有的条件下，我们应做些什么？将来如何才能进一步提高这类研究水平？如何能使这些信息得到更有效的运用？因此，我们应制作好口头报告、口头报告人做好演讲、适当用调研结果图表进行说明。

口头报告应注意以下事项，一是，按照书面报告的格式准备好详细的演讲提纲；二是，口头报告的内容和风格要与听众的情况相符合；三是，借助可视物来加强发言效果；四是，语言要简洁明了，明确易懂；五是，要有趣味性和说服力，适当使用实例加以说明；六是，报告的结尾应当的强有力的。

【资料卡 8-3】

委托信的内容

委托信是在调查活动展开之前客户写给被委托人(调查机构)的说明信,说明信一般包括下列各项内容:

(1)调查的范围与方法;

(2)付款条件;

(3)预算;

(4)人员配备;

(5)期限;

(6)临时报告;

(7)最终报告的特定要求阅读资料。

本章小结

本章介绍了市场调查报告的作用、报告格式和内容,介绍了市场调查报告撰写的基本要求和技巧以及应掌握的市场调查报告撰写的格式、内容与要求以及应注意的问题,达到能够独立撰写市场调查报告的目的。

思考练习

1. 市场调查报告有哪些作用?试举例说明。
2. 市场调查报告应注意的问题有哪些?请就每种问题举例说明。
3. 撰写书面市场调查报告的重要性有哪些?
4. 市场调查报告的写作步骤及写作技巧有哪些?
5. 市场调查报告的格式应包括哪些内容?

【案例分析】

格力集团空调市场调查报告

【实施形式】

1. 学生自愿组成小组,每组 6 ~ 8 人。利用实训选择适当的卖场及居民住宅小区进行调查与访问。

2. 调查访问之前,每组需根据课程所学知识经过讨论,制定调查访问的提纲,包括调研的主要问题与具体安排。

3. 市场调查报告具体安排如下:

(1)市场背景的调研。

地理的条件,包括地理位置、主要商业区的分布、交通运输的条件等;

气候的条件,说明当地季节性变化对产品贸易或消费方式产生的影响;

经济发展趋势，说明其经济发展的现状和可能达到的增长程度以及与本产品销售有关的各种经济部门的发展变化情况产品工业的状况，说明某种产品工业的现有状况及其发展变化的趋势以及对该产品的市场经营、竞争情况和消费者的购买将会产生的影响；政局的状况，政局的现状及其可能变化的趋势及其对当地市场的经济贸易政策可能产生的影响；社会和文化的趋势，说明当地市场社会文化方面的变化趋势将会给本公司产品带来的影响或者对产品提出的新要求；各种法令与法规，包括税法、配额、许可证、卫生安全规定等。

(2)调查方法的说明。

调查样本的抽选方法及其结构；调查问卷的发放方式及其收率；各种访问方式的选择及其走访的次数；方案调查资料的来源；对调查资料进行加工、整理、分析的方法等。

(3)具体产品的市场情况调研。

产品的市场容量；

市场变化的趋势预测；

产品的市场结构和细分；

产品销售渠道和分销方式；

目前产品的经营竞争者及其市场占有率；

本公司产品试销反应及其与竞争产品的比较评估；

市场中较为有潜力的客户对产品的需求、购买行为、习惯和态度；

价格及定价政策；

现行的和建议采用的广告及促销推广的方法等。

(4)结论与建议。

需要选择什么样的代理商；

是否需要某些推销手段(如广告等)，现在已有的推销手段有哪些的不足；

选择哪些销售渠道较好；

什么样的价格水平较为合适；

与竞争者对抗的最好方法。

(5)附录。

一般在市场调查报告的附录部分包含如下内容：在报告正文中提及的各种统计表和统计图；作为实地调查资料来源的单位和个人名单与地址一览表；实地调查所使用的调查问卷抄本以及这份问卷调查目标的说明；介绍调查选定样本的详细资料；现场走访人员约访时间表或日记抄本，以供今后再次与被访问者联系时查阅；人员走访的谈话记录等材料；今后可能需要保持联系的机构名单，如销售代理商、广告代理商；调查期间获得并存档的文件记录及内容提要等。

思考题

1. 每组写出一份市场调研报告。
2. 调研结束后，组织依次课堂交流与讨论。
3. 以小组为单位，分别由组长根据各成员在调研与讨论中的表现进行评估打分。
4. 由教师根据各成员的调研报告与在讨论中的表现和组长评分分别加权评估打分。

第九章

Chapter 9

市场预测概述

【学习目标】

(一)知识目标

了解市场预测的含义、特征和作用;全面掌握市场预测的内容与分类;熟悉市场预测的原则。

(二)技能目标

掌握市场预测的实施步骤;掌握市场预测误差的种类以及提高预测有效性的方法。

【导入案例】

功能饮料的前景预测

功能饮料是指在饮料中加入一定功能因子,使其在解渴的同时具有调节肌体功能、增强免疫力等保健作用的饮料。目前市场上的功能饮料大致可以分为三类,即运动饮料、能量饮料和保健饮料。新的《饮料通则》于2008年12月初正式实施,"功能饮料"这叫法被取消,取而代之的是"特殊用途饮料类"。

功能饮料走到今天,已步入白热化竞争阶段。近年来,中国市场上功能饮料层出不穷,如乐百氏的"脉动"、娃哈哈的"激活"、农夫山泉的"尖叫"、康师傅的"劲跑"、汇源的"他+她-",巨能的"体饮"……而在如今这个时时处处都讲究新营销策略的全球化的经济背景下,功能饮料新一轮的激烈市场竞争也将发展到以"品牌+品质"为核心的竞争上,市场争夺愈演愈烈,全球功能饮料市场呈现出一派繁荣的景象。

从行业发展趋势来看，功能性饮料的第一波浪潮是在非典期间由乐百氏的“脉动”带动的，并引发娃哈哈的“激活”、农夫的“尖叫”、雀巢的“舒缓”、统一的“体能”等品牌的加入。功能饮料的第二波浪潮则是由王老吉所引领，王老吉所主打的“预防上火”由于定位准确，市场运营销售策略独到，使其大获成功，2008 年的销售高达 140 亿元，高居所有罐装饮料之首。这表明中国饮料市场在逐步细分的同时，功能性饮料正在得到消费者的认可，并逐步成为饮料消费市场的主导。进入 2009 年以来，在硝烟弥漫的 C 营销大战中，娃哈哈 HELLO C 则大有成为后发制人、统领功能饮料第三波浪潮发展之势。在 2010 年，各大饮料品牌的拼争显得格外激烈，席卷南北的高温天气不但“催热”了中国饮料市场，更让以王老吉为代表的凉茶以及果汁饮料等非碳酸功能饮料品牌们狠狠的火了一把。

近几年，世界性的环境质量的下降和人们生活压力的增加，使得处于亚健康状态的人日渐增多。与此同时，随着生活水平的不断提高，人们也越来越注重个人健康问题。随着人们健康意识的增强，人们逐渐开始选择健康的食品、饮品，碳酸类饮料自 2008 年以来，市场份额下滑，如今果汁饮料风头正盛，尚有发展潜力可挖，但是功能饮料作为新型饮品，上升空间最大，只不过目前除了少数大品牌功能饮料以外，还有许多功能饮料无论从品牌形象、营销手法，还是终端销售方面都亟待提升。

与世界发达国家相比，中国功能饮料的人均消费量每年仅为 0.5 千克，距离全世界人均 7 千克的消费量尚有较大空间；同时，2012 年，我国将成为世界饮料第一大国，在这个背景下，功能饮料市场潜力巨大。

[分析]由此案例可知，饮料生产企业只有在熟稔市场环境的基础上，进行充分的市场预测，才能抢占市场先机，从而赢得更大的市场份额。

资料来源：《2010-2015 年中国功能饮料市场投资分析及前景预测报告》www.ocn.com.cn 中国投资咨询网

第一节　市场预测的概念与作用

古人云：“凡事预则立，不预则废”，《吕氏春秋》讲：“有道之士贵以近知远，以古知今，以所见知所不见”，伊索说：“世界上的成功者大多事先预见到事情的结局，随后着手去做”，列宁说：“神奇的预言是神话，科学的预测则是事实”。那么，什么是预测？预测究竟要研究什么？根据《辞海》的定义，预测就是通过调查和分析，对事物的动态和发展趋势，事先做出估计和评价。预测一方面要研究未来发生什么，另一方面要研究什么时间发生，而且还要研究对策，即解决问题的办法。

【资料卡 9-1】

范蠡的预测思想

公元前6至5世纪的春秋后期大政治家范蠡,应该说是我国最早的预测家。据《史记·货殖列传》等资料记载,范蠡运用他的经济循环学说,预测到市场物价势必随天时和气候的变化而变动,因而提出了"水则资车,旱则资舟"的原则,即是在有大水的时候,涝的季节,就要开始准备旱天的时候所用的车;而在旱季的时候,就要在别人还忙着打造车的时候,我们就要开始准备有水的时候用的舟了,说明做事要有个前瞻性。对商业经营他提出了"贱取如珠玉,贵出如粪土"的商业原则。他认为"物贱极则贵,物贵极则贱",这些观点在当今的股票市场中得到了验证。

资料来源:马兴华.《预测》1982年02期.《我国最早的经济预测理论家范蠡》

一、市场预测的含义

现代管理的重心在经营,经营的中心在决策,决策的前提是预测。市场分析与预测是企业决策的可靠依据,做好市场预测有利于决策者提高市场预见能力和判断能力。企业要有效地开展市场营销活动,就要善于应变,就要充分掌握和利用市场信息,分析现状,预测未来。市场预测越可靠,企业决策越正确,经营管理越有效,创造的财富也就越多。

预测是人们根据自己对事物发展运动规律的认识,对事物在未来一段时间内的发展变化所做的推测。例如,一项新产品的投资价值取决于该产品的市场需求量,因此,在决策投资生产该产品以前,先要对该产品的市场需求进行预测。

市场预测是在对影响市场供求变化的诸因素进行调查研究的基础上,运用科学的方法,对未来市场的发展趋势以及有关的各种因素的变化进行分析、估计和判断。市场预测的目的在于最大限度地减少不确定性对预测对象的影响,为科学决策提供依据。

市场预测强调拥有充分的信息,系统而又准确,只有当预测建立在充分依据的基础上时,预测才是可信的。市场预测注重科学的推断,包括运用科学的预测方法、专业人士的经验以及判断能力等。

二、市场调查与市场预测的关系

(一)市场调查与市场预测的联系

从时间的连续性来看,市场调查与市场预测是一项连贯的工作;从方法论的角度看,市场调查是市场预测的基础,市场预测是市场调查的延伸和深化。

(二)市场调查与市场预测的区别

1. 研究的时间不同

市场调查是人们对市场的过去和现在的认识,市场预测是人们对市场的未来的认识。

2. 研究对象不同

市场调查通过运用科学的方法,系统地收集、记录、整理和分析有关市场的信息资料,从而了解市场发展变化的现状和趋势,为市场预测和经营决策提供科学依据;市场预测则运用各种信息和资料,通过分析研究,对企业未来市场状况作出估计和判断,并为企业正确决策提供依据。

3. 研究内容不同

市场调查主要内容有:市场需求调查;用户及购买行为调查;企业营销要素即产品、价格、销售渠道和促销手段调查;竞争对手的数量、实力以及竞争激烈程度的调查等。市场预测能帮助经营者制订适应市场的行动方案,使自己在市场竞争中处于主动地位。

总之,市场调查侧重于对现状与趋势的了解,市场预测则是对企业未来市场状况作出估计与判断。虽然预知未来很难,但我们仍然要不断地、逐渐深入地研究市场,探索市场发展变化的内在规律,不断丰富和深化我们对市场的认识,也只有当我们对市场规律有了足够的认识时,才有可能作出更加准确的预测。

三、市场预测的特性

市场预测的准确度愈高,预测效果就越好。然而,由于各种主客观原因,预测不可能没有误差。为了提高预测的准确程度,预测工作应该符合客观性、全面性、及时性、科学性、持续性和经济性等基本要求。

(一)客观性

市场预测是一种客观的市场研究活动,但这种研究是通过人的主观活动完成的。因此,预测工作不能主观随意地"想当然",更不能弄虚作假。

(二)全面性

影响市场活动的因素除经济活动本身外,还有政治的、社会的和科学技术因素。这些因素的作用使市场呈现纷繁复杂的局面。预测人员应具有广博的经验和知识,从各个角度归纳和概括市场的变化,避免出现以偏概全的现象。当然,全面性也是相对的,无边无际的市场预测既不可能也无必要。

(三)及时性

信息无处不在、无时不有,任何信息对经营者来说,都既是机会又是风险。为了帮助企业经营者不失时机地作出决策,就需要市场预测快速提供必要的信息,过时的信息是毫无价值的。信息越及时,不能预料的因素就越少,预测的误差就越小。

(四)科学性

预测所采用的资料,需经过去粗取精、去伪存真的筛选过程,才能反映预测对象的客观规律。运用资料时,应遵循近期资料影响大、远期资料影响小的规则。预测模型也应精心挑选,必要时还应先进行实验,找出最能代表事物本质的模型,以减少预测误差。

(五)持续性

市场的变化是连续不断的,不可能停留在某一个时点上。相应的,市场预测需不间断地持续进行。实际工作中,一旦市场预测有了初步结果,就应当将预测结果与实际情况进行比较,及时纠正预测误差,使市场预测保持较高的动态准确性。

(六)经济性

市场预测是要耗费资源的。有些预测项目,由于预测所需时间长,预测的因素又较多,往往需要投入大量的人力、物力和财力,这就要求预测工作本身必须量力而行,讲求经济效益。如果企业自己预测所需成本太高,可委托专门机构或咨询公司来进行预测。

四、市场预测的作用

科学的预测是正确行动的先导。有了科学的预测,就可能取得胜利和成功;缺乏科学的预测,就会蒙受不必要的损失,甚至导致严重的后果。预测为决策服务,是为了提高管理的科学水平,减少决策的盲目性,我们需要通过预测来把握经济发展或未来市场变化的有关动态,以减少未来的不确定性,降低决策可能遇到的风险,使决策目标得以顺利实现。

(一)市场预测是企业进行经营决策的主要依据

企业的经营活动必须建立在正确的决策的基础上,而科学的市场预测是进行正确决策的前提和依据。要有效地开展市场营销活动,就要善于应变,就要充分掌握和利用市场信息,分析现状,预测未来。通过市场预测分析,企业对市场的发展变化趋势与消费潜力了如指掌,在此基础上制定营销策略和实施销售方案就能真正实现以需定产,合理安排和使用现有的人力、物力和财力,全面协调整个企业的经营活动,提高生产与流通过程的经济效益。

(二)市场预测可以更好地满足消费需要

满足人民不断增长的物质和文化需要是社会主义生产的目的,随着人们的物质、文化消费需要变化迅速,过去的卖方市场已经转变为买方市场。企业只有通过预测及时掌握市场需求变化趋势和可能达到的需求水平,根据企业的经营条件,选择和确定企业目标市场,才能在市场变化中避免盲目经营,不断地满足市场现实需求和潜在需求。

(三)市场预测有利于企业利用市场调节,合理配置资源

市场调节是市场经济条件下资源配置的一种形式,它是按市场价格波动调节各个企业自动决定商品产需衔接,自发地形成社会资源配置的流向。市场预测能向企业决策者提供市场价格波动反映的市场供求行情变化趋势,以便企业适应社会对各种商品的需求量的变化,自觉地指导企业选择和调整生产经营方向,选择新产品开发,采取经营策略合理组织人、财、物的比例和流向,减少资源在使用中的浪费,促进企业资源最佳组合得以充分利用。

(四)市场预测有利于提高企业的竞争能力

现代竞争观念与传统竞争观念有着根本的不同。传统竞争观念认为一个企业是否具有很强的竞争能力,关键看企业的技术、人才的实力。现代竞争观念认为决定企业竞争能力的关键是看企业对信息情报占有的多少和质量高低。在激烈的竞争中,谁先占有情报谁就能处于主动。如果一个企业技术先进,人才济济,但不能及时开展市场预测及对情报的全面、综合利用,认清市场变动,就会因缺乏预见能力、判断能力,致使企业的有利因素得不到充分发挥。相反,如果条件差的企业能及时准确地掌握市场动向,采取有效对策,在竞争中也会变弱为强。

第二节　市场预测的内容与分类

随着科学技术的发展和各种预测实践经验的积累,市场预测已经发展成为一门比较完善的科学。市场预测的内容非常广泛,从企业的角度来说,它需要根据已有资料预测企业目标市场的未来发展趋势,预测企业的市场占有率的变化,以便及时调整企业的经营发展方向,作出正确的经营决策,以谋求在激烈的市场竞争中立于不败之地。

一、市场预测的内容

市场变化涉及社会生产、供应、需求、政治形势、经济条件、技术水平、消费心理、社会风尚等各个方面。因此,市场预测涉及的范围非常广泛,不同的市场主体或不同的预测目的,决定了市场预测有不同的侧重点。企业所进行的市场预测主要包括市场需求预测、市场资源预测和市场营销组合预测。

(一)市场需求预测

市场需求是指特定的时间、特定的地域和特定的顾客群体对某一商品现实和潜在的需要量。市场需求具有趋向性、替代性、相关性、习俗性和无限性等特点。市场需求受很多因素的影响,有市场主体内部的因素,如目标市场的选择、销售价格的制定与变动、促销手段的选择与实施、营销方法的确定等。

市场需求预测是对商品购买力及其趋向的预测。市场需求预测正是全面考察上述因素后对市场需求量进行的估计和推测。市场需求预测的内容主要包括以下几个方面:

1. 市场需求总量预测

商品需求总量是市场上有货币支付能力的商品需要量,包括人们的生活消费需求和生产消费需求。有支付能力的货币总量构成了社会商品购买力,包括现实购买力和潜在购买力两部分。影响购买力总量变化的因素主要有货币收入、银行储蓄、手持现金、流动购买力和非商品性支出等。

2. 市场需求构成预测

市场需求构成可分为消费品需求构成和生产资料需求构成两大类。这里主要是指消费品需求构成。消费品需求构成受消费品购买力水平的制约。一般来说,购买力水平越低,投向生活必需品的货币量相对越大,表现为购买力首先投向吃的方面;购买力水平越高,投向其他方面(如穿、用、住、行等)的货币量就会越大。另外,消费者的习俗、消费心理及商品价格等,也会对消费品需求产生很大的影响。

3. 消费者购买行为的预测

消费者购买行为的预测主要是指通过对消费者购买动机、方式和心理等方面的调查分析,预测商品需求的趋向,其中的关键是调查消费者的购买决策,即由谁来买,买什么,为什么买,如何买,何时买,多长时间买一次,家庭和社会对其购买心理有什么影响等。

（二）市场资源预测

市场需求和市场资源是构成市场活动的两个基本因素。满足市场需求,一方面要有充分的货币支付能力;另一方面要有充分的商品资源。否则,市场上就会出现商品购买力与商品可供量之间的不平衡,给企业的经营活动和国民经济的发展都带来不利的影响。

1. 工业产品预测

工业产品预测主要指设备与工艺变化的预测,企业开发新产品的数量、质量、成本、价格、包装、商标及消费对象的预测,国际、国内市场的类似产品、相关产品或替代产品的发展动向预测,工业产品所需原材料的品种、规格、性能、数量、来源和运输方式等的预测,以及工业产品的成本预测和价格预测。

2. 农副产品预测

农副产品预测主要指农副产品的生产量、商品率、上市季节等情况的预测。农副产品的生产量并不完全等于农副产品的商品量。农副商品是剔除了农民自己留用的、商业部门或消费者个人不能及时收购的那部分农副产品的商品量。此外,农副产品资源还与气候变化、政府的经济政策密切相关。对农副产品资源的预测需要特别注意这些情况。

3. 进出口产品预测

进出口产品包括原材料、设备和工艺、专有技术以及进出口的各种产成品、半成品、零部件等。除了要预测这些进出口产品的数量、质量、规格、型号和价格外,还要预测来源国、出口国的政治、经济等情况和外国厂商的规模、实力、经营策略及市场占有率等。

（三）市场营销组合预测

市场营销组合预测是对企业的产品、价格、销售渠道和促销方式等营销因素所进行的预测。

1. 产品预测

现代产品,不仅指产品的物质实体,还包含产品的商标、包装以及安装、维修、咨询等方面。产品预测主要包括新产品研究开发的周期及费用预测,新产品投放市场的策略及效果预测,新技术推广应用的前景预测,产品寿命周期预测,核心产品、形式产品、期望产品、延伸产品、潜在产品的组合及其效果的预测。

2. 价格预测

价格是反映市场供需的灵敏信号，每个企业都需要了解竞争企业或竞争产品的价格，而且还必须注意到不同价格水平会产生不同的需求量，因此需要对竞争产品的成本和价格进行预测。价格预测一般包括新产品的定价预测，企业产品的价格调整预测。

3. 销售渠道预测

销售渠道即商品流通渠道，是企业产品实现其价值的重要环节。它包括合理制定分销路线，选择与配置中间商，有效地安排运输与储存，适时地向用户提供适用的商品。销售渠道预测主要包括中间商的选择预测及效果预测，单一渠道与多渠道选择预测，长渠道与短渠道选择预测。

4. 促销方式预测

促销方式是企业通过一定的方法或手段向消费者传递信息，从而促进消费者了解产品或企业，并影响消费者的购买行为。包括广告效果预测，人员推销效果预测，营业推广传播效果预测，公共关系活动效果预测。

【资料卡 9-2】

市场预测的基本要素

要搞好预测，必须把握预测的四个基本要素：

一、信息

信息是客观事物特性和变化的表征和反映，存在于各类载体，是预测的主要工作对象、工作基础和成果反映。

二、方法

方法是指在预测的过程中进行质和量的分析时所采用的各种手段。预测的方法按照不同的标准可以分成不同的类别。按照预测要求质与量侧重点不同可以分为定性预测和定量预测，按照预测时间长短的不同，可以分为近期预测、短期预测、中期预测、长期预测。按照方法本身，更可以分成众多的类别，最基本的是模型预测和非模型预测。

三、分析

分析是根据有关理论所进行的思维研究活动。根据预测方法得出预测结论之后，还必须进行两个方面的分析：一是在理论上要分析预测结果是否符合经济理论和统计分析的条件；二是在实践上对预测误差进行精确性分析，并对预测结果的可靠性进行评价。

四、判断

对预测结果采用与否，或对预测结果依据相关经济和市场动态所作的修正需要判断，同时对信息资料、预测方法的选择也需要判断。判断是预测技术中重要的因素。

资料来源：冯文权《经济预测与决策技术》，武汉大学出版社 2006 年 7 月，第 6 页

二、市场预测的分类

为使企业的生产经营活动适应瞬息万变的市场需求，市场预测必须做到经常化和多样化，必须实行多种类型的预测。

市场预测按不同的分类标志大体上可以分为以下几类。

（一）按预测要求质与量侧重点不同划分

市场预测可以分为定性预测与定量预测。

定性预测是预测者通过对事物的过去及现在变化规律的分析，对该事物未来发展的趋势和状态作出判断和预测的一种方法，主要依靠一些领域专家，根据经验来判断系统的大致走势。即是对事物的某种特性或某种倾向可能出现，也可能不出现的一种事前推测。

定量预测则是运用统计方法和数学模型，对事物现象、未来发展状况进行测定，它主要是通过对过去一些历史数据的统计分析，用量化指标来对系统未来发展进行预测。定量预测是对事物未来的发展趋势、增减和可能到达水平的一种量的说明，定量预测主要采取模型法，模型方法是一种科学的分析方法。

（二）按未来一定时间期限的长短不同划分

市场预测可以分为近期预测、短期预测、中期预测、长期预测。

近期预测预测期一般在1年以内，主要是为企业确定近期内的销售任务和制订具体实施方案及措施提供依据。

短期预测预测期一般在1年以上2年以内，主要是预测年度需求量、为企业编制年度计划、安排市场、组织货源提供依据。

中期预测预测期一般以年为单位，对2年以上5年以内的市场发展前景进行预测，为企业制定中期规划提供依据。

长期预测预测期一般在5年以上，为企业制定发展的长期规划提供依据。

预测的准确性随着预测期限的不同而不同，预测期愈长，误差愈大准确性愈差。预测期的长短服从企业决策的需要，一般企业的市场预测常常为短、近、中三种预测。

（三）按市场预测结果的条件划分

市场预测可以分为条件预测和无条件预测，条件预测是指预测的结果必须以满足一定条件为前提。无条件预测是指预测结果无须任何先决条件可直接获得。

（四）按商品层次不同划分

市场预测可分为单项商品预测、同类商品预测、对象性商品预测和商品总量预测。

单项商品预测是对不同牌号、规格、质量、花色、款式的商品的市场需求量进行的预测。

同类商品的预测是对某一类商品，如食品类、服装类、家用电器类、化妆品类等市场需求变化趋势的预测。

对象性商品预测是企业对某一类消费对象进行的预测。如儿童类，包括儿童食品、儿童玩具、儿童书籍等。

商品总量预测是指对消费者所需求的各种商品的总量进行预测。如消费者在1年内所需的生活必需品总量的预测。

(五)按空间层次不同划分

市场预测可以分为当地市场预测、地区性市场预测、全国性市场预测和国际市场预测。

当地市场预测是从企业的角度，预测所在地市的需求及其变化趋势，以便生产当地市场需要的适销对路的商品。

地区性市场预测是预测某地区的市场需求及发展前景，以便为某地区安排生产、组织货源、提供经济资源、更好地满足这一地区的市场需要。

全国市场需求的发展变化及其趋势的预测，以此来确定企业生产发展方向，调节商品产供销的关系。

国际市场预测是指对国外某个国家和地区市场需求及变化的预测，以便企业参与国际竞争，扩大出口。

第三节　市场预测的原则与步骤

科学的市场预测不是随心所欲，杂乱无章的，它是在一定原则的指导下，按一定的程序有序的进行的。

一、市场预测的原则

进行市场预测时，一般应遵守以下原则：

(一)可知性原则

可知性原则又称规律性原理，是关于预测对象服从某种发展规律的原理。它认为，预测对象由于其发展规律可以被人们所掌握，因而其未来发展趋势和状况便可以被人们所知晓。人们的预测活动，不论其形式如何，都与这一原则有关。

(二)连续性原则

连续性原则，又称连贯性原则或惯性原则，是指一切客观事物的发展都具有符合规律的连续性。事物一般都有一个延续发展的过程，因而可以依据历史资料、数据对未来情况作出某种判断。连贯性原则是市场预测的一项重要出发点，因为任何经济、市场状况总是在原来的基础上向前发展的。

(三)类推性原则

类推原则，是指许多事物相互之间在发展变化上常有类似之处。根据预测对象与其他事物的发展变化在时间上有前后不同,但在现象上有类似之处的特点,人们有可能根据已知事物的基本类型结构和发展模式,通过类推的方法对后发展事物的前景作出预测,即根据经济现象的相似性预测未来。例如,研究发达国家产品更新换代的情况,可以类推我国同类产品市场变化趋势;在发现某地区经济发展中将出现类似新情况之后,可以推测条件与之相似地区也将出现类似情况等。利用事物之间在表现形式上和发展变化上有类似之处的特点就可以把前期事物的发展情况类推到后期发展事物上去。此外,通过抽样调查获取样本的分布情况,可以类推到整体范围的情况,也是应用类推原理。如通过调查典型省区的城乡居民消费结构的发展变化情况,可以以此为预测全国的发展变化趋势提供依据。

(四)相关性原则

世界上各种事物之间都存在着直接的或间接的联系。事物之间,或构成一种事物的诸多因素之间,存在着或大或小的相互联系、相互依存、相互制约的关系。任何事物的发展变化都不是孤立的,都是与其他事物的发展变化相互联系、相互影响的。例如,某种消费品的需求量会因价格的上涨而减少,也会因人口或收入的增加而增加。相关性有多种表现形式,其中应用最广的是因果关系。它的特点是,原因在前结果在后,原因与结果之间常常具有类似函数的关系。

(五)概率推断原则

所谓概率推断原则,就是当推断预测结果能较大概率出现时,就认为预测的方法和结果是成立的、可用的。一般认为,预测也是关于预测对象的概率性的描述,因为任何预测方法都不可能对未来事物有充分的把握。预测对象处于一定的环境之中,有些是人们可以认识的明确的联系,而有些则是难以明确认识的模糊关系。正如人们不能完全把握预测对象一样,更不可能把握环境的变化。要将大部分的环境因素及其结构变化都纳入预测是不可能的,因此在实际预测中,往往要对环境作出假定。预测期限越长,假定越难成立,面对这一情况,唯一可行的办法便是运用概率统计对预测结论加以客观说明,如果一项预测既有丰富的数据资料为基础,又有明确的概率说明,这种预测往往更有说服力。

(六)质、量分析结合原则

质、量分析结合的原则,是指在市场预测中要把定量预测法与定性预测方法结合起来使用,才能取得预测的良好效果。质、量分析相结合的原则,是现代企业预测得以科学进行的一项重要原则。

(七)经济性原则

市场预测工作必然要花费一定的人力、物力、财力和时间。模型选得越复杂,样本选得越大,成本花费也越大。经济性原则就是在保证要求的预测精度前提下,合理确定模型形式,尽可能将某一特定的市场结构抽象为一个较简化的模型,恰当地选择预测方法和样本容量,以便在最低费用、最短时间内获得期望的预测结果。

二、市场预测的步骤

市场预测活动有一定的程序，它由若干互相关联并相互牵制的预测活动所构成，预测中的前一项作业往往会给后一项作业以很大的影响，因此，弄清楚市场预测中每一项工作间的相互联系，有利于整个预测工作的顺利进行，有利于提高工作效率。市场预测的一般步骤如图9.1所示。

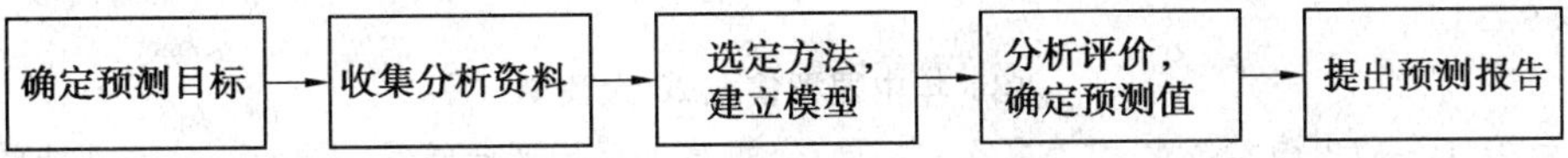

图9.1　市场预测的一般步骤

（一）确定预测目标

预测工作的第一个程序是明确预测目标，通过预测要解决什么问题，进而明确规定预测目标，预测期限和预测目标的数量单位。预测目标要避免空泛、要明确具体，如确定对某一种产品或几种产品销售量的预测，还是中、长期预测。

（二）收集与分析历史与现实数据资料

搜集与分析资料是市场预测的基础性工作。这里的历史资料是指企业已经成为建档和各级统计机构发布或经报刊、会议文件等其他途径发布的各种经济与社会发展资料。现实资料是指当期或预测期内正在发生着的有关经济与社会发展的各种数据。资料的收集一定要注意广泛性、适用性和可靠性。资料收集得不全面、不系统，将严重影响预测质量。

（三）选择预测方法，拟定预测模型，进行预测

在预测时，应根据预测目标和占有的信息资料，选择适当的预测方法和预测模型进行预测。预测方法不同，预测结果也就不一样，预测方法和预测模型的选择，还要考虑预测费用的多少和对预测精度的要求。按照选定的预测方法所得出的预测结果，一定要尽量接近于客观事物的实际情况，有时还可以把几种预测方法结合起来使用，互相验证。一般来讲，对定量预测可以建立数学模型；对定性预测可以建立逻辑思维模型。然后选择适当预测方法进行预测模型计算和估计。

（四）分析评价，确定预测值

将预测中发现的一些与过去不同的新因素（内部和外部的）尽量转化为数量概念，并分析这些因素的影响范围和影响程度，同时，分析出预测与实际可能产生的误差，误差的大小及其原因；修订预测数量，确定预测结果。需要指出，为了保证预测值的准确性，在市场预测中，通常要同时采用不同的预测方法与预测模型，并对它们的预测结果进行比较分析，进而对预测值的可信度作出科学、合理的评价。

（五）提出预测报告

预测报告实际上是目标决策分析，它是直接为决策服务，故系统的综合分析显得尤为重要。预测报告也是预测结果的文字表述。写好预测报告不仅是的完成，而且也是对调研过程的总结和综合反映。预测结果能否对决策产生影响与能否写好预测报告有很大关系。预测报告一般包括题目、摘要、目录、正文、结论与建议以及附录等部分组成。

【资料卡 9-3】

2011 年中国零售业 20 大预测

对于2011 年的中国零售业，总有那么一些脉络、规律可以梳理与追寻，我们希望，企业能够从这些梳理的轨迹中，找到前行的正确方向，坦然迎接挑战。

预测 1　行业集中度进一步增强

预测 2　城市化发展带来新机遇

预测 3　区域后零售发展成焦点

预测 4　传统零售商遭遇网络强劲挑战

预测 5　零售商触网叫座难叫好

预测 6　单一业态格局生变

预测 7　外资企业在华将呈两极分化

预测 8　上游厂商争夺流通渠道

预测 9　二、三线城市高端市场趋热

预测 10　供应链变革继续深入

预测 11　“绿色零售”亟须转化成竞争优势

预测 12　互联网营销将更受重视

预测 13　人才瓶颈进一步凸显

预测 14　资本对接愈加紧密

预测 15　商业地产快速增长

预测 16　“车轮商业”开始发力

预测 17　食品安全问题将得到有效遏制

预测 18　IT、设备供应商须随需应变

预测 19　奢侈品牌大举进军二三级市场

预测 20　新兴消费人群再促创新

因此，2011 年，零售商应尽早动手，深度挖掘“90 后”这一黄金消费群体。

需要指出的是，不管市场环境如何变化，营销手段如何更新，销售方式发生如何改变，2011 年的零售业与往年的任何时候一样，都必须致力于关注消费者，满足消费者，提升内部管理效率，这才是企业保持持久竞争力的制胜秘诀。

资料来源：中国营销传播网（http://www.emkt.com.cn/article/495/49519.html）

第四节　市场预测的误差与精确度

预测是估计和推测,很难与实际情况百分之百吻合。在进行市场预测时不可能包罗影响预测对象的所有因素,因此出现误差是不可避免的。产生误差的原因,一种可能是搜集的资料有遗漏和篡改或预测方法有缺陷;另一种可能是工作中的处理方法失当,工作人员的偏好影响等。

一、市场预测误差

市场预测误差是指在市场预测中,预测值与实际值之间的差异。误差越小,说明市场预测精度越高,误差越大则说明市场预测精度越低。市场预测误差的计算方法,可以研究问题的需要和市场预测对象的不同而有所不同,常用的市场预测误差只有以下几种。

(一)平均误差

平均误差是预测值与实际值之间离差的平均值。计算公式为:

$$\bar{e} = \frac{1}{n}\sum_{i=1}^{n} e_i \tag{9.1}$$

一般e_i会有正负两种数值,将它们相加时会使正负抵消,最终计算出的误差有偏低倾向。若实际研究问题时允许$\bar{e}$的正负值相互抵消,即以研究其净误差为目的时,这具指标才可以被应用来测量预测精度。

(二)平均绝对误差 MAE

平均绝对误差是对预测值与实际值之间离差的绝对值计算平均数。其计算公式为:

$$MAE = \frac{1}{n}\sum_{i=1}^{n} |e_i| \tag{9.2}$$

用平均绝对误差测定预测精度,由于对离差e_i均绝对值化,所以正负值不会出现抵消现象,绝对值化的离差平均值,能更好地反映预测误差大小的实际水平,不会使测定出的预测误差偏低。

(三)均方误差 MSE

均方误差是对预测值与实际值之间离差的平方值计算平均数。其计算公式为:

$$MSE = \frac{1}{n}\sum_{i=1}^{n} e_i^{\ 2} \tag{9.3}$$

均方误差将预测值与实际值之间的离差平方化,也是为了避免正负误差值相抵使预测误差偏低的现象出现,使预测误差更能反映误差的实际水平。需注意的是,对同一预测对象的预测误差进行计算,均方误差比平均绝对误差的值要大。

（四）标准误差 RMSE

标准误差是对预测值与实际值之间离差的平方值计算平均数，再将这个平均数开平方。其计算公式为：

$$RMSE = \sqrt{\frac{1}{n}\sum_{i=1}^{n} e_i^{\ 2}} \tag{9.4}$$

标准误差实际上就是对均方误差开平方，这样可以解决均方误差造成的预测误差水平偏高的问题，使误差水平更接近实际值。在实际应用这些误差指标时，必须结合市场预测对象的实际值与预测值的数值水平，分析研究预测误差值的大小，决定所做的预测值是否可被采用。

（五）平均绝对百分误差 MAPE

平均绝对百分误差是用相对数形式百分数表示的预测误差指标。平均绝对百分误差是对预测值与实际值之间离差除以实际值的比值的绝对值计算平均数。其计算公式为：

$$MAPE = \frac{1}{n}\sum_{i=1}^{n} \frac{\hat{Y}_i - Y_i}{Y_i} \times 100\% \tag{9.5}$$

平均绝对百分误差指标通常用百分数表示，在实际应用中，这个指标数值越小，说明预测的精度越高。

在市场预测中，对于各种定量预测方法取得的预测值，都必须要测定其预测误差。在采用几种方法对同一预测对象进行预测时，则必须对各种方法的预测误差加以测定，并对误差的大小进行比较，选择预测误差最小的预测方法。

【资料卡 9-4】

西蒙·凯斯克的家庭气象预测站

据英国《每日邮报》报道，由于气象局的天气预报经常不准，英国一名男子在家中办起了个人气象站，在网上发布由他预测的天气信息，而且准确率远远超过气象局。

英国斯卡伯勒地区的居民西蒙·凯斯克自掏腰包购置了必要的仪器设备，在自家屋顶摆开阵势，同时还在互联网上开办个人网站，公布由他预报的天气信息。西蒙的服务非常周到，他为当地居民提供实时天气信息，每天 24 小时不间断，而且每 3 秒自动更新一次。他发布的气象信息包括：风速、阵风速度、气温、降雨以及云层高度等数据。

西蒙目前在气象设备上已经投资了 1 000 英镑(1.06 万元人民币)。不过由于受到邻居们的欢迎，他计划增加服务内容，不仅提供对农田和园艺生产者至关重要的测量和记录土壤温度的服务，甚至还希望把天气预测的范围从一天增加到五天。

更让人惊奇的是，他的预报数据非常准确，已经赢得了当地居民的青睐，他们甚至对官方的天气预报不屑一顾。唯一遗憾的是，他的预测范围局限在 16 平方公里内。

资料来源：天津网 http://www.tianjinwe.com

二、市场预测的精确度

市场预测的精确度是指在市场预测中,预测值接近实际值的程度。市场预测的精确度是每一项市场预测都要遇到的问题,在市场分析中,它市场预测结果具有同等重要的作用。我们可以采用以下方法提高预测的精确度。

(一)掌握尽可能多的信息资料

进行市场预测时需要全面、系统的掌握有关历史的和现实的统计数据资料,这是进行市场预测的基础,也是提高预测精确度的前提。在进行市场预测时选取的样本容量越大(即调查资料越多,越全,样本越具有代表性),即越能反映市场的真实情况,作出的模型与市场的实际越接近。以此作出的市场预测越准确。例如,企业要进行销售量预测,必须了解顾客的现实需求和对产品的态度,了解消费者的收入、市场上同类产品的价格,社会文化、技术条件等的变化情况。因此,为了使预测工作顺利顺利进行并达到预期效果,必须首先做好基础工作,重视资料的收集整理工作。

(二)选择适当的预测期限

预测期限的长短,对预测的精确度也有一定的影响,一般来说,短期预测的精确度比中期、长期预测的精确度高。由于预测期限越短,自身条件和外部环境发生变化的可能性越小,预测结果越趋于准确。反之,预测的时间越长,在预测期间的外部环境和自身条件发生变化的可能性越大,预测结果的精确度就越难保证。因此,只有合理的选择预测期限,并注意及时与市场现象发展变化的实际进行比较分析,不断修正预测值,才能提高预测精度。

(三)提高市场预测人员的判断能力

判断贯穿市场预测的全过程,不论是数据资料的收集加工整理,还是预测方法的选择与模型的检验,每一步都是通过人来实现的,因此,预测人员本人的知识、经验、观察思考和判断能力的高低,对结果的准确性具有决定性的影响。要提高预测结果的精确度,就要提高预测人员的水平和能力。如按预测要求质与量侧重点不同划分为定性预测、定量预测。

本章小结

市场预测是企业在通过市场调查获得一定资料的基础上,针对企业的实际需要以及相关的现实环境因素,运用已有的知识、经验和科学方法,对企业和市场未来发展变化的趋势作出适当的分析与判断,为企业营销活动提供可靠依据的一种活动。市场预测具有客观性、全面性、及时性、经济性、持续性、科学性等特性,市场预测是企业进行经营决策的主要依据,市场预测可以更好地满足消费需要,市场预测有利于提高企业的竞争能力,市场预测有利于企业利用市场调节,合理配置资源。市场预测的主要内容有市场需求预测、市场资源预测、市场营销组合预测。按照不同的划分标准,市场预测可以分为不同的类型,如按预测要求质与量侧重点不同分为定性预测与定量预测。

在进行市场预测时要坚持可知性、连续性、类推、相关、概率推断、质量分析结合、经济性等原则，市场预测的一般步骤包括确定预测目标、收集与分析历史与现实数据资料、选择预测方法，拟定预测模型，进行预测，分析评价，确定预测值，做出预测报告。市场预测的精确度是通过平均误差、平均绝对误差、均方误差、标准误差、平均绝对百分误差等误差等指标衡量的，我们可以通过掌握尽可能多的信息资料、选择适当的预测期限、提高市场预测人员的判断能力等措施提高市场预测的精确度。

思考练习

1. 如何理解市场预测的含义。
2. 市场预测具有哪些特性。
3. 市场调查与调查预测的联系与区别体现在哪几个方面？
4. 市场预测的作用有哪些？
5. 市场预测可以分为哪几类？种类有何特点？
6. 市场预测要坚持哪些原则？
7. 市场预测的一般步骤有哪些？
8. 如何正确理解市场预测的精确度。

【案例分析】

《中华人民共和国老年人权益保障法》中第二条指出，本法所称老年人，是指六十周岁以上的公民。一般来讲进入老年的人生理上会表现出新陈代谢放缓、抵抗力下降、生理机能下降等特征。头发、眉毛、胡须变得花白，肌肤老化等是老年人最明显的特征之一。

人口老龄化快速发展是我国社会发展和社会转型的一个突出特征。“十二五”期间，全国老年人口将达到2亿人。专家预测，到2030年（即20年后）我国将成人口老龄化程度最高国家，中国老年人数量将高达3.48亿（按照14.5亿计算），超过日本。到2050年，中国社会进入深度老龄化阶段。因此，未来如“养老”等产业将非常可观。

日本佳丽宝有EVITA品牌，专门针对50岁以上中老年化妆品，自2000年推出至今，其一直占有日本中老年自选护肤市场的最大份额。可惜中国并没有一个企业有专门做中老年市场护肤品的品牌。老年人化妆品市场是“一座尚未开发的金矿”，面对老年人化妆品“金矿”，国内企业可提前“布局”。

思 考 题

1. 根据材料，试预测未来10年乃至20年后老年化妆品的市场状况。
2. 结合材料分析，国内化妆品企业可以采取哪些措施迎合未来市场的变化趋势。

第十章

Chapter 10

定性预测法

【学习目标】

(一)知识目标

掌握定性预测的内涵及特点;定性预测与定量预测的联系与区别;掌握各种定性预测的方法原理及实施步骤

(二)技能目标

熟练掌握市场调查预测法、专家评估预测法、德尔菲预测法、主观概率预测法进行预测。

【导入案例】

某市童趣童装厂近几年生产销售连年稳定增长,于是该厂刘厂长大胆创新,年初组织人手设计了一批童装新品种,有男童的香槟衫、迎春衫,女童的飞燕衫、如意衫等。借鉴成人服装的镶、拼、滚、切等工艺,在色彩和式样上体现了儿童的特点,活泼、雅致、漂亮。由于工艺比原来复杂,成本较高,价格比普通童装高出了80%以上。为了摸清这批新产品的市场吸引力如何,在春节前夕,厂里与百货商店联举办了"新年童装展销会",小批量投放市场十分成功,顾客踊跃购买,赞誉声一片,许多商家主动上门订货。连续几天亲临柜台观察消费者反映的李厂长,看在眼里,喜在心上,决心趁热打铁,尽快组织批量生产,及时抢占市场。

为了确定计划生产量,李厂长将现有销售数据认真分析后,决定将生产能力的70%安排新品种,30%为老品种。二月份的产品很快就被订购完了。然而,现在已是四月初了,三月份的产品还没有落实销路。询问了几家老客商,他们反映有难处,原以为新品种童装十分好销,谁知二月份订购的那批货,卖了一个多月还未卖到三分之一,他们现在既没有能力也不愿意继续订购这类童装了。对市场上出现的近一百八十度的需求变化,李厂长感到十分纳闷。他弄不明白,这些新品种都经过试销,自己亲自参加市场查和预测,为什么会事与愿违呢?

第一节　定性预测的概述

定性预测法也称为判断分析预测法，是预测者通过对预测对象外部和表征的直接感觉及了解，利用个人的直觉、判断和思维去预测事物未来发展的结果。应用这种方法不需要高深的数学理论，可以充分发挥个人的主观能动作用、节省时间、节约费用，且便于普及推广，是目前经济社会广泛应用的一类重要的预测方法。

一、定性预测法的内涵

（一）定性预测法的概念

定性预测法是指预测者凭借个人的知识、经验和能力，根据已掌握的历史资料和主观材料，对事物的未来发展作出性质及程度上的主观估计和预测的方法。定性预测法偏重于经济发展性质上的分析，它通常不依托数学模型进行预测，而多采用直观内容和个人判断的方法达到预测客观经济现象的目的，这种方法因其运用灵活，简便易行，并能较快地取得预测结果，而在社会经济生活中被广泛的应用。定性预测法主要适合在对预测对象的影响因素难以分清主次、对主要影响因素难以进行数量分析，特别是在对预测对象的数据资料（包括历史和现实的）掌握不充分时应用。预测专家通常凭借自己的业务知识、经验和综合分析能力，运用现有资料，对事物发展的趋势、方向和重大转折点作出合理的预测。

（二）定性预测的特点

1. 着重对事物发展的性质进行预测

主要凭借个人的经验以及分析能力。定性预测主要是利用直观材料，依靠具备丰富相关业务知识、实践经验以及较强的综合分析能力的专家与相关人员，对事物的未来发展方向和趋势作出质（而非量）的方面进行预测。在社会经济方面，对一些定性内容的预测，如对国家经济形势的发展走势、市场总体形势的演变、科技开发的实现时间、企业经营环境分析、顾客需求心理变化和购买动机变化等非定量内容的预测，则必须使用定性预测才能奏效。由于定性预测具有较强的主观因素，因此，参与者自身掌握理论与实践知识以及相关信息的多寡、对问题进行综合分析能力的强弱，将直接影响对事物的预测结果。

2. 着重对事物发展趋势、方向和重大转折点进行预测

定性预测主要是在相关信息是模糊的、主观的、无法量化的，而且相关的历史数据很少，或是当前的预测相关程度很低的情况下进行预测，因此，这种预测方法通常不用或很少使用数学模型，而是采用直观内容和个人判断的方法进行预测，预测也主要侧重于对事物发展的重大趋势及转折点的预测，而对事物发展过程中的细微变化描述较为模糊。另外，它还具有应用简单、迅速，省时省费用的优点，因而，目前主要应用于把握变化的市场动态，尤其是需要快速决策的时候。

3. 定性预测的重要性

（1）大量需预测的项目还不能定量表示。由于对项目进行预测需要考虑的因素很多，特别是因人为因素、政治因素以及某些发明和创新理论的未来经济效果很难以量化方式表示，在这种情况下，专家需要用定性的方法对项目发展进行预测。例如，对附加新功能的空调进行未来销售量的预测，因消费者对附加新功能空调的需求弹性无法确定，所以预测专家需要根据对空调市场的了解来作出定性预测。

（2）定量预测所需的数据不容易得到。限于竞争对手对商业资料的保密以及情报人员获取资料的手段、方法及情报人员个体素质的不同，项目预测所需的原始数据的准确程度和侧重点也存在着较大的差异。例如，在对 2010 年最具竞争力的化妆品品牌的营销策略进行调查时，往往因为无法得到大品牌化妆品营销中涉及投入的人力、物力、财力、资金等成本的数据，所以新兴品牌无法将大品牌的销售策略与自己的策略进行对比，此时新兴品牌在对自己营销效果进行预测时常会采用定性预测的方法。

（3）现阶段的定量预测技术还缺乏自我适应能力。由于对项目的定量预测需要运用诸多模型及数据进行运算和反馈，在某些情况下，限于预测结果的反馈方式还不成熟，或者反馈速度滞后于决策时间，因此常需要运用定性方式进行预测。

（4）原始资料和数据的失真造成的假数据。如果获得的原始统计资料出现弄虚作假现象，或者统计资料过于表面化，那么就会使定量预测出现重大失真。因此，当发现原始资料出现以上问题时，预测专家通常放弃定量预测，转而采用定性预测的方式。

二、定性预测与定量预测的关系

（一）双方优点比照

定性预测的优点在于，它注重对事物发展性质方面的预测，着重对事物发展的趋势、方向和重大转折点进行预测，具有较强的灵活性，易于充分发挥人的主观能动性，并且由于其预测起来方法简便，所产生的费用较少，因此在实践中应用较为广泛；定量预测的优点则在于，它注重对事物发展在数量方面的分析，重点是运用数字对事物发展变化的程度进行详细描述和判断，因此，定量预测更多依据历史统计资料，较少受到专家的主观因素的影响。

（二）双方缺点比照

定性预测的缺点在于，由于它比较重视人的经验和主观判断，所以容易受到主观因素的影响，从而易于被个人的知识、经验和能力的大小所束缚。最主要的是，定性预测缺乏对事物的发展程度在数量方面的精确描述，因此预测的准确度较低；定量预测的缺点在于，它运用起来比较机械，不易于处理有较大波动的资料，更难于对变化中的事物进行预测。

定性预测和定量预测是预测的两种重要的方法体系，它们之间并不是互相排斥的关系，在实际预测过程中应当将两者结合使用，取长补短，以使预测工作达到最佳效果。

三、定性预测法结构

定性预测的种类很多，本书按照预测原理和方法的不同，将定性预测分为市场调查预测法、判断分析预测法、专家评估预测法、德尔菲预测法、主观概率预测法等五种方法，其结构见表10.1。

表10.1　定性预测法结构表

- 定性预测法分类
  - 市场调查预测法
    - 联测法
    - 转导法
    - 类比法
  - 判断分析预测法
  - 专家评估预测法
    - 头脑风暴法
    - 专家会议法
    - 个人判断法
  - 德尔菲预测法
  - 主观概率预测法
    - 算术平均值法
    - 加权平均值法
    - 调和平均数法

四、定性预测法的应用

定性预测法的应用范围十分广泛，原则上在任何情况下都可以使用，但我们在这里还是对较为适用的几种情况进行了界定：

（1）在缺乏数据资料，一些因素错综复杂，综合抽象程度较大，或主要影响因素无法用数字描述进行定量分析时；

（2）在出现复杂的、难以识别的、模糊的市场现象时；

（3）在只需进行推理判断，而又迫于时间紧急，无法进行大量计算时；

（4）在只需对事物发展的性质或趋势进行判断，无需量化预测结果时。

【资料卡10-1】

定性预测法是指预测者凭借个人的知识、经验和能力，根据已掌握的历史资料和主观材料，对事物的未来发展做出性质及程度上的主观估计和预测的方法。需要的数据少，可以不考虑无法定量的因素，也不需要太深的理科知识，不需要太繁琐的计算。因此，简便易行，得到广泛的应用。由于定性预测主要依靠预测者的经验和判断能力，易受主观因素的影响，主要的目的不在数量估计。为了提高与测得准确度，需要注意以下问题：

1. 加强经济调查研究，掌握影响经济发展的各种因素；

2. 数据和情况并重，是定性分析数量化，提高定性预测的说服能力；

3. 将定性预测与定量预测相结合，提高经济预测的质量。

第二节　市场调查预测法

一、市场调查预测法概念

市场调查预测法主要是指预测者采用适当的调查方式和调查方法收集预测对象的相关信息,在取得大量第一手市场信息资料的基础上,运用经验和主观分析判断,对未来市场的发展趋势进行预测的定性预测方法。从广义上讲,所有预测方法都是以市场调查资料为基础,均可称为市场调查预测法;但从狭义上讲,主要是指采用普查、重点调查、典型调查或抽样调查等统计调查方法,进行判断的预测方法。无论广义还是狭义上的市场调查预测,都有两个较为明显的特点:①它是直接基于市场调查资料而进行的预测方法;②它是一种定性预测方法。

市场调查预测法的主要优点在于,由于它需要在取得大量信息资料的基础上,经过数据测算,逻辑分析,判断市场未来发展前景,所以它能在一定程度上减少主观片面性,因此有人也将市场调查预测法称为客观性市场预测法。另外,市场调查预测法使用范围较广,尤其是在缺乏历史资料的情况下,任何企业、组织或者个人都可以针对预测项目发起市场调查,从而获得较准确的预测信息。如对新产品的市场需求进行预测之前,可以发起由各级代理商以及消费者参与的市场调查。市场调查预测法的不足之处在于,在调查样本数目不够大的情况下,调查结果往往由于参与调查人员的个人判断而偏离市场实际情况,同时,在调查统计过程中,也存在统计误差等操作性问题;另一方面,若想获得较为全面的调查信息,往往需要扩大调查对象的范围,这样做会耗费较大的人力、物力资源,花费时间也较多。

二、市场调查预测法的实施步骤

企业能否在激烈的市场竞争中生存与发展,取决于对市场的驾驭能力。要想预先掌握市场变化动态,必须对市场环境进行调查、研究与把握。市场调查预测的具体实施步骤如下:

(1)确定市场调查的方式。根据预测对象特点,选择适合的调查方式,企业常用的调查方式主要为:普查、重点调查、典型调查、抽样调查;

(2)确定数据调查的方法。运用适当的调查方法收集相关信息,如询问调查、面访调查、电话调查、观测调查、试验调查、文献调查等;

(3)确定预测结果。将调查资料进行统计整理,作出统计分析结果,最后在主观判断的基础上获得预测结果。

三、市场调查预测的实施方法

(一)消费者购买意向调查法

这种方法采用随机抽样或典型调查方式,通过发表、访问进行调查,将消费者的购买意向加以分析汇总,推断未来需求量。根据收集的资料,最后按一定的公式算出需求量。

采用这种预测法,一般准确率较高,但不太适合长期预测。因为时间长,市场变化因素大。消费者不一定都按长期购买商品计划安排,所以,预测结果可用其他方法预测对比进行修正,使预测结果更为准确。具体的实施步骤为:

(1)先把消费者购买意向分为不同等级,用相应的概率来描述其购买可能性大小。一般分为五个等级:肯定购买,购买概率是100%;可能购买,购买概率是80%;未确定,购买概率是50%;可能不买,购买概率是20%;肯定不买,购买概率是0。

(2)向被调查者说明所要调查的商品的性能、特点、价格,市场上同类商品的性能、价格等情况,以便使购买者能准确地作出选择判断,并请被调查者明确购买意向,即属于上面五种购买意向中的哪一种。

(3)对购买意向调查资料进行综合,列出汇总表:

购买意向	肯定购买	可能购买	未定	可能不买	肯定不买
概率描述(p)	100%	80%	50%	20%	0
人数(户数)X_i	X_1	X_2	X_3	X_4	X_5

从表中,我们可以清楚知道,表示“肯定购买”有多少人(户);“可能购买”有多少人(户);……;“肯定不买”有多少人(户)。

(4)计算购买比例的期望值,再计算购买量的预测值。购买比例的期望值公式如下:

$$E=\frac{\sum P_iX_i}{\sum X_i}$$

其中:P_i 表示不同购买意向的概率值;

X_i 表示不同购买意向的人数(户数)。

购买量预测公式如下: $Y=E\cdot N$

其中:E 表示购买比例的期望值;

N 表示预测范围内总人数(总户数)。

例 10.1 某装饰材料生产企业要预测某市下半年功能型地板块的销售量,对该市居民进行功能性型地板块购买意向调查。该市居民为12万户,样本为300户。调查资料显示:肯定购买4户,可能购买10户,未定20户,可能不买110户,肯定不买156户。

(1) 计算购买呢比例期望值:

$$E=\frac{\sum P_iX_i}{\sum X_i}=\frac{4\times 100\% + 10\times 80\% + 20\times 50\% + 110\times 20\% + 156\times 0}{300}==14.67\%。$$

(2) 计算下半年功能型地板销售量预测值:

$$Y = E \cdot N = 14.7\% \times 12 = 1.764(\text{万件})$$

该市下半年功能型地板销售量预测值为1.764万件。

(二)销售人员意见调查法

向销售人员进行调查,征询他们对产销情况、市场动态以及他们对自己负责的销售区、商店、柜台未来销售量的估计,加以汇总整理,对市场前景作出综合判断。需要进行上情下达、下情上达、材料上报、审核整理等工作。优点是销售人员接近市场前沿,熟习情况,预测又经多次审核和修正,比较接近实际;利用了销售人员的责任感,调动了他们的积极性。缺点是容易发生保守、浮夸、欺上瞒下的现象,预测结果不代表全局,有一定的局限性。

(三)经营管理人员意见调查法

由经理或厂长召开熟习情况的各业务主管部门人员开会,将与会人员对市场的预测加以归纳、整理、分析、判断,制定企业的预测方案。要先布置后开会。优点是上下结合,发挥各部门的作用;缺点是对市场行情了解不深入,受主观因素影响大。

(四)商品展销订货会调查法

通过商品展销、订货会直接向用户发放调查表,了解用户意见和需求量,经汇总整理后,综合判断商品销售的发展前景。具体调查表虽要根据不同行业和产品而异。优点是信息出自买方,可信度大。缺点是表格收回数量可能不多、个别用户的意见不具有广泛性。消费者是否愿意合作成为问题的关键。

四、市场调查预测的其他方法

(一)联测法

联测法,就是以某一个企业过去的普查资料或某一地区的抽样调查资料为基础,进行分析、判断、联测,确定某一行业以至整个市场的预测值的一种市场调查预测法。

在市场调查预测中,虽然全面普查可以获得较为系统的第一手资料,能够更好地反映市场的客观实际情况,但由于主、客观条件的限制,在很多情况下,无法进行全面普查工作,或者可以进行全面的调查,但是由于其需要花费大量的人力、物力和时间而得不偿失,因而只能转而进行局部普查或抽样调查。运用联测法,其关键在于科学的选取调查样本,使它具备典型性,能够反映调查总体的全貌。下面就一个实例对联测法的具体实施步骤进行阐述。

例10.2　某手提计算机生产企业为开拓其产品市场,拟用联测法预测五个城市2011年居民家庭对手提计算机的需求量。已知居民家庭对手提计算机的需求受到经济发展水平、居民人口结构、消费观念等因素影响,现假设以上五个城市的经济发展水平、居民人口结构、消费观念等状况都大致相当,并且以X_1,X_2,X_3,X_4,X_5分别代表以上五个城市。这样,我们可以用其中某一城市的市场需求抽样调查资料,分析判断后联测其他四个城市的市场需求量,预测过程按下面步骤进行:

(1)通过间接调查,了解五个城市 2010 年市场上手提计算机销售量及城市户数资料,见表 10.2。

表 10.2　五个城市 2010 年市场的家庭户数及手提计算机拥有量表

市场	X_1	X_2	X_3	X_4	X_5
实际销售量/台	1 500	1 300	1 800	1 100	1 200
居民家庭/万户	5	4.8	5.5	4	4.5
销售率/(台/户)	0.03	0.027	0.033	0.028	0.027

(2)选择 X_1 城市为调查调查对象,经调查得到以下资料:X_1 市场明年每100户居民对手提电脑的需求量为 10 台,即需求率为 0.10,X_1 市场的需求量为 $5 \times 0.10 = 0.5$(万台)。

(3)计算五个城市的市场需求率。

现假设五个城市销售率分别为 C_1, C_2, C_3, C_4, C_5;实际需求率分别为 D_1, D_2, D_3, D_4, D_5。经过分析,2011 年五个城市市场手提计算机需求情况与 2010 年相比基本没有改变,因此,我们可以用2010 年五个城市的销售资料求出的销售率和2011 年 X_1 市场调查结果得到的需求率为 0.1 的信息,来联测 X_2, X_3, X_4, X_5 四个城市明年手提计算机的需求率。计算方法如下:

$$销售量(C) = 实际销售量 \div 居民家庭数$$

由 $D_a/C_a = D_x/C_x = K$。

其中:K 表示实际需求量与销售率的比例;C_a 表示前面已求出的 a 市场的销售率;C_x 表示前面已求出的 x 市场的销售率;D_a 表示通过调查所得的 a 市场的需求率;D_x 表示待求的 x 市场的需求率。

已知城市 X_1 的预计需求量是去年销售率的倍数 $K = D_1 / C_1 = 0.1/0.03 = 3.33$

这样可以推算出其他城市的需求率分别为:

$D_2 = C_2 \times K = 0.027 \times 3.33 = 0.090$

$D_3 = C_3 \times K = 0.033 \times 3.33 = 0.100$

$D_4 = C_4 \times K = 0.028 \times 3.33 = 0.093$

$D_5 = C_5 \times K = 0.027 \times 3.33 = 0.090$

(4)根据市场需求量计算市场需求量。

通过市场需求率可以推算出五个城市的市场需求量:

X_1 市场需求量 $= 0.1 \times 5 = 0.5$(万台)

X_2 市场需求量 $= 0.090 \times 4.8 = 0.432$(万台)

X_3 市场需求量 $= 0.100 \times 5.5 = 0.55$(万台)

X_4 市场需求量 $= 0.093 \times 4 = 0.372$(万台)

X_5 市场需求量 $= 0.090 \times 4.5 = 0.405$(万台)

以上就是根据市场调查所获资料，使用联测法对五个城市未来一年手提计算机销售量进行的预测。当然，对每个市场的手提计算机型号、规格、档次等的预测，还需要进一步调查后作出分析判断。

（二）转导法

转导法，是以间接调查所得经济指标预测值为基础，依据该指标与预测目标间相关比率的资料，转导出预测值的一种方法。因此，转导法是一种演绎预测法，这种方法简单易行，在市场预测中常被广泛的应用。转导法预测模型为：

$$y = G(1 + k)\eta_1\eta_2\cdots\eta_n$$

式中：y 代表预期目标下期预测值；G 代表本期某参考经济指标观察值；k 代表参考经济指标下期增或减的比率；$\eta_1,\eta_2,\cdots,\eta_n$ 代表预测目标与参考经济指标间客观存在的相关经济联系的比率系数；n 代表相关经济联系的层次数。

下面运用转导法对 2011 年某家具商城实木家具在当地市场的销售额进行预测，可按如下步骤进行：

（1）取得需要的间接资料。

首先，通过政府公布的该地区 2010 年商品零售总额（G）及其下年度增长速度（k）及当地家具市场占整个地区销售总额比重（η_1）。假设当地市场商品零售总额为 500 亿元，预计下一年度增长速度为 12%，该家具商城占整个地区家具市场销售总额的 20%。

然后，通过调查、收集与预测目标相关的其他经济比率系数 $\eta_2,\eta_3,\cdots,\eta_n$。假设调查得知，该家具商场在当地服装市场中的市场占有率 $\eta_2 = 4\%$，该商场的实木家具占商场全部家具销售额的比重 $\eta_3 = 35\%$。

（2）进行转导推算预测值。

2011 年某地区家具销售总额 = 500×(1+12%) = 560（亿元）

2011 年当地家具销售总额 = 560×20% = 112（亿元）

2011 年该家具商场的家具销售总额 = 112×4% = 4.48（亿元）

2011 年该家具商场的实木家具销售总额 = 4.48×35% = 1.568（亿元）

或直接将各经济指标代入上式的转导预测模型中，计算得到 2011 年该家具商城实木家具在当地市场的销售额将为 1.568 亿元。

（三）类比法

世界上有许多事物的发展变化都是带有相似性的，类比法正是利用这种变化规律的相似性，遵循类推的原理，将预测目标与其同类或相似的事物加以对比分析，用以推测预测项目未来发展趋势与发展水平。类比应用形式多种多样，例如由点到面推新产品；由国内相似产品类推新产品；由国外相似产品类推新产品等。以下简单介绍几种类比方法。

1. 由点到面推新产品

这种类比方法多应用于一般消费品和耐用消费品市场的需求预测。例如，通过抽样调查或典型调查发现某地区洗衣机年销售率为5%，即每百户居民每年有5户购买了洗衣机，由此我们可以通过销售率推算其他地区城市规模相似，经济发展水平相近的地区的洗衣机年需求情况。

2. 由国内相似产品类推新产品

这种类比方法主要应用于新产品开发预测，即根据某一类似产品的发展变化情况，类比预测国内与其性能相似的新产品的发展方向和变化趋势。例如，参考消费者对不同香型白酒的需求偏好程度，企业研制开发更符合消费者口味的啤酒产品，因为两者具有很强的相似度，消费者对白酒口感的偏重，也多会发生在对啤酒的偏好上。

3. 由国外相似产品类推新产品

这种方法是在缺乏调查资料的情况下，将其他国家产品或相似产品的市场发展趋势，作为本国同类产品或相似产品市场预测的基础进行估算。例如，台湾顶新食品公司生产康师傅方便面，在上碗面生产线确定生产规模时，就参照日本方便面食品随国民收入的变化规律，来推测我国方便食品的销售情况。

第三节　专家评估预测法

一、专家评估预测法概念

专家评估预测法是以专家为索取信息的对象，依靠专家的经验、知识和智慧。对预测对象的未来发展作出判断，然后把专家的意见归纳整理形成预测结论的一种定性预测法。在预测时，所选专家依据自己的学识和处理同类预测问题的丰富经验，对预测对象的性质、特点以及相关事物进行深入研究，从而可以取得比较符合客观实际的预测结果。

首先要界定一下“专家”的内涵。衡量一个人是否是“专家”，有形式标准和实质标准两种。从形式上说，专家是指在某一领域有10年以上专业工作经历，有较高专业职称或学历、学位的人。从实质上说，在某一领域内学术方面有所建树、有真知灼见的人均可谓“专家”。在进行评估之前，我们应结合以上两方面，尤其是第二个方面的内容，慎重选择专家。既要注意选择领域内权威人士，又要选择具有实际操作经验的人才，同时还要考虑该领域持有独特见解和主张的专家的意见。

专家的选择由预测的任务所决定。应参照本领域和相关领域的权威和熟悉业务的最高层领导的推荐意见，另外，关注学术刊物上发表论著的作者，以及学术团体、机构等群体也是选择预测专家的有效方式。在选择专家的过程中，不仅要注意选择业务精通，有一定权威和学术代表性的专家，同时还应注意选择边缘学科、社会学和经济学等方面的专家。另外，能否承担预测任务，能否坚持始终，是否具有强烈的责任感和使命感，也是选择专家的一项重要标准。例如，在预测涉及国家政策实施后果或某项技术发明的实现时间时，参与预测的专家就应具有以上所述全部特点;在预测某企业的产品市场前景时,要邀请的专家就与前述的有所不同,此时通晓市场行情的人亦是专家。

二、专家评估预测法的特点

专家评估预测法属于直观预测范畴,其起源历史悠久,随着现代科技的蓬勃发展,人们通过不断探索,现代专家评估预测法已经逐渐剔除了不良的主观因素影响,使评估更加趋于客观实际情况,作为一项重要的定性预测方法,它具有自身较为突出的特点:

(1)已经形成一整套有效选择专家,利用专家创造性思维进行预测评估的基本理论和科学方法。

(2)充分发挥专家的集体力量。现代专家评估预测法不是依靠一个或少数专家,而是依靠许多专家或专家集体;不仅依靠本领域专家,同时广泛邀请相关领域专家和社会学、系统学方面的专家参加预测。依靠专家集体不仅可以消除个别专家看问题的局限性和片面性,同时还能够降低预测的失误,提高预测结果的可靠性。

(3)利用打分、数量评估等方式,将预测结果量化体现。运用数理统计方法进行数量处理,使预测结果提高到量化程度,增加了预测的可靠性和实用性。

专家评估预测法具有很多实用性优点,首先在于,它可以在缺乏足够统计数据和原始资料的情况下,利用专家的经验、判断力、想象力,获得较为真实的信息,特别是预测对象的技术发展在很大程度上取决于政策和专家的努力,而不是取决于现实技术基础时,采用专家评估预测法能取得更为正确的结果。其次,它能紧密结合特定预测项目的具体情况进行评价,使预测具有较强的针对性,并采用本领域的专家进行评价,实行少数服从多数的原则,具备了较强的科学性和公平性。另外,专家评估预测法应用起来还节约时间、节约费用、适用面广、预测准确度较高,这种预测方法不仅在军事、科技发展、市场需求等领域普遍应用,而且在人口、教育、医疗、信息产业等领域的预测得到了广泛的应用。

但是,这种方法的缺陷也是非常明显的,具体表现在:主要依靠参评专家的知识和经验进行判断,专家意见未必能反映客观现实。例如,在实际工作中,在相同条件下对同一经济发展指标的预测,不同的专家可能给出截然不同的预测结果,有时指标数值甚至相差数倍。这主要是由专家评估预测法的主观性有余、客观性不足的原因造成。另一方面,该种方法在预测过程中定性方法与定量方法结合不够,并且一般仅适用于总额的预测,而用于区域、顾客群、产品大类时可靠性较差,这样也相应缩小了专家评估预测法的适用范围。

三、专家评估预测法的主要分类

根据进行预测的方式不同,专家评估预测法主要分为:头脑风暴法、专家会议法、个人判断法等。

(一)头脑风暴法

专家评估预测法是一种较为主观的分析预测方法,它的预测结果主要来自于参评专家对项目未来发展趋势的个人判断。但是,要想提高专家所得预测的质量,就必须最大限度调动专家们的积极性。即在不受外界任何影响,也不产生任何心理压力的情况下,以强烈的责任感和荣誉感,充分发挥专家个人的聪明才智和创造性思维能力。头脑风暴法就是这样一个通过专家间的相互交流,引起“思维共振”,产生组合效应,形成宏观智能结构,进行创造性思维的预测方法。

1. 头脑风暴法的含义

头脑风暴法(Brainstorming),也称智力激励法。它是美国人 A. F. 奥斯本于1938 年首创的一种创造性技术。它是与现代创造性思维及活动相适应的一种成效显著的综合创造技术。头脑风暴原意是指精神病患者在发病时精神错乱、胡思乱想的行为。而以此命名是指,头脑风暴法将针对一个实际问题,召集由有关人员参加的小型会议,本着“开动脑筋、互相启发、集思广益”的基本原则,使与会者敞开思想、各抒己见、互相启发、互相激励,使创造性设想起连锁反应,从而获得众多解决问题的方法。目前,头脑风暴法因其尊重集体智慧,能够激发创造性思维,而被广泛应用于预测、规划、社会问题处理、技术革新以及决策等诸多重要领域。

2. 专家的选择原则

(1)选择 10 ~15 名专家组成预测小组。这样可以在思维激发持续时间内使问题讨论更深入一些,意见反映也更全面一些。小组成员应尽量选择行业跨度大且在讨论过程中能够扮演不同角色的专家。例如,负责提供方法论的专家——预测学家;产生设想的专家——专业领域专家;分析者——专业领域的高级专家,他们应当追溯过去,并及时评价对象的现状和发展趋势;演绎者——对所论问题具有充分的推断能力的专家。

(2)选择知识面广、思想活跃的专家。选择专家不仅看他的经验、知识能力,还要看他是否善于表达自己的意见。知识面广、思想活跃的专家,可以防止会议气氛沉闷,同时可以作为易激发的元素因子,使整个创造设想引起强烈的连锁反应。

(3)会议领导和主持人的选择。领导和主持工作最好能委托给预测学家或者对头脑风暴法比较熟悉的专家担任。如果所论及的问题专业面很窄,则应邀请论及问题的专家和熟悉此法的专家共同担任领导工作。

3. 头脑风暴法的实施步骤

(1)会议前的准备。首先,要明确需要预测的问题,明确了问题才能使会议有侧重的进行下去。其次,根据讨论问题合理选择与会专家。最后,是通知与会人员会议细则,准备会议相关材料。

(2)会前“热身”。人的大脑不是一下子就可以发动起来并立即投入高度紧张的工作的,它需要一个逐步“升温”的过程。在正式讨论开始之前,主持人需要进行一下思想启发,使与会者的大脑尽快开动起来并处于“受激”状态,从而形成一种热烈、欢愉和宽松的气氛。这种启发可以是一个与项目有关联的小案例,或者幽默故事等,促使与会者积极调整自己的状态,踊跃参与到对现象的讨论中来。

(3)提出讨论项目。主持人向大家介绍所要讨论的项目。值得注意的是,在介绍项目时,只要向与会者提出项目相关的最低数量的信息即可以,切忌把自己的设想全盘端出来,改变他人的思考方向。同时,要注意表达问题的技巧,使主持人的发言尽量做到富有启发性。

(4)重新叙述问题。这里是指改变问题的表达方式。此步骤要在仔细地分析所要解决问题的基础上,尽量找出它的不同方面,然后在每一方面都用"怎样……"的句型来表达。例如,假定要解决的问题是如何提高某企业的经济效益。那么,对此问题就可重新叙述如下:怎样降低成本?怎样扩大市场份额?怎样搞好技术革新、技术改造?怎样增强企业的凝聚力?怎样提高企业的决策水平?怎样减少浪费?怎样提高管理水平?……

(5)展开讨论。针对会议开始提出的问题,调动各方积极性,借助于与会者之间的智力碰撞、思维共振、信息激发提出大量创造性设想,使项目的讨论逐渐深入下去。因此,这是头脑风暴法的关键阶段。此阶段的讨论需要注意的是:应倡导提新奇观点,越新奇越好;鼓励结合他人的观点提出新的想法;与会者不论职务高低,一律平等相待,即不允许批评或指责别人的观点,也不得以集体或权威意见的方式妨碍他人提出观点;不允许对提出的创造性观点作出判断性结论,以避免束缚他人的想象力。

(6)思想汇总、加工。讨论结束后,会议主持者要对所获信息进行认证筛选,仔细研究,去掉不合理、不科学的观点,保留、完善那些对项目预测有价值,有开拓性意义的观点,结合各方面因素,最终得到一个较为合理的结论。

(二)专家会议法

1. 专家会议法的含义

专家会议法又称之为集合意见法,是指将有关人员集中起来,针对预测的对象,交换意见,对其未来发展趋势及状况作出判断而进行的一种集体研讨形式。

专家预测法的优点是这种方法可以获取广泛的信息、创意,专家们可以互相启发,集思广益,能够很好地避免依靠个人的经验进行预测而产生的片面性。例如,对某种产品未来市场销售情况进行预测,可以请来经济分析师、行业市场分析员、企业高层领导、营销部门主管、资深销售人员等进行研讨。这种预测方法的不足之处在于,这种方法预测的准确性可能受到参与者人数和素质等因素的影响,并且容易受到权威人士意见的左右,而且预测值经常会出现较大的差异。

2. 专家会议法的实施步骤

(1)邀请专家参加会议。专家的确定可以根据熟悉预测项目的权威人士推荐来选择,也可以通过在行业期刊中选择相关领域有建树的作者等形式选择与会专家。选择的专家应当具有较为全面的项目理论知识和实践经验、具有良好的思维能力和个人表达能力。

(2)向专家提供有关预测的背景资料。一般包括相关的历史资料、国家政策、企业经营管理现状、市场情况等方面的资料。

(3)组织会议,展开讨论。首先由会议主持人提出题目,要求大家充分发表意见,提出各种方案,主持人不发表自己的看法,同时对任何其他专家的看法也不作出评价,使他们可以畅所欲言,提出独创性的想法。

(4)会议结束后,主持人在对各种方案进行比较、评价、归类,最后确定预测结果。

(三)个人判断法

个人判断法主要是用规定程序对专家个人进行调查,依靠个别专家对预测对象未来发展趋势及状况作出专家判断。这种方法主要依靠的是参与预测专家的个人特殊专业知识及技能。

个人判断法的优点在于能够利用专家个人的创造能力,不受外界影响,简单易行,节省时间,节约费用,并且适用范围广泛。采用这种方法进行预测的缺陷在于,很容易受到专家知识深度、占有资料充分程度以及个人看问题的偏好等方面的影响,预测难免带有片面性。因此,这种方法最好与其他方法结合使用,相得益彰。

第四节　德尔菲预测法

一、德尔菲预测法的概念

德尔菲预测法是美国兰德公司与 1964 年首创的,以德尔菲(英文名称:Delphi)来命名。之所以称为德尔菲法,是源于古希腊的一座城市——德尔菲,因其有一座阿波罗神殿而出名,相传阿波罗可以预测未来,因此借用城市的名称对此种定性预测方法命名。

德尔菲法又称专家函询法、专家意见法,它是以匿名函询的方式向一个专家小组进行调查,将专家小组的判断预测加以集中、反馈并反复调查多次,最终利用集体的智慧做出对市场现象未来预测结果的定性预测方法。此法是通过向企业外若干选定的专家(一般不少于 15 人)邮寄项目背景材料和预测征询表,请专家"背对背"地对预测项目进行预测,并按规定时间将预测征询表返回。经过汇总整理,归纳出几种不同的预测结论,再回寄给各专家,以便进一步修正预测。如此反复数次,直至专家们的意见大致趋于一致时,即可依此结果作为预测结论。德尔菲法是一种非常重要的预测评价方法,它往往是在没有历史数据和历史事件可以借鉴时常要选择的一种方式,尤其适合于针对发展新产品和市场动态变化而进行的预测,它是通过对预测评价过程的控制、定性与定量分析相结合的一种方法。

二、德尔菲预测法主要特点

(一)匿名性

德尔菲法是通过函询的方法向专家发调查表征询专家意见,专家以"背靠背"的方式匿名回答问题,他们通过反馈只知道有几种不同的意见,但不知道持各种意见的是什么人,这样不会受到领导、权威的约束和能言善辩者的左右,可以充分发挥个人的见解。

(二)反馈性

为了促使专家们进行讨论,德尔菲法在每一轮调查表收回后,将各位专家的意见进行综合、整理、归纳与分类,再反馈给专家们,使专家们知道对所研究的问题有多少种见解,这些见解的依据是什么,这样就为专家们进行再一次的思考、完善和改变自己的观点提供了充分的信息。

(三)统计性

对于专家意见的定量处理是德尔菲法的又一个主要特点,德尔菲法采用统计的方法对评价结果进行定量分析,通过多轮调查、统计与反馈的过程,使站得住脚的见解逐渐为大多数专家所接受,分散的意见就会趋于集中,呈现出收敛的趋势。

当专家评价结果属于类别或顺序数据时,德尔菲法往往通过计算中位数、四分位数来反映集中与离散趋势;当评价结果属于数值型数据时,德尔菲法往往通过计算平均得分、一致性估计、满分率等来获得汇总结果。

德尔菲法的优点在于,它可以加快预测速度并节约预测费用;由于采用"背对背"的匿名方式进行预测,消除了预测过程中相互间心理上的影响,避免某些权威人士的意见左右一切,使每个专家都能够独立发表意见,所以能够获得大量有价值的观点和意见;另外,在历史资料不足或不可测因素较多时,用德尔菲法来预测往往可以获得不错的效果。

同时,这种预测方法的缺点在于,它对分地区的顾客群或产品的预测的可靠性较差;同时,此法得出的预测值是靠主观判断,受到专家个人知识水平的影响,预测的结果可能不完整或不切合。另外,往返数次也比较费时间。因此,它一般用于中长期问题的预测。

三、德尔菲预测法实施步骤

(一)选择预测专家成员

首先根据预测项目确定专家。所选的专家必须是对确定的预测项目具有丰富知识的人,他们中不仅要有具有理论方面知识的专家,同时还要有具有丰富实践经验的专家,并且要求专家彼此之间没有联系,只有这样才能确定对预测项目作出可信的预测,专家人数不宜过多,一般在 10 ~50 人之间。

(二)进行首轮调查

这个环节是德尔菲法的重要部分。在预测之前,首先将预测项目的相关背景资料提供给每位专家,以使专家能够对项目的具体情况进行详细的了解。然后开始第一轮的预测过程:将事先设计好的征询表邮寄给每一位专家,并且提出需要预测的具体问题。专家们互不通气的情况下,独立完成分析、判断、预测工作,并在组织者规定的时间内将征询表寄回。

(三)汇总并反馈意见

组织者收到征询表后进行意见汇总,并列成图表,归纳出几种不同的预测结论,用准确的语言进行描述,简略地附加说明得出每一种结论的理由,但并不注明哪种意见属于哪位专家。组织者将整理后的结果和征询表再分别寄给每位专家,请他们根据材料对自己的预测进行修改,并要求其在规定的时间内将征询表寄回。

(四)轮番征询意见

将所有专家首次修改后的意见收集起来,汇总,描述,再次分发给各位专家,以便他们对预测结果作出第二次修改。以此类推,经过多次轮番征询意见以后,专家们的意见会逐步趋向于一致,直到每一位专家都不再改变自己的意见为止,征询专家意见的过程结束。

(五)确定最终结果

根据专家最后一轮预测意见进行归纳或选择适当的统计方法进行处理,得出最终的预测结论。统计处理的方式主要是质的分析与量的分析相结合的方式,常用的方法有简单算术平均法、加权算术平均法、四分位法和众数法。

四、德尔菲预测法的应用案例

某企业对新产品投放市场后的年销售量难以确定,因而选择了21名行业专家组成专家预测小组,对新产品未来销售量进行预测,其中产品设计生产专家3人,商品学专家3人,批发业务专家5人,零售业务专家5人,消费者代表5人。企业向专家们发出了预测的征询意见表,经过三次意见反馈,专家们的判断意见见表10.3:

从表中可以看出,专家们在发表第二、三轮预测意见时,大部分都在上次的预测意见基础上作了一定的修改,经过三轮征询后,专家们预测值的差距在逐步缩小,最终形成集中趋势。

利用简单算术平均法就得:

最低销售点预测值=602/21=28.67(万件)

最可能销售点预测值=1 040/21=49.52(万件)

最高销售点预测值=1 343/21=63.95(万件)

假设三种销售的概率分别为0.2,0.7,0.1,则综合预测值为:28.67×0.2+49.52×0.7+63.95×0.1=46.79(万件)。

利用中位数求得:最低销售额为30万件,最可能销售额为50万件,最高销售额为68万件。最后综合值为:30×0.2+50×0.7+68×0.1=47.8(万件)。

表 10.3　某新产品的年销售量专家判断意见表　　单位:万件

专家小组成员		第一次反馈意见			第二次反馈意见			第三次反馈意见		
		最低销售量	最可能售量	最高销售量	最低销售量	最可能销售量	最高销售量	最低销售量	最可能销售量	最高销售量
设计生产专家	A	25	65	70	25	65	75	25	68	76
	B	35	68	80	35	65	77	35	63	74
	C	25	50	60	30	55	65	28	55	65
商品学专家	D	30	55	70	30	50	80	31	50	75
	E	37	55	75	35	55	70	34	65	70
	F	32	54	65	30	55	75	30	62	75
批发业务专家	G	40	55	81	35	56	80	35	50	74
	H	25	55	80	35	60	80	35	60	78
	I	20	45	75	25	50	65	28	53	68
	J	28	40	75	30	50	74	30	56	72
	K	25	50	64	25	55	65	30	50	68
零售业务专家	L	30	45	55	28	50	60	26	50	60
	M	25	50	60	35	45	55	34	46	57
	N	20	45	60	30	45	55	30	42	57
	O	10	40	60	20	55	70	25	55	68
	P	25	45	70	30	50	65	27	50	62
消费者代表	Q	18	25	50	20	30	45	22	30	40
	R	25	30	45	24	32	50	24	30	54
	S	16	20	35	25	28	45	28	33	50
	T	30	40	50	25	36	40	20	35	45
	U	20	30	45	20	32	50	25	37	55
合计	—	—	—	—	—	—	—	602	1 040	1 343

五、德尔菲预测法的现实意义

德尔菲法作为一种主观、定性的方法，不仅可以用于预测领域，而且可以广泛应用于各种评价指标体系的建立和具体指标的确定过程。例如，某种新型计算机在投入生产之前生产企业采用德尔菲法对其销售量进行预测。该生产企业首先选择若干批发商、零售商、商场经理、营销代表、消费者组成专家小组，将该产品和一些相应的背景材料发给每位专家，要求大家给出新产品未来最低销售量、最可能销售量和最高销售量三个数字，同时说明自己作出判断的主要理由。企业将专家们的意见收集起来，统计、整理后将各种意见及理由一并返回给每位专家，然后要求专家们参考他人意见后对自己前面的预测值作出修正。几轮下来，直至所有专家都不再修改自己的意见为止。最终得出预测结果：为最低销售量 12 万台，最高销售量 35 万台，最可能销售量 24 万台。

再如，我们在考虑一项投资项目时，需要对该项目的市场吸引力作出评价。我们可以列出同市场吸引力有关的若干因素，包括整体市场规模、竞争强度、年市场增长率、历史毛利率、对技术要求、对能源的要求、对环境的影响等。市场吸引力的这一综合指标就等于上述因素加权求和。每一个因素在构成市场吸引力时的重要性即权重和该因素的得分，需要由管理人员的主观判断来确定。这时，我们同样可以采用德尔菲法。

【资料卡 10-2】

自从兰德公司首次用德尔菲法从事预测以后，很多预测学家对德尔菲法进行了广泛研究，对初始的经典德尔菲法进行了某些修正，并开发了一些派生德尔菲法，这类方法主要是对经典方法中的某些部分予以修正，借以排除经典德尔菲法的某些缺点。就形成了派生德尔菲法，主要分为两大类：(1)保持经典德尔菲法的基本特点；(2)改变其中的一个或几个特点。

一、保持原有特点的派生方法

1. 列出预测事件一览表。经典方法的第一轮，提供函询预测表，由专家填写预测意见。但某些专家由于对德尔菲法了解甚少或其他原因，往往不知从何下手。有时提供的预测事件条理不清，难以归纳。为了克服这些缺点，领导小组可根据已掌握的资料或征求有关专家的意见和预测拟定一份预测事件一览表，在第一轮提供给专家，从对事件一览表的评价开始预测工作。在第一轮，专家们可以对一览表进行补充和提出修改意见，以使预测工作更加有效。

2. 向专家提供背景资料。在很多情况下，科学和技术的发展在很大程度上取决于技术政策和经济条件。参加预测的成员一般是某一科技领域的专家，他们可能对政治和经济情况的了解较少。因此，有必要提供政治和背景资料及发展趋势的预测，作为第一轮的信息提供给专家。对于工业发展预测，提供背景资料尤为重要。

3. 加权法。由于专家的权威程度与预测精度呈一定的正相关关系，因此德尔菲法有时要求考虑专家对预测事件的权威程度，亦即在对结果进行统计处理时，使用权系数进行加权处理，权威程度高的权系数大。类似的也可考虑专家对某问题关心与感兴趣程度。

4. 置信概率指标。如对某预测事件作出肯定回答的中位数是2010年,而20%的专家认为该事件“决不会”发生,则这种事件的置信概率是80%。引入置信概率是对“决不会”回答的一种统计方法,因为其他统计方法都不能将这类回答与肯定回答结合在一起。

5. 对预测事件给出多重数据。经典德尔菲法经常要求专家对每个事件实现的日期作出评价。专家提供的日期一般是指实现与否可能性相当的日期,即事件在这个日期之前或之后实现的可能性相等(特殊要求除外)。在某些情况下,要求专家提供三个概率不同的日期,即未必有可能实现,成功概率相当于10%;实现与否可能性相等50%;基本上可以实现90%。当然也可选择其他的类似概率。计算这三类日期的中位数,得出专家应答的统计特性。而后领导小组计算各类日期的均值,用以表示预测的集中程度,即预测结果。专家意见的离散程度用10%和90%概率日期的时间间距表示。

6. 减少应答轮数。经典德尔菲法一般经过四轮,有时甚至五轮、六轮,这样往往花费较多的时间和精力。而一系列实验表明,通过两轮意见已相当协调。因而就现有经验来看,可能根据预测事情的具体情况以及预测时专家意见协调的程度,可以适当地减少应答轮数,一般采用三轮较为适宜。如果要在短期作出预测,或者第一轮提出预测事件一览表,采用两轮也可能得到正确的预测结果。

二、改变原特点的派生方法

此类方法多在常规德尔菲法的“匿名性”与“反馈性”上有所改变。其主要特点是:

(1)部分取消匿名性。匿名性有助于发挥个人的长处,不受其他专家的直接影响。但在某些情况下,部分取消匿名性也能保持原方法的优点,而且可以加快预测进程。具体作法是,先采用匿名询问,而后公布第一轮预测结果并进行口头辩论,最后再进行匿名询问。

(2)部分取消反馈。实验表明,完全取消反馈,专家对自己判断的重新认识会使预测效果更差,而且也丧失了德尔菲法的长处。部分取消反馈,是只向专家反馈前一轮预测值的上下四分位点,不提供中位数。这样做有助于防止有些专家只是简单地向中位数靠近,有意回避提出新的预测意见的倾向。

第五节 主观概率预测法

一、主观概率预测法概念

在社会经济生活中,某一类事件在相同条件下可能发生也可能不发生,这使得企业在制定经营策略时很难进行选择,因此我们引用了“概率”这一概念。概率,是指随机事件发生的可能性或几率,是用来描述某种事物、情况出现可能性大小的一个量。例如,市场上某种新商品的销售状态就是不确定的随机事件,有畅销、平销或滞销三种可能性,而出现畅销、平销或滞销的可能性,用百分数来表示,这就是一种概率。概率分为主观概率和客观概率两种。客观概率是根据事件发展的实际情况统计得出的一种概率,它往往是建立在做过多次试验的基础之上而得出。如果遇到既缺乏历史经验,又不具备进行大量试验的条件,还必须作出某种判断,这时人们就会依据个人经验、知识和主观信念进行事件发生的可能性的估计,这样得出的概率称为主观概率。客观概率只适用于在相同条件下可以多次重复实验的情况。例如:一枚硬币可以反复无数次的抛掷。而主观概率往往不受实验情况的影响,应用范围十分广泛。无论主观概率还是客观概率都必须符合以下两个基本定理:①全部事件中每一个事件的概率之和等于1,$\sum P_i = 1$;②对某一特定结果确定的概率必定大于0而小于1,$0 \leqslant P_i \leqslant 1$。

主观概率预测是建立在概率论的基础之上,利用主观概率进行预测的一种定性预测法。具体来讲,主观概率预测法是指分析者对事件发生的概率(即可能性大小)作出主观估计,或者说对事件变化动态的一种心理评价,然后计算它的平均值,以此作为事件发展趋势预测结论的一种定性预测法。例如:某位经济学家根据我国连续几年的经济发展水平,估计我国明年的GDP增长7%的可能性为75%,又如某企业根据前几期商品销售情况,预测本期销量为10 000件左右的可能性为80%,并依此制定本期的生产计划。主观概率预测的结果,反映的是个人对事件的主观估计,因此要注意:每个人的认识能力不同,不同的人对同一事件在相同条件下出现概率的判断可能不一样;另外,主观概率是否正确无法检验,所以对预测者个人的业务水平要求也比较高。即便如此,在日常生活中,主观概率预测法还是被广泛应用的,因为在很多情况下资料不完备,无法计算其客观概率,只能主观的进行分析、判断。

主观概率预测法的优点是把大量原来不可直接测量的现象和事物,转化为可测量与统计;而缺点则是测出的数据没有数理统计的数据准确。根据计算方法的不同,主观概率预测法分为三种:算术平均值法、加权平均值法和调和平均数法。

二、主观概率预测法的特点

(1)主观概率是一种心理评价,判断结果具有很强的主观性。不同的人对同一时间在同一条件下发生的概率值的估计会有一定程度或相当大程度的差异,预测结果是否接近实际情况,主要取决于趋势分析者的经验、知识水平和对趋势分析对象的把握程度。在实际预测中,主观概率与客观概率的区别是相对的,因为任何主观概率总带有客观的一面,因为分析者的经验和其他信息总是市场客观情况的具体反映,因此,不能把主观概率看为纯主观的东西。同时,任何客观概率在测定过程中都难免带有主观因素,因为实际工作中所取得的数据资料很难达到大数规律的要求。所以,在现实中,既无纯客观概率,又无纯主观概率。

(2)主观概率预测的数值是否正确,一般是难于核对的。由于使用主观概率预测法一般是在既缺乏历史经验,又无法进行大量试验的情况时,因此,预测结果正确与否只能事后进行判断,总结经验、教训,通常无法在事件发生之前进行参照、比对。

三、主观概率预测法的实施步骤

应用主观概率预测法,一般要经过以下几个步骤:

(1)准备相关资料。作为供专家参考的资料,包括市场上同类产品、替代产品的销售资料、消费者需求情况、当前市场的其他情况、产品的设计资料以及主观概率调查表等。尽管许多主观概率预测所掌握的信息并不完全,但是通过比对预测对象与其竞争商品之间的差别还是可以为预测提供很重要的相关信息。

(2)组织预测小组。选择若干个熟悉预测对象的专家组成预测小组,组织者向各位专家说明市场预测的目的和要求,并提供预测所需的资料。参与预测的专家可以包括经济学家、经济分析师、企业的董事长、企业主管生产和销售的部门经理、消费者以及一线的生产工人等。

(3)填写主观概率调查表。将事先编制好的主观概率调查表发给预测者填写,在调查表中要列出预测对象可能发生的不同情况,由预测者在不同的概率下填写不同的预测值。概率范围在0~1之间,一般以累计概率的形式列出。例如,假设表的第一栏表示累计概率为5%,预测者在此累计概率下填写预测值的最低可能值,即预测结果不低于此值的概率为5%,依此类推,具体情况在后面应用部分详细解释。

(4)整理汇总得出预测结果。按期收回预测者的调查表,并按照规定方法将数据进行整理、汇总,并分析预测结果。调查表汇总的一般方法是计算平均值或绘制累计概率的分布图。

四、主观概率预测法的计算方法

当各位专家预测的结果用数值表示时,可用以下三种方法计算:

(一)算术平均值法

这种评定方法是将所有预测值逐一加和后除以预测值个数,它的原则是对各种预测结果平等对待,以使每种意见人数的多少为主观概率。其计算公式如下:

$$\bar{y} = \frac{\sum_{i=1}^{n} y_i}{n}$$

式中:$\bar{y}$ 表示预测的算术平均值; y_i 表示 $y_1, y_2, \cdots, y_n$,各位专家的预测值;n 表示参加预测专家的人数。

例 10.3　某生产企业预测明年主打产品销量增长的百分数,请 10 位专家进行预测,并提供了该产品近几年的销售资料。专家预测统计如表 10.3 所示。

表 10.4　某企业预测资料统计表

预计增长百分数	30%	25%	15%	10%	5%
专家人数	1	2	3	3	1

解　$\bar{y} = (0.3 \times 1 + 0.25 \times 2 + 0.15 \times 3 + 0.1 \times 3 + 0.05 \times 1) \div 10 = 1.6 \div 10 = 0.16$

因此,该企业预计明年此类产品销量将增长 16%。

(二) 加权平均值法

由于专家的知识和经验不同,所预测结果的准确程度便有差异,对预测对象较为熟悉,且理论及实践能力较强的专家,其预测意见较为重要,应该予以足够重视,此时不能再用算术平均值法,可采用加权平均值法计算,即对各位专家预测的结果,分别给予不同的权数(主观概率),然后求出加权平均值作为预测值。其计算公式如下:

$$\bar{y} = \frac{\sum_{i=1}^{n} y_i w_i}{\sum_{i=1}^{n} w_i}$$

式中:$\bar{y}$ 表示预测的加权平均值;y_i 表示 $y_1, y_2, \cdots, y_n$ 各位专家的预测值;n 表示参加预测专家的人数;w_i 表示 $w_1, w_2, \cdots, w_n$,给定各位专家的权数。

例 10.4 同前例,如将各位专家的权数分别给定为:2.5,2,1,1.5,3,2,1.5,2.5,2,2,试求预测的加权平均值。

解 $\bar{y} = (0.3 \times 2.5 + 0.25 \times 2 + 0.25 \times 1 + 0.15 \times 1.5 + 0.15 \times 3 + 0.15 \times 2 + 0.1 \times 1.5 + 0.1 \times 2.5 + 0.1 \times 2 + 0.05 \times 2) \div 20 = 3.175 \div 20 = 0.159$

因此预计,明年该种产品销量将增长15.9%。

(三) 调和平均数法

调和平均数法 H,又称倒数平均数法。其计算过程是先求一定观察期内预测目标的时间数列的每个数据的倒数,然后计算这些倒数的算术平均值,最后取此平均数的倒数,即得到所求的调和平均数。它实际上是所用数据资料的倒数的算术平均数的倒数。

$$H = \frac{1}{\sum_{i=1}^{n} \frac{1}{y_i}} = \frac{n}{\sum_{i=1}^{n} \frac{1}{y_i}}$$

式中:H 表示预测的调和平均值;y_i 表示 $y_1, y_2, \cdots, y_n$ 各位专家的预测值;n 表示参加预测专家的人数。

例 10.5 同前例,计算结果:

$$H = 10 \div 81.33 = 0.123$$

因此预测,明年该种产品销量将增长12.3%。

需要注意的是,调和平均数法只适用于样本资料全部为正值的场合。

以上三种计算方法,应该根据预测专家的实际情况选择使用:当专家水平基本一致时,可用算术平均值法;当专家水平参差不齐时,可用加权平均数法;当专家水平难以确定时,可用调和平均数法。

五、主观概率预测法的应用

例如，某企业根据市场销售的历史和现状，对市场趋势分析期内经营情况及可能出现的自然状态，分别提出估计值和概率，见表 10.5。

表 10.5　主观概率预测法表　　　　**单位：台**

参加预测人员	估计值						期望值
	最高量	概率	中等量	概率	最低量	概率	
1	3 000	0.2	2 600	0.5	2 100	0.3	2 530
2	2 750	0.1	2 540	0.6	2 260	0.3	2 477
3	2 800	0.3	2 490	0.4	2 150	0.3	2 481
4	2 950	0.2	2 400	0.5	2 220	0.3	2 456
5	2 680	0.3	2 420	0.4	2 300	0.3	2 462

从表 10.5 中可以看出每个人每次概率均是大于 0 小于 1，所有事件概率之和等于 1。

(1)先用算术平均法求出预测的平均值为：(2 530+2 477+2 481+2 456+2 462)÷5＝2 481(台)

以平均市场趋势分析值 2 481 万台作为企业的市场趋势分析结果。

(2)然后再用加权平均法求出预测的平均值为：考虑到各位市场趋势分析人员的地位、作用和权威性的不同，分别给予 1 号和 2 号人员较大权数是 3，3 号和 4 号的权数是 2，5 号是 1。

则综合预测值为：(2 530×3+2 477×3+2 481×2+2 456×2+2 462×1)÷11＝2 487(台)

以平均市场趋势分析值 2487 台作为企业的市场趋势分析结果。

(3)用调和平均数法求出预测的平均值为：5÷0.002 015＝2 481(台)

以平均市场趋势分析值 2 481 台作为企业的市场趋势分析结果。

上述不同的计算方法得出的市场趋势分析结果略有差异，需要根据实际情况进行调整，或以某一个市场趋势分析值作为市场趋势分析的最后结果，或者以一区间估计值作为市场趋势分析结果。

六、主观概率预测法的应用价值

尽管主观概率预测法是凭主观经验估算的结果，但在目前的各种趋势分析中，它仍然具有重要的应用价值，它为趋势分析者提出了明确的趋势分析目标，提供尽量详细的背景材料，使用简明易懂的概念和方法，以帮助趋势分析者判断和表达概率。这种趋势分析方法简单易行，适用范围广泛，但必须防止任意、轻率的由少数人“拍脑袋”作出估测，要加强科学性、严肃性、提倡集体的思维判断。

【资料卡 10-3】

客观概率是指含有某种事件的实验被反复进行多次时，该事件出现的相对次数。进行客观实验的条件是：(1)每次实验必须在相同的条件下进行；(2)实验反复进行多次。

经济学上常用客观概率对经济问题进行分析，例如商业银行在估计某种经济损失发生的概率时，如果能够获得用于反映当时经济条件和经济损失发生情况的足够的历史资料，则可以利用统计的方法计算出该种经济损失发生的客观概率，从而作出正确的经济决策。

【案例 10-1】

某空调机厂对某种型号的空调机投放市场后的年销售量进行预测，由于缺乏足够的信息资料，就决定聘请9位专家应用德尔菲法进行预测，进行四轮的征询、反馈、修改汇总。专家的第一轮意见汇总得出的结果相当分散。专家根据反馈意见，大多数人修改了自己的意见并向中位数靠拢，因此，第二轮意见汇总后极差变小。但第四轮征询时，每位专家都不再修改自己的意见了，于是得出最终的预测值，可以认为年销量将达到26万台。利用此预测值使得空调机厂对生产规模和产品品种等方面进行控制，并取得了良好的效益。

由此可见，在缺乏历史资料甚至不知道预测从何下手时，利用专家的经验及主观判断分析，可以预测事物的未来状态。

资料来源：《市场调查与分析预测》张灿鹏、郭砚常；清华大学出版社，2009年2月

本章小结

定性预测法是指预测者凭借个人的知识、经验和能力，根据已掌握的历史资料和主观材料，对事物的未来发展作出性质及程度上的主观判断的预测方法。本章详细介绍了定性预测法的概念、特点以及四种具体的定性预测方法，这四种方法包括市场调查预测法、专家评估预测法、德尔菲预测法和主观概率预测法。以上预测方法的特点、应用条件以及预测效果各有不同，企业在使用时应根据具体问题具体分析，选择合适的预测方式，也可多种预测方式结合使用，以求达到最佳的预测效果。

思考练习

一、问答题

1. 简述定性预测法的概念及特点。
2. 简述专家评估预测法的特点及具体预测方法。
3. 什么是德尔菲预测法？它的预测步骤有哪些？
4. 主观概率预测法有几种计算方法，分别是什么？

二、计算题

应用定性预测法对某厂将来的销售情况进行分析，资料如下(单位:万元)：

预测人	最低值	概率	可能值	概率	最高值	概率
厂长	750	0.1	800	0.7	850	0.2
采购员	780	0.2	850	0.6	900	0.2
推销员	720	0.2	760	0.7	800	0.1

已知厂长、采购员、推销员的相对重要程度为3：2：1，试计算该厂明年的销售额预测值。

【案例分析】

某百货商店欲采用德尔菲预测法预测下一年度的销售额，于是该百货商店的预测领导小组选择了11为专家成员组成预测小组(各成员分别以A、B、C、D、E、F、G、H、I、J、K来表示)，预测由销售经理主持，经过4轮函询，专家的预测意见基本趋于一致。预测结果如下表所示。

专家预测意见汇总表　　　　单位:万元

轮次 / 专家	1	2	3	4
A	1 200	1 100	1 000	1 000
B	800	800	850	850
C	710	900	900	900
D	700	700	760	760
E	1 200	760	760	760
F	1 100	1 000	900	800
G	1 000	900	900	850
H	750	760	760	760
I	850	800	800	800
J	900	900	800	800
K	900	800	800	800
平均数	919	856	839	825
全距	500	400	240	240

本题采用简单算术平均数法进行统计处理，预测过程如下：由汇总表中，可以看出在第一轮预测中，平均数为919万元，专家之间的意见分歧较大，全距为500万元。在第二轮预测中，销售经理将第一轮预测的结果整理汇总作为新的资料分发给专家，使每位专家都能了解其他成员的想法，于是在第二轮的预测总有8位专家提出了新的预测结果，这是平均数为856万元，全距缩小为400万元，但仍有较多分歧。在第三轮预测中，

销售经理将第二轮的预测结果汇总整理成新的资料分发给专家,这时又有5位专家提出了新的意见,这时的平均数为839万元,全距为240万元。在第四轮中,专家修改了意见,平均数为825万元,全局为240万元。由表中数据可以看出,到了第四轮时,专家们已基本不再修改各自的预测结果,表明他们对第三轮预测的结果已达到满意,销售经理将第四轮预测的平均数825万元与往年的销售额总和分析做些调整作为最后的预测结果。(资料来源:《市场调查与预测》,于翠华等,电子工业出版社,2005年8月。)

思考题

试用简单算术平均数法进行统计处理,确定最终预测结果。

第十一章

Chapter 11

定量预测法

【学习目标】

(一)知识目标

掌握时间序列法的原理与方法;了解回归分析预测法的含义与实施步骤;深刻理解趋势曲线预测法中曲线的拟合过程;进一步掌握马尔可夫预测法的适用条件及运算过程。

(二)技能目标

学会运用简易算术平均法、加权算术平均法、几何平均法、移动平均法进行预测;在分析各变量之间的相互关系的基础上运用一元线性、二元线性回归模型对预测目标做出预测;恰当的选择趋势曲线分析预测变量的变动情况;熟练掌握马尔可夫预测方法在市场占有率预测中的运用。

【导入案例】

2011中国保健酒大转折

2010年保健酒产业以130亿左右销量的成绩单落下帷幕,同时还有纷乱的战局与扑朔迷离的未来,2011年保健酒产业何去何从?

中投顾问产业研究中心《2009~2012年中国保健酒市场投资分析及前景预测报告》显示:2009年中国保健酒企业超过5 000家,市场规模突破120亿元 。但与国外市场相比,我国保健酒产业差距仍然明显。在国际市场上,保健酒大类的消费量占酒类消费总量的比例约为12%;这实际是一个产业不被边缘化的基本规模保证。而在我国,酒类的市场容量是5 000亿元,保健酒的100亿元市场容量仅为白酒市场容量的2%,相对于接近2 000亿销量的中国白酒产业,这个销量十分尴尬,同时也证明了巨大增长的可能性。从理论上说,保健酒产业相对于500亿的产业安全规模还有巨大的空间,但同时也面临巨大的障碍。保健酒产业历经了

2005～2009年30%的高速成长之后，已经开始进入一个瓶颈期甚至到了生死之地，保健酒产业至少要发展到300个亿的产业规模才能确保产业的影响力，避免被边缘化的命运。而这一切都取决能否有新的消费区域与消费行为的突破；能否在年轻消费者的养成方面取得成效；能否用创新的战略思维重新规划思考保健酒产业；能否以长期发展而非短线淘金的手段对产业进行发展。

2011年保健酒产业整体增长速度将明显放缓，整个产业已触及制约发展的天花板与地板。据权威调查机构连续3年对30个代表城市的追踪，据不完全统计30个代表城市2010年保健酒的增速开始有所回落。从2008年至2009年的30%左右，回落到2010年18%左右，并有持续的趋势。

目前，实际生产并投放市场的品牌大约1 000个，5 000家保健酒产业生产厂家中有健字号的不足15%。据权威机构不完全统计，保健酒第一集团——劲酒以30亿左右的销量独占25%，椰岛、致中和、宁夏红、张裕三鞭、古岭神酒、黄金酒、等第二集团占据35%的份额，其他40%的份额被大约十几家3 000万元以上、100家左右1 000万元以上销量企业以及众多的百万企业瓜分。

近年来白酒产业资本进入保健酒行业的速度在加快，继2008年五粮液集团推出黄金酒、2009年茅台集团推出白金酒之后，汾酒集团在2010年宣布启动老牌保健酒竹叶青的营销战略，不久后，又成立单独的竹叶青营销公司，更将品牌目标直指保健养生酒市场的老大地位。药业产业资本也不甘寂寞，王老吉品牌的拥有者广药集团于1月17日宣布上市"白云山神农酒"，宣称"指纹图谱技术"使其保健酒的中药成分比传统酒类企业的产品更可靠。将借助白云山和黄金酒拥有的品牌优势和"王老吉"的渠道资源，完成今年销售额1 500万元的目标，预计2012年则要达到3 000万元，2020年时实现5亿元的销售目标。

[分析]：保健酒生产企业可以通过定量预测，安排自己的生产经营活动，以利于更好的满足市场需求，保证利润的稳步增长。

资料来源：中国营销传播网 http://www.emkt.com.cn/article/508/50843.html

第一节　时间序列预测法

时间序列预测法简称时序预测法。美国麻省坎布里哈佛大学首次将此法应用于商情研究和预测。20世纪70年代，随着电子计算机技术的发展，时间序列预测法在气象、水文、地震、经济等领域得到广泛应用，特别在经济领域，它目前已经成为世界各国普遍采用的市场预测基本方法之一，不仅在微观，而且在宏观范围得到广泛应用。

一、时间序列预测的概念

时间序列是将市场需求等市场统计指标，按照时间顺序排列后，通过研究其发展变化水平和速度，据以预测未来的市场情况，时间序列反映了市场变量在时间上的变化过程。时间序列预测是指对时间序列进行加工整理和分析，利用市场变量反映出来的客观变动过程、发展趋势，进行外推与延伸，以预测未来可能达到的水平。

由于市场统计指标的数值经常以绝对数、相对数和平均数的形式表现出来，因此，按时间序列的表现形式，可将其划分为绝对数时间序列、相对数时间序列以及平均数时间序列。如由各年的产品销售量（额）组成的数量指标即为绝对数时间序列，由产品销售量（额）年均增长量组成的数量指标即为相对数时间序列，而由不同年份的月平均销售量（额）组成的数量指标则为平均数时间序列。

时间序列中每一时期的数值，都是由许多因素同时发生作用的综合反映。按照各因素的特点或影响效果来看，主要有如下四类因素：长期趋势（T）、季节变动（S）、周期变动（C）和不规则变动（I）。

（一）长期趋势（T）

在时间序列中，尽管各个数据在各期内呈现起伏波动的状态，但在一个较长的时期内，时间序列的变动会呈现出一定的规律性。如随着我国居民收入水平的提高，整体的市场容量在不断扩大，消费者的购买能力逐年提升，同时，随着我国居民环保意思的提升，一些高能耗产品的销量呈现明显的下降的趋势。随着我国经济水平的提高，这一趋势还将长期持续。

（二）季节变动（S）

季节变动是由于有些时令产品的销售受到气候条件、节假日的影响，销售量（额）出现明显的波动。这种由于季节而发生的波动常常有其内在的规律。季节变动的周期比较稳定，通常为 1 年，即在上次出现后，每隔一年又会重复出现，例如，每年夏季，由于气候炎热，各种饮料等消暑降温类产品的销售明显提高。再如每年秋季，北方居民由于有储藏秋菜的消费习俗，对大葱、白菜、萝卜等秋菜的需求量会明显提高。

（三）周期变动（C）

周期变动又称循环变动，是指反映市场指标的时间序列在一定的周期内发生周期性的涨落起伏波动，这种波动通常是由相关因素的周期性变动引起的。例如，建材类产品的市场需求量会受到国家经济形势周期性变动的影响。在市场经济中出现的周期性的危机、萧条复苏、高潮等阶段，这种经济周期性的变动自然会引起某一市场变量的周期性波动。

（四）不规则变动（I）

在时间序列中，除了以上各种变动外，还存在因偶然的、突发性事件等因素引起某一市场变量发生变动。不规则变动也称随机变动，是指时间序列在短期内由于随机事件而引起的变动。这种变动有时无法预知，例如，战争、自然灾害、社会动乱、政策等所导致的市场变量的忽大忽小的变动。

二、时间序列预测法的特点

时间序列预测法是将市场变量按时间顺序排列整理后，以时间的推移为主线来研究与预测市场变化的趋势，它具有下列特点：

（1）时间序列预测法预测结果的准确性受到预测时期长短的影响。对于短期预测而言，由于某一市场变量的变动尽管受到诸多因素的影响，但是，在一个较短的时间内，这些因素的变动规律还是比较容易把握，因此，短期预测值的准确性较高。而随着时间的推移，随着市场变量影响因素的不规则变动的可能性增加，再加之许多不确定性因素的出现，这些都会对预测结果产生直接影响，进而使预测结果出现较大误差。因此，从预测结果的准确性来看，短期预测值的精度最高，中期预测值的精度次之，长期预测值的精度最低。

（2）时间序列的数据变动呈现出规律性与不规律性。时间序列中某一市场变量值的大小，是影响市场变化的各种不同因素同时发生作用的综合结果。在各种影响因素中，有的具有规律性，如长期趋势变动和季节性变动，有的不具有规律性，如不规则变动。时间序列预测法就是要在全面分析各种影响因素的基础上，分清哪些因素的变动是有规律性的，哪些变动的因素是没有规律性的，应用具体规律，充分考虑到没有规律性的因素变动可能对预测结果的影响，从而，使预测结果更具科学性、合理性。

（3）时间序列预测法应用时还要与其他预测法相结合。时间序列预测法在应用的过程中，仅考虑到时间因素对市场变量的影响，而实际上，预测结果受到很多因素的影响，并且，预测结果与各种影响因素还存在着诸多的因果关系，因此，为了全面反映未来市场发展变量的精确预测值，必须将量的方法与其他质的分析方法结合起来，从质的方面全面分析各种因素与市场变量的关系，在充分分析的基础上确定最终的预测值。

三、几种常用的时间序列预测法

运用时间序列预测法进行市场预测，首先应绘制历史数据曲线图，确定其趋势变动类型；其次，根据历史资料以及预测的目的，选择具体的预测方法，将历史数据代入数据模型进行运算；最后，根据实际情况将预测结果适当修正，确定市场未来发展趋势的预测值。

（一）简易算术平均法

简易算术平均法是以观察期内时间序列数值的算术平均数作为预测值的方法。这种方法简便易行，不需要复杂的模型设计和数学运算，是市场预测中最简单的预测方法。

最常用的简易平均法有简单算术平均法、加权算术平均法和几何平均法。

1. 简单算术平均法

假设观察变量有 n 个观察值 $X_1, X_2, \cdots, X_n$，以这些观察值的算术平均数 $\overline{X}$ 作为预测值 $\widehat{X}$，即：

$$\widehat{X}=\overline{X}=\frac{1}{n}\sum_{i=1}^{n}X_i \tag{11.1}$$

例 11.1　某电动车生产企业 2010 年 1 ~ 6 月份电动车的销售量分别为 85 万辆,64 万辆,98 万辆,79 万辆,58 万辆,72 万辆。用简单算术平均法预测 2010 年 7 月电动车的销售量。(分半年,第二季度预测)

解:① 根据上半年的销售量预测。

$$\widehat{X}=\overline{X}=\frac{1}{6}\sum_{i=1}^{6}X_i=\frac{1}{6}\times(85+64+98+79+58+72)=76(\text{万辆})$$

② 根据第二季度的销售量进行预测。由例 11.1 可知,观察期长短不同,所得到的预测值也不同。预测值的大小与观察期长短的选择直接相关。一般来说,若时间序列波动较小,可以选择较短的观察期,若时间序列波动较大时,则应当选择较长的观察期。总之,为了提高预测结果的精确性,应先判断各期观察值的大致走势,再选取适当的观察期。

简单算术平均法的优点是简便易行,便于计算,一般适用于短期预测。当对预测值的精度要求不高时,或当预测对象并无显著长期趋势变动和季节变动时,经常使用这种方法。这种方法的缺点是所有观察值不论距预测期时间长短,均被同样对待,这与现实的市场形势明显不相符。为了更好地解决这一问题,在预测过程中,可以将不同时期的观察值赋予不同的权数。这就是加权平均法。

2. 加权算术平均法

加权算术平均法是为观察期内的每个数据根据重要程度的不同分别确定权数,在此基础上,计算每个观察值的加权平均数作为下一期的预测值。假设有 n 个观察值 $X_1,X_2,\cdots,X_n$,分别赋予权数 $W_1,W_2,\cdots,W_n$,则这 n 个观察值的加权平均数$\overline{X_W}$ 作为预测值 $\hat{X}$,即:

$$\hat{X}=\overline{X_W}=\frac{W_1X_1+W_2X_2+\cdots+W_nX_n}{W_1+W_2+\cdots+W_n}=\frac{\sum_{i=1}^{n}W_iX_i}{\sum_{i=1}^{n}W_i} \tag{11.2}$$

例 11.2　根据 11.1 的资料,并且确定 2010 年上半年各月销售量的权数分别为 1,2,3,4,5,6,试用加权算术平均法预测 2010 年 7 月电动车的销售量。

解:设 2010 年 7 月电动车的销售量为 $\hat{X}$,

$$\hat{X}=\frac{\sum_{i=1}^{n}W_iX_i}{\sum_{i=1}^{n}W_i}=\frac{1\times85+2\times64+3\times98+4\times79+5\times58+6\times72}{1+2+3+4+5+6}=73.57(\text{万辆})$$

加权算术平均法的关键是如何确定权数,权数的确定既可以由个人的经验判断得出,又可以聘请专家通过打分的形式获得,一般说来,我们可以将距预测期较远的观察值赋予较小的权数,而将距预测期较近的观察值赋予较大的权数。

加权算术平均法考虑了预测值随着时间变化呈现的长期发展趋势,因此,当时间序列呈现长期发展趋势时,使用此方法更能体现出它的优越性。当然,若将各期的观察值赋予相同的权数,加权算术平均法则变成了简单算术平均法。故简单算术平均法可以看作是加权算术平均法的一种特例。

3. 几何平均法

几何平均法又称比例预测法。假设时间序列有 n 个观察值 $X_1, X_2, \cdots, X_n$,将它们的几何平均数 G 作为预测值,即:

$$\hat{X} = G = \sqrt[n]{X_1 \cdot X_2 \cdots X_n} \tag{11.3}$$

运用几何平均法进行预测的前提是预测对象的发展过程呈现一贯的上升或下降趋势,同时,各观察值的逐期上升或下降的速度(环比速度)大致相近,否则不宜采用。

假设:a_0 为基期的发展水平,n 期观察值的环比发展速度分别是 $a_1, a_2 \cdots a_n$,则时间序列的几何平均数 G 可由以下公式计算:

$$G = \sqrt[n]{\frac{a_1}{a_0} \cdot \frac{a_2}{a_1} \cdot \cdots \cdot \frac{a_n}{a_{n-1}}} \tag{11.4}$$

令 $X_i = \dfrac{a_i}{a_{i-1}}, (i = 1, 2, \cdots, n)$,则公式(11.4)与公式(11.3)等价。

当观察期 $n > 3$ 时,为计算方便,公式(11.3)可以写成以下对数形式:

$$\lg\hat{X} = \lg G = \frac{1}{n}\sum_{i=1}^{n} \lg X_i \tag{11.5}$$

例 11.3 某空调企业 1999 ~ 2009 年的销售额如表 11.1。试预测 2010 年的销售额。

表 11.1 1999 ~ 2009 年某空调企业的销售额

年份	实际销售额(万元)	环比指数 X	lgX(X 的对数)
1999	134	--	--
2000	138	103.0	2.012 837
2001	179	129.7	2.112 940
2002	198	110.6	2.043 755
2003	208	105.1	2.021 603
2004	219	105.3	2.022 428
2005	230	105.0	2.021 189
2006	264	114.8	2.059 942
2007	288	109.1	2.037 825

续表 11.1

年份	实际销售额(万元)	环比指数 X	lgX(X 的对数)
2008	346	120.1	2.079 543
2009	368	106.4	2.026 942
			$\sum_{i=1}^{10} \lg X_i = 20.439\ 004$
几何平均数		110.6	2.0439 004

解 以 1999 年为基期,计算逐期环比发展速度 X_i,发现它们大致相近,可采用几何平均法。利用公式(11.3),先求出 $\lg X_i$ 和 $\sum_{i=1}^{10} \lg X_i$,然后按公式求得 $\lg \hat{X} = 2.043\ 900\ 4$,取反对数得 $\hat{X} = 110.6$,说明2010 年企业空调的销售额比2009 年增长10.6%。据此预测2010 年空调的销售额为 $368 \times (1 + 10.6\%) = 407.01$(万元)。

(二) 移动平均法

移动平均法是指观察期内的数据由远及近按一定跨越期进行平均,随着观察期的“逐期推移”,观察期内的数据也随之向前移动,每向前移动一期,就去掉最前面一期的数据,而新增原来观察期之后的那一期数据,以保证跨越期不变,然后逐个求出其平均数,并将离预测期最近的平均数作为预测值的方法。移动平均法具有较好的修匀历史数据,消除随机波动影响的作用,从而能较好地提示经济现象的长期发展趋势,是市场预测中常用的方法之一。主要有一次移动平均法和二次移动平均法。

1. 一次移动平均法

一次移动平均法是依次取时间序列的 n(跨越期) 个观察值进行平均,并依次移动,得到一个平均序列,并且以最近 n(跨越期) 个观察值的平均数作为预测值的预测方法。按照计算各期平均值时使用的方法不同,可以分为简单移动平均法和加权移动平均法。

(1) 简单移动平均法。

简单移动平均法是指将 N 个观察值组成的时间序列 $X_1, X_2 \cdots, X_N$,选择连续的 n(跨越期) 个观察值数据计算简单移动平均数 $\overline{X}_t^{(1)}$。其计算公式为:

$$\overline{X}_t^{(1)} = \frac{X_t + X_{t-1} + \cdots + X_{t-n+1}}{n} = \frac{1}{n} \sum_{i=t-n+1}^{t} X_i \qquad (11.6)$$

公式(11.6) 中,$t = n, n+1, \cdots, N$, $\overline{X}_t^{(1)}$ 表示第 t 期的以连续观察值数据计算的一次移动平均值,X 右下方角码表示期数,X 右上方括号内角码表示几次移动平均。当 $t = N$ 时,第 $t+1$ 期的预测值 $\hat{X}_{t+1}$ 就是第 t 期的简单移动平均值 $\overline{X}_t^{(1)}$,即 $\hat{X}_{t+1} = \overline{X}_t^{(1)}$。

例 11.4 某汽车企业2010 年1 ~ 10月的销售额如表 11.2 所示,试用简单移动平均法预测 2010 年 11 月份的销售额。

表 11.2　2009 年各月汽车的销售额平均值汇总表　　单位:万元

月份	销售额	3 个月移动平均	4 个月移动平均
1	357	–	–
2	389	–	–
3	428	391.33	–
4	440	419.00	403.50
5	468	445.33	431.25
6	488	465.33	456.00
7	570	508.67	491.50
8	589	549.00	528.75
9	597	585.33	561.00
10	608	598.00	591.00

解:① 当跨越期 $n = 3$ 时,4 ~ 11 月的预测值为:

$$\hat{X}_4 = \overline{X}_3^{(1)} = \frac{357 + 389 + 428}{3} = 391.33(\text{万元})$$

$$\hat{X}_5 = \overline{X}_4^{(1)} = \frac{389 + 428 + 440 + 468}{4} = 419.00(\text{万元})$$

$$\cdots$$

$$\hat{X}_{11} = \overline{X}_{10}^{(1)} = \frac{589 + 597 + 608}{3} = 598.00(\text{万元})$$

故当跨越期为 3 时,预计 2010 年 11 月份的销售额为 598.00 万元。

② 当跨越期 $n = 4$ 时,5 ~ 11 月的预测值为:

$$\hat{X}_5 = \overline{X}_4^{(1)} = \frac{357 + 389 + 428 + 440}{4} = 403.50(\text{万元})$$

$$\hat{X}_6 = \overline{X}_5^{(1)} = \frac{389 + 428 + 440 + 468}{4} = 431.25(\text{万元})$$

$$\cdots$$

$$\hat{X}_{11} = \overline{X}_{10}^{(1)} = \frac{570 + 589 + 597 + 608}{4} = 591.00(\text{万元})$$

故当跨越期为 4 时,预计 2010 年 11 月份的销售额为 591.00 万元。

由上例可知,预测值的大小与跨越期的选取有关。当跨越期越小时,对外界波动反映快,灵敏度高，对数据的修匀效果差；跨越期越大，对外界波动反映缓慢，灵敏度低，对数据修匀效果好。在实际预测中，为了提高预测精度，在选取跨越期时，需要对不同移动平均数下所得到的预测值进行误差分析，通常我们选择平均绝对误差较小的跨越期。

(2) 加权移动平均法。

简单移动平均法将各期观察值等同看待，没有考虑到各期观察值的相对重要程度，一般说来，离预测期越近的观察值对预测值的影响越大。因此，我们在预测时，可以将各期的观察值按重要程度赋予不同的权重。

加权移动平均法是在简单移动平均法的基础上，根据观察值对预测值影响的大小分别赋予不同的权数，而以加权后的平均值作为下一期预测值的预测方法。设有 N 个观察值组成的时间序列 $X_1, X_2, \cdots, X_N$，选择连续 n（跨越期）个观察值，根据它们距离预测期的远近，分别赋予权数 $W_1, W_2, \cdots, W_n$，则通过加权移动平均法得出预测值的计算公式为：

$$\hat{X}_{t+1} = \overline{X}_t^{(1)} = \frac{W_n X_t + W_{n-1} X_{t-1} + \cdots + W_1 X_{t-n+1}}{W_1 + W_2 + \cdots W_n} \tag{11.7}$$

例 11.5　某连锁超市 2010 年 1 ~ 9 月的销售额如表 11.3 所示。假设跨越期为 4 个月，权数分别为 1、2、3、4，试用加权移动平均法预测 2010 年 10 月份的销售额。

表 11.3　2010 年连锁超市各月的销售额加权移动平均值计算表　　**单位：万元**

月份	销售额	4 个月的加权移动平均数
1	35	-
2	45	-
3	49	-
4	78	58.40
5	56	60.10
6	68	64.50
7	99	79.00
8	87	83.70
9	96	91.10

解

$$\hat{X}_5 = \overline{X}_4^{(1)} = \frac{35 \times 1 + 45 \times 2 + 49 \times 3 + 78 \times 4}{1 + 2 + 3 + 4} = 58.40\text{（万元）}$$

$$\hat{X}_6 = \overline{X}_5^{(1)} = \frac{45 \times 1 + 49 \times 2 + 78 \times 3 + 56 \times 4}{1 + 2 + 3 + 4} = 60.10\text{（万元）}$$

$$\cdots$$

$$\hat{X}_{10}=\overline{X}_9^{(1)}=\frac{68\times1+99\times2+87\times3+96\times4}{1+2+3+4}=91.10(\text{万元})$$

在运用加权移动平均法进行预测时,要根据时间序列的具体情况,凭经验,按近期大、远期小的原则来设定权数,而且,要使其尽量符合实际即对预测值影响大的观察值具有大的权数,并保证权数之和为1。

2. 二次移动平均法

二次移动平均法就是对时间序列的一次移动平均值再进行第二次移动平均,通过建立线性方程进行预测的方法,它适用于预测具有线性变动趋势的经济变量。

二次移动平均法的预测模型为:

$$\hat{X}_{t+T}=a_t+b_t\times T \tag{11.8}$$

其中,$\hat{X}_{t+T}$ 表示 $t+T$ 期的预测值;

a_t 表示当前数据水平,即线性截距;

b_t 表示单位周期变化量,即线性斜率;

T 表示由本期到预测期的期数。

二次移动平均法的计算步骤为:

(1) 计算时间序列的一次移动平均数。

(2) 计算时间序列的二次移动平均数。计算公式为:

$$\overline{X}_t^{(2)}=\frac{\overline{X}_t^{(1)}+\overline{X}_{t-1}^{(1)}+\cdots+\overline{X}_{t-n+1}^{(1)}}{n} \tag{11.9}$$

其中,$\overline{X}_t^{(2)}$ 表示第 t 期的二次移动平均数,$\overline{X}_t^{(1)}$ 表示第 t 期的一次移动平均数。

(3) 计算参数 a_t、b_t 的值。

$$a_t=2\overline{X}_t^{(1)}-\overline{X}_t^{(2)} \tag{11.10}$$

$$b_t=\frac{2}{n-1}(\overline{X}_t^{(1)}-\overline{X}_t^{(2)}) \tag{11.11}$$

(4) 建立模型,进行预测。

根据上面得到的参数值,建立线性模型,再将预测期数代入,即可得到预测结果。

例 11.6 某家电 2010 年 1 ~ 10 月的销售额见表 11.4。假设跨越期为 3 个月,试用二次移动平均法分别预测 2010 年 11 月份、12 月份的销售额。

表 11.4　2010 年微波炉生产企业各月销售额二次移动平均值计算表　　单位:万元

序号	月份	销售额	$\overline{X}_t^{(1)}$	$\overline{X}_t^{(2)}$	a_t	b_t	$\hat{X}_{t+T}$
①	②	③	④	⑤	⑥	⑦	⑧
1	1	39					
2	2	46					
3	3	38	41.00				
4	4	47	43.67				
5	5	72	52.33	45.67	59.00	6.67	
6	6	53	57.33	51.11	63.56	6.22	65.67
7	7	48	57.67	55.78	59.56	1.89	69.78
8	8	55	52.00	55.67	48.33	-3.67	61.44
9	9	49	50.67	53.44	47.89	-2.78	44.67
10	10	64	56.00	52.89	59.11	3.11	45.11
11	11						62.22
12	12						

解　(1) 依据公式(11.7) 计算时间序列的一次移动平均数。计算结果见表 11.4 第 4 列。

如$\overline{X}_3^{(1)} = \dfrac{X_1 + X_2 + X_3}{3} = \dfrac{39 + 46 + 38}{3} = 41.00$(万元)

(2) 根据公式(11.9) 计算时间序列的二次移动平均数。计算结果见表 11.4 第 5 列。

如 $\overline{X}_5^{(2)} = \dfrac{\overline{X}_3^{(1)} + \overline{X}_4^{(1)} + \overline{X}_5^{(1)}}{3} = \dfrac{41.00 + 43.67 + 52.33}{3} = 45.67$(万元)

(3) 分别依据公式(11.10) 和公式(11.11) 计算参数 a_t, b_t。

如 $a_5 = 2\overline{X}_5^{(1)} - \overline{X}_5^{(2)} = 2 \times 52.33 - 45.67 = 59.00$(万元)

$b_5 = \dfrac{2}{n-1}(\overline{X}_5^{(1)} - \overline{X}_5^{(2)}) = \dfrac{2}{3-1} \times (52.33 - 45.67) = 6.67$(万元)

(4) 根据公式(11.8),进行预测。

$$\hat{X}_6 = a_5 + b_5 \times 1 = 59.00 + 6.67 = 65.67\text{(万元)}$$

$$\hat{X}_7 = a_6 + b_6 \times 1 = 63.56 + 6.22 = 69.78\text{(万元)}$$

…

$$\hat{X}_{10} = a_9 + b_9 \times 1 = 47.89 - 2.78 = 45.11(\text{万元})$$

该微波炉生产企业 2010 年 11 月份、12 月份的预测销售额为：

$$\hat{X}_{11} = a_{10} + b_{10} \times 1 = 59.11 + 3.11 \times 1 = 62.22(\text{万元})$$

$$\hat{X}_{12} = a_{10} + b_{10} \times 2 = 59.11 + 3.11 \times 2 = 65.33(\text{万元})$$

综上可知，一次移动平均法模型参数是以时间序列分析判断线性趋势为基础，以数据修匀效果和灵敏度为基础得出的，而二次移动平均法模型参数是以时间序列线性趋势假设成立为前提，经公式推导计算而得出的。在能够继续保持目前的发展趋势的前提下，时间序列数据发展过程越接近线性趋势，采用二次移动平均法预测就越准确。

第二节　回归分析预测法

在众多的社会经济现象中，有些经济现象的变化不仅受到时间因素的影响，而且会受到其他多种因素的影响。例如，某种商品的销售量的大小，不仅受到时间因素的影响，还受到消费者的收入水平，消费者对商品需求量，消费者对商品的知晓及认可程度，消费者对商品的偏好等因素的影响。

当一个经济变量发生变化后，会导致另一个经济变量发生变化，这种变量之间的依赖、制约关系就构成了因果关系。在市场预测时，从分析市场现象变化的因果关系入手，通过统计分析和建立数学模型揭示预测目标变量与其他经济变量之间数量变化关系，将其他经济变量看成"因"，将预测目标变量看成"果"，建立因果关系模型，并根据相关因素的变化，推断预测目标变量变动趋势的方法称为因果分析预测法。因果分析预测法最常用的有回归分析预测法、经济计量法、投入产出法，这里只介绍回归分析预测法。

一、回归分析预测法的概念

"回归"一词最早是由英国生物学家高尔顿（Galton）在研究遗传问题时提出来的，高尔顿通过大量的生物学实验得出，生物的后代有回归到历史上原来性质的倾向。例如，身高特别高或身高特别矮的父辈的后代有回归到人类平均身高的倾向。回归分析预测法是在分析市场现象的自变量和因变量（预测目标）之间相关关系的基础上，建立变量之间的回归方程，将回归方程作为预测模型，根据自变量在预测期的数量变化，预测因果变量在预测期的变化结果的方法。

利用回归分析预测法时必须具备两个基本条件：第一，因变量与自变量之间必须是密切相关的，即强相关；第二，自变量的未来值必须比因变量的预测值精确或容易求得。当条件具备时，可利用回归方程作为预测模型，进行预测。

根据所涉及自变量的多少，回归分析预测法可分为一元回归分析预测法与多元回归分析预测法。（本节只介绍一元回归分析预测法）一元回归分析预测法是在预测模型中，只存在一个自变量和一个因变量的预测方法;多元回归分析预测法是预测模型中,存在两个或两个以上的自变量和一个因变量的预测方法。根据变量之间数量关系的不同,又可分为线性回归分析和非线性回归分析。当回归方程表现为直线型时,为线性回归,而当回归方程表现为曲线型时,为非线性回归。通常,线性回归分析是基本的预测方法,非线性回归分析可以转化为线性回归分析来处理。

【资料卡 11 – 1】

回归的含义

英国生物学家兼统计学家高尔顿(Galton)和他的学生皮尔森(Pearson)在研究人体身高的遗传问题时发现这样一个现象:高个子父母的子女身高往往低于其父母,而矮个子父母的子女身高往往高于其父母。从整体上高个子人、矮个子人身高都在回归于人类的平均身高。后来,"回归"一词就为生物学与统计学所沿用。一般说来,回归是指研究自变量与因变量之间的关系形式的分析方法。回归预测的目的在于根据已知自变量来估计因变量的总平均值。

资料来源:杨桂元《回归预测中应注意的问题》,《统计与信息论坛》2001 年 05 期,38 页

二、回归分析预测法的步骤

利用回归分析预测法进行预测时,具体步骤如下。

(一) 确定预测目标和影响因素

根据决策目的的需要,明确选定预测目标,通常,将预测目标作为因变量,分析影响预测目标的相关因素,相关因素可能非常多,也可能非常复杂,一般按照重要性的原则,选择与预测目标关系最为密切的因素作为自变量。例如,在预测某家电产品未来 10 年的市场占有率时,可以选择市场占有率作为因变量,产品的价格,渠道的选择,消费者对产品的偏好,广告的投放,竞争者的营销策略等因素作为自变量。当然,在确定自变量时,还需要将历史资料与预测期可能出现的市场变化情况结合起来考虑。

(二) 绘制散点图

散点图表示因变量随自变量而变化的大致趋势,据此可以选择合适的拟合函数对数据点进行拟合。从理论上讲,散点图中包含的数据越多,拟合的效果就越好。在实际应用中,通常利用已知的历史数据绘制散点图。

(三) 建立回归模型

依据散点图中变量的变化趋势,初步确定回归模型,近似地描述自变量与因变量之间的相关关系,根据已有历史数据,采用一定的方法,估计模型的参数。例如,若散点图表现出的变化趋势是直线关系,可以建立直线方程,并使用最小二乘法估算直线方程的斜率和截距。

（四）进行统计检验

回归分析中所涉及的统计检验主要包括：相关系数检验，F 检验，t 检验和 DW 检验等。通过这些检验，可以验证所选取模型的准确性，为下一步预测做准备。

（五）进行预测和区间估计

预测模型确定后，要根据预测期的自变量的估计值来计算因变量的估计值，并对预测值的置信区间进行估计。

三、一元线性回归分析预测法

一元线性回归分析预测法又称简单回归分析预测法，它是利用一个自变量与一个因变量的相关关系，借助一元线性方程对历史数据进行回归，从一般的市场现象数据中得到量化的市场变量的变化规律。一元线性回归分析预测法是最基本、最简单的市场预测方法，它是掌握多元线性预测方法的基础。

（一）一元线性回归分析预测模型

如果通过对现有的统计数据资料分析后，发现两个变量的数据分布有近似的线性关系，则可以建立一元线性回归方程进行预测。设 x 为自变量，y 为因变量，对于 x 与 y 的 n 对原始数据为 $(x_2, y_1), (x_2, y_2), \cdots, (x_n, y_n)$，如果 x_i 和 $y_i (i = 1, 2, \cdots, n)$ 之间存在线性关系，则可利用下面一元线性回归方程进行预测：

$$\hat{y}_i = a + bx_i \qquad (11.12)$$

式中，$\hat{y}_i$ 表示因变量 y 的估计值；

x_i 表示自变量；

a 表示直线 $\hat{y}_i$ 在纵坐标轴上的截距；

b 表示直线 $\hat{y}_i$ 的斜率。

式(11.12)即为一元线性回归模型。当 $a > 0$ 时，x_i 与 y_i 线性正相关，当 $a < 0$ 时，x_i 与 y_i 线性负相关。

（二）一元线性回归分析预测法的具体步骤

在掌握分析模型的基础上，我们将结合例题介绍一元线性回归分析预测法的具体实施步骤。

例 11.7　某企业电子产品的销售额与产品推广费用有关，该企业 2001 年至 2010 年的产品推广费用与产品的销售额见表 11.5，若该企业 2011 年投入 2.15 亿产品推广费用，试利用一元回归分析预测法预测 2011 年产品的销售额。

表 11.5　某企业电子产品销售额与产品推广费用对应表　　单位：亿元

年份	2001	2002	2003	2004	2005	2006	2007	2008	2009	2010
产品推广费	0.58	0.69	0.86	0.98	1.09	1.49	1.58	1.61	1.74	1.85
销售额	20.78	21.37	24.00	25.13	25.86	33.20	33.97	34.16	35.62	38.23

解　(1) 设产品推广费用为自变量，产品销售额为因变量。

(2) 绘制散点图，如图 11.1 所示。

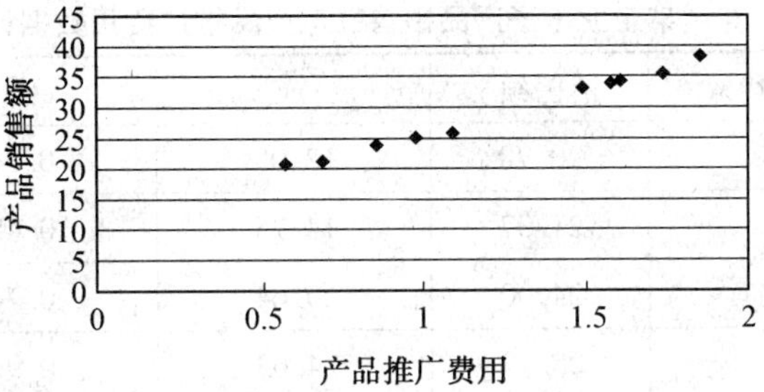

图 11.1　企业产品销售额与产品推广费用相关散点图

从散点图可知，y 随 x 的增大呈线性增长趋势。

(3) 建立回归模型 $\hat{y} = a + bx$，估算模型参数 a，b 时常用的方法是最小二乘法，其基本思想是保证实际点 y_i 到拟合的直线距离的平方和为最小，即：

$\sum_{i=1}^{n}(y_i - \hat{y})^2 = \sum_{i=1}^{n}(y_i - a - bx_i)^2$ 为最小。根据极值原理，a，b 必须满足方程组：

$$\begin{cases} \dfrac{\partial Q}{\partial a} = -\dfrac{\partial \sum_{i=1}^{n}(y_i - a - bx_i)}{\partial a} = 0 \\ \dfrac{\partial Q}{\partial b} = -\dfrac{\partial \sum_{i=1}^{n}(y_i - a - bx_i)}{\partial b} = 0 \end{cases}$$

整理得，$\sum_{i=1}^{n} y_i = na + b\sum_{i=1}^{n} x_i$

$$\sum_{i=1}^{n} x_i y_i = a\sum_{i=1}^{n} x_i + b\sum_{i=1}^{n} x_i^2$$

解此方程组得，
$$\begin{cases} a = \bar{y}_i - b\bar{x}_i \\ b = \dfrac{n\sum\limits_{i=1}^{n}x_iy_i - \sum\limits_{i=1}^{n}x_i\sum\limits_{i=1}^{n}y_i}{n\sum\limits_{i=1}^{n}x_i^2 - (\sum\limits_{i=1}^{n}x_i)^2} \end{cases} \tag{11.13}$$

其中，$\bar{y}_i = \dfrac{\sum\limits_{i=1}^{n}y_i}{n}$，$\bar{x}_i = \dfrac{\sum\limits_{i=1}^{n}x_i}{n}$ 模型参数 a，b 的估算过程见表 11.6。

表 11.6 某企业电子产品销售额与产品推广费用数据计算表 单位：亿元

年份	产品推广费 x	销售额 y	xy	x^2	y^2
2001	0.58	20.78	12.05	0.34	431.81
2002	0.69	21.37	14.75	0.48	456.68
2003	0.86	24.00	20.64	0.74	576.00
2004	0.98	25.13	24.63	0.96	631.52
2005	1.09	25.86	28.19	1.19	668.74
2006	1.49	33.20	49.47	2.22	1 102.24
2007	1.58	33.97	53.67	2.50	1 153.96
2008	1.61	34.16	55.00	2.60	1 166.91
2009	1.74	35.62	61.98	3.03	1 268.78
2010	1.85	38.23	70.73	3.42	1 461.53
合计	12.47	292.32	391.10	17.46	8 918.17

将表 11.6 数据代入式(11.13)得，

$$b = \frac{10 \times 391.10 - 12.47 \times 292.32}{10 \times 17.46 - 12.47^2} = 13.92$$

$$a = \frac{292.32}{10} - 13.92 \times \frac{12.47}{10} = 11.87$$

拟合的回归模型为：$\hat{y} = 11.87 + 13.92x$

(4) 进行统计检验。统计检验主要有相关系数检验，F 检验，t 检验和 DW 检验等，相关系数检验在一元线性回归分析预测的检验中最为常用，故运用相关系数检验法对产品推广费用和销售额两个变量的相关程度进行显著性检验。计算这两个变量的相关系数，相关系数公式为：

$$\gamma = \frac{\sum_{i=1}^{n}(x_i - \bar{x})(y_i - \bar{y})}{\sqrt{\sum_{i=1}^{n}(x_i - \bar{x})^2 \sum_{i=1}^{n}(y_i - \bar{y})^2}} \tag{11.14}$$

当 $\gamma = 0$ 时，说明 y 与 x 无线性相关关系，但可能有非线性关系；

当 $|\gamma| = 1$ 时，说明 y 与 x 存在完全线性相关关系；

当 $0 < |\gamma| < 1$ 时，说明 y 与 x 存在一定的线性相关关系，$|\gamma| \leqslant 0.3$ 时为低度线性相关，$0.3 < |\gamma| \leqslant 0.7$ 时为中度线性相关，$|\gamma| > 0.7$ 时为高度线性相关。

选择检验的显著性水平 α，通常取 $\alpha = 5\%$ 或 1%，则置信度为 $1-\alpha$，即 95% 或 99%。确定自由度 $n-m$，m 为变量的个数。在给定显著性水平的情况下，可以查相关系数临界值表，得到临界值 γ_α，若 $|\gamma| \geqslant \gamma_\alpha$，表明两个变量之间存在显著的线性相关关系，若 $|\gamma| < \gamma_\alpha$，表明两个变量之间不存在显著的线性相关关系。

本题中 $\gamma = \frac{\sum_{i=1}^{n}(x_i - \bar{x})(y_i - \bar{y})}{\sqrt{\sum_{i=1}^{n}(x_i - \bar{x})^2 \sum_{i=1}^{n}(y_i - \bar{y})^2}} = \frac{26.57}{\sqrt{1.91 \times 373.07}} = 0.9956$

取 $\alpha = 5\%$，自由度为 $10-2=8$，查相关系数临界值表得，$\gamma_\alpha = 0.632$，因为 $|\gamma| \geqslant \gamma_\alpha$，所以通过检验。

(5) 进行预测。当 $x = 2.15$ 亿元时，$\hat{y} = 11.87 + 13.92x = 11.87 + 13.92 \times 2.15 = 41.80$（亿元），故当 2011 年投入的产品推广费用为 2.15 亿元时，销售额的预测值为 41.80 亿元。

在实际预测中，有时还要确定预测值的可能范围，这个可能的范围即为预测值的置信区间（从略）。

第三节　趋势外推预测法

市场经济变量如商品的销售额、市场需求量、价格水平、居民的可支配收入水平、利率水平、汇率水平等的发展变化是错综复杂的，尽管如此，它们的变化发展过程大多是连续的、渐进的过程，通常随着时间的推移呈现出一定的规律性。我们可以以过去的发展规律来推导未来可能出现的发展态势，便是趋势外推的主要指导思想。

一、趋势外推法的含义及分类

趋势外推法也称趋势延伸法，它是根据变量在历史时期的发展变动趋势，推测这一变量的未来发展趋势，用数学方法找出拟合趋势变动轨迹的数学模型，以确定预测值的方法。应用趋势外推有两个假设前提：一是决定预测目标过去发展变动的因素，在很大程度上仍将决定其未来的发展，二是预测目标发展过程一般是渐进的变化发展过程，而不是跳跃式的发展过程。只有具备这两个条件，才能运用趋势外推法。

由于趋势外推法遵循市场经济变量发展变化连续性的原则，因此，如何正确判断时间序列长期发展的规律性变化趋势，是正确选择模型的关键。简便的作法是先利用历史数据，绘制散点图，观察各点的走势，利用最能揭示各点走势规律的直线或曲线方程进行拟合，并将此直线或曲线方程作为预测模型，进行预测。按照拟合轨迹的不同，可将趋势外推法分为直线趋势延伸法和曲线趋势外推法，而曲线趋势外推又可以分为二次曲线预测法、三次曲线预测法、指数曲线模型预测法、修正指数模型预测法、成长曲线模型预测法。这里仅介绍直线趋势预测法。

二、直线趋势预测法

当预测变量的时间序列数据呈现逐期增量（减量）大致相等时，长期趋势表现为线性趋势，便可以运用直线趋势预测法进行预测。具体步骤如下：

（1）确定预测模型。直线趋势法的预测模型为：

$$\hat{y}_t = a + bt \tag{11.15}$$

式中，$\hat{y}_t$ 表示时间序列直线趋势估计值；

a 表示直线的截距；

b 表示直线的斜率；

t 表示时间变量。

（2）估计预测模型参数。运用直线趋势预测法进行预测时，需要为已知时间序列找到一条揭示预测变量长期趋势的直线，然后借助最小二乘法和极值原理估算出待定参数 a、b，其公式为：

$$b = \frac{n\sum ty - \sum t \sum y}{n\sum t^2 - (\sum t)^2} \tag{11.16}$$

$$a = \frac{\sum y}{n} - b\frac{\sum t}{n} \tag{11.17}$$

为了简化计算，可选取时间序列的中点为时间原点，使 $\sum t = 0$。当时间序列为奇数项时，t 分别为 …，－5，－4，－3，－2，－1，0，1，2，3，4，5，…，当时间序列为偶数项时，t 分别为 …，－5，－3，－1，1，3，5，…。公式(11.16)，(11.17) 可简化为：

$$b = \frac{\sum ty}{\sum t^2} \tag{11.18}$$

$$a = \frac{\sum y}{n} \tag{11.19}$$

(3) 进行预测以及确定置信区间。确定 y 置信区间的公式为：

$$y = \hat{y}_0 \pm t_{\frac{\alpha}{2}}(n-2) \cdot s_y \cdot \sqrt{1 + \frac{1}{n} + \frac{(t_0 - \bar{t})^2}{\sum (t - \bar{t})^2}} \quad (11.20)$$

式中，$\hat{y}_0$ 为预测值；

$t_{\frac{\alpha}{2}}(n-2)$ 表示显著性水平为 α 时，自由度为 $n-2$ 时的 t 分布临界值；

s_y 表示估计标准误差，$s_y = \sqrt{\frac{\sum (y_t - \hat{y}_t)^2}{n-2}}$；

t 表示期数；

t_0 表示预测期的期数；

$\bar{t}$ 表示期数的平均值。

例 11.8　某书店2002年至2010年的销售额如下表所示。试预测该企业2011年的销售额以及销售额区间。($\alpha = 0.05$)

表 11.7　某书店 2002 年至 2010 年销售额数据表　　单位：万元

年份	2002	2003	2004	2005	2006	2007	2008	2009	2010
销售额	53	55	59	62	65	68	72	75	79

解　(1) 选择预测模型。因为该书店各年的销售额呈现出逐期递增的趋势，且每一期与其前一期的增加值大体接近，因此，可以选用直线趋势预测法进行预测。

(2) 确定模型参数。由公式(11.18)、公式(11.19)，得

$$a = \frac{588}{9} = 65.33 \quad b = \frac{196}{60} = 3.27$$

预测模型为 $\hat{y}_t = a + bt = 65.33 + 3.27t$，将各年的 t 代入预测模型得出相应的 $\hat{y}_t$ 值。

表 11.8　某书店销售额预测计算过程表　　单位：万元

年份	t	y_t	ty_t	t^2	$\hat{y}_t$	$y_t - \hat{y}_t$	$(y_t - \hat{y}_t)^2$
2002	-4	53	-212	16	52.25	0.75	0.562 5
2003	-3	55	-165	9	55.52	-0.52	0.270 4
2004	-2	59	-118	4	58.79	0.21	0.044 1
2005	-1	62	-62	1	62.06	-0.06	0.003 6
2006	0	65	0	0	65.33	-0.33	0.108 9
2007	1	68	68	1	68.6	-0.60	0.360 0

续表 11.8　　单位:万元

年份	t	y_t	ty_t	t^2	$\hat{y}_t$	$y_t - \hat{y}_t$	$(y_t - \hat{y}_t)^2$
2008	2	72	144	4	71.87	0.13	0.016 9
2009	3	75	225	9	75.14	-0.14	0.019 6
2010	4	79	316	16	78.41	0.59	0.348 1
合计	0	588	196	60	587.97	0.03	1.734 1

(3) 进行预测,并确定预测区间。

将 $t_0 = 5$ 代入预测模型,可得:

$$\hat{y}_{2011} = 65.33 + 3.27 \times 5 = 81.68(\text{万元})$$

计算估计标准误差 s_y, $s_y = \sqrt{\dfrac{\sum (y_t - \hat{y}_t)^2}{n-2}} = \sqrt{\dfrac{1.734\,1}{9-2}} = 0.50$

当显著性水平为 0.05 时,自由度为 $n - 2 = 7$ 时,查 t 分布表得 $t_{\frac{0.05}{2}}(7) = 2.365$

于是,由公式(11.20),可得预测区间为:

$$y = \hat{y}_{2011} \pm t_{\frac{0.05}{2}}(7) \cdot 0.50 \cdot \sqrt{1 + \frac{1}{9} + \frac{(5-0)^2}{\sum (t-0)^2}} = 81.68 \pm 1.46$$

预测区间为[80.22,83.14]。因此,通过计算可知,有 95% 的把握预测该书店 2011 年的销售额在 80.22 ~ 83.14 万元之间。

【资料卡 11 - 2】

最小二乘法原理

本质:使历史数据到拟合直线上的离差平方和最小,从而求得模型参数的方法。

演进:法国数学家勒让德于 1806 年首次发表最小二乘理论。事实上,德国的高斯于 1794 年已经应用这一理论推算了谷神星的轨道,但直至 1809 年才正式发表。

应用:最小二乘法也是数理统计中一种常用的方法,在工业技术和其他科学研究中有广泛应用。

资料来源:邹乐强.最小二乘法原理及其简单应用,《科技信息》2010 年 23 期,56 页

第四节　马尔可夫预测法

马尔可夫预测法是以俄罗斯数学家马尔可夫(A. A. Markov)命名的一种市场预测方法。马尔可夫预测法自传入我国后,广泛用于气象预报、水文预测等领域,自20世纪80年代起才被用于经济管理及市场预测。

一、马尔柯夫预测法的相关概念

马尔可夫预测法是应用概率论中马尔柯夫链的理论和方法来研究分析有关经济现象变化规律并借此预测未来状况的一种预测方法。在介绍马尔柯夫预测法之前,有必要先介绍几个相关概念:

1. 状态

在经济系统的研究中,一种经济现象,在某一时刻 t 所出现的某种结果,就是该系统在该时间 t 所处的状态。假设池塘里有三片荷叶,编号为 1,2,3,有一只青蛙在荷叶上随机地跳来跳去,青蛙所处的那片荷叶,称为青蛙所处的状态。在市场预测中,可把销售状况划分为“畅销”、“一般”、“滞销”,或经营状况可划分为“盈利”、“亏损(负增长)”等。状态出现可能性的大小称为状态概率。

2. 状态转移概率

状态转移概率是指事物从一种状态转变为另一种状态的可能性。如某种商品状态转移概率是由畅销转为滞销的可能性大小,或由滞销转为畅销的可能性大小。

3. 状态转移概率矩阵

状态转移概率矩阵是指由一系列状态转移概率所组成的矩阵。设 P_{ij} 为从状态 i 经一步转移到状态 j 的概率,在 n 个状态下,就有 n^2 个转移概率 P_{ij},将这些概率依次排列起来构成的矩阵,称为一步转移概率矩阵:

$$P[1]=(P_{ij})_{n\times n}=\begin{bmatrix}P_{11} & P_{12} & \cdots & P_{1n}\\ P_{21} & P_{22} & \cdots & P_{2n}\\ \vdots & \vdots & \vdots & \vdots\\ P_{n1} & P_{n2} & \cdots & P_{nn}\end{bmatrix}$$

状态转移概率矩阵具有以下性质:

(1) 非负性。$P_{ij}\geqslant 0, i,j=1,2,\cdots,n$。

(2) 归一性。$\sum_{j=1}^{n}P_{ij}=1, i=1,2,\cdots,n$,即矩阵的每行元素之和等于 1。

类似地,若系统在时刻 t_0 处于状态 i,经过 n 步转移,在时刻 t_n 时处于状态 j,这种转移可能性的数量指标称为 n 步转移概率,其所构成的矩阵称为 n 步转移概率矩阵,记作:

$$P[n]=\begin{bmatrix}P_{11}(n) & P_{12}(n) & \cdots & P_{1n}(n)\\ P_{21}(n) & P_{22}(n) & \cdots & P_{2n}(n)\\ \vdots & \vdots & \vdots & \vdots\\ P_{n1}(n) & P_{n2}(n) & \cdots & P_{nn}(n)\end{bmatrix}$$

当系统具有稳定性时,每一步转移概率不随时间的变化而变化,即每一步转移概率是相同的。此时，n 步转移概率矩阵就等于一步转移概率矩阵的 n 次方。即，只要知道一步转移概率矩阵 $p[1]$，就可求得系统的任何第 n 步概率矩阵 $p[n]$。

$$p[n] = \{p[1]\}^n$$

n 步转移概率矩阵 $p[n]$ 同样具有非负性和归一性。

4. 无后效性

无后效性是指系统在每一时刻的状态仅仅取决于前一时刻的状态，即未来的状态只与当前的状态有关，而与先前的状态无关。仍然以池塘里的三片编号为 1，2，3 的荷叶为例，假设一只青蛙在荷叶上随机地跳来跳去，在初始时刻 t_0，它在第一片荷叶上。在时刻 t_1，它可能跳到第二片或第三片荷叶上，也可能在原地不动。青蛙在未来处于什么状态，只与它现在所处的状态有关，与它以前所处的状态无关，这种性质就是所谓的“无后效性”。

例如，有一种数码产品，如果用状态 1 表示畅销，状态 2 表示滞销，它的一步转移状态矩阵为：

$$p[1] = \begin{pmatrix} 0.7 & 0.3 \\ 0.6 & 0.4 \end{pmatrix}$$

假设系统是稳定的，那么系统经过 3 个时期的状态转移矩阵为：

$$p[3] = \{p[1]\}^3 = \begin{pmatrix} 0.7 & 0.3 \\ 0.6 & 0.4 \end{pmatrix}^3 = \begin{pmatrix} 0.667 & 0.333 \\ 0.666 & 0.334 \end{pmatrix}$$

以上运算过程表示原来畅销的产品经过三个时期后仍然畅销的概率是 0.667，出现滞销的概率是 0.333，原来滞销的产品经过三个时期后变为畅销的概率是 0.666，仍然滞销的概率是 0.334。

使用马尔可夫预测方法时，需要关注系统当前所处的状态，初始状态的特征，可以通过初始状态各种特征的概率表示的行向量反映出来，随之将产生的变化，由系统将会作出几种改变的概率表示的矩阵(一步转移概率矩阵）来体现，即预测期的系统特征不但取决于初始状态矩阵，还取决于进行了多少次状态转移。

【资料卡 11 - 3】

马尔可夫链理论及其应用现状

在随机过程理论中，马尔可夫过程是一类占有重要地位、具有普遍意义的随机过程，它广泛地应用于近代物理、生物学、公用事业、地质学、水资源科学、大气科学各个领域。

马尔可夫是俄罗斯数学家。1856 年 6 月 14 日生于梁赞，1922 年 7 月 20 日卒于彼得堡(今列宁格勒)。1878 年毕业于圣彼得堡大学，并以《用连分数求微分方程的积分》一文获金质奖章，1884 年取得物理 - 数学博士学位，1886 年任该校教授。1896 年被选为圣彼得堡科学院院士，1905 年被授予功勋教授的称号。

马尔可夫的主要贡献在概率论、数论、函数逼近论和微分方程等方面。在概率论中，他发展了“矩法”，扩大了大数定律和中心极限定理的应用范围。在1906～1912年间，他提出并研究了一种能用数学分析方法研究自然过程的一般模型——马尔可夫链(Markov Chain)。他的研究方法和重要发现推动了概率论的发展，特别是促进了概率论新分支——随机过程论的发展。为了纪念他所做的卓有成效的工作，他所研究的随机过程又被称之为马尔可夫过程(Markov Process)。

参数和状态都离散的马尔可夫过程称为“马尔可夫链”。近年来，马尔可夫链预测理论在教育学、经济学、金融投资、生物学、农作物栽培、地质灾变等方面都得到了极为广泛地应用。

资料来源：A. T. Bharucha Reid(杨纪坷，吴立德译).《马尔柯夫过程论及其应用》，上海科学技术出版社，1979，第18页

二、马尔可夫预测法在市场占有率预测中的应用

在竞争日趋激烈的市场条件下，企业必须对市场环境及自身所处的位置有清醒的、深刻的认识。只有充分的掌握市场信息，作出正确的市场决策，才能适应市场环境的变化，进而获得竞争优势。

所谓市场占有率是指一定时期内，企业生产的某种产品的实际销售量占该市场内同种类别产品销售量的比率。按照比较对象的不同，市场占有率分为绝对市场占有率和相对市场占有率，通常在没有特别说明的情况下，所提及的市场占有率是指绝对市场占有率。而相对市场占有率是指本企业市场占有率与同行业销售量最大的企业市场占有率的比值。相对市场占有率是反映了本企业产品与同行业竞争对手产品的比较关系。

在研究市场占有率问题时，必须首先进行市场调查，通过调查明确生产同类产品的主要厂家，以及同类产品的不同品牌，在此基础上确定各产品主要的消费群体，以了解本企业产品现有的市场占有率情况，此外，还要掌握市场占有率的变化情况，主要是通过各厂家的新增消费者数量，消费者在众多同类产品中的流失情况。在此基础上，建立数学模型，预测未来市场的产品占有率。

假设1，2，3家企业生产同种产品，它们在市场上的初始市场占有份额为：

$$S^0 = (p_1(0), p_2(0), p_3(0))$$

其中，S^0 表示初始市场占有率；

$p_1(0)$ 表示第1家企业的初始市场占有率；

$p_2(0)$ 表示第2家企业的初始市场占有率；

$p_3(0)$ 表示第3家企业的初始市场占有率；

并称$(p_1(0), p_2(0), p_3(0))$ 为市场占有率初始向量。

又知
$$P=\begin{pmatrix} p_{11} & p_{12} & p_{13} \\ p_{21} & p_{22} & p_{23} \\ p_{31} & p_{32} & p_{33} \end{pmatrix}$$

为市场占有转移概率矩阵。即 p_{11}, p_{22}, p_{33} 表示各家企业保留上期顾客（或用户）的概率，其他数值代表两种含义，如对 p_{13} 而言其一重含义是第一家企业丧失的顾客转移到第三家厂的概率；另一重含义则为第三家企业由第一家企业转来的顾客（或用户）的概率等。

由马尔可夫原理建立的预测模型如下：

$$\begin{cases} p_1{}^{(1)} = p_{11} \cdot p_1{}^{(0)} + p_{21} \cdot p_2{}^{(0)} + p_{31} \cdot p_3{}^{(0)} \\ p_2{}^{(1)} = p_{12} \cdot p_1{}^{(0)} + p_{22} \cdot p_2{}^{(0)} + p_{32} \cdot p_3{}^{(0)} \\ p_3{}^{(1)} = p_{13} \cdot p_1{}^{(0)} + p_{23} \cdot p_2{}^{(0)} + p_{33} p_3{}^{(0)} \end{cases} \tag{11.21}$$

用矩阵表示为：

$$S^1 = (p_1{}^{(0)} p_2{}^{(0)} p_3{}^{(0)}) \begin{pmatrix} p_{11} & p_{12} & p_{13} \\ p_{21} & p_{22} & p_{23} \\ p_{31} & p_{32} & p_{33} \end{pmatrix} \tag{11.22}$$

同理，已知本期市场占有率，即可求出下期的市场占有率。比如第 k 期的市场占有率为：

$$S^k = (p_1{}^{(k)} p_2{}^{(k)} p_3{}^{(k)}) = (p_1{}^{(0)} p_2{}^{(0)} p_3{}^{(0)}) \begin{pmatrix} p_{11} & p_{12} & p_{13} \\ p_{21} & p_{22} & p_{23} \\ p_{31} & p_{32} & p_{33} \end{pmatrix}^k \tag{11.23}$$

或 $S^k = S^0 \cdot P^k$

即第 k 期的市场占有率等于初始占有率与 k 步转移概率矩阵的乘积。

例 11.9 已知市场上有 A,B,C 三种品牌的饮料，它们上个月的市场占有分别为 0.3，0.4，0.3，且已知转移概率矩阵为：

$$P=\begin{pmatrix} 0.6 & 0.2 & 0.2 \\ 0.1 & 0.7 & 0.2 \\ 0.1 & 0.1 & 0.8 \end{pmatrix}$$

试求本月份与下月份的市场占有率？

解 （1）由公式（11.22），本月份的市场占有率为：

$$S^1 = (p_1{}^{(0)} p_2{}^{(0)} p_3{}^{(0)}) \begin{pmatrix} p_{11} & p_{12} & p_{13} \\ p_{21} & p_{22} & p_{23} \\ p_{31} & p_{32} & p_{33} \end{pmatrix} = (0.3, 0.4, 0.3) \begin{pmatrix} 0.6 & 0.2 & 0.2 \\ 0.1 & 0.7 & 0.2 \\ 0.1 & 0.1 & 0.8 \end{pmatrix} =$$

$$(0.25, 0.37, 0.38)$$

（2）下月份的市场占有率为：

$$S^1=(p_1{}^{(0)}p_2{}^{(0)}p_3{}^{(0)})\begin{pmatrix}p_{11} & p_{12} & p_{13}\\ p_{21} & p_{22} & p_{23}\\ p_{31} & p_{32} & p_{33}\end{pmatrix}^2=(0.3,0.4,0.3)\begin{pmatrix}0.6 & 0.2 & 0.2\\ 0.1 & 0.7 & 0.2\\ 0.1 & 0.1 & 0.8\end{pmatrix}^2=$$

$$(0.225,0.347,0.428)$$

计算结果表明,在顾客(或用户)品牌偏好改变不大的情况下,下个月 A 品牌饮料的市场占有率为 22.5%,B 品牌饮料的市场占有率为 34.7%,C 品牌饮料的市场占有率为 42.8%。

如果市场的顾客(或用户)流动趋向长期稳定下去,则经过一段时期以后的市场占有率,将会出现稳定的平衡状态,即顾客(或用户)的流动将对市场占有率不起影响。即各家企业丧失的顾客(或用户)与争取到的顾客相互抵消。这时的市场占有率,称为终极市场占有率。

例 11.10 假设某建材市场上经销春旺、夏乐、秋果三种品牌的涂料,经调查发现,上月购买春旺牌涂料的顾客本月仍购买该品牌的有 40%,转买夏乐、秋果牌涂料的各占 30%;上月购买夏乐牌涂料的顾客本月有60% 转买春旺牌,30% 仍购买该品牌,10% 转买秋果牌;上月购买秋果牌涂料的顾客本月有 60% 转买春旺牌,10% 转买夏乐牌,30% 仍购买该品牌。试计算出各品牌涂料稳定的市场占有率。

解 依题意,列出顾客选购涂料品牌的变动情况表,如表 11.9 所示:

表 11.9 顾客选购涂料品牌的变动情况表

	春旺	夏乐	秋果
春旺	40%	30%	30%
夏乐	60%	30%	10%
秋果	60%	10%	30%

此表构成了一步转移概率矩阵 $P[1]$,记为:

$P[1]=\begin{pmatrix}40\% & 30\% & 30\%\\ 60\% & 30\% & 10\%\\ 60\% & 10\% & 30\%\end{pmatrix}$,假设出现市场稳定状态时,上月的市场占有率为:

$(p_1{}^{上},p_2{}^{上},p_3{}^{上})$,下月的市场占有率为:$(p_1{}^{下},p_2{}^{下},p_3{}^{下})$,那么,由公式(11.22),$(p_1{}^{下},p_2{}^{下},p_3{}^{下})=(p_1{}^{上},p_2{}^{上},p_3{}^{上})\times P[1]$,即:

$$(p_1{}^{下},p_2{}^{下},p_3{}^{下})=(p_1{}^{上},p_2{}^{上},p_3{}^{上})\times\begin{pmatrix}0.4 & 0.3 & 0.3\\ 0.6 & 0.3 & 0.1\\ 0.6 & 0.1 & 0.3\end{pmatrix}$$

假定市场上出现平衡状态时,市场占有率将出现稳定状态,因此有:

$$p_1{}^{上}=p_1{}^{下},p_2{}^{上}=p_2{}^{下},p_3{}^{上}=p_3{}^{下}$$

对于稳定的市场占有率统一记为$(p_1{}^{*},p_2{}^{*},p_3{}^{*})$,满足$(p_1{}^{*}+,p_2{}^{*}+p_3{}^{*})=1$,因此,

（p_1^*，p_2^*，p_3^*）是下列方程组的解：

$$\begin{cases} p_1^* = 0.4p_1^* + 0.6p_2^* + 0.6p_3^* \\ p_2^* = 0.3p_1^* + 0.3p_2^* + 0.1p_3^* \\ p_3^* = 0.3p_1^* + 0.1p_2^* + 0.0.3p_3^* \\ p_1^* + p_2^* + p_3^* = 1 \end{cases}$$

求解方程组得，$p_1^* = 0.5$，$p_2^* = 0.25$，$p_3^* = 0.25$

这说明按现有市场稳定发展下去，春旺牌涂料将有占市场份额50%的趋势，夏乐牌涂料将有占市场份额25%的趋势、秋果牌涂料将有占市场份额25%的趋势。

由于马尔可夫预测过程具有无后效性的特性，所以它的一个最大的优点在于不需要连续的历史资料，只需要最近或当前状态的资料就可以进行市场预测。

本章小结

时间序列预测是市场预测的重要组成部分，它是根据时间序列外推或延伸，预测可能出现的市场情形，对于有明显趋势变动的时间序列，可以使用移动平均法测定这种趋势变动并用移动平均数作为下一时间的预测值。时间序列预测法只考虑预测目标随时间变化所呈现的变动趋势，如果研究预测目标与影响因素之间的变化关系，应使回归分析预测法。通过确定自变量与因变量，建立回归模型，寻找出两种变量的相关关系，最后得出预测结果。

趋势延伸法是指根据时间序列发展过程规律性表现出的长期趋势变动轨迹，用数学方法找出按拟合趋势变动轨迹的数学模型，据此进行预测的方法。马尔可夫预测法是应用转移概率矩阵的原理对随机事件未来的变化趋势所进行的预测。在市场活动中经常应用于市场占有率等预测。

应当指出的是，预测是对未来事物发展变化的估计与推测，除了根据预测目标和市场环境选择恰当的预测方法外，还必须进行误差分析，找出预测误差产生的原因，不断修正预测模型，只有这样，才能提高定量预测的精确度，预测结果才更有说服力。

思考练习

1. 简述时间序列分析预测法的基本原理及特点。

2. 平均法有哪些类别，它们各有什么样的特点。

3. 简述趋势外推预测法的含义与分类。

4. 市场预测中，一元回归预测法的基本步骤是什么？

5. 什么是状态转移概率矩阵，它具有哪些性质？

6. 某公司2001年至2008年的销售量如下表所示，请用一次移动平均法预测该公司2009的销售量。（假设跨越期 $n=3$）

某公司 2001 年至 2008 年的销售量表　　单位:万吨

年份	2001	2002	2003	2004	2005	2006	2007	2008
销售量	220	260	350	320	380	470	480	560

7. 某企业产品销售额与投入的促销费用之间关系密切,并收集到近 8 年的有关资料,如下表所示,试建立企业产品销售额与促销费用之间的回归方程,若该企业 2009 年计划促销费用为 1.89 亿元,试预测其产品的销售额。

某企业产品销售额与投入的促销费用之间关系表　　单位:百万元

年份	2001	2002	2003	2004	2005	2006	2007	2008
销售额	20.50	21.50	23.90	24.52	25.99	32.59	34.95	38.78
促销费用	0.61	0.70	0.87	0.96	1.10	1.47	1.59	1.79

8. 某企业某产品 2003 年至 2009 年市场销售额资料如下表所示。试利用时间序列趋势外推法对这种产品的销售量进行预测。

某企业某产品 2003 年至 2009 年市场销售额表　　单位:万元

年份	2003	2004	2005	2006	2007	2008	2009	
销售额	186	190	224	270	314	318	351	

9. 设东南亚各国主要经销中国内地、日本、香港三个产地的珠宝。对目前市场占有情况的抽样调查表明,购买中国内地珠宝的顾客占 40%,购买日本、香港的顾客各占 30%,顾客流动转移情况如下表所示。

	中国内地	日本	香港
中国内地	40%	30%	30%
日本	60%	30%	10%
香港	60%	10%	30%

假设本月为第 1 个月,试预测第 4 个月珠宝市场占有率以及预测长期的市场占有率。

【案例分析】

纵观中国乳品行业,可以用"振奋"、"欣慰"和"深思"三个词汇来描述其现状,即:日趋庞大的市场规模令人振奋,日趋成熟的竞争态势令人欣慰,但是在发展中存在的问题也令人深思。

中国乳品行业,从 1998 年开始进入了高速增长阶段,直到 2008 年以前都均保持两位数的增长。尤其,在

2005年到2007年可谓黄金发展时期,行业产量增长速度平均达到16%左右,2007年总产量突破了1 800万吨(如图所示)。

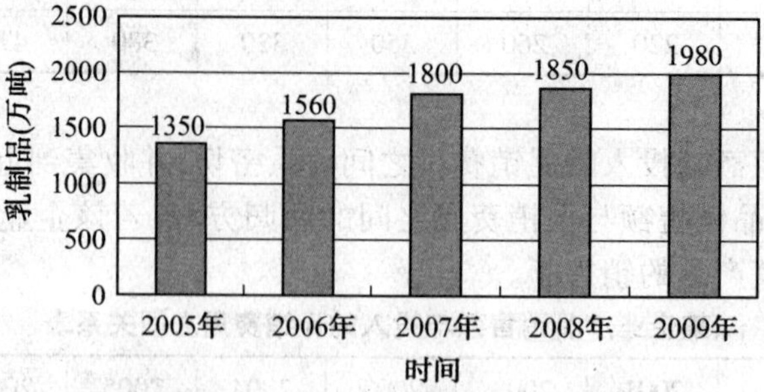

2005~2009年中国乳品行业产量变化

然而,2008年爆发的三聚氰胺事件对乳品行业带来了致命的打击,尤其在当年的9月至11月,不少乳品企业的生产近乎陷入休克状态,整个行业的总产量也因此而出现了负增长,2008年全年总产量得益于上半年的发展,勉强与2007年持平。

不过,由于国家对乳品行业的整顿措施得当以及龙头企业对安全生产意识的强化,2009年和2010成为中国乳品行业的复苏期,尤其,2010年1~7月乳品产量达到1 181.64万吨,同比增长9.24%,其中:液体乳1 011.65万吨,同比增长9.07%;干乳制品169.99万吨,同比增长10.26%。

需要提出的是,在三聚氰胺事件中受重创的奶粉,2010年1~7月份也得到了明显的复苏,尤其,6、7月份的产量明显高于去年同期,平均增长速度达到15%左右。此外,经过多年的发展,酸奶也已经成长为中国乳业的主导品类。截止2009年底,酸奶市场总规模接近100亿元,2010年1~7月年平均增长率达到27%,在这非同寻常的时期给中国乳业的发展带来了光芒和希望。

需要指出的是,很多行业的总产量由于2009年全球金融危机的影响而出现了徘徊或下滑现象,而乳品行业至少从以上数据统计上看,受此影响的程度不太明显,即便在最严重的2009年,也仍然保持了6%左右的增长,对整个行业的复苏奠定了良好的基础。

思考题

1. 中国乳制品行业呈现怎样的发展态势?
2. 用简单移动平均法预测2010年中国乳制品产量。(跨越期$n=3$)
3. 用加权移动平均法预测2010年中国乳制品产量。(跨越期$n=3$,从前至后权数分别为1,2,3)

参考文献

[1]林红菱.市场调查与预测[M].北京:机械工业出版社,2009.
[2]陈启杰.市场调研与预测[M].上海:上海财经大学出版社,2004.
[3]陈殿阁.市场调查与预测[M].北京:清华大学出版社,北京交通大学出版社,2005.
[4]龚曙明.市场调查与预测[M].北京:清华大学出版社,北京交通大学出版社,2005.
[5]胡祖光,王俊豪,吕筱萍.市场调研与预测[M].北京:中国发展出版社,2006.
[6]简明,金勇进,蒋妍.市场调查[M].北京:中国人民大学出版社,2005.
[7]简明,胡玉立.市场预测与管理决策[M].北京:中国人民大学出版社,2003.
[8]刘利兰.市场调查与预测[M].北京:经济科学出版社,2006.
[9]刘玉玲,孔凡杰,李英珊.市场调查与预测[M].北京:科学出版社,2004.
[10]刘德寰,沈浩.现代市场研究[M].北京:高等教育出版社,2005.
[11]林根祥,吴晔,吴现立.市场调查与预测[M].武汉:武汉工业大学出版社,2005.
[12]马尔霍特拉.市场营销研究:应用导向[M].涂平,译.北京:电子工业出版社,2006.
[13]欧阳卓飞.市场营销调研[M].北京:清华大学出版社,2006.
[14]邱小平.市场调研与预测[M].北京:机械工业出版社,2007.
[15]涂平.营销研究方法与应用[M].北京:北京大学出版社,2008.
[16]田志龙,韩睿.营销调研基础[M].北京:高等教育出版社,2007.
[17]王若军.市场调查与预测[M].北京:清华大学出版社,北京交通大学出版社,2006.
[18]小卡尔·麦克丹尼尔,罗杰·盖兹.当代市场调研[M].范秀成,等,译.北京:机械工业出版社,2000.
[19]柴庆春.市场调查与预测[M].北京:中国人民大学出版社,2006.
[20]陆军.市场调研[M].2 版.北京:电子工业出版社,2009.
[21]赵伯庄.市场调研 [M].北京:北京邮电大学出版社,2007.
[22]郝渊晓.市场营销调查 [M].北京:科学出版社, 2010.
[23]张灿鹏,郭砚常.市场调查与分析预测[M].北京:清华大学出版社,北京交通大学出版社,2008.
[24]庄贵军.市场调查与预测[M].北京:北京大学出版社,2007.
[25]郑聪玲,徐盈群.市场调查与分析实训[M].大连:东北财经大学出版社,2008.
[26]韩德昌,李桂华,刘立雁.市场调查与预测教程[M].北京:清华大学出版社,2008.
[27]田百洲,史书良,全洪臣.市场调查与预测[M].北京:清华大学出版社,2009.
[28]郝渊晓.市场营销调研[M].北京:科学出版社,2010.

[29] 马连福.现代市场调查与预测[M].3版.北京:首都经济贸易大学出版社,2009.
[30] 戴维·阿克·库马·乔治·戴.营销调研[M].魏立原,译.北京:中国财政经济出版社,2004.
[31] 艾尔·巴比.社会研究方法[M].10版.邱泽奇.北京:华夏出版社,2005.
[32] 反町胜夫.怎样进行市场调研[M].上海:复旦大学出版社,1997.
[33] 岳海翔.怎样撰写市场调查报告[J].秘书工作,2004(4):38-39.
[34]葛翠浓."国有景区高投入低收入调查报告"的撰写[J].中国市场,2010,22:120-122.
[35] 沈美莉 陈孟建.网络营销应用与策划[M].北京: 清华大学出版社, 2007.
[36] 戴维·阿克,库马,乔治·戴.营销调研[M].7版.魏立原,译.北京:中国财政经济出版社,2004.
[37]冯丽云.现代市场调查与预测[M].北京:经济管理出版社,2009.
[38]庄贵军.市场调查与预测[M].北京:北京大学出版社,2007.
[39]秦榛蓁,蒋姝蕾.市场调查与分析[M].北京:高等教育出版社,2011.
[40]张灿鹏,郭砚常.市场调查与分析预测[M].北京:清华大学出版社,北京交通大学出版社,2008.
[41]赵轶,韩建东.市场调查与预测[M].北京:清华大学出版社,2007.
[42]韩德昌.市场调查与预测教程[M].北京:北京交通大学出版社,2011.
[43]李国强,苗杰.市场调查与市场分析[M].北京:中国人民大学出版社,2009.
[44]王文利.现场实施操作手册之七——现场实施的管理(上).市场研究,2006(2):42-45.
[45]王文利.现场实施操作手册之七——现场实施的管理(上).市场研究,2006(3):32-35.
[46]王文利.现场实施操作手册之七——现场实施的管理(上).市场研究,2006(4):50-52.
[47]郭国庆.市场营销学通论[M].北京:中国人民大学出版社,2007.
[48]杨洪涛.现代市场营销学[M].北京:机械工业出版社,2009.
[49]于翠华.市场调查与预测[M].北京:电子电工出版社,2005.
[50]李世杰,于飞.市场调查与预测[M].北京:清华大学出版社,2010.
[51]麦克丹尼.当代市场研究(中文版)[M].大连:东北财经大学出版社,1998.
[52]樊志育.市场调查[M].上海人民出版社,1995.
[53]韩德昌,郭大水.市场调查与预测[M].天津大学出版社,1996.
[54]柯惠新,丁立宏.市场调查与分析[M].中国统计出版社,2000.
[55]陈殿阁.市场调查与预测[M].北京:清华大学出版社,2004.

[56] 冯士雍.抽样调查应用与理论中的若干前沿问题[J].统计与信息论坛,2007(1):5-13.

[57] 风笑天.社会学研究方法[M].2版.北京:中国人民大学出版社,2005.

[58] 郭志刚.社会统计分析方法——SPSS软件应用[M].北京:中国人民大学出版社,1999.

[59] 何晓群.现代统计分析方法的应用[M].北京:中国人民大学出版社,1998.

[60] 黄晓华.市场调研问卷设计若干注意问题[M].中国营销传播网,2002.

[61] 李小勤.市场调研的理论与实务[M].广州:暨南大学出版社,1999.

[62] 宋林飞.社会调查研究方法[M].上海:上海人民出版社,1990.

[63] 托马斯·C·金尼尔,詹姆斯·R·泰勒.市场调研:一种应用方法[M].4版.罗汉,蔡小月,丁浩,等,译.上海:上海人民出版社,2005.

[64] 托尼·普罗克特.营销调研精要[M].3版.吴冠之,等,译.北京:机械工业出版社,2004.

[65] 王铁,等.游客抽样调查中"拒答"现象的原因分析及应对措施——以崆峒山游客抽样调查为例[J].旅游科学,2006(4):60-64.

[66] 王玉莲.市场调研数据收集阶段非抽样误差的产生与防范[J].黑龙江社会科学,2004(2):64-66.

[67] 西摩·萨德曼,爱德华·布莱尔.营销调研[M].宋学宝,等,译.北京:华夏出版社,2004.

[68] 小卡尔·迈克丹尼尔,罗杰·盖兹.当代市场调研[M].4版.范秀成,等,译.北京:机械工业出版社,2000.

[69] 张文彤.SPSS 11统计分析教程(基础篇、高级篇)[M].北京:北京希望电子出版社,2002.

[70] 沈美莉,陈孟建.网络营销应用与策划[M].北京:清华大学出版社,2007.

[71] 简明.市场调查方法与技术[M].2版.北京:中国人民大学出版社,2009.

[72] 张灿鹏.市场调查与分析预测[M].北京:清华大学出版社,2008.

[73] 陆军.市场调研[M].2版.北京:电子工业出版社,2009.

[74] 韩德昌.市场调查与预测教程[M].北京:清华大学出版社,北京交通大学出版社,2008.

[75] 林根祥.市场调查与预测[M].武汉:武汉理工大学出版社,2005.

[76] 赵伯庄.市场调研[M].北京:北京邮电大学出版社,2007.

[77] 郝渊晓.市场营销调查[M].北京:科学出版社,2010.

[78] 庄贵军.市场调查与预测[M].北京:北京大学出版社,2007

读者反馈表

尊敬的读者：

您好！感谢您多年来对哈尔滨工业大学出版社的支持与厚爱！为了更好地满足您的需要，提供更好的服务，希望您对本书提出宝贵意见，将下表填好后，寄回我社或登录我社网站(http://hitpress.hit.edu.cn)进行填写。谢谢！您可享有的权益：

☆ 免费获得我社的最新图书书目　　☆ 可参加不定期的促销活动

☆ 解答阅读中遇到的问题　　☆ 购买此系列图书可优惠

读者信息

姓名________ □先生 □女士 年龄________ 学历________

工作单位________________ 职务________

E-mail ________________ 邮编________

通讯地址________________

购书名称________________ 购书地点________________

1. 您对本书的评价

内容质量 □很好 □较好 □一般 □较差

封面设计 □很好 □一般 □较差

编排 □利于阅读 □一般 □较差

本书定价 □偏高 □合适 □偏低

2. 在您获取专业知识和专业信息的主要渠道中，排在前三位的是：

①__________ ②__________ ③__________

A. 网络 B. 期刊 C. 图书 D. 报纸 E. 电视 F. 会议 G. 内部交流 H. 其他：________

3. 您认为编写最好的专业图书(国内外)

书名	著作者	出版社	出版日期	定价

4. 您是否愿意与我们合作，参与编写、编译、翻译图书？

____

5. 您还需要阅读哪些图书？

____

网址：http://hitpress.hit.edu.cn

技术支持与课件下载：网站课件下载区

服务邮箱 wenbinzh@hit.edu.cn　duyanwell@163.com

邮购电话 0451－86281013　0451－86418760

组稿编辑及联系方式　赵文斌(0451－86281226)　杜燕(0451－86281408)

回寄地址：黑龙江省哈尔滨市南岗区复华四道街10号　哈尔滨工业大学出版社

邮编：150006　传真 0451－86414049